GUÍAS DEL

MÉXICO

BUEN VIAJERO

LEOPOLD BLUME

GUÍAS DEL BUEN VIAJERO
AUSTRALIA • CHINA • COSTA RICA • CUBA • ECUADOR • ESPAÑA • FLORIDA •
INDIA • INDONESIA • KENIA • MALASIA Y SINGAPUR • MÉXICO • NEPAL •
NUEVA ZELANDA • PERÚ • TAILANDIA • TURQUÍA • VIETNAM, LAOS Y CAMBOYA

Título original:
Traveler's Mexico Companion

Traducción:
Gloria Méndez Seijido
Alfonso Rodríguez Arias

Revisión y actualización de la edición en lengua española:
Joan Marc Parellada Puigvila
Operador turístico

Coordinación de la edición en lengua española:
Cristina Rodríguez Fischer
M.ª Dolores Campoy Blanco

Primera edición en lengua española 1994
Nueva edición actualizada y ampliada 2000

© 1994, 2000 de la edición en lengua española, The Globe Pequot Press
Edición publicada por Naturart, S.A. Editado por BLUME
Av. Mare de Déu de Lorda, 20
08034 Barcelona
Tel. 93 205 40 00 Fax 93 205 14 41
E-mail: info@blume.net
© 2000 The Globe Pequot Press

ISBN: 84-8076-351-5

Impreso en Corea

CONSULTE EL CATÁLOGO DE PUBLICACIONES ON-LINE:
INTERNET: HTTP://WWW.BLUME.NET

GUÍAS DEL
MÉXICO
BUEN VIAJERO

Peggy Bond, Mike Bond y Maribeth Mellin

Fotografías de Nik Wheeler

LEOPOLD
BLUME

Contenido

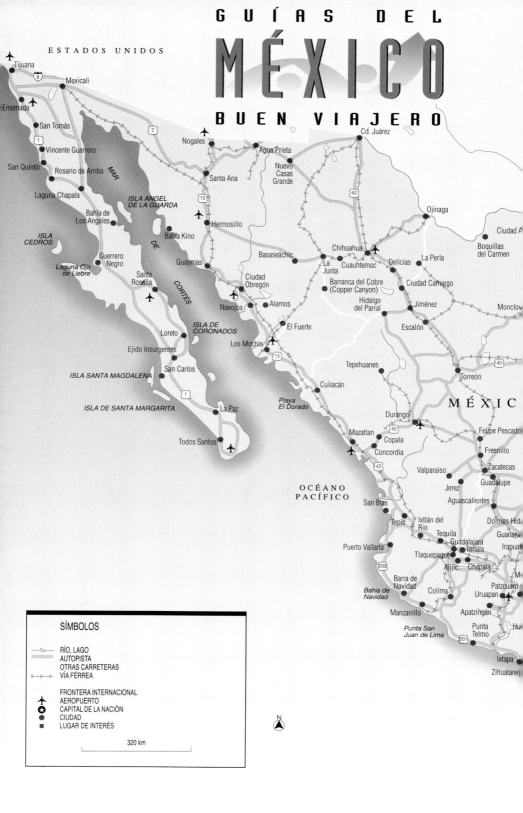

ESTADOS UNIDOS

edras Negras

Nuevo Laredo

Monterrey   Reynosa   Matamoros
lo

Matehuala   Ciudad Victoria

Luis
sí
n Luis   Tampico
la Paz
Miguel   Tamazunchale
llende   Huejutla   Tuxpan
Tequisquiapan   Poza
Querétaro   Ixmiquilpan   Rica   Papantla
uan   Zacualtipan
Río   Actopán
Ciudad de   Pachua
Mexico   Tlaxcala
ad   o   Jalapa
go   Cholula   Veracruz
Toluca   Puebla
Tepoztlán
Cuernavaca   Atlixco   Córdoba
Taxco   Volcán   Orizaba
Popocatépetl
Balsas   5452
Catemaco   Coatzacoalcos
Chilpancingo
de las Bravos
Acapulco   Oaxaca   El Tule   Tuxtla Gutiérrez
bahía de   Juchitán
capulco   Tehuantepec
Puerto   Puerto   Huatulco
Escondido   Angel

GOLFO DE
MÉXICO

BAHÍA DE
CAMPECHE

ISLA
AGUADA

Progreso   San Felipe   Río Lagartos   Puerto
Juárez
Celestún   Mérida   Cancún   ISLA
MUJER
Valladolid   PLAYA   ISLA
Ticul   DEL   COZUME
Peto   CARMEN
Campeche
Hopelchén
YUCATÁN
Xpujil
Francisco   Chetumal
Escárcega
BELICE

Villahermosa

Tenosique

Chiapa de
Corzo
San Cristóbal de las Casas
Cerro Zontehuitz
2784

GUATEMALA

Cd. Cuauhtémoc

Tapachula

HONDURAS

ATRACTIVOS PRINCIPALES

Música

LA MÚSICA ES PARTE INTEGRANTE DEL ALMA DE MÉXICO. En los grandes centros ceremoniales de Teotihuacán, Chichén Itzá y Palenque se acompañaban los ritos con el sonido de caracolas, flautas de arcilla y tambores de piel de jaguar. En la actualidad, los mariachis son considerados los músicos nacionales y se encuentran en todo el país. Después de escuchar la música de una orquesta de doce mariachis, las melodías mexicanas adquirirán un nuevo sentido para usted. Al parecer, los mariachis surgieron en Guadalajara en la época de la invasión francesa. Su nombre proviene del francés *marriage* («boda») y desde entonces, una boda no está completa sin una sesión de trompetas, bajos y metales entonando canciones antiguas. Ningún grupo de mariachis que

se precie deja de cantar *Paloma* y *Guadalajara*. No sea tímido, pida *Amor* y *Sabor a mí*. No hay localidad, por pequeña que sea, que no cuente con un grupo de mariachis, aunque sus componentes vistan pantalones tejanos y sus instrumentos no estén siempre del todo afinados.

Los tríos de cantantes son una variante del grupo de mariachis y suelen acompañar sus melodías con un bajo y una guitarra. Cantan baladas románticas (boleros). Agustín Lara, uno de los intérpretes de boleros más famosos, nació en Veracruz y durante los años cuarenta y cincuenta distrajo con su música a los artistas de Hollywood y a la elite de Acapulco. Hoy en día, los tríos cantan algunas de sus composiciones más famosas (mis preferidas son *Noche de ronda* y *Veracruz*). Si visita Veracruz, tendrá ocasión de escuchar los *sones jarochos* que se acompañan con arpas y guitarras. Estos sones pueden ser alegres y divertidos o lánguidos y melancólicos.

Los veracruzanos otorgan una gran importancia a la danza y organizan *danzones* en las plazas y en las salas de baile. El danzón llegó a Veracruz de la mano de los obreros cubanos quienes, a su vez, lo tomaron de sus raíces andaluzas y africanas. No está bien visto que los bailarines sonrían o parezcan divertirse mientras efectúan los rápidos pasos y los movimientos de cadera que requiere esta

---

PÁGINA ANTERIOR: En el baile del sombrero los participantes simulan estar cortejando a las damas. SUPERIOR: El Sheraton de Acapulco organiza una fiesta cada semana. En este caso contaban con comida y música tradicional mexicana.

danza. Los que no gustan de ocultar sus emociones prefieren bailar salsa y cumbia.

Los músicos de marimba instalan sus instrumentos, semejantes a xilofones, en las plazas o en los restaurantes de las ciudades coloniales de Chiapas, Oaxaca y Veracruz.

Los restauradores han aprendido que la marimba es un acompañamiento musical muy apreciado durante las cenas. Si acude al Bazaar Sábado de San Ángel, al Mama Mia de San Miguel de Allende o a cualquiera de los bares con techos de palma de la costa, podrá comprobarlo en persona. Cada región cuenta con sus canciones preferidas. En Yucatán pida *Peregrina*, en el norte, *La Bamba*, y en Guadalajara... ¡*Guadalajara*, por supuesto!

Volviendo a los mariachis, la plaza de los Mariachis de Guadalajara es un lugar de fiesta y música. Lo mismo ocurre con la plaza Garibaldi de Ciudad de México. En ambas se encuentran grupos de mariachis que van interpretando canciones por las mesas. Se da una propina de 5 USD por cada dos o tres canciones. La fiesta llega a su cúspide al dar la medianoche, pero puede durar hasta el amanecer. Deje la cartera en el hotel, no cometa imprudencias y ¡prepárase para pasarlo bien!

Subir a los dominios de la naturaleza

UNA MAÑANA, AL ALBA, me dirijí al Caracol de Chichén Itzá. Mientras subía a la torre de este antiguo observatorio circular maya, sentí los primeros rayos de sol. Me senté en un rincón de la plataforma elevada con mi cuaderno de apuntes en la mano. Al levantar la vista, descubrí que había una serpiente a menos de un metro de mi rodilla. Opté por mirar hacia otro lado convencido de que no podía hacer nada más y la serpiente (que pertenecía a una de las especies más venenosas de la zona) se retiró sin molestarme. Sentí que, después de eso, podría explorar las ruinas sin miedo a nada y, desde aquella ocasión, siempre me acerco a los yacimientos

Las pirámides de Teotihuacán, cerca de Ciudad de México, son unas de las más impresionantes del país.

arqueológicos por los senderos olvidados y llenos de misterio. También me he sentado a descansar en la cima del **Nohuch Mul**, la pirámide más alta de Cobá, rodeado de periquitos salvajes.

Los pocos animales salvajes que sobreviven, tienden a vivir cerca de las ciudades más antiguas de México, situadas en el corazón de grandes extensiones de tierra casi vírgenes. Aunque sólo sea por eso, es preferible visitar las ruinas a primera hora de la mañana o a última hora de la tarde. Me niego a subir la pirámide de la Luna de Teotihuacán al mismo tiempo que miles de turistas. Prefiero la tranquilidad de la mañana y siempre procuro pasar una noche cerca de la zona arqueológica. En las proximidades de las ruinas suele haber hoteles maravillosos. El **Mayaland** de Chichén Itzá es uno de mis preferidos, aunque tal vez eso se deba a que fue el primero en el que me hospedé. Me gusta mucho la **Villa Arqueológica** de Cobá. Se trata de un pequeño hotel situado en plena jungla, a treinta minutos de la carretera de la costa, rodeado por los siete lagos de Cobá en los que viven tortugas de agua dulce. Existen otras Villas Arqueológicas situadas junto a ruinas notables como, por ejemplo, Teotihuacán, Cacaxtla y Uxmal. Los aficionados a la acampada se pueden quedar en las cercanías de Palenque, en la jungla de Chiapas, relativamente cerca de las ruinas costeras de Tulum. Tampoco le resultará difícil encontrar alojamiento cerca de las ruinas de Oaxaca.

Como amante de la arqueología, he elaborado una lista de los restos y los hoteles que prefiero. Uno de los lugares más maravillosos con los que me he topado se encuentra en Chicanná, en la región del río Bec, al sudoeste de Campeche. Visite alguno de los lugares recomendados y a buen seguro le quedarán ganas de volver.

Salga al encuentro de las ballenas

IMAGÍNESE QUE ESTÁ EN UNA LANCHA, contemplando las aguas. De repente, aflora una enorme forma grisácea que no deja de crecer y que termina por reconocer: se trata de una ballena de veinte toneladas y se encuentra justo a su derecha. Contempla su ojo, mucho más grande que un rostro humano, y trata de transmitirle afecto. La ballena, que tiene la piel llena de moluscos, parece tan vieja como la Tierra y protege una segunda forma, mucho más pequeña, detrás de su aleta. Al comprender que no tiene nada que temer, la ballena deja que su cría se acerque al barco y puede incluso aceptar que la acaricien.

Cada invierno, desde la noche de los tiempos, las ballenas grises recorren miles de kilómetros desde el estrecho de Bering para venir a reproducirse en las apacibles lagunas del Pacífico. La observación de ballenas era ya una tradición en Baja mucho antes de que los balleneros pusieran en peligro la existencia de estos veloces gigantes que proporcionaron toneladas de aceite durante el siglo xix. Las ballenas eran una especie en extinción a finales del siglo pasado, y han tenido que pasar cerca de cien años para que se recuperasen. En la actualidad, los observadores visitan las lagunas de diciembre a marzo, que es la época de reproducción de estos animales.

Cuando el gobierno mexicano comprendió que las ballenas estaban a punto de extinguirse, promulgó leyes de protección para la laguna Scammon, situada cerca de Guerrero Negro, lugar que había sido escenario de una de las masacres de ballenas más importantes de la historia. Eso brindó a las ballenas la posibilidad de sobrevivir, por lo menos por un tiempo. Los grupos ecologistas internacionales siguieron de cerca la recuperación de los cetáceos y las organizaciones turísticas respetaron más tanto las lagunas como a sus habitantes. El turismo se orientó hacia la laguna de San Ignacio y la bahía de Magdalena, en la costa sur, un espacio aislado de la península donde el número de ballenas aumenta de año en año. Sin embargo, en 1998, se otorgó a la compañía Mitsubishi un permiso para que explotara minas de sal en las orillas de la laguna San Ignacio. Las minas crearán 10.000 puestos de

trabajo en una región poco poblada y a las ballenas no les quedará más opción que mudarse a otro lado.

Vayan donde vayan, siempre las seguirá un séquito de turistas. Algunos llegan en barco desde La Paz, Los Cabos o San Diego, California. Otros se acercan en coche desde San Ignacio, Loreto y La Paz. Como recompensa, todos ellos asisten a un espectáculo incomparable.

Relájese tumbado en una hamaca

EN EL PAÍS DE LA SIESTA ENCONTRARÁ UN BUEN NÚMERO DE ACCESORIOS Y ELEMENTOS DESTINADOS AL DESCANSO. De todos, el mejor

ATRACTIVOS PRINCIPALES

es la hamaca yucateca, una «cuna» cómoda y flexible, trenzada con miles de minúsculas cuerdas. No hay nada mejor que dormir una siesta en una playa de arena blanca meciéndose en una hamaca.

Los mayas perfeccionaron en el siglo IV el arte de la confección de hamacas, que utilizaban como camas. La casa maya tradicional, también conocida como *na*, siempre cuenta con hamacas colgadas en la habitación principal. Y aún ahora, algunas residencias señoriales de Mérida cuentan con ganchos para hamacas en los dormitorios. Ningún patio o terraza de

Unos turistas se relajan tumbados en hamacas en las tranquilas playas de la bahía de Huatulco.

Yucatán está completo sin hamacas y, en los hoteles, siempre hay alguna de reserva. Los huéspedes del Camino Real de Cancún disfrutan de un balcón con hamaca y vistas al mar. La mayoría de los hoteles de Playa del Carmen cuentan con *palapas* (encantadoras cabañas con techo de paja) y terrazas equipadas con hamacas.

Los viajeros experimentados compran una hamaca yucateca al llegar a la península y la conservan en su maleta junto a dos largas cuerdas durante toda su estancia. En Mérida encontrará una excelente selección de hamacas, y algunas de ellas fabricadas en seda de varios colores: una auténtica obra de arte. Existen tres medidas de hamacas: individuales, dobles y matrimoniales. Yo siempre escojo la más grande, sin importar el número de personas a las que piense destinarla. Las hamacas de algodón son más baratas pero se decoloran con el sol; el nailon es un material mucho más resistente. Cuantas más cuerdas tenga una hamaca, mejor será su calidad. Las hamacas con redes demasiado amplias pueden provocar molestias en pieles delicadas. Suelo comprar mis hamacas en **Tixcokob**, un pueblo situado cerca de Mérida. La mayor parte de las casas que forman su

calle principal cuentan con un taller de confección de hamacas en el patio y las familias invitan a los visitantes a que pasen para inspeccionar sus productos. Los tejedores venden sus hamacas en los mercados y parques de Mérida.

A la hora de comprar, tenga en cuenta una serie de factores: escoja una hamaca mayor y con las cuerdas más finas de lo que crea necesitar, compre una buena cantidad de cuerda de nailon o yute en un mercado y guárdela siempre junto a su hamaca. Si se tumba en una hamaca en la playa, coloque una toalla debajo para proteger su espalda de mosquitos e insectos varios. Cuando use la hamaca por primera vez, cuélguela bastante alta para que tanto la cuerda como la malla se estiren al máximo con el peso de su cuerpo.

En la mayoría de las playas encontrará un lugar para colgar su hamaca. Yo he utilizado la mía en Baja, en pleno mes de julio, en Akumal, bajo una lluvia torrencial y envuelto en un saco de dormir. Isla Mujeres, Playa del Carmen y Tulum, en el Caribe, disponían hace años de cámpings para hamacas. La playa Zicatela, en la costa del Pacífico, cerca de Puerto Ángel, conserva algunos excelentes recintos para hamacas.

Descubra la península solitaria

MI ESPACIO PREFERIDO EN MÉXICO ES LA PENÍNSULA DE BAJA CALIFORNIA, un lugar irreal, con playas que parecen pistas de aterrizaje para ovnis, cactus cardón inmensos y ballenas respirando en sus aguas. La topografía de Baja no tiene parangón en el mundo. La península tiene una extensión de 1.600 km hacia el sur y atraviesa el océano Pacífico y el mar de Cortés. Su parte más ancha coincide con la frontera con Estados Unidos y desde ahí se va volviendo más y más estrecha hasta rematar en una punta en su extremo sur. A pesar de ser una zona esencialmente desértica, la península de Baja California está lejos de ser árida. Yo sueño con pasar un mes, deteniéndome donde más me convenga; me gustaría acampar junto a rocas más grandes que catedrales en Cataviña y recorrer a caballo el bosque de San Pedro Mártir.

Baja es un destino para gentes cultas, pues muchos californianos dedican su vida a estudiar fenómenos únicos que se dan en esas tierras. Gran parte de los proyectos de investigación se centran en las aguas que rodean la península. Las imponentes ballenas grises llegan cada invierno a la costa del Pacífico, procedentes del mar de Bering y se instalan en las tranquilas lagunas de Baja, mecidas por el viento. Rayas, mantas, delfines, peces voladores y ballenas conforman un hermoso espectáculo en las aguas turquesas del mar de Cortés.

Pero en Baja, la tierra es igualmente fascinante. La carretera es ya de por sí un desafío, llena de baches, vados y extensiones planas invadidas por ríos desbordados tras una violenta tormenta. La carretera transpeninsular se encuentra llena de peligros, tal y como testimonian las cruces, los santuarios y los ramos de flores artificiales que pueblan sus orillas. He recorrido varias veces la península, generalmente con un calor asfixiante, en época de pesca. El trayecto se vuelve fascinante, una vez superados los cien primeros kilómetros de casas que hay junto a la frontera.

Al sur de Ensenada, a 128 km de la frontera, las ciudades-dormitorio desaparecen y dejan paso a viñedos plantados en las faldas del monte San Pedro Mártir. Más hacia el sur, las mesetas sustituyen a los valles verdes y el paisaje se va llenando de piedras gigantescas. En Guerrero Negro, cerca de la frontera entre el estado de Baja California y el de Baja California Sur, la carretera asciende hacia la sierra de la Giganta, que culmina en la misión de San Ignacio antes de descender hacia **Santa Rosalía** y el mar de Cortés.

La bahía de la Concepción, al sur de la ciudad fluvial de Mulegé, es el primer lugar desde el que se ve el mar. Las playas están rodeadas de picos y rocas de color siena; la arena es blanca y suave, y el mar, cristalino y tranquilo. En Loreto, las lanchas y *pangas* se mecen junto a las islas Carmen y Danzante mientras los pescadores capturan doradas, atunes y, de vez en cuando, pescadillas. El siguiente tramo de carretera discurre por el interior y resulta algo aburrido. Pero la carretera transpeninsular vuelve a encontrarse con el mar al llegar a La Paz, la capital de Baja Sur. Los automovilistas razonables (y fatigados) suelen hacer un alto en la ciudad, comprando provisiones en sus grandes supermercados, degustando los excelentes platos de pasta y de carne de la localidad y disfrutando de la riqueza del mar. De La Paz parten muchas excursiones de buceo que se dirigen a los macizos submarinos a los que, en verano, emigran los tiburones martillo y los tiburones ballena. Las tranquilas aguas de las islas vecinas son ideales para practicar el buceo en apnea y el piragüismo. Los amantes de la antropología y la historia pueden llegar a lomos de una mula hasta unas grutas escondidas en las que existen unos petroglifos que datan del 700 a. C. Si desea contemplar a las ballenas, tendrá que rodear la península en dirección a la **laguna de San Ignacio** y a la **bahía Mag.**

Baja California es una península estrecha que separa el océano Pacífico y el mar de Cortés. Su árido paisaje se encuentra salpicado de cactus y sus playas cuentan con *palapas* que proporcionan algo de sombra al viajero.

Algo más al sur, la naturaleza deja paso a un mercantilismo absurdo. En el extremo de la carretera se encuentra Los Cabos, el complejo turístico más caro y más en voga de México. El lujo es absoluto: esta zona de descanso artificial está repleta de campos de golf de campeonato, hoteles de calidad internacional, buenos restaurantes y elegantes *boutiques*. Después de recorrer 1.600 km, uno se siente como si hubiese llegado a una pequeña California a la mexicana. ¡Menudo paseo para llegar!

La vida del tren

EL MAL OLOR PROPIO DE LOS AMBIENTES CIVILIZADOS SE DISIPA A MEDIDA QUE EL TREN QUE ATRAVIESA EL CAÑÓN DEL COBRE EMPIEZA A RECORRER AROMÁTICOS PINARES en su ascensión de los 2.700 m que separan el golfo de California de Sierra Madre. Se trata de un conjunto de montes impresionantes, repletos de acantilados y profundas gargantas. La línea de ferrocarril que une Chihuahua y el Pacífico se construyó entre 1872 y 1961, es decir, tardó casi un siglo en acabarse. La idea la concibió el americano Albert Kinsey Owen, que deseaba disponer de un medio de transporte rápido entre el centro de Estados Unidos y el puerto de **Topolobampo**, en Sinaloa, en la parte mexicana del golfo. Sin embargo, Kinsey abandonó la idea por miedo a colocar rieles en territorio desconocido. Edward Arthur Stillwell, un magnate del ferrocarril norteamericano, retomó el proyecto en 1900 y el gobierno mexicano lo relevó en 1940. La línea que une **Chihuahua** y la costa, al igual que las líneas de las Montañas Rocosas o de la cordillera de los Andes, recorre 1.450 km por un territorio hostil en el que sólo los hombres más robustos sobrevivían.

La primera vez que me monté en el tren del cañón del Cobre era un invierno de la década de 1980: los vagones eran viejos y las ventanas estaban rematadamente sucias. Pasé gran parte del trayecto asomado a una ventana, disparé centenares de fotografías en las que trataba de captar la atmósfera propia de un viaje a

las cumbres en el que se atraviesan paisajes cada vez más agrestes. Pasé una noche en **Divisadero** con un amigo. Hacía tanto frío que nos pusimos toda la ropa que pudimos debajo de nuestros pijamas de franela. Pasamos la segunda noche en la cabaña principal del hotel, con un grupo de robustos viajeros, escuchando música de **Eydie Gorme** y boleros de **Los Panchos**, y sorbiendo unas margaritas bastante mediocres improvisadas con tequila y Squirt (un refresco de limón), hasta que caímos muertos de sueño.

Recorrimos el cañón de paredes llenas de nieve, siguiendo los pasos de unos **indios tarahumara** que nos servían de guías y que caminaban descalzos o con unas sencillas sandalias. Los tarahumara ya vivían en esas montañas mucho antes de que los gringos impusieran sus ruidosas máquinas y su concepto de la esclavitud. Los tarahumara tienen fama de ser los hombres más veloces del mundo.

En la última década, los promotores han empezado a construir cabañas y albergues para el turismo alternativo. Los operadores turísticos ofrecen excursiones a caballo o en mula pero también hay agencias que proponen viajes a pie de una semana en los que se recorren los cuatro cañones principales, agrestes ríos, grutas secretas y poblados tarahumaras. El tren no ha mejorado demasiado pero los túneles y los puentes han resistido el embiste de la naturaleza. En algunas épocas del año se organizan excursiones en vagones privados, pero yo prefiero la alternativa más popular: los menonitas procedentes de los alrededores de Chihuahua, vestidos con abrigos impecables y sombreros negros, suben al tren en grupos solemnes al tiempo que los turistas se confunden con los habitantes de la zona e improvisan partidas de cartas o de dominó. En cuanto a las noches, algunas las pasé en **Creel**, una ciudad digna del salvaje Oeste, y otras, en las aisladas y montañosas **Batopilas** y **Cerocahui**, donde me reencontré con los orgullosos tarahumara.

India tarahumara vendiendo cestos tejidos con agujas de pino junto a la línea de ferrocarril que recorre el cañón del Cobre.

USTED ELIGE

Grandes espacios

LOS ANIMALES SALVAJES PUEDEN RESPIRAR TRANQUILOS EN LOS PARQUES NATURALES PROTEGIDOS, aún cuando su número haya descendido vertiginosamente. Se cuentan historias acerca de los jaguares y los quetzales que inspiraron a los mayas y de los ciervos que eran más rápidos que los cazadores tarahumaras de la sierra. Pero, por desgracia, cada vez es más difícil conocer ese aspecto de México.

Sin embargo, los amantes de la aventura se pueden lanzar a la conquista del país. Los alpinistas escalan las cimas nevadas del **Pico de Orizaba** en Veracruz y el cono abrupto del volcán **Popocatépetl**. En el **río Usumacinta**, los apasionados del *rafting* pueden recorrer las selvas tropicales

y los cañones de Chiapas guiados por indios lancandones. En las islas del **mar de Cortés** se pueden dar paseos en piragua rodeados de delfines; los amantes del buceo no tienen más que dirigirse a **Cozumel** para disfrutar de los arrecifes caribeños.

México tiene una extensión cuatro veces superior a la de España. Su topografía, su flora y su fauna son tan variadas como las de Australia o Costa Rica. El Amtave (Asociación Mexicana de Turismo de Aventura y Ecoturismo) cuenta con un práctico catálogo de viajes por todo el país. Esta asociación surgió en 1992 y desde entonces propone cada año una serie de recorridos nuevos. Si desea recibir el catálogo, solicítelo a **Amtave**, ((5) 661-9121, FAX (5) 662-7354; E-MAIL ecomexico@compuserve.com.mx; PÁGINA WEB www.amtave.com.mx; avenida Insurgentes Sur, 1971-251, Colonia Guadalupe Inn, 01020 México D.F.

Entre las maravillas naturales que más turistas atraen, figura el cañón del Cobre, más largo y profundo que el Gran Cañón del Colorado. Varias agencias proponen viajes en tren en la línea que va de Chihuahua al Pacífico, por túneles y puentes colgantes así como excursiones en las que se escalan las escarpadas faldas de las montañas y se conocen pueblecitos

PÁGINA ANTERIOR: Estos intrépidos excursionistas resisten el calor infernal del cañón de Nacapule, en Sonora. SUPERIOR: Los cactus saguaro despuntan sobre las rocas y las salvias del cañón de Las Baratijas, en Sonora.

situados en los márgenes del cañón. Los albergues organizan paseos en mula, a caballo o en furgoneta hasta los poblados tarahumaras más alejados, formados por grutas situadas junto a cascadas.

La pasión por el deporte

Todos los centros turísticos de México cuentan con cualidades propias y, para descubrirlos todos, hace falta toda una vida. En la mayoría de las costas se practica el **buceo**. **Cozumel** y los arrecifes caribeños llaman la atención de los aficionados que buscan aguas transparentes, cálidas y llenas de peces tropicales. Las grutas y cenotes de la meseta calcárea de Yucatán apasionarán a los buceadores más experimentados, mientras que los amantes de los grandes espacios deben dirigirse a las **islas Revillagigedos**, en el extremo de la península de Baja California, donde encontrarán mantas, tiburones y atunes enormes. La excursión más impresionante que México ofrece a este respecto es la ascensión en todo-terreno hasta la cima del volcán **Nevado de Toluca** y la inmersión en el lago que ocupa su cráter, a 4.270 m. En la mayor parte de las localidades costeras hay, por lo menos, un club de submarinistas: desde Guaymas, en el norte del golfo de California hasta Xcalak, cerca de la frontera con Belice. De todos modos, en caso de que quiera preparar su propia salida: el Amtave es una excelente fuente de información.

Si le gustan las aguas más bien frías de los lagos situados en cráteres, póngase en contacto con **Buceo Total**, ((5) 688-3736, FAX (5) 604-2869, Xicontencatl, 186, Col. del Carmen, Coyoacán, México D.F. 04100.

Para viajar a las islas Revillagigedos, a 400 km de Los Cabos, Baja California, acuda a **Solmar V**, ((800) 344-3349 (LLAMADA GRATUITA), FAX (310) 454-1686. El banco de Chinchorro tiene una extensión de 29 km y se encuentra al sur de la costa caribeña, a la altura de la **Costa de Cocos**.

El lugar está repleto de arrecifes anchos y poco profundos. Reserve en **Turquoise Reef Group**, ((800) 538-6802 (LLAMADA GRATUITA), FAX (303) 674-8735, apdo. de correos 2664, Evergreen, CO 80439.

Las localidades en las que se practica el buceo son también excelentes para la **pesca deportiva**. Para pescar en México hay que disponer de un permiso especial. Tanto la costa de Baja California como la del Pacífico y el Caribe están repletas de pequeñas embarcaciones llamadas *pangas* que forman verdaderos ejércitos de pescadores. Los destinos más selectos son Los Cabos, Mazatlán, Manzanillo, Zihuatanejo y Cozumel. Los fondos llanos que rodean a la península de Boca Paila, en Quintana Roo, tienen fama por la pesca del tarpón y de otras especies de gran tamaño.

Entre las agencias que organizan excursiones de pesca en Los Cabos merece la pena destacar las siguientes: **Los Cabos Fishing**, ((800) 521-2281 (LLAMADA GRATUITA); **Solmar Fleet**, ((281) 346-1001, en el cabo este, y **Playa del Sol**, ((800) 368-4334 (LLAMADA GRATUITA). Todas las flotas

pesqueras están representadas en la marina de Cabo San Lucas. Para las salidas por el mar de Cortés, póngase en contacto con **Sea of Cortez Sport Fishing**, ((626) 333-9012.

Los **recorridos en piragua** se han puesto muy de moda en la bahía de la Concepción y en toda la costa de Baja California, así como en Huatulco y en las islas cercanas a Puerto Vallarta. En el sur de Chiapas y en Veracruz se puede practicar el *rafting* y el **descenso en piragua**. Éste es, sin duda, el estado que más deportes de aventura ofrece de todo México. En Veracruz se puede escalar el Pico de Orizaba, hacer *rafting* en el río Bobos y dar paseos por la selva tropical, donde se pueden observar una gran variedad de aves.

Entre las agencias especializadas en este tipo de viaje por Veracruz destacan: **Río y Montaña Expediciones**, ((5) 520-2041,

FAX (5) 540-7870, Prado Norte, 450-T, Col. Lomas de Chapultepec, 11000 México D.F; **Expediciones Tropicales**, ((5) 543-7984, FAX (5) 523-9659, Magdalena, 311-10, Col. Del Valle, 03100 México D.F.; y **Veraventuras**, ((29) 189579, FAX (29) 189680, Santos Degollados, 81-8, Col. Centro, 91000 Xalapa, Veracruz.

El documental de Graham Macintosh titulado *Desert Place* describe una de las excursiones más atractivas que se pueden realizar en México, un mes cruzando la península de Baja California. Macintosh lo realizó de la manera más difícil: solo. Pero no es preciso emularle. El cañón del Cobre es el hogar de los mejores excursionistas y corredores del país: los indios tarahumara. Los volcanes que rodean la

La playa de Los Algodones, en la bahía de San Carlos, es un lugar ideal para pasear a caballo.

ciudad de México llaman la atención de los escaladores experimentados. De todas las agencias mexicanas que organizan salidas por las distintas regiones del país recomendamos las siguientes:

Turismo Ecológico Mexicano Quinto Sol, ((5) 211-8130, FAX (5) 211-8208, E-MAIL kintosol@ienlaces.com.mx, Mexicali, 36, Col. Condesa, 06600 México D.F.

Intercontinental Adventures, ((5) 255-4400, FAX (5) 255-4465, Homero, 526-801, Col. Polanco, 11560 México D.F.

Expediciones México Verde, ((3) 641-5598, FAX (3) 641-0993, José María Vigil, 2406, Col. Italia Providencia, 44610 Guadalajara, Jalisco.

Ecotours de México, ((303) 449-3711 o (800) 543-8917 (LLAMADA GRATUITA).

Trek México, ((5) 525-6813, FAX (5) 525-5093, Havre, 67-605, Col. Juárez, 06600 México D.F.

El país es de una gran riqueza en lo que a **observación de aves** concierne. Para mayor información, póngase en contacto con:

Ecoturismo Yucatán, ((99) 252187, FAX (99) 259047, calle 3, 235, entre 32-A y 34, Col. Pensiones, 97219 Mérida, Yucatán; **Amigos de Sian Ka'an**, ((91) 849583/873080, Cancún, que organiza excursiones ornitológicas por la reserva de Sian Ka'an, al sur de Tulum; **Field Guides**, ((800) 728-4953 (LLAMADA GRATUITA), FAX (512) 327-9231, E-MAIL fgileader@aol, PÁGINA WEB www.fieldguides.com, apdo. de correos 160723, Austin, TX78716-0723.

El **golf** es uno de los entretenimientos favoritos de quienes visitan **Los Cabos**, en el extremo de la península de Baja California. Jack Nicklaus ha diseñado un campo con 27 hoyos para el hotel Palmila, situado en pleno desierto, así como el campo del Cabo del Sol, que cuenta con 18 hoyos. Robert Trent Jones Junior también ha dejado huella de su talento en la zona creando un campo de 18 hoyos, el Cabo Real. Estos tres campos tienen fama mundial y son sede de varios campeonatos televisados. Los expertos creen que de aquí al año 2000, habrá más de 180 hoyos de golf en este desierto situado entre dos mares. En **Cancún**, el Cancún Golf Club cuenta con un campo diseñado por Robert Trent Jones que incluye asimismo una pequeña ruina maya. El Caesar Park

Resort de 18 hoyos está junto un complejo turístico y un antiguo yacimiento arqueológico. Robert Von Hagge diseñó el campo de 18 hoyos de **Ixtapa**, mientras que el Mantarraya Golf, cercano a Las Hadas, en **Manzanillo**, es obra de Pete y Roy Dye. Los grandes hoteles disponen de, por lo menos, un campo, desde el famoso Club de Golf de **Huatulco** hasta el espectacular campo del Acapulco Princess, en **Acapulco**.

Espectáculos deportivos

EN MUCHAS REGIONES, LAS FIESTAS VAN ACOMPAÑADAS DE CORRIDAS DE TOROS, otra contribución española a la cultura mexicana. Toreros de fama mundial hacen volar sus capotes en las plazas de México, Guadalajara, Tijuana y en la mayor parte de las ciudades agrícolas del norte. Las *charreadas* o rodeos mexicanos se organizan en todo el país. Los *charros* van vestidos con trajes nacionales llenos de colorido: pantalones apretados y bordados y sombrero ancho. Las *charreadas* suelen tener lugar los domingos por la mañana y en ellas se realizan pruebas de lazo, se montan caballos y toros salvajes, y se atrapan vaquillas por la cola. Pero tal vez la prueba más famosa sea la llamada «el paso de la muerte», en la cual el charro pasa de un caballo a otro sin dejar de galopar. Tras las pruebas se realiza a menudo una «escaramuza charra» en la cual se puede ver a unas mujeres cabalgando alrededor de la arena con música de mariachis de fondo.

Las carreteras

Conducir por México puede resultar un verdadero placer. Pero en la medida en que le tengo aprecio a mi vida, he decidido renunciar a conducir en Ciudad de México y no soy el único. Sin embargo, me siento muy cómodo conduciendo en el resto del país. Realizar excursiones de uno o dos días hacia el interior partiendo de las grandes ciudades no sólo es sencillo sino recomendable. De hecho, prefiero viajar en autobús a las zonas montañosas o llenas de gente. Las zonas costeras son ideales para aquellos que disfrutan conduciendo. La carretera más fascinante de todo México es, sin duda, la que atraviesa la península de Baja California, aunque tiene tramos más duros que otros. Sin embargo, otras carreteras requieren de una gran prudencia.

LA PENÍNSULA DE YUCATÁN
La península de Yucatán cuenta con algunas de las mejores carreteras del país: largas pistas asfaltadas sin curvas que atraviesan junglas espesas y recuerdan los caminos calizos que empleaban los mayas para ir de un centro ceremonial a otro. La carretera 307, que une Cancún y Tulum, se ha ampliado a cuatro carriles y ha perdido gran parte de su encanto.

PÁGINA ANTERIOR: Los embarcaderos de la laguna de Chacahua, en Puerto Escondido, son un lugar ideal para sentarse a pasar una tarde tranquila pescando. INFERIOR: Las *charreadas* o rodeos mexicanos, muy apreciados tanto por los turistas como por los propios mexicanos, son mucho menos violentos que una corrida de toros.

Por si eso fuera poco, está llena de autobuses cargados de turistas. Lo mejor de la carretera 307 son sus rudimentarios carteles, fabricados con neumáticos o botellas de refrescos clavadas en palos, que anuncian el camino hacia el paraíso. Muchas de las carreteras que nacen de la 307 conducen en la actualidad a hoteles y complejos de lujo, pero aún quedan algunas llenas de sorpresas. De esas pequeñas carreteras polvorientas, mis preferidas son las que conducen a Punta Bete Paamul, a algunas zonas de Akumal y a Casa Cenote. Todas ellas mueren en playas desiertas con pequeños terrenos para acampar o con hamacas colgadas sobre la arena entre lirios silvestres. Me sigue gustando mucho la carretera que va del sur de Tulum hacia la península de Boca Paila.

Los baches, las rocas y la arena ralentizarán su viaje y exigirán ciertas precauciones extras. Lleve unos 15 l de agua potable, una buena rueda de repuesto, un botiquín, una toalla de playa y un insecticida eficaz. Los automovilistas expertos en la zona recomiendan añadir un juego completo de herramientas, aceite y otros enseres mecánicos a la lista. Yo prefiero contar con la ayuda de los lugareños.

Más allá de las ruinas, de los hoteles y de los cámpings de Tulum, el viajero se adentra en la región de Sian Ka'an, con sus 56 km de lagunas protegidas, de playas y de canales que los mayas utilizaron en su momento para acceder al mar. Punta Allen queda a tres horas de Tulum, y está situado en el extremo de esta pequeña península. Allí suelo comer cebiche fresco (pescado marinado con especias) o pescado a la parrilla en uno de los pequeños restaurantes regentados por familiares de pescadores. Si no dispongo de mucho tiempo, hago un alto en el puente de madera que cruza el Cuzan, el último canal maya hacia el mar y dedico un rato a contemplar las garzas y las zaidas.

La península de Xcalak, en el extremo sur de la carretera 307, es muy elegante y bastante mejor que Boca Paila. Me detengo para pasar una o dos noches en Costa de

Cocos. Allí, descansa tanto mi cuerpo como mi alma gracias a la hospitalidad de sus propietarios, Dave y María Randall, que me brindan una cabaña en la playa con acceso a uno de los mejores lugares que conozco para bucear.

Tierra adentro, Yucatán también cuenta con lugares llenos de encanto. La antigua carretera de Cancún a Mérida va casi paralela a la autopista que conduce a los viajeros del siglo XX al siglo I, es decir, a las ruinas de Chichén Itzá. La carretera cruza pueblos con chozas ovales y techo de palma en los que viven los mayas actuales. No es raro ver hamacas en los patios y jardines de lirios y maíz. Sus habitantes se desplazan en triciclos con cestos y asientos

para un segundo pasajero. Las bicicletas y los topes (protuberancias de la calzada destinadas a aminorar la velocidad) obligan a circular con una relativa lentitud, lo que permite disfrutar del paisaje. Además de Chichén Itzá, no deje de visitar Valladolid (fíjese en la rana que lanza agua en la fuente de la plaza principal) e Izamal, donde el papa Juan Pablo II organizó un encuentro con indígenas en 1993. Gracias a la visita del Papa, la ciudad amarilla se embelleció notablemente: se aplicó una capa de pintura dorada al monasterio del siglo XVII y a los edificios vecinos y se adoquinó la plaza principal y las calles circundantes. De hecho, hoy en día, Izamal es una de las ciudades más hermosas de la provincia. Afortunadamente, el Estado ha abierto una oficina de información turística en la entrada de la ciudad.

Mérida es un buen punto de partida para excursiones cortas pero maravillosas a las ciudades más antiguas y a las comunidades costeras más aisladas. Me encanta conducir por las colinas de Puuc hacia Uxmal, por la carretera 180. En la carretera 281 que conduce a la costa, las rocas dan paso a la arena a medida que uno se acerca a Celestún. He recorrido en multitud de ocasiones los tres estados que conforman la península: Yucatán,

El Pico de Orizaba, el volcán más alto de México, domina los campos y la carretera que va hacia Puebla.

Campeche y Quintana Roo y me sigue apasionando descubrir nuevas rutas. No se pierda destinos como Oxkutzcab (la capital de la naranja en Yucatán), Santa Elena y la ruta de ruinas que pasa por Labná y Sayil o la hacienda Yaxcopoil. Ticul cuenta con un cementerio impresionante y un mercado.

VERACRUZ

La carretera 180 bordea la costa de Veracruz desde el golfo de Tampico hasta Tabasco. Es una de las carreteras menos frecuentadas por los circuitos turísticos. Suelo tomar la carretera desde Veracruz y conducir hacia el norte, hacia las ruinas de El Tajín o hacia el sur, hacia el lago de Catemaco. Si escoge la ruta que va al norte, deténgase en La Antigua y visite la misteriosa hacienda en la que se supone que Cortés descansó durante su primer viaje por América. A los aficionados al *new age* les encantarán las ruinas de Zempoala y su Círculo del Equinoccio en el que, al parecer, se siente una energía cósmica extraordinaria durante el solsticio de invierno. Los cafetales y el lejano Pico de Orizaba, el volcán más alto de México, forman un paisaje tranquilo camino hacia el norte. Haga un segundo alto en la

hacienda El Lencero, una casa de campo en la que vivieron los primeros caudillos españoles y algunos presidentes revolucionarios. Desde ahí puede optar por desviarse ligeramente para visitar el Museo de Arqueología de Xalapa. Si desea conocer la riqueza cultural de la costa del golfo de México, no se lo pierda.
A continuación, la carretera avanza junto a varios ríos exuberantes y atraviesa una jungla muy densa en dirección a El Tajín. A la vuelta, pase por lo menos dos noches en la zona para visitar los lugares que haya dejado de ver durante el trayecto.

Hacia el sur de la ciudad de Veracruz, los viajeros pueden conocer ciudades como Tlacotalpan, que parece un museo vivo asomado a un río. Las dos Tuxtlas son irresistibles. Santiago Tuxtla, en la que se filmó *Tras el corazón verde*, se caracteriza por una cabeza olmeca de 40 toneladas que ocupa la plaza principal desde el 400 a. C., si no desde antes. San Andrés Tuxtla tiene fama por su tabaco, sobre todo por sus cigarrillos de vainilla Santa Clara. Catemaco es el tercer lago más grande de México. Destaca por su belleza, su aire puro y sus brujos o curanderos. En el lago hay una isla habitada por una colonia de monos procedentes de Tailandia.

LA COSTA DEL PACÍFICO

Las localidades turísticas de la costa cuentan con carreteras pequeñas que conducen a pueblos coloniales y paisajes naturales. Me encanta la carretera 15, que va de **Mazatlán** a Copala, atravesando bosques de palo verde, y flores blancas y amarillas. Recomiendo una visita a Teacapán, una pequeña península cuyos habitantes luchan por proteger los pájaros y peces de la zona. La carretera 200 sale de **Puerto Vallarta** hacia el sur, cruza la Sierra Madre del Sur y llega a los magníficos hoteles en los que personalidades importantes acuden a descansar.
De **Acapulco** se puede tomar la carretera 95 que cruza las mismas montañas hacia

PÁGINA ANTERIOR: En las ciudades pequeñas, las *loncherías* sirven menús sencillos a los que llaman *comidas corridas*. SUPERIOR: Este moderno puente colgante situado sobre el río Mescala forma parte de la moderna carretera que une Acapulco y México.

Taxco, importante centro de minas de plata. Al norte de **Huatulco** se encuentran pueblos de pescadores y lagunas cubiertas de aves migratorias: una alternativa agradable para quienes no gustan de los complejos turísticos modernos.

México con mochila

A PESAR DE LA INVASIÓN TURÍSTICA, en México todavía quedan muchos rincones ideales para los trotamundos. Los autobuses cubren prácticamente todas las regiones, lo que permite recorrer el país sin tener que pagar billetes de avión ni alquilar un coche. Aunque en el país existen complejos turísticos de lujo y en las ciudades abundan los hoteles caros, la mayor parte de los mexicanos viven de manera muy humilde. Un trotamundos equipado con unos buenos zapatos, algo de abrigo y buenas provisiones estará mucho mejor que muchos de los habitantes de los pueblos de Oaxaca, Chiapas, Chihuahua y Michoacán con los que se cruce en su camino.

En 1995, el peso se devaluó a más de la mitad de su valor y México se convirtió en un lugar ideal para hacer negocios, por lo menos durante un corto período.

Los centros turísticos subieron sus tarifas pero los viajeros que optan por ciudades pequeñas podrán subsistir con el salario mínimo de un mexicano: 4 USD diarios. Los hoteles que alquilaban habitaciones dobles por 4 USD ya casi no existen, pero por el doble de dinero encontrará más de uno. Los retretes con asiento, las duchas con cortina, los mosquiteros y el agua caliente brillan por su ausencia en los establecimientos baratos. En las zonas más remotas no es fácil realizar reservas: trate de llamar cuando se encuentre cerca. México fue un paraíso *hippie* en los años sesenta y setenta, y los cámpings comunales se multiplicaron a lo largo de la costa caribeña, sobre todo en Isla Mujeres y en los alrededores de Playa del Carmen y Tulum. La mayor parte de estos lugares han desaparecido y, en los que quedan, hay que pagar por todo. En la costa del Pacífico no es difícil encontrar vetustas cabañas en Playa Zicatela, situada entre los hoteles inmensos de Huatulco y los albergues de precio moderado de Puerto Escondido. Los alojamientos más baratos suelen ser los que emplea el turismo nacional. Me alegra mucho ver los precios en pesos en hoteles hogareños de Mérida,

Oaxaca, Guadalajara y Veracruz o en los cascos antiguos de Mazatlán, Puerto Vallarta y Acapulco. El valle central de México está repleto de ciudades y pueblos coloniales cuyos habitantes viven prácticamente igual que sus ancestros. Si viaja con poco presupuesto y se muestra cortés, a buen seguro encontrará motivos para prolongar su estancia en esta zona.

México dispone de una red de albergues juveniles llamados CREA, en el que disponen de dormitorios algo rudimentarios. Por lo general, los CREA se encuentran relativamente lejos de los puntos de mayor interés pero suelen contar con un autobús cerca. Para obtener una lista de los albergues disponibles, póngase en contacto con la oficina del CREA en Ciudad de México: Agencia Nacional de Turismo Juvenil, ((5) 252548, Glorieta Metro Insurgentes, Local CC-11, Col. Juárez, CP 06600 México D.F.

La comida es bastante económica en México pero los restaurantes pueden resultar algo caros. Si está acostumbrado a viajar, no le costará acostumbrarse a comprar en *tortillerías,* panaderías, *taquerías* y demás puestos de comida. No olvide llevar bolsas de sobra para sus compras. Procure pelar o hervir los alimentos crudos, pero no se preocupe por los frijoles, el arroz, las tortillas recién hechas o las salsas y demás condimentos: coma cuanto quiera.

Vivir a lo grande

La riqueza de algunas familias mexicanas va más allá de lo imaginable. Aún cuando la devaluación del peso ha frenado en parte el afán de lujo y opulencia, los caprichos caros tientan a muchos.

HOTELES DE LUJO
Conventos del siglo XVI, torres de cristal del siglo XX y atemporales hoteles de lujo reciben a la elite privilegiada del país. La costa del Pacífico está repleta de enclaves señoriales situados entre la jungla y el océano. **Costa de Careyes**, al sur de Puerto Vallarta, marcó las pautas del estilo imperante en la zona. El diseño es del arquitecto italiano Gianfranco Brignone. En **Las Hadas**, junto a Manzanillo, se llevó

PÁGINA ANTERIOR: Puesta de sol en un saliente rocoso de una de las playas desiertas de Puerto Escondido. SUPERIOR: Las pequeñas embarcaciones llamadas *pangas* se mecen tranquilamente en las aguas de la playa Principal de Puerto Escondido.

al extremo el uso de cúpulas moriscas y minaretes cuando un magnate colombiano del estaño, Anterior Patiño, terminó de construir el palacio de sus sueños en 1974. **Las Brisas** es desde hace tiempo el hotel más famoso de Acapulco, muy apreciado por sus casas rosas y blancas con piscina privada.

En las décadas de 1980 y 1990 se construyó una gran cantidad de hoteles de playa. La mayoría de ellos han resistido impávidos los huracanes y las fluctuaciones fiscales. La **Casa que Canta**, en Zihuatanejo, inauguró una nueva modalidad de hoteles de lujo con una mezcla de decoración mexicana y calidad de servicio internacional. Desde la terraza de su habitación, rodeado de plantas y árboles, disfrutará de una hermosa vista al mar. La **Villa del Sol**, en Zihuatanejo, cuenta con habitaciones igualmente maravillosas. El hotel **Maroma**, al sur de Cancún, se ha convertido en un lugar de descanso ideal, anunciado en todas las revistas de viajes.

Las Ventanas al Paraíso transformó el paisaje lujoso de Los Cabos cuando se inauguró, en 1996; en todo el país no hay nada que supere su estilo arquitectónico, su marco incomparable, la calidad de su cocina y su comodidad. Gracias a este hotel, el complejo de Los Cabos, situado en el extremo de la península de Baja California y olvidado durante años, se ha convertido en uno de los más lujosos y caros de México. Los establecimientos de más solera, como el **hotel Palmilla**, han reaccionado alquilando *suites* estupendas situadas en uno de los acantilados más pintorescos de la zona, con vistas al mar de Cortés, a campos de golf de campeonato y a chalets de millonarios. La **Casa del Mar** es tranquila, refinada y típicamente mexicana. El **Westin Regina** deslumbra con sus imponentes muros rosas y amarillos, y es un lugar perfecto para descansar, con sus piscinas y su maravillosa cocina.

Las ciudades coloniales del interior también disponen de hoteles de lujo. En el **Camino Real Oaxaca** (antes llamado hotel Presidente), los huéspedes descansan entre los muros de piedra erigidos en el siglo XVI para proteger y dar cobijo a un grupo de monjes católicos. La **Casa de Sierra Nevada**, en San Miguel de Allende, es una regia residencia del siglo XVI restaurada y considerada como el mejor hotel colonial de México. La **Casa de la Marquesa**, en Querétaro, saca partido a lo mejor del grandioso y fascinante estilo del siglo XVIII europeo. Las casas de ladrillo y estuco de la **Villa Montaña**, en Morelia, disponen de chimenea para combatir el frío de las montañas. Los huéspedes, además, pueden disfrutar de una excelente cocina mexicano-francesa.

Las grandes cadenas hoteleras han sabido adaptarse al peculiar estilo mexicano. El **Camino Real**, uno de los preferidos por los entendidos, ofrece una excelente combinación de buen servicio y arquitectura espectacular en sus establecimientos de Ciudad de México, Guadalajara, Monterrey y Cancún. La cadena **Fiesta Americana**, afiliada a la cadena hotelera más importante de México, asocia la arquitectura colonial de Mérida al equipamiento más moderno. La misma cadena cuenta con tres establecimientos en Cancún, todos ellos con un característico toque mexicano, y un hotel en construcción en Los Cabos. **Quinta Real**, otra de las sociedades mexicanas más importantes, ha creado tres establecimientos excepcionales en Huatulco, Guadalajara y Monterrey, que reflejan el gusto más refinado de la elite mexicana. El **Ritz-Carlton** ha dejado huella en Cancún dando un toque de balneario a su tradicional estilo refinado, y se rumorea que se va a construir un segundo Ritz en Los Cabos. El **Four Seasons** se ha instalado en Puerto Vallarta una vez confirmado su éxito en Ciudad de México. Si tuviese dinero, en la capital me hospedaría siempre en el **Marquís Reforma**, en el **Nikko**, en el **Presidente Inter-Continental** y en el **Camino Real**.

México no está a la altura de otros países en lo que respecta a los albergues en los que se une lujo y aventura pero aún así, existen varios hoteles rurales que merece la

Las palmeras proporcionan sombra al área de piscina del hotel Fiesta Americana de Acapulco.

pena visitar. El cañón del Cobre ha inspirado a los promotores y a los exploradores para abrir varios establecimientos de lujo entre los que destacan el **Posada Barrancas Mirador**, el **Copper Canyon Sierra Lodge** y el **Copper Canyon Riverside Lodge**.

Todos ellos cuentan con un marco incomparable, habitaciones cómodas y buenas comunicaciones con los principales puntos de interés del cañón: lo que las hace insuperables.

RESTAURANTES DE LUJO

Ciudad de México es la que ofrece un mayor número de restaurantes de lujo, seguida de cerca por Cancún, Acapulco y Puerto Vallarta. Estos cuatro destinos son los que más han llamado la atención de los experimentados *chefs* que trabajan en grandes restaurantes asiáticos, franceses, especializados en mariscos o en comidas regionales. Las calles peatonales de la Zona Rosa de Ciudad de México están llenas de cafés internacionales. En el **Konditori** se puede degustar un suculento salmón ahumado, y en el **Daikoku** sirven el *sushi* más fresco de la ciudad. El **Cicero Centenario** y **Los Girasoles** se pusieron muy de moda en la capital al iniciarse la década de 1990. Al **bar L'Opera**, situado junto a Bellas Artes, acuden muchas parejas a tomar una copa después de ir al teatro. La **fonda El Refugio**, en la Zona Rosa, es mi restaurante mexicano favorito desde hace veinte años.

Con sus restaurantes de moda, **Puerto Vallarta** me recuerda un poco a Los Ángeles. A los *chefs* europeos les gusta mucho el ambiente cordial de esta ciudad, su aire tropical y los artistas que viven en ella. He disfrutado de platos excelentes en el **Café des Artistes** y en el **Chef Roger**. No se pierda una cena de marisco en **Le Kliff**, situado al sur de la ciudad, en pleno bosque. El **Coyuca 22** tiene fama de ser el mejor restaurante de Acapulco, por desgracia cierra de octubre a mayo. El **Madeiras**, el **Ristorante Casa Nova**, el **Spicey** y el **Kookabura** han sabido seducir a los propietarios de las residencias de las colinas de Las Brisas y de Acapulco Diamante. Me gusta especialmente el bar de

sushi del **hotel Boca Chica**, en Playa Caleta y el **Bambuco** de Elcano.

No podría pasar por Mérida sin hacer un alto en **El Pórtico del Peregrino**. Si le apetece humus, tabulé, yogur o cordero, pásese por el restaurante **Alberto's Continental**.

Los hoteles pequeños suelen disponer de buenos restaurantes en todo el país. Entre los más recomendables figuran los hoteles **La Casa que Canta**, en Zihuatanejo, **La Casa de Sierra Nevada**, en San Miguel de Allende, el **Maroma**, en la costa caribeña, al sur de Cancún, **Las Mañanitas**, en Cuernavaca, y el **Quinta Real** de Guadalajara y de Huatulco.

Algunos críticos gastronómicos como Diane Kennedy y Patricia Quintana apuestan por los platos regionales, y muchos *chefs* han incorporado a sus menús moles, pozoles, chiles y especias. Uno de los menús más impresionantes que he tenido la ocasión de ver es el del **María Bonita** de Cancún, donde se ofrecen decenas de variedades de tequila. En Oaxaca, Puebla, Veracruz, Yucatán y Chiapas encontrará gran cantidad de pequeños restaurantes de barrio en los que se sirven excelentes especialidades regionales.

Diversión en familia

A LOS MEXICANOS LES ENCANTAN LOS NIÑOS Y SIEMPRE ESTÁN DISPUESTOS A ACOGER A FAMILIAS, tanto en su país como en su casa. Las plazas principales de los pueblos y ciudades parecen enormes parques infantiles. No es raro encontrar terrenos de básquet o de fútbol aún cuando a veces sólo jueguen dos niños por equipo. En la calle se venden pelotas o se anuncian aparatos para hacer pompas de jabón que dejan boquiabiertos a los niños, quienes no dudan en rogarle a sus padres los pesos necesarios para adquirir el producto. Los domingos por la tarde, las niñas y los niños vestidos de gala corren tras las palomas bajo la mirada atenta de las abuelas, que también se han vestido de

El barrio colonial de Taxco está formado por callejuelas estrechas y empedradas.

domingo para ir a misa. Las plazas más agradables para pasar un rato son las de Veracruz, Cozumel, Oaxaca, Mérida, la plaza Tapatía de Guadalajara y la plaza Alameda de México.

Los centros turísticos suelen contar con un parque acuático para toda la familia. En Marina Vallarta, Marina Ixtapa, Cancún y Acapulco encontrará parques con toboganes, neumáticos a modo de flotadores, piscinas para niños, etc. El parque acuático de Xcaret es el mejor del país: sea cual sea su edad, tiene garantizado que pasará un buen rato. Mazatlán y Veracruz poseen excelentes acuarios mientras que Puerto Vallarta e Isla Mujeres disponen de importantes centros de educación de delfines. El zoo de México, situado en el parque de Chapultepec, se ha beneficiado recientemente de una necesaria renovación y los animales (entre los que destacan dos pandas gigantes) ya cuentan con espacios mejor acondicionados. Chapultepec es el centro de diversión familiar por excelencia, ya que cuenta con muchas actividades orientadas a los más pequeños. Papalote, el museo del niño que se inauguró en 1993, es uno de los mejores del mundo. El parque Agua Azul de Guadalajara y el del Centenario en Mérida también cuentan con columpios y divertidos juegos infantiles.

A algunos niños les encanta el museo de las Momias de Guanajuato, en el que se expone una colección de esqueletos con ropa. Otros prefieren las minas de plata de Zacatecas y de La Valenciana, en Guanajuato. Es posible que se cansen si los lleva de tiendas por Taxco: prémielos subiendo al funicular del hotel Monte Taxco. En la mayoría de las ciudades encontrará esta clase de entretenimientos sencillos.

Actividades culturales

SI LE GUSTAN LOS MUSEOS, LAS IGLESIAS, LAS GALERÍAS DE ARTE, LA ARQUITECTURA Y LAS BELLAS ARTES, no deje de visitar México. Cultura, historia y gastronomía son los tres máximos atractivos de este país. El **Museo Nacional de Antropología** de Ciudad de México es uno de los mejores del mundo; el museo de Jalapa, al igual que los que se encuentran junto a los yacimientos más importantes, merece también una visita. Algunas ciudades son todas ellas un monumento histórico de la época colonial: no deje de conocer **Puebla**, **Morelia**, **San Miguel de Allende**, **Mérida**, **Oaxaca** ni **San Cristóbal de las Casas**. Estas ciudades, a menudo erigidas sobre antiguos centros ceremoniales olmecas, aztecas, mayas, zapotecas o toltecas, constituyen verdaderos remansos de paz para los artistas, los arquitectos y los historiadores.

El arte mexicano ha ido desarrollándose a lo largo de los siglos. En la **Pinacoteca Virreinal de San Diego**, situada en un convento colonial de Ciudad de México, podrá contemplar una bella colección de obras de la época del virreinato, es decir, del siglo XVI al XIX. En aquel entonces, la iglesia mandaba a Europa a los artistas mexicanos de mayor talento para que prosiguieran allí sus estudios. Sus obras son un reflejo de las técnicas y los temas imperantes en la metrópoli, pero, a pesar de sus influencias, nunca faltaba un toque mexicano tanto en sus composiciones como en su contenido.

El movimiento de pinturas murales que surgió tras la revolución de 1910 impulsó la obra de pintores mexicanos tan célebres como Diego Rivera, Rufino Tamayo, José Clemente Orozco y David Alfaro Sucrose, cuyas obras decoran los muros de varios edificios públicos de la capital. Si va a Ciudad de México no se pierda las obras de arte expuestas en el **Palacio Nacional de Bellas Artes**, en el **Conjunto de San Ildefonso** y en el **Palacio Nacional**. Para admirar mejor las pinturas de Orozco que decoran el techo del **hospicio Cabañas** de Guadalajara, túmbese boca arriba sobre una madera en la antigua capilla. Rivera era un hombre muy alto, lo que le valió el apodo de «la rana gigante», y muy prolífico, por lo que no es extraño encontrar por lo menos una obra suya en la mayoría de los edificios públicos de la

Las cúpulas alicatadas de las iglesias de Oaxaca destacan por encima de sus coloristas fachadas.

capital. Al morir, dejó un taller abierto al público en San Ángel y una colección de objetos precolombinos instalada en un museo especialmente impresionante al que bautizó **Anahuacali**.

Varios compatriotas de Rivera obtuvieron un gran éxito internacional y entre ellos figura, por supuesto, su esposa, Frida Kahlo. Kahlo se convirtió en una autora de culto por sus autorretratos torturados y su original modo de vida. El **Museo y Casa de Frida Kahlo**, situado en el barrio de Coyoacán, en Ciudad de México, parece un santuario de sus incondicionales. Remedios Vara, una artista española que pasó varios años en México, es igualmente venerada. Sus cuadros etéreos y surrealistas se exponen a veces en la **Galería de Arte Nacional** y en el **Museo de Arte Moderno** de la capital mexicana.

El arte moderno está presente en todo el país. Las mejores obras se exponen en las galerías de Ciudad de México, Guadalajara, Oaxaca y San Miguel de Allende. El **Museo José Luis Cuevas** se encuentra en Ciudad de México y es considerado uno de los mejores museos de obras vanguardistas del país.

En México se organizan diversas manifestaciones culturales con carácter anual. En mayo, en Puerto Vallarta y Cancún tienen lugar festivales de *jazz*. El estado de Oaxaca está en fiesta todo el mes de julio mientras que la capital, Oaxaca, organiza el Guelaguetza,

un festival de danza y música folclórica que dura dos semanas. En el Guelaguetza participan los mejores grupos de baile regional del país y se pueden contemplar hermosos trajes tradicionales. San Miguel de Allende organiza un festival internacional de música de cámara en el mes de agosto, y los mariachis de Guadalajara están de fiesta durante dos semanas enteras del mes de septiembre. El festival Cervantes tiene lugar en Guanajuato en el mes de octubre y en él participan desde orquestas sinfónicas hasta grupos de danza, pasando por cantantes de *jazz* y de *rock* y compañías de teatro experimental llegadas desde todos los rincones del mundo.

De compras

SI ME TOCASE LA LOTERÍA, COMPRARÍA TANTAS COSAS EN MÉXICO que yo solo relanzaría la economía de ese país. Es cierto que las artesanías, las obras artísticas y los muebles mexicanos son menos refinados que los portugueses, italianos o franceses, pero yo siento verdadera debilidad por todo lo mexicano. Cuando viajaba como trotamundos me limitaba a comprar lo necesario para el camino; de esa forma ahorraba y no cargaba un peso excesivo. Compraba hamacas de mayas finas, sombreros de paja en Mérida, *huaraches* («sandalias») en Acapulco o hierbas para el dolor de cabeza y amuletos en los mercados de todo el país. Más tarde descubrí las alfombras de lana y la cerámica negra de Oaxaca, los elegantes muebles pintados de Michoacán y Guadalajara, la plata de Taxco, los azulejos y los platos de Puebla, los *huipiles* («camisas») bordados de Chiapas y las máscaras de Nayarit. Comprar en México se ha convertido en una verdadera afición y mis gustos han ido mejorando

SUPERIOR: Detalle de un puesto del mercadillo de San Ángel, en Ciudad de México. PÁGINA SIGUIENTE: Las alfombras de lana que venden en Teotitlán del Valle, en Oaxaca, retoman motivos mixtecas y zapotecas. PÁGINAS SIGUIENTES: La iglesia de Santa Prisca data del siglo XVIII y sobresale entre las casas multicolores de Taxco durante la puesta de sol.

hasta el punto de que, en la actualidad, no soporto pasear por los puestos de *souvenirs* tradicionales: su falta de originalidad me exaspera. En México se aprende rápido que es preferible comprar en los lugares de origen.

Tlaquepaque, un pueblo cercano a Guadalajara, es uno de los centros comerciales más famosos del país. Sus calles están repletas de galerías de arte, joyerías y tiendas de muebles. Recuerdo que, en una ocasión, coincidí con un grupo de decoradores texanos que desembarcaron en este pintoresco pueblo armados de calculadoras, metros y cámaras de fotos. Las compañías de transporte esperan ansiosas encargos de gran volumen y mandan enormes cajas llenas de mesas, puertas talladas y aparadores a ciudades situadas a ambos lados de la frontera. Los habitantes del sudoeste de Estados Unidos son afortunados porque se pueden encargar personalmente del transporte de sus compras y se evitan complicados trámites y tasas de aduanas. Muchos de los mejores hoteles de México están amueblados con objetos procedentes de la zona de Guadalajara, también conocida por la calidad de sus zapatos de mujer. **Michoacán** también tiene fama en lo que a

elementos de decoración se refiere, desde mesas lacadas hasta jarrones pintados.

En cuanto a artesanías, la calidad de los artesanos de **Oaxaca** no tiene parangón. No todas las creaciones que se venden en este estado tan rico en el plano artístico están de moda, pero su valor no hace sino aumentar con los años y con los siglos. Nelson Rockefeller fue uno de los primeros coleccionistas de arte folclórico mexicano que surgió en la década de 1930. Su afición contribuyó a llamar la atención sobre las cerámicas negras de Doña Rosa Real de Nieto, en San Bartolomé de Coyotepec, o sobre las ollas de más de un metro, tan pulidas que parecen de ébano y cocidas sin barniz en hornos subterráneos. Rockefeller era un gran admirador de la obra de las hermanas Blanco de Atzompa, que fabricaban unas increíbles muñecas de barro.

Chiapas, en la frontera con Guatemala, es un lugar tan colorista y cuenta con grupos étnicos tan variados, que uno puede estar seguro de encontrar verdaderos tesoros. Poseo una colección de muñecas de lana armadas con pequeños fusiles que representan a los rebeldes zapatistas que luchan por los derechos de los pobres de la zona. He visto estas muñecas en las plazas de México, Oaxaca y Mérida: la policía suele intervenir para impedir su venta.

Las galerías de arte tradicional van en aumento a medida que mejora la sensibilidad de los compradores. Encontrará tiendas excelentes en Puerto Vallarta, Puebla, Morelia, San Miguel de Allende y Cozumel. A Cancún le cuesta mucho distanciarse del mercado de *souvenirs* típicos pero, en la actualidad, cuenta con varias tiendas de artesanía serias. Si quiere hacerse una idea de lo que puede encontrar, dése una vuelta por el **Mercado del Sábado** de San Ángel, en Ciudad de México.

Estancias cortas

ES POSIBLE REALIZAR EXCURSIONES DESDE LAS PRINCIPALES CIUDADES Y CENTROS TURÍSTICOS DE MÉXICO. Los aeropuertos son a menudo un buen punto de partida para los

deseosos de explorar el país. Cancún, aún a pesar de estar lejos de la capital, cuenta con el segundo aeropuerto más importante de México. Una buena parte de los turistas que llegan a él lo hacen para pasar unos días en un hotel de lujo frente a las playas de arena blanca de la zona (un lugar en el que no está de más pasar incluso 15 días). ¡Pero México es algo más que sus playas! Los viajeros bien informados se dirigen a las ruinas de Chichén Itzá o a Cobá o se alojan en hoteles pequeños como el **Mayaland**, la **hacienda Chichén** o la **Villa Arqueológica Cobá**, que ofrecen una inmersión rápida y completa en el universo maya. Desde Cancún se puede realizar una excursión a Isla Mujeres, una escapada submarina a Cozumel o a alguna de las playas semidesiertas que quedan junto a la carretera que va a Tulum. La mayor parte de los turistas pasan tarde o temprano por **Ciudad de México**. Esta metrópoli excesivamente poblada es un buen final de excursión. Merece la pena hospedarse en el casco antiguo, la Zona Rosa o Polanco. Me gusta mucho el ambiente que se respira en la ciudad durante los puentes. Es el momento en que todos sus habitantes salen corriendo hacia la montaña o hacia la costa y los turistas

pueden pasear tranquilamente por el parque de Chapultepec, visitar el Museo de Antropología, el Zócalo y San Ángel y respirar un aire menos contaminado. La ciudad suele ser el punto de partida para escapadas cortas a Cuernavaca, Puebla y Valle de Bravo, a cuyos ranchos, hoteles rurales y centros termales acuden los capitalinos para liberarse del estrés cotidiano.

Festividades

EL NACIMIENTO, LA MUERTE, EL MATRIMONIO Y LA REVOLUCIÓN SE CELEBRAN CON IDÉNTICA PASIÓN. Es raro que transcurra un día sin que se escuche algún cohete o se oiga un grupo de mariachis animar una fiesta.

FESTIVALES TRADICIONALES
La mayor parte de las fiestas importantes están ligadas a un acontecimiento religioso, político o agrícola. La mayoría suele durar más de un día.
A los mexicanos les encanta transformar en puentes los días festivos, por lo que no es raro encontrarse con descansos de tres o cuatro días. Durante las celebraciones se organizan desfiles, bailes, fiestas, se lanzan fuegos artificiales y la gente se divierte hasta el amanecer. Si se hospeda cerca de un lugar en el que van a organizar una fiesta, consiga unos tapones: dormir durante el Carnaval de Mazatlán o Veracruz es un verdadero lujo. Si piensa presenciar una festividad importante, reserve el hotel con suficiente antelación.

Las **fiestas navideñas** duran todo diciembre y parte de enero. Lo habitual es que los mexicanos se tomen dos o tres semanas de vacaciones coincidiendo con esas fechas, sobre todo si viven lejos de sus familias. Las oficinas funcionan a medio gas y los hoteles están llenos a rebosar. La temporada de celebraciones navideñas comienza de manera oficial el 12 de diciembre, con **la fiesta de Nuestra Señora de Guadalupe**, la santa patrona de

PÁGINA ANTERIOR: La Virgen de Guadalupe, santa patrona de México, en forma de *souvenir*.
SUPERIOR: Los grupos de bailes tradicionales actúan en los hoteles y en las plazas de todo el país.

México. La basílica de Guadalupe, en las afueras de la capital, es el centro religioso de la ciudad. Peregrinos procedentes de todo el país parten semanas antes de sus hogares para congregarse en la basílica. Se les ve caminar por las calles y algunos realizan el último tramo arrodillados. En Puerto Vallarta y otras regiones en las que la Virgen es santa patrona se organizan fiestas, aunque menos importantes.

Doce noches antes del día de Navidad, los mexicanos celebran **Las Posadas**, en las que se representa la búsqueda de refugio de María y José. Los participantes van de casa en casa con velas, cantando y los dueños de las casas ofrecen comida. Las Posadas se organizan tanto en pueblos como en ciudades, y las de Querétaro son especialmente interesantes. El 23 de diciembre, en Oaxaca se celebra **la noche de los Rábanos**, durante la cual se exponen en la plaza principal increíbles esculturas realizadas con rábanos. Ese mismo día, en Querétaro se organiza un gran desfile. El día 24 tienen lugar desfiles más espectaculares si cabe en todo el país y fiestas especialmente animadas en Oaxaca y Veracruz. El día de Navidad se celebra en familia: al viajero le desconcertará no ver a nadie en la calle, excepción hecha de algún turista. **Nochevieja** y **Año Nuevo** también se pasa en familia y las celebraciones duran hasta el **día de Reyes**.

La fiesta de san Antonio Abad, de suma importancia para los agricultores y los ganaderos, se celebra el 17 de enero. En esa ocasión se conducen varios animales (desde gallos hasta vacas) a la catedral de México y otras iglesias donde son bendecidos. Los pueblos del estado de Veracruz celebran la **fiesta de la Candelaria** a principios de febrero. El 5 de febrero, **Día de la Constitución**, es festivo en toda la nación puesto que se conmemora la firma de la Constitución mexicana. Lo mismo ocurre el 24 de febrero, que es el **Día de la Bandera**.

Los **carnavales** mexicanos no son comparables a los de Río, pero aún así dan pie a fiestas muy importantes, con desfiles, disfraces, bailes y diversión generalizada durante una o dos semanas. Los mejores carnavales son los de Mazatlán, Veracruz, Cozumel y Puebla. La **Semana Santa** rivaliza en importancia con la Navidad y la fiesta de la Virgen de Guadalupe. Los tarahumaras del cañón del Cobre salen de sus casas trogloditas y se reúnen en pueblos grandes para bailar danzas de inspiración precolombina. En San Cristobal de las Casas, San Luis Potosí, Pátzcuaro y Taxco también se organizan fiestas a lo grande. La Semana Santa de Taxco se parece mucho a la de Sevilla, pero con un toque local que le da a las procesiones un aire más espectacular si cabe. Las fiestas empiezan el Domingo de Ramos y cada día se reconstruye un episodio de los últimos días de Cristo. Algunos penitentes usan capirotes negros, otros portan cruces o se ciñen una corona de espinas. El día de Viernes Santo se reproduce la crucifixión, seguida de una procesión silenciosa a media noche. La procesión triunfal del Domingo de Pascua marca la resurrección de Cristo y el final de las celebraciones. El **Viernes y Sábado Santos** son días festivos a nivel nacional.

El **equinoccio de primavera** va acompañado de un sorprendente fenómeno en las ruinas de Chichén Itzá, en Yucatán. Para los mayas, el equinoccio era un acontecimiento primordial para sus cultivos y para sus vidas. Construyeron el templo de Kulkucán de tal manera que durante el equinoccio queda alineado con el sol y la sombra de la escultura de la serpiente emplumada se proyecta sobre el suelo junto a la cabeza de serpiente esculpida al pie del templo. Este espectáculo atrae a gran cantidad de visitantes procedentes del mundo entero. El **Día del Trabajador** (1 de mayo) se celebra en todo el país. Los distintos sindicatos de trabajadores participan en llamativos desfiles en Ciudad de México. Durante los períodos de mayor inestabilidad laboral, se convocan manifestaciones políticas. El **5 de mayo** es día de fiesta nacional pero se festeja sobre todo en Puebla con bailes, fuegos artificiales y procesiones que conmemoran

En el estado de Jalisco decoran con lentejuelas el sempiterno sombrero mexicano.

la victoria de los mexicanos sobre los franceses en la conocida batalla de Puebla. La **fiesta de Corpus Christi** se celebra en todo el país 66 días después de Pascua, pero las mejores fiestas son las de Papantla, en Veracruz, donde los famosos *voladores* realizan sus danzas junto a las ruinas de El Tajín. En la catedral de Ciudad de México se bendice a niños disfrazados de indígenas.

La **fiesta de san Juan Bautista** tiene lugar el 24 de junio y es fiesta nacional. Se celebra con desfiles y bailes en todo el país, al igual que la **fiesta de la Virgen del Carmen**, el 16 de julio.

El **Día de la Independencia** es la fiesta política más importante. La celebración comienza oficialmente el 15 de septiembre a las 23.00 horas. El Zócalo de México se adorna para la ocasión con retratos luminosos de héroes nacionales que cuelgan de los edificios circundantes. Allí se reúnen cerca de medio millón de personas para oír al presidente de la República lanzar el tradicional «grito» que conmemora la llamada a la independencia realizada por el padre Miguel Hidalgo en 1810. La gente responde a voz en cuello «¡Viva México!» mientras que el cielo se cubre de fuegos artificiales y suenan silbatos, cuernos y música por todas partes. Es una muestra de unidad nacional muy emotiva que dura toda la noche y culmina el 16 de septiembre con un desfile en el que miles de personas recorren el trayecto que va del Zócalo al monumento a la Independencia. En el resto del país también se organizan fiestas, aunque algo más modestas.

Los **Días de los Muertos** (1 y 2 de noviembre) son fiesta nacional. El día 1 de noviembre se rinde culto a los niños muertos mientras, que el día 2 se consagra a los adultos. Se construyen altares en los hogares y en los cementerios, se colocan fotografías de los muertos rodeadas de flores, de velas y de sus comidas y bebidas preferidas. El aire huele a incienso y se venden dulces y panes en forma de cráneo y de esqueleto.

El **aniversario de la Revolución** se celebra el 20 de noviembre. En él se conmemora la revolución de 1910.

Los mexicanos no celebran el día de acción de gracias, pero los que viven cerca de la frontera se suelen sumar celebrando lo que llaman «Día del Pavo».

Gastronomía

LAS ALACENAS DE MI COCINA se encuentran llenas de especias y condimentos comprados en los mercados de Oaxaca, de México o de la última ciudad mexicana que haya visitado. La cocina mexicana forma parte de mi alimentación cotidiana. Sus elementos básicos (maíz, frijoles y arroz) constituyen el régimen habitual de los países del Tercer Mundo, de modo que, cuando necesito perder unos kilos, adopto ese régimen obviando el tocino que tanto sabor añade a los platos mexicanos. Los vegetarianos también pueden disfrutar de la gastronomía mexicana, pero requieren una mayor dosis de paciencia y mucha insistencia. Si pide un plato sin carne, le servirán algo sin ternera y el *chef* la sustituirá por cerdo, jamón o pollo. En las sopas de marisco, las cabezas de pescado suelen quedar flotando a la vista, como si con eso el cocinero pretendiese demostrar que usa productos naturales. En mis primeros viajes a México me solía alimentar de queso en forma de *quesadillas*, queso fundido, tacos y enchiladas. Desde entonces, he ido relajando mis principios y ahora disfruto los platos de *carnitas* (cerdo asado) y la *carne asada* (es decir, buey asado). Hoy en día los menús ya cuentan con platos adaptados a los gustos vegetarianos y en los grandes hoteles suele haber por lo menos un restaurante de esas características. De todos modos, los viajeros con necesidades alimentarias muy concretas pueden acudir a los mercados y prepararse ellos mismos la comida. A continuación pasamos revista a lo mejor de la cocina mexicana.

ANTOJITOS Y BOTANAS

Sea cual sea el nombre (que cambia según la región), los platos tipo tapas son tan nutritivos como las comidas completas y se suelen acompañar con un gran vaso de

cerveza. Cada bar y restaurante se especializa en un tipo de *antojito*. Si pide una cerveza Modelo negra en la plaza principal de Oaxaca, le servirán gratis un plato de cacahuetes con chile o unos saltamontes fritos y crujientes llamados «*chapulines*». En Yucatán acompañan las bebidas con pequeños platos de *cochinita al pibil*, es decir, cerdo asado en hojas de banano. En la mayoría de los bares y restaurantes sirven queso fundido solo, con pimientos o con chorizo, y acompañado con tortillas. Un día me senté junto a unos mexicanos en la terraza de un bar llamado El último tren a Manzanillo. Pasamos la tarde charlando con unas jarras de sangría, botellines de cerveza y varios platos de gambas marinadas, cacahuetes, quesos, empanadas de carne y frijoles. Había dos o tres grupos de mariachis tratando de captar nuestra atención al tiempo que los

limpiabotas y los vendedores de lotería, de flores y de cachivaches varios luchaban por arrancarnos unos pesos. Estos bares no son muy recomendables si es usted mujer y viaja sola, pero sí puede acudir en grupo.

PANES

La tortilla es la base de la cocina mexicana. Es un producto tan básico que el gobierno regula su precio cuando el peso se devalúa. Hasta los pueblos más pequeños poseen un molino de *mixtamal* al que acuden los lugareños con su maíz (que han puesto en remojo con agua y limón). El maíz se muele y da lugar a una masa que se aplasta en forma de tortillas. En todas las localidades hay tortillerías en las que venden tortillas a peso.

Los niños en edad escolar visten uniforme y se reúnen en las plazas a la hora de comer.

Las tortillas son la base de todas las comidas y, en especial, de los tacos (tortillas con carne, frijoles o queso), las enchiladas (tortillas rellenas de carne, de queso o de frijoles, y bañadas en salsa picante) y las quesadillas (tortilla rellena de queso). En algunas regiones, la tortilla se emplea como sustituto del tenedor.

La mayor parte de las ciudades cuentan con panaderías en las que se fabrican *bolillos*, panecillos crujientes que se utilizan para preparar unos bocadillos llamados tortas, a los que se añaden frijoles, carne, queso y aguacate. Los *bolillos* partidos por la mitad, cubiertos de frijoles y de queso y gratinados al horno se llaman *molletes*. En las panaderías también se vende una gran variedad de pan dulce y galletas que se confeccionan con aceites vegetales en lugar de con mantequilla. Los viajeros que entran en una panadería y toman una bandeja plateada y unas pinzas no tardan en llenarla de pastas. No es fácil controlarse pero tenga en cuenta que las pastas carecen de conservantes y que es preferible consumirlas el mismo día. Cuando preveo pasar unas semanas en una ciudad, lo primero que busco son las panaderías más cercanas y escojo una a la que acudiré cada día para obtener mi pequeño surtido de dulces para el desayuno y el té de la tarde.

Los panes de fabricación industrial suelen ser muy malos. El peor aunque el más famoso es el de la marca Bimbo. Se bromea mucho con la calidad del pan Bimbo, al que se acusa de parecer comida para peces o para pájaros. En algunas tiendas se pueden adquirir panes integrales o de cereales, aunque no siempre se encuentran.

QUESOS Y PRODUCTOS LÁCTEOS

Oaxaca y Chihuahua son los dos centros queseros de México. Me gustan mucho las bolas de queso fresco que se deshebran. El queso fresco se dispone sobre los tacos y las enchiladas, al igual que el queso añejo. El requesón se parece al queso tipo *ricotta* y se utiliza de vez en cuando en las enchiladas. El cotija es un queso de cabra seco que se espolvorea sobre los frijoles, entre otros platos.

En la mayoría de los supermercados y tiendas venden leche pasteurizada. Desconfíe de los productos no pasteurizados y compruebe que todo lo que le vendan esté perfectamente cerrado. El yogur es un producto muy apreciado y se encuentra en casi todas partes. La mantequilla mexicana es dulce y cremosa.

FRUTAS Y VERDURAS

Si come siempre en restaurantes, se irá de México con la impresión de que las únicas verduras que existen son los chayotes y las zanahorias hervidas o cocidas al vapor. Ésos suelen ser los acompañamientos de los platos principales y aburren enseguida. El chayote es una especie de calabacín que en Chiapas se come entero, como una patata hervida pero que en la mayor parte del país se corta en cubos y se mezcla con otras verduras. Al ir a un mercado le sorprenderá la variedad de verduras que existe: tomates rojos y brillantes, toda clase de lechugas, judías verdes, berenjenas, guisantes (muy valorados en Yucatán, incluso en los platos con huevo). En los restaurantes respetan la frase típica de los turistas: «No comas nada que no puedas pelar o hervir tú mismo». La gran mayoría de los restaurantes a los que acuden los turistas utilizan agua purificada para limpiar las verduras: si tiene dudas al respecto, pregúntele al camarero. Afortunadamente, el aguacate además de ser delicioso se puede pelar. Suele ser parte esencial de las tortas y de las enchiladas, pero también se emplea para preparar guacamole, un puré de aguacate, jugo de limón verde, tomate, cebolla y chile. Cuando como en restaurantes buenos siempre pido ensalada. Me encanta cuando preparan ensaladas con pepino, soja, cebollas y tomates. Los platos de verduras a la parrilla o cocidos al vapor empiezan a figurar en muchos menús, y la mayor parte de las ciudades poseen un restaurante vegetariano en el que podrá consumir productos frescos. En la calle venden mazorcas de maíz con sal y chile o con

Las frutas tropicales nunca faltan en los bufés de los hoteles. En este caso se trata del Sheraton de Acapulco.

mayonesa. La *jícama* es un tubérculo que tiene un sabor parecido al de la patata y una consistencia más harinosa. Se sirve en ensaladas o sola con jugo de limón y chile.

En México no es extraño ver papayas del tamaño de una sandía, melones enormes, mangos, naranjas y pomelos jugosos y azucarados, deliciosas piñas y bananas llenas de aroma. Muchos restaurantes sirven platos de frutas con galletas integrales o con yogur. En los puestos de la calle se venden frutas cortadas y sazonadas con sal y pimienta. Los *licuados* son una mezcla de fruta y leche que se vende en grandes vasos, tanto en la calle como en los mercados. Se trata de una bebida muy refrescante. Suelo evitar tomar *licuados* en los mercados, pero no me privo de ellos en los puestos de frutas y en los restaurantes.

ARROZ Y FRIJOLES

Raro es el plato que no incluya alguno de estos dos elementos. Las familias pobres se alimentan de ellos exclusivamente. El arroz puede ser blanco o con tomate, cebolla y chile. En cuanto a los frijoles, existen distintas variedades. Los frijoles refritos son blancos; primero se hierven, luego se hacen puré y por último se fríen en manteca de cerdo y, en algunos casos, se espolvorean con un poco de queso. Los frijoles charros se sirven en forma de sopa con cebolla, tomates y chiles. Los frijoles negros son los más habituales en las regiones costeras y se sirven tanto en forma de sopa como a modo de acompañamiento de platos principales.

MARISCO

La riqueza de las aguas mexicanas permite que el pescado esté presente en la gastronomía de todo el país. Me gusta mucho el marisco pero he llegado a pasar una semana en Campeche, en el golfo de México, sin probarlo ni una sola vez. La lluvia era tan fuerte que las calles estaban inundadas y no conseguí alejar de mi mente la idea de los mariscos alimentándose de desechos. Privarme del marisco me costó mucho, porque en Campeche preparan algunos de los

mejores platos de marisco del país. Recomiendo especialmente el arroz con marisco y el cangrejo de roca. En Yucatán cuecen el pescado fresco en hojas de banano y lo sazonan con achiote, un grano rojo molido (el plato se llama pescado *tik-n-xik*). En Acapulco preparan un plato similar, el llamado pescado a la talla, con chile, vinagre y mayonesa. El célebre huachinango a la veracruzana es un pescado preparado con tomate, cebolla y chile que se sirven en todo el país. El pescado a la plancha se suele servir con mojo de ajo hecho con mantequilla o aceite. El pescado empanizado es pescado empanado y frito. Los camarones se pescan en la costa del Pacífico y en Baja. La langosta no abunda y suele ser importada lo que no impide que la langosta a la Puerto Nuevo sea una especialidad muy apreciada en Baja, en concreto en Puerto Nuevo, un pequeño pueblo al que acuden muchos visitantes para saborear su langosta cocida al vapor y frita en manteca de cerdo (se sirve con arroz, frijoles y tortillas caseras). Los tacos de pescado son otro plato típico que Baja ha exportado al resto del país; consiste en un filete de pescado frito servido en una tortilla de maíz con condimentos entre los que destaca el limón verde, el cilantro, el chile y la nata fresca. El cebiche es un plato de pescado delicioso que se sirve en todo el país. Como se trata de pescado crudo «marinado» en limón verde sólo lo como en zonas costeras en las que se supone que es fresco. Mi cebiche favorito es una mezcla de pescado con jugo de limón, tomate, cebolla y chile. El cebiche estilo Acapulco (llamado acapulqueño) lleva una salsa parecida al *ketchup*. Cuando necesito curarme una resaca pido una sopa de pescado picante capaz, según dicen, de levantar a los muertos.

CARNE

En los estados del norte, Chihuahua y Sonora, se cría ganado y la carne se vende en todo el país. En general, la carne mexicana es menos tierna y tiene menos sabor que la que se comercializa en Estados Unidos. Eso explica que algunos hoteles y restaurantes anuncien en sus cartas que utilizan carne importada. El corte de la carne es más fino que en Estados Unidos y, para sacarle más partido, la aplanan y la sazonan para preparar carne asada que sirven con cebolla, chile asado, arroz, frijoles, guacamole y tortillas. El puerco (es decir, el cerdo) es una de las carnes más empleadas y se prepara en forma de chuletas y en Yucatán como cochinita *pibil* (macerada con zumo de naranja amarga y achiote y asada en hojas de banano). El chorizo (salchicha de carne) se sirve a menudo con huevo y suele ser picante. El pollo se prepara asado en gran cantidad de establecimientos de todo el país y es una comida económica que se completa con frijoles y arroz. En Yucatán preparan pollo *pibil* siguiendo la receta antes descrita. Por último, el pollo se trocea y se emplea en tacos, enchiladas, sopas y guisos.

SALSAS Y CHILES

Una comida mexicana no está completa sin por lo menos una salsa. La más sencilla se realiza con tomate, cebolla, chile y cilantro y se conoce como salsa cruda, salsa mexicana o pico de gallo. La salsa verde se prepara con *tomatillo* (tomates verdes) y

la salsa roja, a base de chile rojo asado, suele picar bastante. Para algunas salsas se emplean *tunas* (el fruto del cactus), papaya, mango o cualquier otro ingrediente a capricho del cocinero. Cada familia tiene una receta de la que no podría prescindir.

En los mercados se venden las docenas de variedades de chiles que emplean los cocineros mexicanos: el chile habanero es uno de los más fuertes, el chipotle y el jalapeño son más modestos y están presentes en gran cantidad de platos. El *chile en nogada* es un plato que se reserva para grandes ocasiones. Se trata de un pimiento poblano que se rellena de carne y de fruta y se cubre con una salsa blanca y granos de granada. Los chiles rellenos suelen estar rellenos de queso, se rebozan y se fríen y se pueden servir con carne, pescado o marisco.

El mole es la salsa mexicana más famosa. Se trata de una mezcla de especias con más de veinte ingredientes. El mole puede ser de distintos colores: verde, rojo, negro, marrón o amarillo, y cada cocinero lo prepara a su modo. Ciertos moles como, por ejemplo, los de Oaxaca incluyen chocolate amargo; otros se preparan con granos de sésamo, almendras, clavo, pasas, chile (por supuesto) o ajo. El mole se usa en platos de pollo, de pavo y en enchiladas. Comer mole no es fácil. Cuando ya se haya acostumbrado a su sabor y a su olor, le servirán otra salsa tan diferente que le costará creer que lleve el mismo nombre.

DULCES Y POSTRES

Muchas de las frutas tropicales que se dan en México se dejan secar y se endulzan para convertirlas en caramelos o en cremas, mientras que en las pastelerías venden estas frutas, golosinas y barras de crema de nuez. En las pastelerías se pueden adquirir los pasteles cremosos que tanto gustan a los mexicanos. Si visita Ciudad de México, pase por la **pastelería Ideal**, un establecimiento con dos niveles en el que venden pasteles de cumpleaños y de boda muy decorados. Los pasteles tienen tendencia a romperse y

En México las tortillas son tan importantes como el vino en Francia.

no son muy dulces. Las tartas, llamadas *pay*, se adornan con frutas o nueces. La *cajeta* es una crema espesa hecha a base de leche de cabra caramelizada: es deliciosa. Pruebe las *crepas con cajeta*, que se sirven con nuez picada.

BEBIDAS

Los jugos de frutas (zumos), los *licuados* y las aguas forman parte de la mayoría de las comidas. El agua de Jamaica se prepara con flor de majagua o hibisco y es muy refrescante. La horchata se prepara a base de arroz molido por lo que además de fresca es nutritiva. En la mayor parte de las ciudades hay puestos callejeros en los que preparan zumos de naranja, papaya, plátano y piña. El vendedor pela y exprime las frutas ante los ojos del cliente.

La cerveza mexicana figura entre las mejores del mundo y está pisando fuerte en el ámbito internacional. La Negra Modelo procede de Yucatán y es la más oscura y densa del mercado; la Negra Montejo proviene de la misma zona y es casi tan densa como la anterior.

La cerveza Bohemia es más ligera y aromática y se encuentra en casi todo el país al igual que la Dos Equis (en Navidad, pida la cerveza especial Nochebuena),

la Corona y la Pacífico. La cerveza Tecate se produce en la ciudad fronteriza del mismo nombre y es la cerveza de los obreros; se sirve en unas latas rojas muy características. Los mexicanos suelen tomar la cerveza con un poco de limón verde. La *michelada* es una mezcla de limonada y cerveza que se ha puesto muy de moda últimamente. Se sirve en un vaso helado con 3 cm de zumo de limón verde en el fondo, sal alrededor del vaso y hielo. De este modo, la cerveza dura más, sobre todo en un caluroso día de playa. Algunos *barman* le añaden un toque de salsa Maggi o especias y llaman *chelada* a la bebida que no las lleva.

El tequila es la bebida nacional por excelencia. Existe una gran variedad de calidades y tipos. El tequila barato puede ser dañino, por lo menos temporalmente. Si siente que le duelen las sienes después de tomar unos vasos, deje de beber o cambie a una marca más cara. Desconfíe de los cócteles realizados con tequila, pues suele consistir en tequila con agua con gas, eso sí, bien mezclado. Digamos que su consumo lo dejará por los suelos. Los cócteles margarita son famosos en el mundo entero, y se preparan con tequila, zumo de limón, hielo y sal. Se pueden

mezclar con una batidora o servirse con hielo. En los restaurantes turísticos sirven margaritas con sabor a fresa, mango, plátano, etc. También se puede pedir un margarita sin tequila para sumarse a la fiesta sin peligro. No todas las bebidas alcohólicas llevan tequila, pues esta bebida se produce en una región concreta.
El mezcal es otra bebida alcohólica destilada del ágave, pero se fabrica en Oaxaca y suele presentarse en botellas con un gusano muerto en el fondo. El pulque también se extrae del ágave pero resulta demasiado rudo y desagradable para el paladar de un turista. En todo el país se producen licores; el licor más conocido es el kahlua que se prepara con granos de café y de vainilla. Si visita Yucatán pruebe el Xtabentún, un licor que los mayas usaban como afrodisíaco. La damiana, un licor de Baja California, tiene fama de producir efectos similares.

Los vinos mexicanos, sobre todo los de Baja California, Querétaro y Aguascalientes, son cada vez más apreciados, aunque es difícil distinguir las buenas cosechas. Cuando he probado vinos de Santo Tomás siempre me han salido buenos. Este tinto procede de una cava en Ensenada.
Los vinos de Sudamérica tienen mucha más fama internacional, al igual que los vinos españoles e italianos. Los vinos franceses (y californianos) se venden a precios prohibitivos. Las bebidas alcohólicas importadas pagan fuertes derechos de aduana y otros impuestos que elevan su precio muy por encima del de sus competidores mexicanos.

Intereses diversos

LOS ESTUDIANTES DE ARTE, ARQUEOLOGÍA, ANTROPOLOGÍA, LENGUA Y COCINA consideran México como un gran laboratorio en el que pueden dar rienda suelta a su pasión.

EXCURSIONES ARQUEOLÓGICAS, ANTROPOLÓGICAS E HISTÓRICAS
México, ofrece tanto a aficionados como a profesionales, un sinfín de restos y objetos pertenecientes a antiguas civilizaciones. En la actualidad perviven más de

cincuenta grupos étnicos que siguen las tradiciones de las culturas náhuatl, huasteca, tarahumara, mixteca y maya, entre otras. Universidades de todo el mundo, así como agencias de viajes, proponen excursiones arqueológicas. Si desea más información, póngase en contacto con los siguientes organismos: **Far Horizons**, ((800) 552-4575 (LLAMADA GRATUITA), FAX (505) 343-8076, apdo. de correos 91900, Albuquerque, NM 87199-1900; **Remarkable Journey**, ((800) 856-1993 (LLAMADA GRATUITA), apdo. de correos 31855, Houston, TX 77231-1855, y **Smithsonian Study Tours**, ((202) 357-4700, FAX (202) 633-9250, 1100 Jefferson Drive SW, habitación 3045, MRC 702, Washington DC 20560.
Ciertas agencias de viajes parten de Veracruz para sus excursiones de la ruta de Cortés: de Veracruz a Puebla, Teotihuacán y México. Si desea mayor información, póngase en contacto con Tourimex, ((22) 322462, FAX (22) 322479, E-MAIL tourimex@mail.glga.com, Puebla.

CURSOS DE ARTE
Las ciudades de Oaxaca, San Miguel de Allende, Puebla y Morelia ejercen una atracción casi mágica sobre artistas de distintas disciplinas. Los pintores se inspiran en sus paisajes y asisten a cursos que les permiten mejorar su técnica en lugares como el **Instituto Rufino Tamayo**, ((951) 64710 de Oaxaca, y el **Instituto Allende**, ((415) 20190, de San Miguel de Allende.

CURSOS DE COCINA
La empresa **Culinary Adventures Inc.**, ((206) 851-7676, FAX (206) 851-9532 (teléfonos de Estados Unidos), propone cursos de cocina en varias ciudades de Oaxaca, Michoacán y Puebla.

BALNEARIOS
Los aztecas dominaron el arte de los baños de vapor con sus temazcales, unas estructuras ovales en las que, además de

Los templos zapotecas y mixtecas de Monte Albán cuenta con motivos que todavía se emplean en los tejidos y las cerámicas fabricadas en los pueblos de Oaxaca.

baños de vapor, disfrutaban de cantos y percusiones. Algunos balnearios modernos disponen de temazcales, pero éstos se concentran sobre todo en tratamientos contemporáneos a base de algas, aromaterapia y fricciones son sales. México cuenta con más de quinientos manantiales de aguas minerales calientes que las gentes del lugar han utilizado por sus poderes curativos y tranquilizantes. Hoy en día, los hoteles de Baja California han sabido sacar partido a esas aguas creando balnearios muy lujosos. El **hotel y balneario Agua Caliente** de Tijuana utiliza las mismas aguas que atraían a las estrellas de Hollywood en los años veinte.

El **rancho Río Caliente**, situado cerca de Guadalajara, cuenta con piscinas de aguas minerales. Las aguas termales de la **hacienda Taboada** de San Miguel de Allende fueron descubiertas por los indios otomíes y chichimecas, a los que transmitían serenidad.

El **rancho La Puerta**, cerca de la frontera de Tecate, es uno de los balnearios más famosos de México. Atrae a una clientela internacional a pesar de encontrarse en un árido desierto; el hotel propone una recuperación mental y un rejuvenecimiento físico. **Ixtapán de la Sal**, cerca de México, es un estupendo balneario situado junto a un parque de atracciones. El **hotel Avandaro**, en Valle de Bravo, está situado frente al lago y rodeado de pinos; su nombre significa «lugar de ensueño» y en verdad lo es, porque a la belleza del lugar se suma el placer que proporcionan sus tratamientos de belleza, sus programas de ejercicios y su campo de golf. En Cuernavaca se encuentra la **hostería La Quinta**, antiguo balneario romántico. Muchos hoteles de lujo incluyen pequeños balnearios en su interior: **Las Ventanas al Paraíso**, en Los Cabos, el **Marriott Casa Magna** y el **Meliá** de Cancún figuran entre los mejores.

Viajes organizados

Existen varias compañías que proponen viajes organizados que dan buena cuenta del conjunto del país. Los operadores turísticos que se citan a continuación son de los mejores en su ramo: **Abercrombie & Kent International**, ((800) 323-7308 (LLAMADA GRATUITA), FAX (630) 954-3324, 1520 Kensington Avenue, Suite 212, Oak Brook, IL 60523-2141; **American Express Vacations**, ((800) 241-1700 (LLAMADA GRATUITA), apdo. de correos 1525, Fort Lauderdale, FL 33302, e **International Expeditions**, ((800) 633-4734 (LLAMADA GRATUITA), E-MAIL intlexp@aol.com, PÁGINA WEB www.ietravel.com/intexp, One Environs Park, Helena, AL 35080.

Si busca precios más razonables y no teme viajar en grupo, en **Globus y Cosmos** le proporcionarán varias opciones, ((800) 221-0090 (LLAMADA GRATUITA), FAX (303) 347-5301, Federal Circle, Littleton CO, 80123-2980.

Entre las empresas especializadas que ofrecen viajes a México podemos destacar: **Horizon Tours**, ((800) 395-0025 (LLAMADA GRATUITA), FAX (202) 393-1547, 1634 Eye Street Nw, Suite 301, Washington DC 20006; **Sanborn Tours**, ((800) 531-5440 (LLAMADA GRATUITA), FAX (512) 303-4643, 1007 Main Street, Bastrop, TX 78602; **Tauck Tours**, ((800) 468-2825 (LLAMADA GRATUITA), FAX (203) 221-6828, apdo. de correos 5027 West Port, CT 06881.

La mayor parte de las compañías aéreas que viajan a México proponen tarifas económicas que permiten ahorrar fuertes sumas. Si desea información acerca de viajes organizados por compañías aéreas llame a los siguientes números de Estados Unidos:

Aeroméxico, ((800) 359-8722 o (800) 247-9297 (LLAMADA GRATUITA).
Continental, ((800) 634-5555 (LLAMADA GRATUITA).
Delta Airlines, ((800) 221-6666 (LLAMADA GRATUITA).
Iberia, ((800) 772-4642 (LLAMADA GRATUITA).
KLM, ((800) 800-1504 (LLAMADA GRATUITA).
Lufthansa, ((800) 645-3880 (LLAMADA GRATUITA).
Mexicana, ((800) 531-9321 (LLAMADA GRATUITA).
United, ((800) 328-6877 (LLAMADA GRATUITA).

El patio del Hotel Real Oaxaca está lleno de flores.

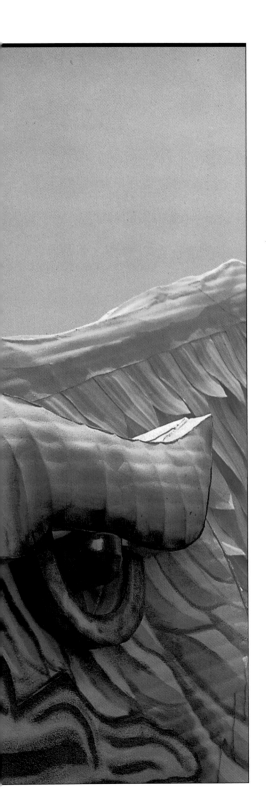

Bienvenido a México

«MÉXICO ES UN ESTADO DE ÁNIMO», dijo Graham Greene; D. H. Lawrence lo describió como un aroma; el periodista británico Alan Readings lo define como «antiguo, complejo e impredecible»; la escritora estadounidense Edna Ferguson llega a la conclusión de que «México es México». Con todos ellos hay que estar de acuerdo: todo en México es exclusivamente mexicano; no existe en ningún otro lugar del mundo.

México ofrece una variedad tal de atractivos naturales y artificiales que resulta difícil no ver satisfecho cualquier deseo, con la posible excepción de poder practicar los deportes de invierno en instalaciones de alto nivel. Sus 1.972.544 km^2 de extensión están rodeados de 10.145 km de costas con innumerables zonas de playa de fina arena y con algunos de los arrecifes de coral más extensos y bellos del mundo.

En la zona occidental, las playas del Pacífico gozan del calor que les proporciona la corriente del Japón y, para los amantes del *surf*, sus olas rivalizan con las de Sudáfrica y Hawai. Las aguas del golfo de California y las del golfo de México son más tranquilas. Pero lo mejor de todo son las playas del Caribe mexicano, con sus aguas de color turquesa y sus multicolores arrecifes de coral.

En México se encuentran 10.000 ruinas de ciudades, pueblos y pirámides, de las cuales ya han desaparecido las antiguas civilizaciones, pero todas ellas han dejado una profunda impronta en el paisaje y en la cultura. Abundan los restos de antiguos pueblos de los olmecas, toltecas, mayas y aztecas, cuyas civilizaciones, si bien diferentes, eran más avanzadas que sus contemporáneas europeas y africanas. Pocos lugares en el mundo pueden competir con la gloriosa grandeza arquitectónica de Teotihuacán, Palenque o Chichén Itzá. Los museos de Ciudad de México están repletos de arte y tesoros arqueológicos (aunque algunos de los manuscritos mayas más importantes se encuentran en el museo de Dresde).

En el norte, todo aquel que alguna vez se haya maravillado contemplando el Gran Cañón del Colorado, en Estados Unidos, debería visitar la fabulosa barranca del Cobre, cuya fama es menor, aunque es más grande que aquél. Hay montañas por todo el país, excepto en los desiertos del norte y en las llanuras

de la península de Yucatán, que es tan llana como una tortilla. Desde cualquier ciudad de la zona central de México se puede contemplar algún volcán. El Citlaltépetl o Pico de Orizaba, el Popocatépetl y el Iztaccíhuatl o Mujer Dormida, son la tercera, quinta y séptima montañas por orden de altura, en el continente norteamericano.

Pero, además, las montañas de México están rodeadas de una sorprendente diversidad de entornos: desiertos rojizos, junglas tropicales, áridas llanuras, bosques de pinos, campos intensamente cultivados, valles y cañones. En las montañas se encuentran fuentes de aguas minerales, inmensas cascadas, aguas termales y espectaculares cavernas.

A pesar de siglos de explotación, México continúa siendo uno de los principales productores mundiales de plata, oro y cobre. Sus reservas petrolíferas se encuentran entre las mayores del hemisferio occidental.

Sin embargo, el activo más importante de México son sus habitantes. A pesar de las caricaturas que nos presentan a los mexicanos durmiendo todo el día cubiertos con un amplio sombrero, lo cierto es que son productivos e industriosos, aunque, como todos los sureños, prefieren evitar el trabajo en las horas del día de más calor. Trabajan a su ritmo, empezando con frecuencia de madrugada y acabando de noche. Éste es su «mexicanismo», una identidad creada por la fusión de la cultura española con la de más de cincuenta tribus indias que existían en la nación.

A pesar de las dificultades, la vida puede ser a veces una fiesta, una explosión de alegría y colorido, pero también puede mostrar aspectos de oscuridad, venganza, obstinación y crueldad.

No hay la posibilidad de «hacer» México, como han supuesto alguna vez los operadores turísticos. Tampoco es posible abarcar una mínima idea de lo que es México sentado en una playa en alguna instalación artificial, falsa. Con sus 90 millones de habitantes y sus 90 millones de puntos de vista diferentes, México tiene a sus espaldas cuatro mil años de civilización. Más que un país, es una manera de vivir.

La bahía de Acapulco cuenta con gran cantidad de hoteles de lujo repartidos a lo largo de varios kilómetros de arena, que constituyen un excelente terreno de juego para todas las edades.

El país
y su
gente

LAS GRANDES CIVILIZACIONES PREHISPÁNICAS

Cuando los nómadas del paleolítico cruzaron el estrecho de Bering hace unos 35.000 años, no podían imaginar las maravillosas mecas de exuberante verdor que allí crearían sus descendientes. Las antiguas tribus recolectoras-cazadoras se desplazaron desde las tierras del estrecho hacia el sur y hacia el este dispersándose por todo el continente norteamericano. Una vez en climas más cálidos, cultivaron plantas silvestres tales como el maíz, los chiles, las calabazas y los frijoles. Se arraigaron a las tierras que ocupaban y desarrollaron civilizaciones más sofisticadas que sus contemporáneas europeas.

Los objetos descubiertos en las proximidades de Ciudad de México demuestran que estas tribus vivieron allí hace, por lo menos, 4.000 años. Utilizaban herramientas de obsidiana y conocían el fuego. Mil años después, habían establecido pueblos y se habían convertido en agricultores con cultivos a lo largo de todo el año.

Hacia el año 1500 a. C., la primera gran civilización de México, la olmeca, se había desarrollado en las zonas donde actualmente se encuentran las ciudades de Tabasco y Veracruz. Prosperó durante cinco siglos, y se considera la antepasada directa de los imperios que la siguieron.

El arte olmeca se caracteriza por las esculturas de jaguares y de cabezas de enormes proporciones, en su mayor parte relacionadas con estructuras ceremoniales. Las teorías predominantes consideran que los olmecas rendían culto al jaguar y que, para ellos, la cabeza humana era como la llave del poder. Se cree que su sociedad estaba dominada por la clase sacerdotal y que constituían una potencia dominante, más desde el punto de vista comercial que militar. La decapitación ritual debió tener un significado religioso: las cabezas eran los únicos sacrificios adecuados para los dioses.

Los olmecas no nos dejaron únicamente su arte esculpido en enormes piedras basálticas, sino también el misterio de cómo trajeron dichas piedras, que no son originarias de la zona. Del mismo modo, nadie es capaz de explicar su decadencia y desaparición hacia el año 500 a. C.

A la civilización olmeca le siguieron varias más. Las dos sucesivas más notables fueron la teotihuacana, en la zona central de México, y la maya, en Yucatán, Chiapas y Tabasco, así como en Guatemala y Belice.

La civilización teotihuacana tuvo su centro en la ciudad de Teotihuacán, cerca de la actual Ciudad de México, y que se desarrolló hacia el año 100 a. C. Alcanzó su máximo esplendor entre los años 150 y 600 d. C., cuando la ciudad llegó a tener 250.000 habitantes. Para alimentar a tal población, desarrollaron un amplio sistema de irrigación para el cultivo del maíz. Al igual que los olmecas, constituían una sociedad básicamente comercial, regida por sus sacerdotes, y adoraban al sol, la luna, la lluvia y varias deidades animales, entre ellas la serpiente emplumada.

En este mismo período, se desarrollaron las grandes ciudades mayas de Yucatán, construidas alrededor de grandes centros ceremoniales. Los mayas, al igual que los olmecas, eran agricultores, pero, a causa de la poca profundidad del suelo laborable, tenían un carácter más nómada, y practicaban una agricultura de tala y quemado. En algunos lugares resolvieron el problema mediante terrazas y amplios sistemas de suministro de aguas. La arquitectura y el arte mayas son más ornamentales que los de las otras civilizaciones, y éstos constituyen prácticamente lo único que queda de sus extraordinarias realizaciones.

Alrededor del año 700 d. C., estas civilizaciones comerciales perdieron su preeminencia, y nadie sabe con seguridad a qué fue debido. Siguieron varios siglos de guerras intertribales, y el poder se desplazó de una tribu a otra. El personaje más importante de este período parece que fue Toplitzen Quetzalcóatl, jefe de los toltecas, tribu guerrera del norte y centro de México. Los toltecas dominaban el trabajo de los metales, lo que contribuyó a sus proezas militares. De todos modos, el poder de Quetzalcóatl lo convirtió en un ser legendario, y fue venerado como dios por muchas otras tribus no toltecas, entre ellas la de los aztecas, la última de las grandes civilizaciones indias. Los orígenes de la tribu azteca se re-

---

Palenque se encuentra en una selva tropical en recesión, en el sur de México, y se considera como uno de los mejores exponentes del refinamiento de la arquitectura maya.

montan a los inicios del siglo XIII, pero su conversión en imperio no tuvo lugar hasta mediados del siglo XIV. En 1345, mientras se desplazaban desde el norte en busca de nuevas tierras, los aztecas o mexicas vieron un águila con una serpiente en el pico sobre un nopal, en el valle de México. Esta visión había sido profetizada como señal de la «tierra prometida», de modo que decidieron erigir su capital, Tenochtitlán, en una de las islas del lago de Texcoco.

La civilización azteca se basó simultáneamente en los poderes militar y comercial. Adoraban a Huitzilopochtli, el dios de la guerra, representado por la serpiente de fuego, y a Tláloc, el dios de la lluvia. Exigían tributos en forma de metales preciosos, productos agrícolas, bienes manufacturados y personas para mantener una provisión de cautivos que utilizaban como esclavos o como víctimas de los sacrificios a sus dioses.

Estas primeras civilizaciones mexicanas estaban, desde los puntos de vista lingüístico, científico y matemático, más desarrolladas que la de los europeos que las destruyeron. Sus bibliotecas se contaban entre las más grandes del mundo y su organización sociocultural era altamente eficiente. Pero, en nombre de la civilización cristiana, los españoles las destruyeron porque los mexicanos adoraban a dioses paganos y disponían de una gran riqueza en recursos naturales.

EL DOMINIO DE ESPAÑA

Durante el apogeo del imperio azteca, Colón llegó a las Américas y los españoles comenzaron su expansión hacia el oeste, lo que llevó a Hernán Cortés a buscar fortuna en Cuba. En tanto que los tesoros que encontró en México se muestran profusa y orgullosamente en Europa, la estimación de que goza en México es tan escasa que no existen prácticamente estatuas erigidas en su honor, ni calles dedicadas a su memoria.

Resulta interesante hacer notar que la historia de México podía haber sido diferente si Cortés hubiera sido menos mujeriego. A los 16 años, abandonó sus estudios, que cursaba en la Universidad de Salamanca, para iniciar una vida más activa. Cuando estaba a punto de embarcarse rumbo a Haití, una última visita a su amante española cambió su destino,

pues cayó desde un tejado cuando intentaba alcanzar la ventana de su amada, y no estaba todavía recuperado cuando la nave zarpó del puerto. Dos años más tarde, logró embarcarse con destino a Cuba.

Envuelto allí en problemas de celos políticos, Cortés se embarcó con destino a México en febrero de 1511, en una flota de 11 naves, con 550 soldados, 109 marineros, 16 caballos, 10 cañones de bronce y 4 falconetes, con el objetivo de conquistar las riquezas de México para el rey Carlos e implantar el cristianismo entre los indios. Aun cuando destruyó los templos y los ídolos de los mexicanos, se apoyó en sus creencias religiosas sobre la inmortalidad de los animales para obtener el éxito: los caballos, desconocidos en México, fueron inicialmente reverenciados como dioses, e hicieron salir al conquistador indemne en sus primeros encuentros en suelo mexicano.

Cortés no tuvo muchos problemas para convencer a casi la totalidad de las tribus costeras para que se aliaran con él en contra de los aztecas, especialmente después de que obtuviera la colaboración de un náufrago español que había aprendido el lenguaje nativo y de una joven india, la Malinche (o doña Marina, como la llamó Cortés), que hablaba varios dialectos. La Malinche se convirtió en la constante compañera de Cortés, a quien dio varios hijos.

A lo largo de la ruta que le condujo a Tenochtitlán, el séquito de Cortés cometió una de las atrocidades más cruentas en la colonización del Nuevo Mundo: la matanza de Cholula, en la que, en una sola noche, murieron 6.000 personas.

Días más tarde, Cortés entró sin oposición en la capital azteca. Resulta difícil de comprender por qué el emperador Moctezuma adoptó una posición pacifista en sus tratos con Cortés. Podía fácilmente haber levantado una fuerza superior contra la reducida expedición española y resolver el problema definitivamente. Quizá pudo haber influido en el juicio de Moctezuma la leyenda del regreso desde el este de Quetzalcóatl, la Serpiente Emplumada.

Cortés entró en Tenochtitlán casi como una visita real, y aprisionó y convirtió en mario-

Las estrechas calles empedradas de Taxco son de clara influencia española.

neta a Moctezuma. Una quinta parte del tesoro de éste, unos seiscientos mil pesos de oro, así como 100.000 ducados, fruto del tributo de otras tribus, fueron enviados al rey Carlos de España, en tanto que Cortés hacía de guardián del resto.

Cuando el gobernador de Cuba, Velázquez, envió una expedición para hacer regresar a Cortés, éste abandonó la capital azteca para hacerle frente. Cortés logró atraer a su bando a la mayor parte de los 1.200 nuevos soldados, con promesas de riquezas fabulosas, y su comandante regresó a Cuba con las manos vacías.

Durante la ausencia de Cortés, los aztecas preparaban las festividades anuales en honor de sus dioses. Los españoles los atacaron para evitar estas ceremonias, matando a más de cuatro mil, por lo que la totalidad de la población de la ciudad intentó vengarse. Los españoles se retiraron al palacio de los aztecas, donde todavía estaba preso Moctezuma. Por casualidad, Cortés regresó a tiempo de ayudar a sus fuerzas. Durante una semana, se combatió ferozmente. El monarca azteca fue enviado para abogar por la paz. Herido en la cabeza por una piedra lanzada por la multitud, murió tres días más tarde.

En la noche del 30 de junio de 1520, Cortés planeó una retirada secreta que se convirtió en una sangrienta emboscada al hacer sonar la alarma una nativa. Mexicanos y españoles la denominan la Noche Triste, y en ella perdieron la vida miles de indios y más de la mitad de los soldados de Cortés. Al conservar más de cuatrocientos hombres, se dice que Cortés manifestó que Dios le había dejado tantos soldados como él había llevado a México, por lo que no necesitaba más pruebas de que era su voluntad que volviera a Tenochtitlán.

Volvió un año más tarde y logró arrebatarle la ciudad a Cuauhtémoc, sucesor de Moctezuma, en una batalla que terminó con la destrucción total de la magnífica capital.

Cuauhtémoc permaneció cautivo durante cuatro años y se dice que, a pesar de ello, logró reunir fuerzas para oponerse a los españoles. Ésta fue la versión que Cortés adoptó para justificar su ejecución.

Después de la derrota de los aztecas, Cortés fue nombrado gobernador general, y dirigió y participó en expediciones hacia el sur

de México, Honduras, Guatemala y Belice, consiguiendo éxitos y riquezas en todas ellas.

Los rumores de la existencia de otras ciudades como Tenochtitlán encandilaron a otros aventureros españoles como Ponce de León, Marcos de Niza, Cabeza de Vaca y Francisco Vázquez de Coronado, que exploraron el resto de México y el sur de Estados Unidos durante algunas décadas más. Entretanto, los administradores españoles constituyeron las instituciones coloniales que gobernaron México durante los siguientes 300 años.

El Consejo de Indias, fundado en 1522, constituía el poder supremo, legislativo y administrativo tanto para México como para las demás colonias españolas, en tanto que la Casa de Contratación controlaba los aspectos comerciales, de navegación y migración. Ambas instituciones eran responsables únicamente ante el rey de España, cuyo representante en México era el virrey. Se estableció una Audiencia como cuerpo administrativo y alta corte del Gobierno local. Por debajo de este nivel, existía una distribución de la autoridad en las ciudades, pueblos, villas y asentamientos indios, todos ellos administrados por españoles.

Existía también un sistema igualmente rígido de organización para la Iglesia, que era responsable ante el virrey de todos los aspectos, a excepción de los de dogma y doctrina.

Si bien el rey Carlos I promulgó en 1542 las Leyes Nuevas, que prohibían las encomiendas (fideicomisos por los que un español recibía el derecho de cobrarle impuestos a los indios de una determinada región a cambio de protección e instrucción en la fe católica, y a esclavizarlos bajo circunstancias concretas), el Gobierno colonial y la Iglesia adoptaron interpretaciones de autoconveniencia de dichas leyes. En su opinión, Carlos llevaba el humanitarismo demasiado lejos.

Con ello, el control de la tierra pasó pronto a las manos de unos pocos, los «peninsulares», o españoles nacidos en España. El siguiente estrato social estaba constituido por los criollos, españoles nacidos en México que tenían prestigio y tierras únicamente si permanecían fieles a la Corona y a la cultura española. Mucho más abajo estaban los mestizos, personas de origen

La catedral de Morelia es uno de los ejemplos de la imponente arquitectura barroca mexicana del siglo XVII.

mixto, español e indio. Un mestizo podía llegar a ser dependiente de comercio, peón de rancho, soldado, capataz de minas o eclesiástico. En el nivel más bajo, estaban los indios, con muy pocas oportunidades de educación y libertad.

México estaba regido por una espada de doble filo: uno de ellos afilado por la codicia material, y el otro, por el celo cristiano de ganar más almas para Cristo. Como resultado, las arcas de España y de la Iglesia se llenaron, en tanto que los indios aprendieron el español, y se convirtieron en católicos y siervos en su propia tierra. Durante 300 años de colonialismo, México tuvo 61 virreyes que distribuyeron los regalos del país a españoles favorecidos. En el siglo XIX, dos tercios de toda la plata del mundo provenía de México, de donde era extraída por esclavos indígenas.

La tierra estaba distribuida entre la Iglesia católica y los propietarios españoles. La población era de seis millones: tres millones y medio de indios, dos y medio de criollos y mestizos, y 40.000 peninsulares.

La colonia era económica y culturalmente dependiente de España. Estaba prohibido el comercio con otras naciones, excepto con otras colonias españolas y no se podían producir bienes que pudieran competir con los de la madre patria. La literatura estaba sometida a censura. A pesar de ello, las ideas liberales de Rousseau, Montesquieu y Danton lograron introducirse en la colonia y fueron la causa de un movimiento independentista entre los criollos, en los inicios del siglo XIX.

LA ILUSTRACIÓN Y LA INDEPENDENCIA

La invasión de España por Napoleón no hizo más que alimentar los fuegos de la independencia en México. Nadie en la colonia quería reconocer a José, el hermano de Napoleón, como regente de España y, en consecuencia, los lazos de unión entre ambos países comenzaron a ser menos firmes. Cuando, dos años más tarde, se restauró la monarquía española, los leales no lograron recuperar el control.

El 15 de septiembre de 1810, el sacerdote Miguel Hidalgo y Costilla y varios millares de mexicanos lanzaron el llamado *Grito de Dolores* en pro de la independencia. El *Grito* se había estado gestando durante varios años en el estado de Querétaro, donde una sociedad «literaria» discutía las ideas de la Ilustración francesa. En el seno de estas reuniones, los capitanes Ignacio Allende y Juan Aldama prepararon los planes para el *Grito*, que debía tener lugar a principios de diciembre de 1810. Sin embargo, sus planes fueron descubiertos por el gobernador de Querétaro, cuya esposa Josefa simpatizaba con el movimiento. Cuando su esposo dictó las órdenes de arresto de todos los conspiradores, Josefa alertó a Allende y Aldama, y éstos avisaron a Hidalgo. Éste decidió pasar inmediatamente a la acción. El *Grito* había comenzado.

Después de tomar el control del pueblo de Dolores, Hidalgo y su ejército improvisado marcharon sobre la rica ciudad minera de Guanajuato, cerca de la actual San Miguel de Allende. Durante seis meses, la revolución continuó. Las fuerzas de Hidalgo tomaron Guadalajara, Celaya, Morelia y Toluca. Pero en cuanto los españoles lograron organizar un ejército adecuado, hicieron retroceder a las desordenadas filas revolucionarias antes de que llegaran a Ciudad de México.

Los tres líderes revolucionarios, Allende, Aldama e Hidalgo, fueron capturados antes de que pudieran buscar la ayuda de Estados Unidos. Allende y Aldama fueron ejecutados el 26 de junio de 1811 e Hidalgo, un mes y dos días más tarde, ya que tuvo que ser juzgado por un tribunal eclesiástico.

A pesar de la muerte de sus líderes, el movimiento revolucionario no desapareció. Un cura mestizo, José Morelos y Pavón, encabezó un nuevo movimiento para conseguir la reforma agraria y crear una identidad nacional. Decretó que los habitantes de México debían considerarse únicamente mexicanos. Redactó la Constitución de Apatzingán, y el virrey ordenó la destrucción de todas sus copias. El 22 de diciembre de 1815, Morelos fue ajusticiado por un pelotón de ejecución.

Años más tarde, en 1820, el general de brigada criollo Agustín de Iturbide salió de Ciudad de México al frente de sus tropas para reprimir la revolución. El virrey había enviado a Iturbide a reducir las fuerzas rebeldes de Vicente Guerrero, pero en lugar de luchar, Iturbide y Guerrero unieron sus fuerzas, y el 24 de febrero de 1821 proclamaron conjuntamente el plan de Iguala. Éste era una declaración de independencia y un plan político para la nueva nación. México se debía constituir en una monarquía constitucional en la que la religión católica sería la única reconocida y en la que todos los ciudadanos tendrían los mismos derechos. El 27 de septiembre de 1821, y casi sin oposición, Iturbide y Guerrero tomaron Ciudad de México y declararon que México era una nación independiente. Nueve meses más tarde, el 22 de mayo de 1822, Iturbide fue instituido emperador y coronado como Agustín I por el obispo de Guadalajara.

Los problemas del primer Imperio eran inmensos. La salida del gobierno colonial no había dejado una estructura administrativa en la que apoyarse y las arcas estaban vacías. Para poder pagar a sus tropas, Iturbide imprimió papel moneda, lo que ocasionó una inflación galopante. Abrumado por la situación, Iturbide asumió todos los poderes, abolió la legislatura y encarceló y ejecutó a todos los que se le opusieron.

Guerrero se volvió contra su antiguo aliado y unió sus fuerzas a las de Antonio López de Santa Anna. Con la mayor parte de las fuerzas armadas en su contra, Iturbide abdicó el 19 de febrero de 1823 y abandonó México, exiliándose a Italia. Allí supo que España estaba preparándose para intentar recuperar la colonia, por lo que se sintió impulsado a regresar a México, aunque sólo consiguió que le encarcelaran y ejecutaran por traidor, el 19 de julio de 1824. España, por su parte, acosada por problemas en el continente, abandonó la colonia a su suerte, con la excepción de un intento de invasión poco entusiasta en 1829.

Con la caída del primer Imperio, se formó un triunvirato militar. El 4 de octubre de 1824, se proclamó la Constitución Federal de los Estados Unidos Mexicanos. Basada en la Constitución de Estados Unidos, la mexicana dividió el poder en tres ámbitos: el ejecutivo, el legislativo y el judicial. Se estableció un impuesto del 20 % sobre todos los bienes, y el país quedó dividido en 13 estados.

Uno de los miembros del triunvirato militar interino, Guadalupe Victoria, fue elegido como presidente y otro, Nicolás Bravo, como vicepresidente. Durante los cuatro años de presidencia de Victoria, no se produjeron grandes cambios en un México que abarcaba, aparte del México actual, la mayor parte de Texas, Arizona, Nuevo México y California. Continuó la pobreza, el tesoro permaneció

vacío y tanto el poder como la tierra permanecieron en las manos de unos pocos y de la Iglesia. Se necesitó la mayor parte del resto del siglo para sentar las bases de un gobierno capaz de operar en México.

Las cinco décadas siguientes contemplaron una drástica toma de tierras mexicanas por parte de Estados Unidos, así como innumerables golpes de Estado, ejecuciones, elecciones amañadas y dominio extranjero. Guerrero, tras un corto período presidencial, acabó frente a un pelotón de ejecución. La única constante durante todo este período fue el conflicto entre conservadores y liberales: los primeros querían un gobierno central fuerte y estaban aliados con la Iglesia católica y los ricos terratenientes; los otros propugnaban por un gobierno federal semejante al de Francia o al de Estados Unidos. Durante esta época destaca una figura memorable, la de Antonio López de Santa Anna, que 11 veces fue y dejó de ser presidente, y que estuvo en el poder durante 30 años.

LA GUERRA MÉXICO-AMERICANA

Durante los primeros años de la independencia, el Gobierno buscó activamente pobladores para las áreas más alejadas (el actual sudoeste de Estados Unidos). Con generosas concesiones de tierra al precio de convertirse en ciudadanos mexicanos y a un costo nominal de 30 USD por legua, muchos angloamericanos se trasladaron a ella, y pronto fueron mayoría en relación con los mexicanos. Esta situación preparó el escenario para una guerra, llamada guerra de la independencia de Texas por los inmigrantes, o guerra méxico-americana por los historiadores.

Santa Anna salió del valle de México y venció en la batalla del Álamo, pero fue hecho prisionero en San Jacinto. A cambio de su vida y de un pasaje libre a México en un buque de guerra estadounidense, Santa Anna firmó un tratado con los tejanos, concediéndoles la independencia.

El resto del Gobierno rehusó reconocer el tratado; Santa Anna perdió el poder y se retiró a su hacienda.

Aprovechando la confusión de México, Estados Unidos decidió considerar que Nuevo México, Arizona y California eran parte del territorio de Texas que Santa Anna había cedido. Las diversas facciones en México se unieron en la decisión de defender esas fronteras. Las fuerzas estadounidenses dominaron pronto la situación, pero los mexicanos se negaron a negociar un tratado. Para resolver el tema, se enviaron tropas de Estados Unidos a ocupar Ciudad de México.

Los estadounidenses desembarcaron en Veracruz, donde tuvo lugar una sangrienta batalla; se dirigieron hacia la capital. La última batalla de esta guerra se libró en el castillo de Chapultepec, donde murieron unos 2.000 mexicanos y 700 americanos. Esto ocurrió el 13 de septiembre de 1847.

Se firmó un tratado y México recibió 18 millones de dólares por los territorios robados. Al perder casi la mitad de su extensión territorial, México pasó por unos años más de confusión política, hasta que Benito Juárez, un indio zapoteca originario de un pequeño pueblo de Oaxaca, fue elegido presidente.

LA REFORMA

El período de la historia mexicana comprendido entre 1855 y 1861 es denominado con frecuencia como la Reforma, durante la cual Juárez trató de redefinir el papel que debía desempeñar la Iglesia católica en la política mexicana. Ésta poseía la mitad de la tierra y sus ingresos eran superiores a los del Gobierno. Además, no había querido prestar fondos para la guerra méxico-americana.

Durante el gobierno de Juárez, se promulgó una nueva Constitución que garantizaba la libertad de enseñanza y la libertad de expresión, y se dictaron leyes que pretendían lograr una clara separación entre Iglesia y Estado. Una de las leyes obligaba a la Iglesia a vender todas sus tierras no cultivadas o sin uso definido. Otra obligaba a los empleados civiles a prestar juramento de lealtad a la nueva Constitución. La Iglesia respondió amenazando con la excomunión a todos aquellos que adquirieran sus bienes o que prestaran el juramento requerido. Su respuesta fue algo drástica si se toma en consideración el completo dominio que la Iglesia ejercía sobre el pensamiento de la mayor parte de los mexicanos. Los bien educados habían recibido sus enseñanzas de la Iglesia y una buena parte de la población se ganaba la vida trabajando para ella.

El país se encontraba de nuevo dividido entre las facciones conservadora y liberal. Durante tres años, la guerra civil se enseñoreó de México, con la victoria final, en 1861, de los liberales dirigidos por Benito Juárez. Las propiedades de la Iglesia fueron nacionalizadas, se permitieron los matrimonios y funerales civiles, y el Gobierno estableció cuotas fijas para los servicios de la Iglesia.

LA INTERVENCIÓN FRANCESA

Mientras liberales y conservadores luchaban en suelo patrio, los ultraconservadores, dirigidos por Gutiérrez de Estrada, buscaban un monarca europeo que tomara el control de la nación. Dado que no querían entrar en conflicto con Estados Unidos, las naciones europeas siguieron una política de no intervención hasta 1861, cuando Estados Unidos se encontró inmerso en una guerra civil. Bajo el pretexto de cobrar deudas largamente vencidas, Francia, España e Inglaterra enviaron tropas a México en enero de 1862. Aparentemente, los motivos de España e Inglaterra eran precisamente ésos, pero el emperador francés Napoleón III tenía otros designios.

El idealista Maximiliano y su esposa Carlota, de origen belga, fueron a México con la falsa seguridad de que los mexicanos estaban a favor de la monarquía. Llegaron a Veracruz el 28 de mayo de 1864, donde encontraron a las tropas francesas, que perseguían a las mexicanas ya en retirada. El 12 de junio, Maximiliano fue coronado emperador de México. Nadie fue consciente de las ideas liberales de Maximiliano: confirmó las leyes de la Reforma de Juárez, la nacionalización de las propiedades de la Iglesia y la creación de un Registro Civil. Por desgracia, desconocía los entresijos de la política mexicana y su reinado fue un desastre.

Terminada su guerra civil, Estados Unidos comenzó a enviar armas a México, y Napoleón retiró inmediatamente sus tropas, abandonando a Maximiliano. Carlota embarcó con destino a Europa con la esperanza de convencer a Napoleón de que revocara su decisión. Cuando esto fracasó, recurrió al Vaticano, pero sus súplicas no fueron escuchadas. Sin esperanzas, su mente se desquició y los restantes 61 años de su vida los pasó

en un convento de Bélgica, sin recuperar la razón.

Orgulloso, terco y sin el título de Habsburgo, Maximiliano permaneció allí, y el 15 de mayo de 1867 cayó prisionero. Fue ejecutado en el cerro de las Campanas, cerca de Querétaro el 19 de junio. Juárez, que asumió el control del país después de la ejecución, escribió: «Maximiliano de Habsburgo solamente conocía la geografía de nuestro país; [la monarquía fue] el crimen de Maximiliano en contra de México».

En su intento de desarrollar la economía de la nación, Juárez se esforzó en reducir la deuda, generar empleo y crear una infraestructura, pero no tuvo gran éxito en su empresa. No logró crédito en los mercados internacionales ni consiguió reinstalar en la sociedad a los millares de soldados desarrai-

gados. Cuando murió, en 1872, el país estaba de nuevo amenazado por la guerra civil.

EL «DIAZ-POTISMO»

El sucesor de Juárez como presidente, Sebastián Lerdo de Tejada, siguió la misma línea política, para consternación de su originalmente aliado político, el general Porfirio Díaz. Éste, originario de Oaxaca, era más un militar que un intelectual. Con el apoyo de Estados Unidos, Díaz tomó el control de la presidencia en 1877 y permaneció como dictador hasta 1911.

Ni él ni sus colaboradores tenían una gran experiencia política pero, con el lema de «poca política y mucha administración», lograron

Puebla. Desfile del 5 de mayo.

llevar al país a unas bases tan sólidas que logró su primer período de respetabilidad internacional.

Díaz llegó a un acuerdo con la Iglesia para no imponer las leyes anticlericales; su poderoso ejército y su policía rural desalentaron toda oposición.

Díaz ejerció como dictador durante 34 años y lo hubiera hecho durante más tiempo si no hubiera accedido a celebrar las elecciones libres, lo que le propuso su vicepresidente Francisco Madero, que deseaba optar a la presidencia. Durante las elecciones, Díaz encarceló a Madero, y éste, al ser liberado, decidió iniciar una rebelión armada. En un lapso de seis meses, el Gobierno de Díaz se había colapsado y Madero asumió la presidencia. Con ello empezaron 10 años de una guerra civil conocida como Revolución, y a la que Octavio Paz calificó como «una explosión de realidad».

LA REVOLUCIÓN

Madero, idealista y rico, creía que todos los pueblos tenían una capacidad inherente para la vida democrática y garantizó la libertad de prensa e impulsó a los obreros a formar sindicatos. Cuando las facciones opositoras se dieron cuenta de que Madero no tenía la organización necesaria para llevar a cabo sus propósitos políticos, estallaron las rebeliones. En el sur del país, Emiliano Zapata organizó un ejército de indios y mestizos pobres para protestar por la carencia de tierras propias. En el norte, Estados Unidos quería mantener los privilegios económicos obtenidos del presidente Díaz. Madero fue asesinado por un oficial, y Victoriano Huerta se convirtió en presidente. Huerta era un borracho sediento de sangre, y su Gobierno fue represivo e ineficiente.

Poco tiempo después de su toma de posesión como presidente de Estados Unidos, Woodrow Wilson retiró al embajador y declaró un embargo de armas contra México, pero los líderes revolucionarios estaban organizados. En el sur, Zapata y sus hombres continuaban sus asaltos a las haciendas de los ricos, en tanto que, en el norte, Venustiano Carranza, Álvaro Obregón y Pancho Villa conspiraban para derrocar a Huerta.

Este último renunció al poder en 1914 y fue sustituido por Carranza. En 1917, se redactó una nueva Constitución que incorporaba derechos sociales inexistentes hasta entonces, decidía la confiscación de las propiedades de los extranjeros y de la Iglesia y establecía la no reelección de los cargos públicos, y que es la que todavía tiene vigencia en el país. Al final de su período presidencial, Carranza había degustado el sabor del poder y concibió la idea de crear un gobierno títere. Fracasó y en 1920 huyó de Ciudad de México con las arcas del tesoro, pero fue asesinado antes de abandonar el país.

La Revolución tuvo un alto costo: uno de cada ocho mexicanos resultó muerto. Álvaro Obregón sucedió a Carranza en la presidencia y llevó a México a un período de estabilidad. La Constitución de 1917 fue llevada a la práctica. Se incorporó a los líderes laborales al aparato estatal, y se garantizó su influencia; asimismo se puso en marcha la reforma agraria. Las propiedades de la Iglesia fueron confiscadas. Obregón eligió a Calles como sucesor; éste continuó la política de Obregón, propuso la vuelta al poder de aquél y modificó la Constitución para poder llevarlo a cabo. Obregón fue reelegido en 1928, pero fue asesinado pocas semanas más tarde por un fanático religioso y el país siguió bajo el control de Calles mediante presidentes títere.

EL MÉXICO MODERNO

En 1934, Calles eligió a Lázaro Cárdenas como siguiente presidente, pero el astuto Cárdenas logró liberarse de su dominio. Se alineó con los movimientos populares que propugnaban por la reforma agraria y lanzó un impresionante programa de obras públicas. Para consternación de Estados Unidos e Inglaterra, decretó la expropiación de todos los campos petrolíferos propiedad de extranjeros. Como represalia, se decretó un embargo al petróleo mexicano, que tuvo que ser levantado cinco años más tarde debido a las necesidades de combustible de los aliados.

Cárdenas fundó un partido oficial único que, hasta 1980, fue el mecanismo para la de-

PÁGINA ANTERIOR SUPERIOR: Las palmeras y las tumbonas son elementos esenciales en todos los complejos turísticos de lujo. PÁGINA ANTERIOR INFERIOR: El Centro Cultural de Tijuana acoge una fascinante diversidad de exposiciones de arte y de espectáculos provenientes de ambos lados de la frontera.

signación de los candidatos a los cargos públicos. El poder político se institucionalizó hasta tal extremo que no importaba quién lo ejercía. Con el pretexto de defender el nacionalismo como consecuencia de la segunda guerra mundial, se silenciaron las demandas sociales, tanto la reforma agraria como los movimientos laborales perdieron fuerza y los capitales extranjeros entraron en el país y adquirieron un poder creciente.

En 1946, Miguel Alemán Valdés fue elegido presidente. Él consolidó las actividades del régimen anterior, y ha sido considerado el arquitecto del México moderno. Sin embargo, hizo poco por el mexicano medio. Consideró que la riqueza debía crearse antes de que pudiera ser redistribuida e inauguró un período de vasta expansión económica. Se buscaron y aceptaron las inversiones extranjeras indiscriminadamente, se frenó la reforma agraria y floreció la corrupción. De nuevo, la riqueza se concentró en las manos de unos pocos.

El sucesor de Alemán, Adolfo Ruíz Cortines, dio el voto a las mujeres e intentó eliminar la corrupción y controlar el crecimiento desaforado mediante la devaluación del peso, pero poco cambió. El siguiente presidente, Adolfo López Mateos, distribuyó tierras a los campesinos, amplió el sistema de la seguridad social y construyó numerosas escuelas. Tras la revolución cubana, rehusó romper las relaciones con el nuevo gobierno y, en consecuencia, las compañías y bancos extranjeros retiraron sus capitales de México.

En la segunda mitad del siglo, las elecciones presidenciales y locales se llevaron a efecto pacíficamente, sin graves desórdenes públicos, y la economía mexicana creció a un ritmo del 6 %. Esta estabilidad política y el rápido crecimiento económico fueron citados como modelo para los demás países en vías de desarrollo, y México fue elegido como sede de los Juegos Olímpicos de 1968.

Sin embargo, la distribución de los beneficios en el país no era todavía equitativa. El 10 % de la población recibía casi el 50 % del ingreso bruto del país. En vísperas de los Juegos Olímpicos, surgieron las protestas, que fueron reprimidas por la fuerza por el entonces presidente Díaz Ordaz. Murieron 300 personas, miles fueron encarceladas y se estableció la censura de prensa.

Uno de los primeros actos del siguiente presidente, Luis Echeverría Álvarez, en 1970, fue liberar a estos presos políticos y adoptar una política que los inversores extranjeros y los capitalistas nacionales consideraron como retórica izquierdista. Asumió la causa de la redistribución de la tierra, impulsó el turismo, propugnó la independencia económica de Estados Unidos y adoptó la causa de los países del Tercer Mundo. Todo ello precipitó la fuga de capitales del país, en gran escala, y con ello se vio en la necesidad de contratar cuantiosos préstamos para financiar sus proyectos de obras públicas. Poco antes de finalizar su período presidencial, se vio obligado a devaluar el peso mexicano y los sucesivos presidentes no han logrado todavía recuperar su estabilidad.

Aun cuando la creciente producción petrolera a finales de la década de 1970 tuvo como consecuencia una pequeño *boom* en la economía del país, el peso continuó teniendo problemas durante la presidencia de López Portillo y fue devaluado dos veces en menos de tres años, a pesar de que Portillo intentó detener la inflación. Pero también ahuyentó a los inversores extranjeros apoyando a Cuba, a los sandinistas de Nicaragua y a otros movimientos de liberación en Latinoamérica. Se intensificó la fuga de capitales y la corrupción.

En 1982, Miguel de la Madrid Hurtado heredó una pesadilla. México había congelado las deudas nacional y extranjera, la inflación era superior al 100 %, y el peso había sido devaluado casi un 500 % en un solo año. Tecnócrata graduado en administración pública por la Universidad de Harvard, redujo el gasto público al tiempo que aumentó el precio de los servicios proporcionados por el Gobierno, inició una liberalización comercial y se adhirió al GATT, renegoció la deuda externa, institucionalizó un Pacto de Solidaridad para tratar de controlar la inflación y estableció una estrategia económica orientada hacia la exportación. A pesar de ello, el poder adquisitivo se redujo durante su administración en un 50 % y el desempleo aumentó considerablemente.

Después del terremoto que conmovió al país el 19 de septiembre de 1985, la población comenzó a organizarse en las tareas masivas de recuperación, y de ello surgieron grupos de ciudadanos que ofrecían una voz de unidad al pueblo mexicano.

No sorprendió a nadie la victoria en las siguientes elecciones presidenciales del candidato del Gobierno, Carlos Salinas de Gortari, aunque lo logró superando escasamente el 50 % de los votos. Los partidos de la oposición obtuvieron un número importante de escaños en la Cámara de Diputados y cuatro en la de Senadores.

Salinas prometió ayudar a las clases más pobres y emprendió un «pacto de estabilidad y crecimiento económico». Los elementos primordiales del plan incluían un programa de liberalización comercial y la negociación de un nuevo arreglo de la deuda externa. Por otra parte, se dirigió a la comunidad económica prometiendo más oportunidades a los hombres de negocios, haciendo al mismo tiempo tremendos esfuerzos para promocionar México internacionalmente. Su gobierno logró la casi estabilización de la inflación en 1991, afianzó bien las relaciones con los inversores internacionales y redujo las condiciones para la adquisición, por parte de los extranjeros, de tierras y otros bienes. En 1993, Estados Unidos, Canadá y México firmaron el Tratado de Libre Comercio (TLC) y Salinas se comprometió a que México formara parte del grupo de los países ricos antes de la llegada del año 2000.

LOS FATÍDICOS AÑOS NOVENTA

Carlos Salinas de Gortari era considerado en todo el mundo el salvador de México. Sin embargo, el final de su mandato provocó grandes problemas al país. El 1 de enero de 1994, el ejército zapatista de liberación nacional atacó la ciudad colonial de San Cristóbal de las Casas en Chiapas. El ejército, formado por campesinos armados con fusiles de madera, lo dirigía el comandante Marcos, un misterioso personaje enmascarado, resuelto a denunciar la situación de miseria en la que viven los indios de esta zona rural del sur. Su iniciativa inspiró a otros grupos rebeldes a lo largo de todo el país y puso en jaque el poder sempiterno del PRI. Los partidos de la oposición ganaron fuerza en varios estados entre los que destacan Guerrero, Michoacán y Baja California, el primer estado en elegir a un gobernador de un partido de la oposición. En otoño de 1994, el sucesor elegido por Salinas para la presidencia, Luis Donaldo Colossio, murió ase-

sinado en el transcurso de un mitín en Tijuana. Ernesto Zedillo Ponce de León, el nuevo candidato designado por el PRI, ganó las elecciones con una mayoría muy justa. Poco después de su llegada al poder, en 1995, el peso de devaluó en más de la mitad de su valor y el país se sumergió en un caos económico.

EL MÉXICO DE HOY

Al acercarse el siglo XXI, México sufre un período de luchas internas. La pobreza, la criminalidad y la inestabilidad política van en

aumento y el expresidente Salinas se ha convertido en un paria nacional. En la actualidad vive exiliado en Irlanda, y el PRI es puesto en tela de juicio al más alto nivel. Los mexicanos que sufren los efectos de la crisis económica no toleran más que «dinosaurios» políticos y unas cuantas familias acaudaladas saqueen el país y a sus habitantes.

Las elecciones legislativas de 1997 han llevado a la cámara del Parlamento a una mayoría de representantes de la oposición. A principios de 1998, los conflictos entre el PRI y el resto de partidos adquirieron dimensiones críticas. Las próximas elecciones presidenciales, en el 2000, y los observadores indican que

Un indio lacandón atraviesa el lago Hana a bordo de su canoa.

México tendrá el primer presidente no priísta de los últimos 70 años.

Todo parece indicar que la economía mexicana progresa, aunque las clases más desfavorecidas no sientan sus efectos. Sin embargo, la criminalidad ha alcanzado niveles que no se habían visto desde la revolución del año 1910.

LOS MEXICANOS

En México conviven más de cincuenta y dos grupos indígenas, pero la mayor parte de lo que conocemos como «los mexicanos» son descendientes de indios y europeos. A pesar de lo extendido del mestizaje, todavía son perceptibles diferencias regionales y muchos mexicanos mantienen con orgullo su lengua y sus tradiciones precolombinas.

Al viajar por el país, las diferencias culturales se van mostrando con total claridad. Los mayas dominan la península de Yucatán, a pesar de la gran cantidad de extranjeros que residen en la zona. En Oaxaca y Chiapas conviven varios grupos indígenas que todavía viven en pueblos. El siglo xx no ha llegado a las montañas del centro y el sur del país. Los grupos indígenas han sobrevivido en situaciones infrahumanas en medio de una pobreza absoluta. En la actualidad, su existencia depende de varias propuestas ecológicas y políticas.

Hasta los años cuarenta, la mayor parte de los mexicanos vivían en el campo. A partir de la segunda guerra mundial, la industrialización invirtió totalmente la balanza. En 1944, el 35 % de la población vivía en ciudades; en 1980, esta cifra supera el 60 %. Este éxodo rural va unido a una importante explosión demográfica que ha dominado la segunda mitad del siglo xx. A pesar de que los programas de control de natalidad han reducido el crecimiento anual del 3 al 2,4 % entre 1976 y 1982, en 1990, la población de México rondaba los noventa millones: cerca de veinte estaban concentrados en el estado de México.

La mayor parte de los turistas se sorprenden al comprobar lo excesivamente pobladas que están las ciudades y lo grandes que son las diferencias entre ricos y pobres. Los ricos representan el 5 % de la población y llevan una vida similar a la de los jeques árabes o a la de la realeza europea.

Los asalariados, los profesores, los comerciantes y los técnicos cualificados constituyen la clase media. Tienen una calidad de vida relativamente aceptable; sin embargo, su nivel de vida es muy inferior al de sus homólogos europeos o estadounidenses, y la devaluación del peso en 1995 ha agravado la situación. Los que utilizaban mucho las tarjetas de crédito y los préstamos bancarios han visto duplicarse los intereses y han perdido muchos de sus créditos debido a la crisis más grave que el país enfrenta desde la década de 1970. Aún cuando se supone que la economía mexicana se está recuperando, esto no está del todo claro y la mayoría de los mexicanos siguen viviendo al día.

Algunos pobres, sobre todo los que se encuentran en Ciudad de México y en las zo-

nas fronterizas, viven en condiciones tan infrahumanas que no hay palabras para describirlo. Los pobres que viven en el campo llevan una existencia muy similar a la de sus antepasados, con la salvedad de que cuentan con electricidad y televisión. Las casas siguen siendo de adobe, de cemento o de caña. Paradójicamente, cuentan con antena de televisión pero carecen de agua corriente y baño. Muchos mexicanos sienten tal apego a su tierra que prefieren vivir en su pueblo de manera sencilla, rodeados de su numerosa familia que para ellos es lo más importante.

El gobierno federal garantiza la gratuidad de la enseñanza y los seis primeros años de escuela primaria son obligatorios.

Los mexicanos son muy conscientes de su historia y defienden con orgullo su patrimo-

nio y su independencia nacional. Temerosos de injerencias extranjeras oponen una resistencia casi xenófoba a países como Estados Unidos, Japón y Corea, que buscan en México mano de obra barata. La mayoría de los mexicanos se lamenta de ver las riquezas nacionales como el petróleo, la plata o el marisco caer en manos extranjeras.

La mayor parte de los mexicanos reciben con agrado a los extranjeros y disfrutan manteniendo una conversación inocente. Es posible que a los niños les llame la atención su reloj y le pidan la hora. Los adultos le preguntarán cuál es su país de origen.

La historia de México ha sido registrada por muchos grandes muralistas mexicanos. Este mural titulado *La gran Tenochtitlán* es de Diego Rivera y adorna los muros del Palacio Nacional de Ciudad de México.

Ciudad
de México

NO EXISTEN CALIFICATIVOS PRECISOS para definir la extraordinaria y contradictoria naturaleza de esta ciudad, la más poblada del mundo. No hay otra en el mundo que se le pueda comparar. Nadie sabe con exactitud cuántos habitantes tiene. Las últimas estimaciones de población le asignan más de 20 millones y, además, se encuentra en rápido crecimiento. A la ciudad llegan cada día unos tres mil mexicanos del resto del país con la esperanza de encontrar un trabajo que probablemente no existe, para vivir, en suma, en una increíble pobreza y desesperanza, en esta metrópoli increíblemente contaminada, en ocasiones hermosa y siempre fascinante.

A esta increíble inmigración hay que añadir el índice de natalidad, otro millón, que incrementa la población de Ciudad de México cada año. Los estudios demográficos señalan que la población de Ciudad de México sobrepasará en el año 2000 los treinta y cinco millones.

Ciudad de México está situada en un amplio y ondulado valle de 7.800 km², a una altitud de 2.200 m sobre el nivel del mar, totalmente rodeado de montañas. Dos de las cimas más altas de Norteamérica, el Popocatépetl, de 5.452 m, y el Iztaccíhuatl, de 5.286 m, constituyen el límite sudoriental del valle y lo separan de la ciudad de Puebla. Hacia el este se elevan las cumbres de Sierra Nevada, hacia el oeste las de la sierra de Las Cruces y hacia el sur la sierra del Ajusco. Rodeada casi totalmente por montañas, Ciudad de México goza de un microclima que fue una vez maravilloso, pero que hoy la ha convertido en la ciudad con mayor contaminación ambiental del mundo, debida sobre todo a los automóviles.

Los problemas del transporte en una ciudad como México son inmensos. El metro, uno de los más modernos del mundo, se ve abarrotado en las horas punta. Las congestiones de tráfico son indescriptibles, especialmente en la temporada de lluvias, ya que, con frecuencia, se inundan los pasos a desnivel y los semáforos funcionan mal o no funcionan.

Se dice que no se sabe lo que es contaminación hasta que no se ha estado en Ciudad de México. Con frecuencia es tan intensa que la visibilidad se reduce a menos de un kilómetro en los días claros. Esta nube contaminante y maloliente está compuesta, en un 75 %, por humos de escape de los automóvi-

les, según estudios realizados por las Naciones Unidas. Como consecuencia, los efectos que sobre la salud tiene el vivir en Ciudad de México se han comparado con los de fumar dos cajetillas de cigarrillos diarias.

Aun cuando esta impresionante megalópolis ocupa solamente una milésima parte del territorio nacional, su población es una cuarta parte del total, y alberga la mitad de todas las industrias manufactureras, controla el 70 % de los activos del país y produce el 40 % de su producto interno bruto. La deuda de Ciudad de México creció hasta ser mayor

que la de muchas naciones y continúa creciendo. No se ven signos de cambio en la política que puedan mejorar, a corto plazo, las condiciones de la ciudad y de sus habitantes.

Ciudad de México, con los restos de más de dos milenios de culturas prehispánicas y 450 años de arquitectura posterior a la conquista española, constituye un inmenso tesoro de ruinas, restos y diferentes estilos. Se pueden visitar más de cincuenta iglesias del período inicial español, así como cientos de edificios públicos, que prácticamente no han sufrido cambios en los últimos 400 años. Hay 70 museos importantes que contienen los tesoros mejor conservados del mundo de la arqueología mexicana, así como muestras escogidas del arte europeo desde el Renacimiento hasta nuestros días.

Y, tanto de día como de noche, Ciudad de México se halla, llena de vida. Hay color, música y vitalidad en sus bazares, mercados

PÁGINA ANTERIOR: Baile con el traje típico de Sonora a cargo del Ballet Folclórico de México.
SUPERIOR: Ciudad de México en un día relativamente poco contaminado.

de flores y en sus atestados parques. Las aceras están ocupadas por vendedores que ofrecen de todo, desde dulces a cuberterías, muebles de mimbre y billetes de lotería.

ANTECEDENTES HISTÓRICOS

Siglos atrás, Ciudad de México era, sin duda, uno de los asentamientos urbanos más bellos del mundo, un mosaico multicolor ubicado en un amplio y brillante lago. «El otro día, por la mañana, llegamos por la amplia calzada de la ciudad. Vimos tantas ciudades y pueblos asentados sobre el lago y otras grandes ciudades en tierra firme, a las que conducía la amplia y llana calzada, que quedamos aturdidos de admiración al ver tantas cosas encantadoras, grandes torres, muelles y edificios que surgían de las aguas; todo ello de piedra labrada de tal modo que algunos soldados decían que aquello sólo era un sueño. Las cosas dignas de admirar eran incontables. Cosas que ni en sueños podía uno haber pensado en llegar a ver.»

«Fuimos alojados en palacios de increíble magnificencia y artesanía, de piedra finamente trabajada, de cedro y otras maderas preciosas y fragantes, con grandes patios y habitaciones, y otras cosas dignas de ver, con cortinas bordadas de algodón. Todas las casas estaban rodeadas de jardines y huertos, y era grande el placer de pasear por allí, donde uno nunca se cansaría de ver la diversidad de árboles y arbustos de increíbles fragancias, con senderos llenos de rosas y otras flores, y muchos árboles frutales y rosales, todos con una fuente de agua fresca. Y otra cosa maravillosa: uno puede entrar en esos huertos desde el lago con grandes canoas, por una abertura en ellos practicada, de modo que no es necesario pasar por tierra firme; todo ello blanco y brillante, decorado con numerosos tipos de piedras y pinturas extremadamente bien concebidas y poblado de pájaros de muchos tipos y especies.»

Así era la ciudad de Tenochtitlán el 8 de noviembre de 1519, el día en que Hernán Cortés puso pie en ella por primera vez. Denominada «lugar del fruto del cactus» en lengua náhuatl por los aztecas, era, en aquel tiempo la ciudad más grande del mundo.

Sin embargo, había habido grandes y bellas ciudades mucho antes de la llegada de los aztecas. El valle a la sombra del Popocatépetl

ya había alojado una anterior y magnífica ciudad: Teotihuacán. En aquel tiempo parece ser que había cinco lagos poco profundos, alimentados por el agua de las montañas de los alrededores. Los primeros habitantes vivían a la orilla de estos lagos y, en algunos casos, en islas artificiales construidas para mayor seguridad.

Entre los años 1000 y 500 a. C., una civilización más avanzada ocupó el valle, con el centro situado en Tlatilco. Esta civilización amplió las rutas de comunicación y estableció relaciones comerciales con los olmecas de la costa del Golfo. Fue reemplazada por otra, aún más avanzada, con su asentamiento principal en Cuicuilco. A su vez, ésta fue desplazada de la primacía por otra ubicada en Teotihuacán, una ciudad que en su período de mayor esplendor, del año 150 a. C. al 700 d. C., alcanzó una población de 250.000 personas. Con gran probabilidad, la mayor ciudad de su tiempo en el mundo.

Encrucijada en las rutas de comercio intercontinental de obsidiana (piedra vítrea que se utilizaba en lugar de los metales), Teotihuacán llegó a comerciar con lugares tan alejados como el actual Nuevo México de Estados Unidos, en el norte; con Guatemala, en el sur, y con la civilización maya de Yucatán, en el este.

En su tiempo, fue la cultura más avanzada del mundo en campos como los de la astronomía, las matemáticas y algunas tecnologías. Probablemente, su lengua era el náhuatl y adoraban al dios de la lluvia, Tláloc.

Poco después del año 700 d. C., Teotihuacán fue destruida y reemplazada por Tula, una ciudad tolteca fundada, supuestamente, en el año 958. Los toltecas impusieron su civilización básicamente mediante la guerra, pero también se dedicaron a la escritura, la medicina, las matemáticas, las ciencias y las artes. Bajo el reinado de Quetzalcóatl, a quien posteriormente deificaron, prohibieron los sacrificios humanos, y Quetzalcóatl fue obligado a huir a Yucatán, donde murió prometiendo volver a Tula. Esta ciudad cayó a los 200 años de su fundación, en 1168.

Pero no fue hasta después del año 1200 cuando el grupo de chichimecas, que se autodenominaban mexicas y que más tarde serían conocidos como aztecas, llegó al valle que hoy ocupa Ciudad de México. De acuerdo con sus propias leyendas, eran originarios de las Siete

84   Ciudad de México

Cuevas, cerca de un lugar que ellos denominaban Aztlán. Bajo la guía de sus sacerdotes y acompañados por su dios Huitzilopochtli, se fueron desplazando lentamente desde el norte. Cuando llegaron al lago de Texcoco constituían, según las normas locales, una tribu indisciplinada y salvaje.

En el lago de Texcoco vieron la señal de que aquél era el lugar de su asentamiento definitivo: un águila devorando a una serpiente sobre un nopal que nacía de las rocas. Discurría el año 1345 y los aztecas se asentaron en dos islas desiertas del lago y empezaron a forjar alianzas con las ciudades-estado vecinas, vendiendo sus servicios como mercenarios a las culturas más avanzadas del valle. Unieron las dos islas mediante *chinampas*, islas artificiales hechas de barro y ramas sobre un lecho de raíces ancladas en el fondo poco profundo del lago. En 1350, habían fundado Tenochtitlán. En 1428, conquistaron Azcapotzalco, la ciudad más importante del valle.

Basando su propia cultura guerrera en la antigua civilización chichimeca-tolteca de Tula, los aztecas adoptaron al dios tolteca Quetzalcóatl y copiaron los métodos de enseñanza y la arquitectura de los toltecas y de otras ciudades, pero pronto los aventajaron. Con sorprendente rapidez, controlaron las rutas comerciales de lo que hoy son México y Centroamérica, y establecieron la hegemonía militar sobre casi todas las naciones vecinas. Solamente los tarascos, en el oeste, y los tlaxcaltecas, en el este, no pudieron ser reducidos por los aztecas.

Poco tiempo después, la gran ciudad azteca de Tenochtitlán abarcaba más de 13 km², rodeada por un dique de 16 km a fin de impedir que las aguas salinas del lago de Texcoco contaminaran las fuentes de agua dulce del interior, y con una red de canales muy bien planificada. En el centro de la ciudad se levantó el Recinto Sagrado, así como grandes pirámides dedicadas a los dioses de la guerra y de la lluvia, Huitzilopochtli y Tláloc. En el interior del Recinto Sagrado se encontraban también las residencias del rey y de los nobles, y el conjunto estaba rodeado de una gran muralla de piedra.

La vida de los aztecas estaba regida por un estricto código de conducta e interrelaciones. La posición social, empezando por la del rey, se basaba en el valor en la guerra, rasgo éste difícil de fingir. El rey era responsable de la riqueza y felicidad de sus súbditos. Cada una de las clases sociales estaba sometida a reglas precisas en cuanto al vestido y al comportamiento, y el contravenirlas podía estar castigado incluso con la muerte. La educación y la religión tenían suma importancia, y era imprescindible participar en sus ceremonias. Los sacerdotes se encontraban en la cima de la pirámide social, pero su conducta estaba regida por las más estrictas reglas. Todas sus acciones debían estar dirigidas a honrar a los dioses, debían vivir en celibato, no decir nunca mentiras ni buscar por ningún medio una posición superior a su estatus establecido.

Tanto los aztecas como sus predecesores, los toltecas, creían ser el pueblo elegido por el Sol y que únicamente ellos, mediante sacrificios humanos, podían mantenerlo en su constante girar alrededor de la Tierra. Para conseguir las víctimas necesarias para aplacar las iras del dios, los aztecas mantenían con sus vecinos constantes «guerras de las Flores». Se estima que, sólo en la consagración del Gran Templo de Huitzilopochtli, fueron sacrificadas más de veinte mil personas.

En el año 1502, cuando Moctezuma II fue nombrado emperador y gran sacerdote de Huitzilopochtli, la ciudad azteca de Tenochtitlán era la más grande y probablemente la más próspera del mundo. Era asiento de la enseñanza, de las ciencias y de las artes; el centro de una cultura que había unido militar y comercialmente la mayor parte de lo que hoy son México y Centroamérica. Había llegado el momento para que unos nuevos bárbaros entraran en escena.

LA AMENAZA DEL ESTE

Estos nuevos bárbaros llegaron del este, dirección desde la que, según las leyendas toltecas y aztecas, Quetzalcóatl debía regresar. Tras desembarcar en Cozumel, Hernán Cortés siguió la costa del golfo de México hasta Veracruz, y desde allí se dirigió al interior, con sus 550 hombres y 16 caballos, acompañado por mil aliados indios, su amante-intérprete Malinche y su otro intérprete, Gerónimo de Aguilar. Moctezuma, temiendo que Cortés pudiera ser el dios blanco y barbudo Quetzalcóatl, le envió un tributo de plata, oro, piedras preciosas y tejidos bordados, con la espe-

ranza de que, satisfecho con ello, se retiraría. Sin embargo, estos regalos convencieron a Cortés de que los informes sobre las riquezas de Tenochtitlán eran ciertos. Su respuesta fue: «Los españoles padecen una enfermedad que solamente se cura con oro».

Los españoles no tardaron en intentar curar su «enfermedad». Tras haber sido festejados generosamente por los aztecas, Cortés secuestró a Moctezuma y lo mantuvo preso en sus cuarteles junto con varios de los nobles principales. Bajo la influencia del mito de Quetzalcóatl, o en su deseo de preservar la paz, Moctezuma afirmó que se había unido a Cortés voluntariamente, y pasó a su pueblo las órdenes recibidas por parte de Cortés de que se reuniera en Tenochtitlán todo el oro del reino.

La situación alcanzó uno de sus puntos culminantes cuando Cortés colocó una estatua de la Virgen en el Gran Templo de Huitzilopochtli. Los nobles y sacerdotes empezaron a incitar al pueblo contra los españoles; Cortés tuvo que ausentarse para enfrentarse a las fuerzas españolas que habían sido enviadas para arrestarle, dejando en Tenochtitlán la mitad de sus fuerzas. Éstas mataron a 200 nobles y 4.000 plebeyos dentro del Recinto Sagrado. Cortés, a su retorno de Veracruz, fue inmediatamente cercado. Ordenó a Moctezuma que hiciera que los aztecas se retiraran, pero mientras éste se dirigía a su pueblo urgiéndolo a no emprender acciones en contra de Cortés, fue herido por una piedra y murió como consecuencia de ella. Cortés y sus aliados intentaron salir de Tenochtitlán.

Esto ocurrió en la «Noche Triste» del 30 de junio de 1520, en la que, sobrecargados de oro y plata, los españoles y tlaxcaltecas intentaron salir por las calzadas en medio de la lluvia y la oscuridad. Cuatro mil tlaxcaltecas y más de la mitad de los españoles perecieron víctimas de los aztecas o ahogados en el lago.

Los aztecas, en un furioso ataque, persiguieron a los españoles y tlaxcaltecas hasta el territorio de estos últimos. Pero en mayo de 1521, Cortés volvió a atacar Tenochtitlán por tierra, a lo largo de las calzadas y desde el lago con 13 fragatas que había construido en tierras tlaxcaltecas y llevado por tierra hasta botarlas en el lago de Texcoco. Las fuerzas españolas lograron cercar la ciudad. En una sangrienta lucha que se prolongó dos meses y medio,

Cortés fue minando la resistencia de los aztecas, cuyo número disminuyó como consecuencia de la viruela y otras enfermedades europeas. Al final, los supervivientes y su emperador Cuauhtémoc se rindieron el 13 de agosto de 1521.

«LA NUEVA CIUDAD DE MÉXICO»

Cortés había destruido la «ciudad de los encantos» y rellenado los canales con sus escombros. Proclamó que «la nueva Ciudad de México se construirá sobre las cenizas de la antigua Tenochtitlán y, como ésta en el pasado, continuará siendo la ciudad principal y la que regirá todas estas provincias».

Según los relatos de fray Toribio de Benavente (*Motolinía*: «el pobre», en lengua náhuatl), a la batalla siguieron siete plagas. Las seis primeras fueron enfermedades europeas; la séptima fue «la construcción de la gran Ciudad de México, que en los primeros años costó más vidas que la construcción del gran templo de Jerusalén, en los tiempos del rey Salomón».

Cientos de miles de personas fueron esclavizadas para que construyeran Ciudad de México con las piedras de los templos aztecas. La combinación de la arquitectura religiosa española con el arte de los canteros mexicanos produjo un nuevo estilo: el colonial español. En la actual Ciudad de México se encuentran numerosas muestras: originales del siglo XVI, y muchas de ellas ubicadas directamente sobre los anteriores edificios aztecas, cuyas paredes forman parte de la construcción.

Una vez confirmada como la capital de la Nueva España, creció, con gran rapidez. En 1523, el emperador Carlos I la proclamó la ciudad más leal, noble e imperial y le dio su escudo de armas municipal. En 1535 se creó el primer colegio mayor, el de Santa Cruz. Hacia 1540, la población había descendido a cien mil mexicanos y más de dos mil españoles. Se fundó el primer hospital del Nuevo Mundo y en 1551, la primera universidad.

Sin embargo, los españoles habían devastado los diques que impedían el paso a las aguas salinas del lago de Texcoco, con lo que

Los altares de la catedral de Ciudad de México, originales del siglo XVII, constituyen una maravillosa muestra del arte barroco mexicano.

las aguas inundaban frecuentemente la ciudad. Las condiciones sanitarias se deterioraron rápidamente. Los acueductos se averiaron. En el año 1600, la población de Ciudad de México se había reducido a 8.000 mexicanos y 7.000 españoles, muchos de ellos monjes y sacerdotes. En su conjunto, casi el 70 % de los mexicanos había perecido hacia el año 1600, como consecuencia de las enfermedades europeas. A ello hay que añadir las víctimas de la Inquisición, instaurada por el papa Sixto IV y los reyes de España en 1480, pero que alcanzó su mayor impacto en México entre 1574 y 1803.

En el siglo siguiente, ocurrieron pocas cosas de importancia para Ciudad de México. Derrotados, los mexicanos cayeron en un estado psíquico de melancolía permanente, interrumpido por levantamientos como el que en 1692 destruyó el palacio virreinal, antigua residencia de Cortés. La guerra de la Independencia (1820-1821) causó grandes daños a la ciudad, que constituyó el último reducto de las fuerzas pro españolas. La ciudad fue de nuevo ocupada por las tropas de Estados Unidos en la guerra méxico-americana. En el castillo de Chapultepec y en el convento de Churubusco tuvieron lugar grandes batallas.

Ciudad de México fue ocupada por tropas francesas desde 1863 a 1867. Durante la ocupación, el emperador Maximiliano hizo construir uno de los monumentos arquitectónicos más característicos de la ciudad: el paseo de la Reforma, siguiendo el estilo de los grandes bulevares parisinos, para unir la residencia imperial en el castillo de Chapultepec con el centro de la ciudad. En tiempos de la dictadura de Porfirio Díaz (1876-1911), se desecó el lago de Texcoco, el paseo de la Reforma se amplió, y se añadió un toque de lujo francés a algunas zonas de la ciudad.

La desecación del lago de Texcoco rebajó el nivel freático de la ciudad y poco tiempo después los edificios comenzaron a hundirse y a perder su verticalidad. A pesar de que todos ellos han sido reforzados, muchos todavía conservan un aire que recuerda al de la torre de Pisa.

La revolución (1910-1920) produjo más de dos millones de víctimas, solamente en Ciudad de México. La Ciudadela, que fue el cuartel general de Emiliano Zapata y otros revolucionarios que combatieron el régimen de Francisco Madero, es hoy un mercado al aire libre dedicado a la venta de artesanías y baratijas para turistas. Otro de los efectos de la revolución fue el desplazamiento de muchos campesinos, que se dirigieron a Ciudad de México buscando un alternativa de vida.

La reconstrucción de la ciudad tuvo un ritmo lento en el período comprendido entre las dos guerras mundiales. En 1940, la población había alcanzado el millón y medio de habitantes, pero había pocos automóviles, el aire era limpio y los contornos de las montañas se destacaban claramente contra el cielo azul. La segunda guerra mundial propició el crecimiento económico de la ciudad debido a la carencia de productos importados, por lo que México se vio obligado a desarrollar su propia industria de productos de consumo. La ciudad creció rápidamente y se convirtió en el foco de la planificación y desarrollo nacionales. En 1950, la población era de tres millones y en 1960 ya había alcanzado los cinco millones.

Atraídos por este crecimiento económico y también por la deficiente política agrícola del Gobierno, los campesinos empezaron a llegar a Ciudad de México. Las condiciones sociales empeoraron en todo el país; la pobreza endémica se hizo más crítica, al tiempo que la riqueza de las clases de elite crecía ilimitadamente. Muchos intelectuales comenzaron a presionar para lograr cambios sociales.

Los Juegos Olímpicos de 1968 constituyeron el catalizador. Las protestas por los gastos ocasionados por los Juegos, mientras muchísimas personas padecían hambre llevaron a las calles a gentes de todas las clases sociales. Tras las manifestaciones de finales de agosto, el Gobierno contraatacó: temiendo que el estado de intranquilidad reinante pudiera dañar su imagen, ordenó al ejército abrir fuego contra las 10.000 personas congregadas en la plaza de Tlatelolco el 2 de octubre de 1968. Entre doscientas y trescientas personas, la mayor parte mujeres y niños, resultaron muertas; cientos fueron arrestados. Diez días después se inauguraron los Juegos Olímpicos.

La ciudad continuó su crecimiento exponencial, alcanzando los ocho millones de habitantes en 1970 y los quince millones en 1980.

Las condiciones empeoraron aún más tras el devastador terremoto del 19 de septiembre de 1985, que causó 8.500 víctimas mortales, dejó a más de cien mil personas sin hogar y destruyó amplias zonas de la ciudad.

Aun cuando Ciudad de México se mantiene operativa, en muchas de sus zonas, el funcionamiento de los servicios es más la excepción que la regla. Los fondos necesarios para obras de infraestructura se diluyen como efecto de la corrupción, la planificación deficiente, los esquemas grandiosos y el pago de la deuda creciente de la ciudad.

contacto con el servicio de información del mismo en el ((5) 762-4011. También existe un servicio de seguridad, ((5) 571-3600, que le ayudará ante cualquier dificultad.

VISITAR CIUDAD DE MÉXICO

Ciudad de México está dividida en 16 delegaciones o distritos, y cada una de ellas se subdivide en colonias o barrios. Hay un total de 240 colonias, y los nombres de las calles de cada una de las colonias se refieren a un tema común.

INFORMACIÓN TURÍSTICA

Un claro objetivo de la ciudad es incrementar el número de visitantes, por lo que posee oficinas de información en el aeropuerto, ((5) 762-6773, así como en todas las autopistas que conducen a ella. Se pueden obtener multitud de folletos en la **oficina de información turística de México** de la Zona Rosa (en la calle Amberes, 54 con Londres), ((5) 525-9380/533-4700; FAX (5) 525-9387; abierta diariamente de 09.00 a 18.00 horas, y en **LOCATEL**, ((5) 658-1111, un servicio de información telefónica que funciona las 24 horas del día.

Para consultar la lista de salidas o llegadas del aeropuerto Benito Juárez, póngase en

EL CENTRO HISTÓRICO

Toda el área del centro histórico (9 km^2), que encierra 1.436 edificios cuyo período de construcción va del siglo XVI al XIX, ha sido conservada por el Gobierno como monumento histórico nacional, y está en proceso de restauración. Su conjunto esta circundado por el **paseo de la Reforma**, las calles de **Abrahán González** por el oeste, **Anfora** por el este, las avenidas **Arcos de Belén** y **José María Izazaga** por el sur, y **Bartolomé de las Casas** en el norte. Existen tantas cosas dignas de ver que es imposible enumerarlas todas; entre ellas se en-

SUPERIOR: Algunos murales modernos, como la *Liberación* de Camerena, adornan el Palacio de Bellas Artes.

cuentran el Palacio Nacional y su impresionante plaza de la Constitución, la catedral, el Palacio de Bellas Artes, el parque de la Alameda Central, etc.

El Zócalo

Construido sobre las ruinas del Gran Templo de Tenochtitlán, el Zócalo, o **plaza de la Constitución**, es una de las plazas abiertas más vastas del mundo. En el pasado fue utilizada para la celebración de corridas de toros, ejecuciones, mercados públicos y manifestaciones multitudinarias. Lo rodean una serie impresionante de construcciones.

Al sur, se encuentra el **Palacio del Ayuntamiento**, construido inmediatamente después de la conquista, que fue remodelado hacia 1700 y que, actualmente, es sede de las oficinas del Distrito Federal junto con el **Nuevo Ayuntamiento**, situado enfrente y construido en los años treinta con el mismo estilo arquitectónico. Cruzando la avenida de Pino Suárez, se ubica la **Corte Suprema de Justicia**, construida en 1953 pero de estilo colonial. Los muros de la escalera principal están cubiertos por un mural de José Clemente Orozco titulado *La injusticia de la Justicia*.

Toda la zona este del Zócalo está ocupada por el **Palacio Nacional**. Sede del Gobierno mexicano, fue construido inicialmente por Cortés en piedra roja y sobre la ubicación original del Nuevo Palacio de Moctezuma II. El ejemplar original de la campana de la Independencia, que fue tañida por el padre Hidalgo en el pueblo de Dolores la noche del 15 de septiembre de 1810 para dar comienzo a la guerra de la Independencia, pende ahora sobre la entrada principal del palacio. En conmemoración de este hecho, el presidente hace sonar la campana todos los años en esa fecha a las 23.00 horas y repite el *Grito*, la llamada a la revolución.

El palacio fue residencia de los virreyes españoles, pero sufrió serios daños durante la revolución india de 1692. Su fachada tiene la impresionante longitud de 200 m y un total de 17 patios. Son dignos de admirar los arcos del patio central.

En este último, se encuentra un corredor en el que 450 m^2 de soberbios murales de Diego Rivera reflejan la historia de México desde los tiempos prehispánicos hasta 1929. El Palacio Nacional contiene la extensa **bi-**

blioteca Miguel Lerdo de Tejada y los archivos de la ciudad. Escaleras arriba, en el segundo piso y en la habitación que ocupaba cuando murió en 1872, se halla un museo dedicado al presidente Benito Juárez (abierto al público de lunes a viernes). Una guardia de honor desfila cada día desde el patio central antes de la puesta de sol y arría la bandera que ondea sobre el Zócalo.

La **Catedral Metropolitana** (catedral de Ciudad de México) ocupa la parte norte del Zócalo. Está erigida sobre las ruinas del Recinto Sagrado azteca. En los muros de la catedral se pueden ver piedras del antiguo Gran Templo de Moctezuma. Con sus 118 m de longitud, 54 m de anchura y 55 m de altura, es una de las mayores y más antiguas iglesias del hemisferio occidental.

En este lugar, la construcción de la primera iglesia la inició fray Toribio de Benavente, cuatro años después de la caída de Tenochtitlán. Esta primera estructura fue considerada como provisional por la Iglesia y el Gobierno español y su reconstrucción comenzó en 1563. La fachada principal se completó en

1. Iglesia de San Hipólito
2. Cámara de Diputados
3. Plaza e Iglesia de Santa Veracruz y Museo
4. Pinacoteca Virreinal de San Diego
5. Plaza de Solidaridad (Solidarity Plaza)
6. Parque de Alameda Central
7. Museo del Palacio de Bellas Artes
8. Casa de los Azulejos
9. Museo Nacional de Arte
10. Catedral Metropolitana

1681 y la cúpula que cubre la cruz latina no se terminó hasta 1813. Su maravillosa fachada barroca tiene dos torres gemelas que se acabaron en 1793, una campana de 5.600 kg, columnas en aguja y sillería fina. Su amplio interior incluye 15 altares, algunos de ellos de mármol magníficamente ornamentado, con verjas de plata, iconos recubiertos de pan de oro y numerosas pinturas barrocas de gran calidad.

Puntos memorables en la catedral son la extraordinaria **capilla de los Reyes** y su altar; la **sacristía** con su bóveda gótica y decorada con pinturas de Cristóbal de Villapando y Juan Correa; y el **coro**, con un inmenso órgano sito en el centro de la catedral.

A la derecha de la catedral se encuentra el **Sagrario**, terminado en 1760, de estilo churrigueresco y consagrado en 1768. Construido en forma de cruz griega, es funcionalmente independiente de la catedral, sirve como iglesia parroquial y cuenta con una muy interesante fachada barroca. En su interior se halla un bello altar mayor y la **capilla del Baptisterio**. La mala calidad de sus cimientos y la

debilidad de las paredes han afectado a la estructura, que se sigue hundiendo hacia el lecho seco del río.

Inmediatamente detrás del Sagrario, se encuentran los pocos restos del **Templo Mayor** de los aztecas (se puede visitar de martes a domingo, de 09.00 a 18.00 horas, con una pequeña cuota de admisión), que fue dedicado a los dioses de la guerra y de la lluvia, Huitzilopochtli y Tláloc. Este edificio fue uno de los más afectados por la «reconstrucción» de la ciudad por parte de los españoles y sus restos no fueron descubiertos hasta 1978, año en que se encontró un enorme disco de piedra con relieves que representaban a la diosa de la luna Coyolxauhqui, hermana de Huitzilopochtli.

Este disco pétreo, que mide más de 3 m de diámetro y que pesa 8.500 kg, fue instalado en el nuevo **Museo del Templo Mayor**, localizado detrás de las excavaciones. El museo ha sido construido siguiendo el concepto de los templos aztecas. En el piso principal del museo se encuentra un modelo a gran escala de Tenochtitlán, rodeado de mapas y aclaraciones sobre la historia azteca. En una zona aparte se muestran representaciones relativas a la conquista española, en la que se incluyen los relatos aztecas sobre la destrucción de Tenochtitlán.

También se pueden ver en este lugar los restos de, por lo menos, diez de las pirámides más antiguas, sobre las que se levantó la Gran Pirámide de Tenochtitlán. Cerca de dos de las paredes principales hay dos de los templos más antiguos y un altar para los sacrificios. Junto a estas paredes, se hallaron enterrados cráneos de víctimas de los sacrificios. La **Fuente Modelo de Ciudad de México** es una maqueta de Tenochtitlán situada al aire libre, frente a las ruinas del Templo Mayor.

Más arriba, en la misma calle, se encuentra el **Conjunto de San Ildefonso**, ((5) 702-2843, Justo Sierra, 16 y República de Argentina (entrada libre; abierto de martes a domingo), uno de los museos más hermosos de la ciudad. Su sede es un antiguo colegio jesuita fundado en 1588. A lo largo de los años veinte, el ministro de educación José Vasconcelos pidió a varios jóvenes artistas que decoraran los muros de la escuela. Diego Rivera realizó el primer mural en el anfiteatro y también decoró los muros del Ministerio de Educación, un edificio próximo a la escuela. El complejo fue decorado con la obra de José Clemente Orozco, David Alfaro Siqueiros y Fernando Leal, y en él se organizan exposiciones itinerantes de arte y artesanía mexicana.

También en el Zócalo y hacia el oeste de la catedral se encuentra el **Monte de Piedad**, casa de empeños y de subastas administrada por el Estado. El **Gran Hotel de Ciudad de México**, en Dieciséis de Septiembre, es un edificio representativo del *art nouveau*, que en el pasado alojó el primer gran almacén de la ciudad y que tiene un techo abovedado de cristales multicolores, ascensores antiguos con rejas de hierro forjado y una soberbia escalinata central.

Si nos desplazamos desde el Zócalo unas cuantas manzanas en cualquier dirección, se pueden ver una gran variedad de edificios históricos, monumentos e iglesias. Por ejemplo, detrás del Palacio Nacional, en la calle de la Moneda, 13, se encuentra la **Antigua Casa de la Moneda** en la que, en el siglo XVIII, se acuñaba la moneda mexicana y que hoy es el **Museo de las Culturas**, un pequeño museo artís

tico con una colección de nivel internacional. Frente a éste, se halla el **Palacio del Arzobispado**, de estilo barroco, y tres manzanas más al este, en la misma calle de la Moneda, se puede visitar la **iglesia de la Santísima**, joya también del estilo barroco y cuya fachada churrigueresca se considera una de las más bellas de la ciudad. Construida en el lugar donde se alzaban anteriormente una antigua ermita y posteriormente un convento, fue proyectada por Lorenzo Rodríguez, el mismo arquitecto diseñador del Sagrario, y terminada en 1677. El arte moderno se halla representado en el **Museo José Luis Cuevas**, ((5) 542-8959, calle Academia, 13 (abierto los martes y de jueves a domingo). Considerado uno de los mejores artistas de vanguardia del país, Cuevas ha instalado su colección de más de treinta obras de Picasso en la Sala Picasso y presenta exposiciones temporales en la galería principal.

Volviendo al palacio y girando hacia el sur por la avenida de Pino Suárez, cuatro manzanas hacia la avenida de la República del Salvador, se llega a la Casa de los condes de Santiago de Calimaya, hoy **Museo de la Ciudad de México**, ((5) 542-0487 (Pino Suárez, 30, con entrada libre; abierto de martes a domingo de 09.30 a 17.00 horas). En él se exhiben muestras de la historia de la ciudad, desde los tiempos prehispánicos a los recientes.

LA PLAZA DE SANTO DOMINGO

Volviendo hacia el norte, y caminando tres manzanas por detrás de la catedral, se encuentra la **iglesia de Santo Domingo** y la plaza homónima. Ésta es una de las plazas coloniales mejor conservadas de Ciudad de México, y se halla en una de las primeras zonas que ocuparon los españoles después de 1522. Los dominicos emprendieron la construcción de la primera iglesia de Santo Domingo en 1539, la cual constituyó el cuartel general de la orden, que gozó de gran influencia. Fue parcialmente destruida por las inundaciones del lago de Texcoco; la peor de ellas ocurrió en 1716. Más tarde se sustituyó por una nueva, cuya construcción terminó en 1736; el edificio muestra una espléndida fachada, una torre decorada con azulejos y seis capillas bellamente adornadas.

En el número 95 de la calle de la República de Cuba, se encuentra un **edificio del si** glo XVIII que se ubica en el lugar donde la Malinche, amante e intérprete de Cortés, vivió con su marido después de la caída de Tenochtitlán.

En la parte oeste de la plaza se ubican los «evangelistas», amanuenses públicos que escriben cartas u otros documentos para las personas analfabetas. Cerca de ahí, en las calles República de Brasil y República de Venezuela, se encuentra el **Antiguo Palacio de la Inquisición**, prisión y cuartel de la misma Ciudad de México que en la actualidad alberga un museo de Medicina. Una manzana más

cuenta una imagen de marfil de la Virgen del Pilar.

Más al este, se halla la **plaza Loreto**, con la soberbia **iglesia de Nuestra Señora de Loreto**, del artista Miguel Cabreras, con su cúpula elevada, elegantes ventanas en la nave principal y pinturas de la última época virreinal, comenzada en 1809 y terminada en 1816. Una manzana más al este, se ubica la **iglesia de Santa Teresa la Nueva**, que se terminó de construir en 1715 y que tiene una fachada de portales barrocos y nichos con esculturas, así como una sacristía alicatada.

allá, en la esquina de las calles Justo Sierra y República de Argentina, está la **Casa de los marqueses del Apartado**, diseñada por Manuel Tolsá, el arquitecto mexicano más prominente del siglo XIX. En el interior de su amplio patio hay una escalera que conduce a los restos de un templo azteca.

No muy lejos de ahí, en la calle Justo Sierra, entre las calles República de Argentina y República de Brasil, está el **Antiguo Convento de la Enseñanza**, antiguo convento barroco construido por Francisco Guerrero y Torres en 1754, en cuyo interior se encuentra una hermosa capilla, conocida por sus extraordinarios retablos de estilo churrigueresco y depósito de numerosas reliquias de significativa importancia, entre las que se

LA CALLE MADERO

Regresando hacia el Zócalo y girando al oeste, a lo largo de la calle Madero, se encuentran una serie de monumentos y estructuras fascinantes. A dos manzanas del Zócalo, en la esquina de las calles Isabel la Católica y República de Uruguay, está situada la encantadora **iglesia de la Profesa**, que fue construida por los jesuitas en 1585, con los donativos recibidos de la tesorería de la Casa de la Moneda y otros benefactores. La inundación de 1629 dañó seriamente su estructura, y posteriormente, un incendio destruyó la mayor parte de las pinturas del interior. La Profesa

SUPERIOR: Un escribano y su cliente, un sábado de Pascua.

era el lugar de reunión de los conspiradores por la independencia de México, donde se decidió nombrar a Agustín de Iturbide comandante del ejército de la independencia del sur, y fue base fundamental en la consecución de las victorias obtenidas en las batallas por la posesión de Ciudad de México.

Siguiendo por la calle Madero, se llega al **Palacio de Iturbide** (entrada libre de lunes a viernes, de 09.00 a 17.00 horas), que está considerado como uno de los monumentos más bellos de México. Es una magnífica estructura barroca que aloja actualmente las oficinas administrativas de Banamex (Banco Nacional de México) y que fue construida para el marqués de Jarral de Berrio, en 1780. El líder de la independencia Agustín de Iturbide la habitó entre 1821 y 1822, y fue mientras vivía en este edificio cuando se autoproclamó emperador. Banamex ofrece exposiciones rotativas de su amplia colección artística en la galería del primer piso, única parte del edificio abierta al público.

Siguiendo por la calle Madero hacia el oeste, y en la siguiente manzana, se halla la **iglesia de San Francisco**, con sus antiguos claustros, que hoy constituyen una iglesia separada. Su portal de piedra y su fachada están considerados como uno de los más grandes logros del estilo churrigueresco. Formó parte de un monasterio mucho mayor cuya construcción fue iniciada por Cortés en 1525; la mayor parte de la estructura existente fue consagrada en 1716. El primitivo monasterio fue destruido en 1856 por orden del presidente Ignacio Comonfort. Se nacionalizaron los bienes de los franciscanos y, después de 1860, los monjes fueron expulsados de la iglesia y parte de los claustros anexos se vendieron en lotes.

Muestra de un eclecticismo absoluto e incomparable es la **Casa de los Azulejos**, ((5) 525-3741 (calle Madero, 4; abierta al público diariamente de 08.00 a 22.00 horas), frente a la iglesia de San Francisco. Construida en 1596 para los condes del Valle de Orizaba, ofrece, con su fachada recubierta de azulejos azules y blancos, un imponente contraste con la sombría magnificencia de la iglesia. Los azulejos, procedentes de Puebla, no fueron incorporados hasta mediados del siglo XVIII. El amplio patio interior de estilo morisco, y que hoy es un restaurante, muestra una columnata de dos pisos en forma de claustro que culmina en

una balconada esculpida y alicatada. A lo largo de la escalinata se pueden contemplar algunos frescos de José Clemente Orozco que datan de 1925.

Un edificio característico de Ciudad de México es la **Torre Latinoamericana**, al este de la iglesia de San Francisco y en la misma calle Madero, esquina con la calle Lázaro Cárdenas (abierta diariamente, de 10.00 a 24.00 horas, con una modesta cuota de entrada). Tiene 43 pisos y es el segundo edificio más alto de la ciudad, superado tan sólo por el edificio de Pemex. Desde su cúspide, y en un día con poca contaminación ambiental, se pueden tener vistas espectaculares de la ciudad, del valle y de las montañas que la rodean. Dispone de un hotel y un restaurante.

Caminando dos manzanas al norte de la calle Madero, se encuentra el soberbio **Palacio de Bellas Artes**, ((5) 521-9251, de estilo *art déco* de influencia italiana (abierto, con una pequeña cuota de entrada, de martes a domingo, de 10.30 a 18.30 horas). Construido con mármol de Carrara blanco y diseñado por el arquitecto italiano Adamo Boari, tiene una masa tan pesada que se ha hundido más de 4 m como consecuencia del asentamiento del suelo. Su construcción comenzó en 1900, patrocinada por el presidente Porfirio Díaz pero, a causa de la revolución, no se terminó hasta 1934. En su interior se ubica el **Teatro de Bellas Artes**, donde se ofrecen óperas y conciertos y que tiene una capacidad para 3.400 espectadores. El escenario incluye un telón de vidrios coloreados, realizado por Tiffany de Nueva York, que pesa 20 toneladas y que representa las dos grandes cimas volcánicas del valle de México, el Popocatépetl y el Iztaccíhuatl.

Considerado el centro de la cultura de la ciudad, el palacio ofrece frecuentes representaciones de ópera, conciertos sinfónicos y ballet. Es la sede del afamado **Ballet Folclórico de México**, ((5) 521-3633, que actúa los miércoles a las 21.00 horas y los domingos por la mañana (09.00 horas) y noche (20.00 horas).

El palacio aloja asimismo el **Museo de Artes Plásticas**, que contiene una interesante colección de pinturas de los siglos XIX y XX. En los pisos segundo y tercero, se exponen obras de Rufino Tamayo y murales de Orozco, David Alfaro Siqueiros y Diego Rivera. A este lugar trasladó Rivera su famoso mural del hombre moderno que había sido encargado por el Rockefeller Center de Nueva York y que, una vez instalado allí, tuvo que ser retirado por sus tendencias izquierdistas. El palacio fue restaurado en 1994 y se construyó un párking subterráneo y un bello jardín enfrente. La librería del museo es una de las mejores de la ciudad en lo que a artistas y murales mexicanos se refiere. La cafetería es un lugar agradable.

Enfrente de Bellas Artes, está la **Dirección General de Correos**, ((5) 521-7760, Ejército

tacan las pinturas pastorales del valle de México, de José María Velasco.

Frente al Museo Nacional está la escultura de **El Caballito**, considerada la estatua ecuestre más bella de México. Fundida en bronce en 1802, representa al rey de España Carlos IV cabalgando.

Al otro lado de Tacuba está el **Palacio de la Minería**, también proyectado por Tolsá. Su hermosa fachada y amplia escalinata se consideran como los ejemplos más perfectos de la arquitectura neoclásica en México. Inicialmente fue la escuela de Minería y ac-

Central y calle Tacuba (abierta de lunes a sábado, de 08.00 a 24.00 horas, y los domingos, de 08.00 a 16.00 horas). También con un estilo de influencia italiana y construida en suntuoso mármol blanco (restaurado en 1994), su interior está repleto de mármoles, maderas talladas, bronces y hierros forjados. En la parte superior está el **museo Postal**, que exhibe una gran variedad de sellos, así como descripciones de la historia postal de México.

A la vuelta de la esquina, en la calle Tacuba, 8, se encuentra el **Museo Nacional de Arte**, ((5) 512-3224 (se puede visitar, con una módica entrada, de martes a domingo, de 10.00 a 17.30 horas). Fue diseñado por el italiano Silvio Contri y aloja una impresionante colección de paisajes mexicanos, entre los que des-

tualmente forma parte de la facultad de Ingeniería de la Universidad Nacional. Al este y norte del Museo Nacional, se encuentran las dos cámaras del Parlamento mexicano: la **Cámara de Senadores** y la **Cámara de Diputados**.

Siguiendo por la calle Tacuba hacia el oeste, aparece el encantador **parque de la Alameda Central**, el más grande de todo el casco antiguo. La **iglesia de Santa Veracruz**, del siglo XVIII, está situada donde se encontraba una antigua iglesia construida hacia 1550; en ella está sepultado Manuel Tolsá. Al otro lado de la pequeña plaza, se halla la **iglesia de San**

El Palacio de Bellas Artes, muestra de *art nouveau*, cuya construcción fue ordenada por Porfirio Díaz, fue diseñado por el arquitecto Adamo Boari.

Juan de Dios, construida en 1727, y cuya fachada está recubierta de conchas marinas.

Detrás se encuentra el fascinante **Museo Franz Mayer**, ((5) 518-2265 (abierto, con una reducida cuota de admisión, de martes a domingo, de 10.00 a 17.00 horas). Mayer fue un emigrante alemán que llegó a México en 1905 en busca de una fortuna que muy pronto encontró. A medida que ésta aumentaba, fue coleccionando una amplia variedad de objetos artísticos, de procedencias mexicana, alemana y asiática, que abarca desde la Edad Media hasta el siglo XIX. Antes de su muerte en 1975, estableció una fundación para crear un museo permanente de esta extraordinaria colección. El museo, instalado en el hospital de San Juan de Dios del siglo XVI, fue restaurado e inaugurado en 1986.

EL PARQUE DE LA ALAMEDA CENTRAL

Este parque es el más antiguo de Ciudad de México, y se desarrolló en 1592 por orden del virrey español Luis de Velasco. Al principio estaba circundado por una pared para impedir el acceso a campesinos e indios. Se emplazó sobre los restos de los *tianguis* o mercados de Tenochtitlán.

El parque tuvo una notoriedad particular en tiempos de la Inquisición, pues en él, en su lado oeste, en la **plaza del Quemadero**, tenían lugar las injustas ejecuciones.

En el ángulo occidental de la Alameda Central está situada la **Pinacoteca Virreinal de San Diego**, ((5) 510-2793, calle del Dr. Mora, 7. Este edificio, antiguo convento de la iglesia de San Diego, fue comenzado en 1595 y terminado en 1621. Frente a él, había un mercado que en julio de 1596 fue transformado en el Quemadero, y así permaneció hasta 1771. En 1850, fue destruida la mayor parte del mobiliario churrigueresco del interior de la iglesia y en 1861 el Gobierno la cerró y se vendió el convento anexo.

Sin demasiada apariencia externa, aloja actualmente una muy buena colección del arte mexicano desde tiempos del virreinato, período comprendido entre los últimos años del siglo XVI y principios del XIX. Para todos aquellos que desconocen todavía la magnífica diversidad y la calidad de esa época de la pintura mexicana, la Pinacoteca es un alto casi obligatorio.

La Alameda Central ha sido objeto de importantes mejoras a lo largo de los siglos, especialmente durante el breve reinado del emperador Maximiliano y durante la presidencia de Porfirio Díaz. Ambos le añadieron numerosas fuentes y esculturas, adaptando la forma del parque a los modelos franceses de arquitectura del paisaje.

Al final de la Alameda Central se encuentra el **Hemiciclo a Juárez**, monumento erigido en 1910 en memoria del presidente Benito Juárez (1806-1872), y en el que se ofrecen conciertos los domingos y festivos por la mañana. Este parque es siempre muy agradable, pero se torna especialmente festivo en diciembre y enero, en las festividades de Navidad y Reyes.

Cruzando la avenida de Benito Juárez, en el lado sur de la Alameda Central, se encuentra el **Museo de Artes e Industrias Populares**, que contiene muestras del arte popular de todo el país; muchas de ellas pueden adquirirse a precios razonables. Por otra parte, todos aquellos que estén interesados en la adquisición de artesanía mexicana, podrán encontrar una serie de tiendas gestionadas por el Gobierno a lo largo de la avenida Juárez, en la parte sur del parque.

En el ángulo occidental de la Alameda se halla la **plaza de la Solidaridad** y el **Museo Mural Diego Rivera**, ((5) 510-2329, en Balderas y Colón (entrada libre los domingos; abierto de martes a domingo de 10.00 a 18.00 horas; cierra a la hora de comer). El museo aloja el famoso mural autobiográfico de Diego Rivera, *Sueño de una tarde de domingo en la Alameda Central*, que fue recuperado del viejo hotel Del Prado después de que éste resultara severamente dañado en el terremoto de 1985. El mural refleja el parque a finales de siglo, época en que fue realizado, y representa un paseo, con Rivera aún niño y, más tarde, como joven, con su familia y sus amistades, y satiriza a muchas de las figuras prominentes de la cultura y de la política de México, desde la conquista a la revolución. Este admirable mural se convirtió en el centro de una controversia nacional, como consecuencia de las palabras que escribió en el papel que sostiene una de las figuras históricas en él representada: «Dios no existe». Posteriormente fue forzado a retractarse y a reemplazar las palabras por un insípido: «Conferencia de San Juan de Letrán». El mural forma parte de un parque construido en memoria de los miles de víctimas que dejó tras de sí el terremoto de 1985.

En la parte norte de la Alameda Central se encuentra la **avenida Hidalgo**, que discurre de este a oeste a continuación de Tacuba, y que originalmente fue la calzada mayor que cruzaba el lago de Texcoco, uniendo la ciudad azteca de Tenochtitlán con tierra firme. Fue a lo largo de esta calzada, más tarde denominada calzada Tlacopan, por donde Cortés y sus aliados intentaron escapar con su botín en la «Noche Triste». Aun cuando gran parte de

ció en 1735, sufrió muchos daños después de la secularización de México, y se perdieron sus magníficas pinturas y numerosos detalles arquitectónicos.

En Puente de Alvarado, 50, esquina con la avenida Ramos Arizpe, se halla otro excelente museo: el **Museo de San Carlos**, ((5) 566-8522, que ocupa lo que fue el palacio Buenavista, diseñado a principios del siglo XVIII por Manuel Tolsá. Contiene una formidable colección de pinturas y esculturas europeas.

Aun cuando existen otros puntos de interés en la zona, recomendaríamos al visitan-

la gran cantidad de oro y otras riquezas se perdieron en el lago, recientemente se han descubierto algunas piezas que se muestran en el Museo del Templo Mayor.

Hay otras dos iglesias interesantes un par de manzanas hacia el noroeste de la Alameda. La **iglesia de San Hipólito**, dedicada al santo patrón de la ciudad, fue construida en los primeros años del siglo XVII en estilo barroco. La escultura que se encuentra frente a la iglesia rememora la caída de Tenochtitlán en poder de los españoles y representa a un guerrero azteca transportado por un águila. Dos manzanas más allá está la más modesta **iglesia de San Fernando**, en la que se encuentran los restos de Benito Juárez y otras personalidades mexicanas. Su construcción se ini-

te volver al paseo de la Reforma y seguir este bulevar en dirección oeste hacia el castillo de Chapultepec y hacia unos de los más fabulosos museos del mundo: el Museo Nacional de Antropología.

EL PASEO DE LA REFORMA

Fue construido por el emperador Maximiliano a fin de unir su residencia, en el castillo de Chapultepec, con el Palacio Nacional. En la actualidad es la principal arteria que cruza la ciudad de este a oeste, con ocho vías de circulación rodada y un paseo que las separa. El paseo tiene intercaladas una serie de glorie-

Bailarines mexicanos animan la velada en el restaurante Focolare, en la Zona Rosa.

tas que requieren de un cierto tiempo para habituarse a circular por ellas.

En tiempos de Maximiliano, el paseo de la Reforma era una muestra de la más fina arquitectura colonial, pero al igual que los Campos Elíseos de París, en los que se inspiró, ha ido sustituyendo lo estético por lo comercial. Sin embargo, en este paseo se encuentran los restaurantes y las tiendas más caros y los de más categoría de la ciudad.

La **Zona Rosa**, situada en la parte sur del paseo de la Reforma, limitada por las glorietas del Ángel y Cuauhtémoc, y que se extien-

mejoras de las condiciones de vida que se disipa fácilmente.

En dirección sudoeste, desde el parque de la Alameda Central hacia Reforma, se encuentran una serie de lugares dignos de tomar en consideración antes de hallar el **bosque de Chapultepec** y el Museo de Antropología. La primera glorieta que se encuentra es la de Cristóbal Colón, en la que hay un monumento erigido en su honor, esculpido por el artista francés Charles Cordier en 1877.

Un corto paseo hacia el norte desde esta glorieta, lleva a la impresionante **plaza de la**

de por el sur hasta la avenida de Chapultepec, se consideró hasta hace pocos años el área comercial más elegante de la ciudad. Y lo continúa siendo, aunque recientemente ha ido adquiriendo el tono chillón y obsceno de Times Square.

El paseo de la Reforma, junto con la avenida de los Insurgentes, que cruza la ciudad de norte a sur, constituyen el alma de Ciudad de México, y son el reflejo de lo que será en el futuro, del mismo modo que la zona del Zócalo refleja lo que fue el pasado. Incluso su nombre, que toma de las leyes promulgadas por Benito Juárez en 1861, y que llevaron a la destrucción de una parte importante de la arquitectura eclesiástica de la ciudad, sugiere un optimismo sobre las

República, con su inmenso **monumento a la Revolución**. En éste se encuentran enterrados los líderes revolucionarios Plutarco Elías Calles, Lázaro Cárdenas, Venustiano Carranza, Francisco I. Madero y Pancho Villa. Volviendo a Reforma y continuando por la misma, se llega a la glorieta **Cuauhtémoc**, con la estatua del último emperador azteca que fue derrotado, hecho prisionero y ejecutado por Cortés.

En la siguiente glorieta, se encuentra el **monumento a la Independencia**, impresionante columna rematada por una figura dorada que representan a la diosa de la Victoria, alada y con una corona de laurel en la mano, que es lo que ha hecho merecer a esta glorieta la denominación popular de **El Ángel**.

El monumento fue inaugurado en 1910 para conmemorar el primer centenario del inicio de la guerra de la Independencia. La base del monumento está circundada por las estatuas de algunos héroes del movimiento independentista. El ángel original cayó durante el terremoto de 1957. El conjunto del monumento se va hundiendo lentamente.

EL BOSQUE DE CHAPULTEPEC

Con una extensión de 4 km², es la zona seminatural más amplia y variada de Ciudad de México, y posee, al mismo tiempo, fuertes lazos espirituales y geográficos con el pasado azteca.

Las leyendas aztecas cuentan que cuando su tribu llegó al valle de México, después de su largo peregrinar desde Aztlán, el primer lugar donde se asentaron fue en Chapultepec, que en lengua náhuatl quiere decir «colina de los saltamontes». Según algunas antiguas fuentes de información azteca, los actualmente denominados códices Florentino y Aubino, los aztecas habían vivido en el valle mucho antes, quizá con anterioridad a los toltecas, pero fueron desplazados por sus vecinos y forzados a emigrar hacia el norte. Después de su diáspora por el desierto, guiados por sus sacerdotes que interpretaban la voluntad de Huitzilopochtli, los aztecas volvieron al valle y se asentaron en la zona de Azcapotzalco, pero pronto fueron expulsados de allí por los poderosos tepanecas.

Se retiraron a Chapultepec, que por sus colinas y densos bosques era más fácil de defender. Pero las ciudades-estado del valle se aliaron para expulsarlos de Chapultepec en 1319, por lo que, de nuevo exiliados, se refugiaron en las dos islas del lago de Texcoco, que se convirtió en su último y más importante asentamiento.

Chapultepec conserva muchos recuerdos de los aztecas. En la cúspide de su poder, una vez hubieron dominado completamente el valle, los aztecas retornaron a Chapultepec, donde construyeron casas de veraneo para la nobleza. También llevaron el agua de las fuentes de Chapultepec al Recinto Sagrado de Tenochtitlán mediante acueductos. Los visitantes pueden aún contemplar una de estas fuentes, la **fuente de Netzahualcóyotl**,

así llamada en honor del rey de la ciudad-estado de Texcoco, quien se supone que fue el primero en desarrollar Chapultepec como parque, en los primeros años del siglo XV.

En una pequeña plaza situada entre Reforma y la avenida Melchor Ocampo, se encuentra la **fuente de Diana Cazadora**, adornada con una escultura de la diosa, que recuerda la época en que Chapultepec era el Versalles de México y una reserva de caza para los jefes chichimecas. Justo a la entrada del parque se encuentra una **estatua de Simón Bolívar**.

Una vez pasado el monumento a Bolívar, el edificio más grande a la izquierda es el **Museo de Arte Moderno**, ((5) 211-8045 (abierto al público de martes a domingo, de 10.00 a 18.00 horas, con entrada); contiene una colección permanente de obras de maestros mexicanos modernos y ofrece exposiciones temporales de arte moderno internacional. Diseñado por Rafael Mijares y Pedro Ramírez Vázquez, y terminado en 1964, el museo posee amplias colecciones de pintura, escultura, fotografía, litografía y artes plásticas del siglo XX.

Al otro lado de la calle, otro excelente museo, el **Museo Rufino Tamayo**, ((5) 286-6519, abierto los mismos días y horas y en las mismas condiciones que el anterior, fue construido en 1981 para alojar la colección personal de uno de los pintores mexicanos modernos más afamados. En él se exponen obras de Miró, Warhol, Picasso y Moore, entre otros.

Entre el Museo de Arte Moderno y el castillo de Chapultepec, se encuentra el **monu-**

PÁGINA ANTERIOR: Las puertas del castillo de Chapultepec. SUPERIOR: Carroza de bodas, digna de un cuento de hadas.

mento a los Niños Héroes. Esta serie semicircular de columnas y fuentes conmemora la acción de seis cadetes que, durante la invasión de México por Estados Unidos en 1847 se envolvieron en la bandera mexicana y saltaron desde las murallas a una muerte cierta.

El **castillo de Chapultepec** fue construido por el virrey español Conde de Gálvez, en el lugar donde se ubicaba la residencia de verano de los gobernantes aztecas, y que fue el último reducto de éstos en su lucha contra los españoles. Después de la caída de Tenochtitlán, el lugar se utilizó como ermita católica

También se muestran una serie de reproducciones de códices de los aztecas y de períodos anteriores y otras reliquias prehispánicas. Los visitantes pueden también contemplar la parte del castillo habitada por Maximiliano y su esposa, con el mobiliario, obras de arte, tejidos y otros elementos decorativos que la desventurada pareja trajo de Europa.

EL MUSEO NACIONAL DE ANTROPOLOGÍA

El Museo Nacional de Antropología, ☎ (5) 553-6381, es la gloria del parque de Chapultepec

y después como fábrica de pólvora. La construcción del castillo en sí empezó durante la década de 1780 y, en 1841, se convirtió en academia militar y, como tal, fue la última posición que cayó en poder de las tropas de Estados Unidos en 1847. En 1863, fue ocupado por el emperador Maximiliano. Luego, sirvió como residencia de verano de varios presidentes mexicanos y, por último, el presidente Lázaro Cárdenas, en 1940, lo convirtió en el **Museo Nacional de Historia**.

Éste, abierto de martes a jueves de 09.00 a 17.00 horas, tiene 19 salas de variado interés. La mayor parte de la planta inferior está dedicada a la historia de México desde los tiempos de la conquista hasta la revolución de 1910-1921.

y de Ciudad de México y uno de los mejores del mundo (abre de martes a sábado, de 09.00 a 19.00 horas, y los domingos y festivos, de 10.00 a 18.00 horas, con entrada).

Diseñado por uno de los mejores arquitectos mexicanos contemporáneos, Pedro Ramírez Vázquez, el edificio del museo es un espléndido ejemplo de la moderna arquitectura del país. Terminado en 1964, tiene una superficie cubierta de unos 30.000 m², con más de 5 km de exhibición. Todo el edifico tiene dos plantas, que rodean un espacioso patio rectangular, sombreado por una inmensa escultura de agua en movimiento, conocida como el «paraguas».

Ante el museo se alza, con mirada de severa censura, la famosa **estatua de piedra**

rosa, de 7,5 m de altura, que originalmente se consideró era de Tláloc, el dios azteca de la lluvia, pero que hoy muchos expertos consideran que es la de la hermana de Tláloc, Chalchiuhtlicue, la diosa del agua, y cuyo peso es de 167 toneladas. Este monolito inacabado se encontró no lejos de San Miguel Coatlinchán, al sur de Texcoco, y se llevó a su emplazamiento actual en Chapultepec mediante un transporte especial.

En 1997 se iniciaron las obras de restauración del museo, que está previsto que terminen en el año 2000. Es posible que algunas

civilizaciones mexicanas anteriores a la conquista. A la izquierda de la sala de Orientación hay una tienda de regalos y librería, donde se pueden adquirir magníficas guías del museo.

A la derecha de la sala de Orientación, se encuentran tres salas dedicadas a exhibiciones especiales o a hallazgos recientes. A continuación, siguiendo por la derecha el patio principal, hay una sala dedicada a la antropología y a la arqueología como ciencias y en la que se muestran los métodos utilizados para localizar e identificar algunas de las piezas que después se verán en el museo.

de las exposiciones descritas en esta guía estén cerradas por esa causa.

Lo primero que se aprecia al entrar en el museo es un vívido mural de Rufino Tamayo, que representa a una serpiente emplumada luchando con un jaguar. Lo más conveniente es comenzar la visita en la sala de Orientación, que ofrece una representación audiovisual de la arqueología e historia mexicanas, desde los primeros tiempos hasta la llegada de los españoles. Y cuando desee descansar un poco y beber o comer alguna cosa, el museo dispone de un restaurante muy placentero.

En el primer piso, se encuentran 12 salas principales de exhibición, y en cada una de ellas se cubre un período fundamental de las

La siguiente sala, siguiendo por la derecha, es la sala de Mesoamérica, en la que se pueden ver los avances logrados por las primitivas civilizaciones en áreas tan diversas como las armas, la caza, la astronomía, la escritura y la medicina. Siguiendo ésta, se encuentra la sala de la Prehistoria, donde se representa la llegada de los primeros humanos al hemisferio occidental, las estructuras sociales y las viviendas de los primeros habitantes de la región. .

A continuación, y siempre a la derecha, sigue la sala del período preclásico, que cu-

PÁGINA ANTERIOR: El dios olmeca del maíz, IZQUIERDA, y escultura de un templo maya, DERECHA. SUPERIOR: El Museo Nacional de Antropología presenta objetos de todos los períodos de la historia mexicana.

bre las civilizaciones primitivas de las tierras altas del centro, en particular de la zona de Tlatilco. Continúa la sala de Teotihuacán, que muestra maravillosas reliquias de esta antigua y compleja civilización. Se encuentra, a continuación, la sala de Tula (sala tolteca), con muestras de arte, alfarería y cerámica, así como estelas y esculturas de la casi preazteca ciudad de Tula.

Pero es en la sala Mexica (sala azteca), donde se entra en contacto con el majestuoso poder de los aztecas. Esta enorme exhibición, en el extremo más alejado del museo, aloja muchas de las grandes esculturas pétreas de Tenochtitlán, los horrendos dioses de los aztecas y pequeñas estatuas que los muestran en sus ocupaciones cotidianas. En esta sala está también el calendario azteca, de piedra y de 3,6 m de diámetro, que pesa 24 toneladas y al que se considera más preciso que los calendarios europeos de la misma época. Se encontró durante las excavaciones realizadas por el virrey de España en 1790, y durante muchos años se mostró adosado a la pared de la catedral. También se muestran dioramas increíblemente detallados del mercado de Tlatelolco y del corazón del Tenochtitlán prehispánico.

En la sala Oaxaca se puede ver una pequeña muestra de las fascinantes culturas primitivas de Monte Albán y Mitla, con los hallazgos en tumbas, máscaras, joyas y esculturas de arcilla.

La sala Olmeca ofrece una espectacular representación de la amplitud y profundidad de la civilización mexicana. La exposición incluye imponentes cabezas de piedra, esculturas de jade y otros grabados en piedra.

De nuevo, la sala Maya muestra una cultura única y rica, correspondiente a la zona de la península de Yucatán. Con sus impresionantes estelas de piedra caliza ricamente grabadas en bajorrelieve, joyas, máscaras funerarias, finas esculturas, cerámicas y reproducciones de los famosos murales guerreros de Bonampak, esta sala da una amplia visión de la riqueza cultural de Yucatán.

Menos conocido, pero no por ello menos interesante es lo que se muestra en la sala de las Culturas del Norte, que incluye los tesoros de Casas Grandes, al sur de Ciudad Juárez y de la frontera con Estados Unidos. Adyacente a ésta, está la sala de las Culturas de Occidente, aquí se encuentran los famosos perros

de arcilla de Colima y magníficas muestras de alfarería y esculturas cerámicas.

El segundo piso del museo está dedicado a representaciones etnográficas, lo que incluye la artesanía y el arte contemporáneo que las tribus indias mexicanas producen actualmente. Siguiendo de nuevo el ángulo del patio a la derecha, se llega en primer lugar a una sala de exhibición sobre etnología general y, a continuación, a las salas dedicadas a tribus o agrupaciones en particular. La exposición incluye fotografías, vestidos, objetos sagrados, grabados y representaciones de la vida contemporánea.

Para los estudiosos, el museo contiene una inmensa riqueza de materiales reunidos en la Biblioteca Nacional Antropológica, que contiene cerca de trescientos cincuenta mil libros.

El gran lago que se extiende entre el Museo de Antropología y el castillo es un lugar ideal para descansar. Siguiendo por Reforma se llega al **parque zoológico**, situado entre la calzada Gandhi y la calzada Chivatito (la entrada es gratuita y abre de martes a domingo). Tras unos años de abandono, se encargó al arquitecto Ricardo Legoretta la renovación del zoo. En la actualidad, éste constituye uno de los entretenimientos más populares de México. Los cuatro pandas gigantes llaman especialmente la atención del público, así como las dos águilas doradas, símbolo de México. **Los Pinos**, la residencia del presidente del país, se encuentra muy cerca.

En el extremo oeste del parque se encuentra el **Museo del Papalote** o **Museo del Niño**, ((5) 237-1700, junto al anillo del Periférico y Constituyentes (abierto de lunes a viernes, de 09.00 a 18.00 horas y sábados y domingos de 14.00 a 18.00 horas). El Papalote («mariposa» en náhuatl), ha atraído a gran cantidad de público desde su apertura en 1993. El museo cuenta con más de 300 exposiciones consagradas a temas científicos y técnicos, así como una serie de actividades que gustan tanto a niños como a adultos. Las entradas para cada sesión se venden por adelantado.

Muy cerca del museo se encuentra **Chapultepec Mágico**, un parque de atracciones con juegos infantiles entre los que destaca una montaña rusa impresionante. El **Museo de la Tecnología**, abierto de martes a domingo, de 10.00 a 17.00 horas, presenta exposiciones en las que se puede ver y tocar. También puede darse una vuelta por el **Museo de Historia Natural**, abierto de martes a sábado, de 10.00 a 17.00 horas.

Entre los juegos infantiles y el Museo de la Tecnología, se puede ver una interesante fuente diseñada por Diego Rivera y conocida como la **fuente del Mito del Agua**, y que da su muy personal interpretación de Tláloc, el dios azteca de la lluvia.

El paseo de la Reforma sale del parque de Chapultepec, continúa hacia el este a través de las Lomas, una de las zonas residenciales más lujosas de México, y sigue hasta desembocar en la autopista que conduce a Toluca.

POLANCO

Al norte del museo y del parque se halla **Polanco**, zona residencial en rápido crecimiento y que va desplazando a la Zona Rosa como «el lugar» donde ir a comer, de compras o a tomar una copa. En la esquina de las calles Campos Elíseos y Jorge Elliott, está el **Centro Cultural de Arte Contemporáneo**, ((5) 282-0355, abierto de martes a domingo. Este museo es el más innovador de México en su género. Presenta exposiciones de arte moderno, escultura y fotografía y cuenta con excelentes exposiciones temporales y una tienda en la que podrá perderse durante horas.

COYOACÁN

Coyoacán («lugar de coyotes») era un importante asentamiento indio mucho antes de la llegada de los españoles, y fue escogido por Cortés y sus oficiales para vivir, después de haber reducido a escombros Tenochtitlán. Coyoacán es todavía una comunidad residencial profundamente impregnada de la atmósfera colonial.

La avenida Francisco Sosa, una de las calles más típicas, conduce al **jardín del Centenario**. Frente a los jardines se alza el **palacio de Cortés**, lugar donde Cuauhtémoc estuvo preso y donde fue torturado y ejecutado. El Ayuntamiento de Coyoacán está construido con piedras tomadas de la casa de Cortés. Enfrente de la plaza se halla la **parroquia de San Juan Bautista**, una de las primeras iglesias que se levantaron en México, cuya construcción co-

menzó en 1538 y se terminó en 1582. Su altar dorado se colocó dos siglos más tarde.

El **Museo de las Culturas Populares** se encuentra al lado de la plaza, ((5) 554-8968, en la avenida Hidalgo, 289; abierto de martes a domingo. Se trata de un lugar fascinante en el que podrá descubrir la cultura popular mexicana.

En la calle Londres, 247, esquina con Allende, nació Frida Kahlo, que fue una de las tres esposas que tuvo Diego Rivera y, al mismo tiempo, famosa y prolífica artista. Fue una de las primeras feministas de México, y su estilo de vida bohemio no cambió, ni siquiera después de sufrir enfermedades y accidentes que la redujeron prácticamente a la invalidez. La casa donde nació y en la que habitó toda su vida, y en la que también vivió Rivera después de su matrimonio, ha sido convertida en el **Museo Frida Kahlo**. En él se exponen muchas de sus obras, numerosas pinturas mexicanas de los siglos XVIII y XIX, algunas de las obras primeras de Rivera y muestras de arte popular y de carácter general, coleccionadas por ella y su marido.

A cinco manzanas del museo Kahlo, se encuentra el **Museo León Trotsky**, en la calle Viena, 45, esquina con Morelos. En esta casa vivió Trotsky después de huir de Stalin en 1938, hasta que fue asesinado por un agente de aquél, el 20 de agosto de 1940. En el jardín se encuentra su tumba, junto a la de su esposa. Su estudio se ha conservado en el mismo estado en que estaba el día de su muerte.

SAN ÁNGEL

La zona de San Ángel empezó a crecer al ser elegida para erigir en ella un monasterio carmelita, en el siglo XVII. Con sus estrechas calles adoquinadas y la fascinante combinación de edificios de los siglos XVIII y XIX, merece la pena recorrerla a pie. Una atracción especial la constituye el **bazar** de los sábados. También son interesantes las capillas de la zona, con sus altares dorados y sus cúpulas recubiertas de azulejos pintados a mano.

El **Bazaar Sábado** se monta en la **plaza de San Jacinto**, una encantadora plaza rodeada de restaurantes y casas coloniales. En sus puestos se pueden adquirir obras de los mejores artistas y artesanos del país. El restaurante del Bazaar Sábado se encuentra en el edificio principal. Sirven un bufé delicioso durante todo el día, y es un buen lugar para escuchar música de marimba.

Esta plaza, hoy tan tranquila, tiene, sin embargo, una historia marcial. En la **Casa del Risco**, ((5) 616-2711, en el 15 de dicha plaza (abierta de martes a domingo, de 10.00 a 14.00 horas), tuvieron su cuartel general las tropas estadounidenses de Carolina del Norte durante la guerra méxico-americana. Tiene una maravillosa fuente alicatada y una colección de pinturas coloniales y europeas de los siglos XVIII y XIX.

a sábado, de 10.00 a 17.00 horas, con entrada). Construido a partir de 1617, tiene las cúpulas alicatadas, fuentes, un museo de pinturas coloniales, reliquias religiosas y mobiliario antiguo; en una sala del sótano, se encuentran los cuerpos momificados de monjas y sacerdotes.

El **Museo Alvar y Carmen T. de Carrillo Gil**, avenida Revolución, 1608; abierto al público de martes a domingo, de 10.00 a 17.00 horas, con una reducida entrada, aloja una colección privada de obras de pintores mexicanos del siglo XX, entre las que se encuentran murales de Rivera, Siqueiros, Orozco y otros.

En esta plaza, las tropas de Estados Unidos ejecutaron a 50 soldados irlandeses, miembros de las fuerzas mexicanas. Considerados héroes por los mexicanos, los soldados irlandeses reciben todavía hoy un especial tributo de agradecimiento en esta plaza, en el mes de septiembre. Antes de la guerra, estos soldados irlandeses habían vivido en Texas, y habían formado parte del ejército estadounidense. Cuando estalló la guerra, escogieron luchar al lado de los mexicanos como consecuencia de los antiguos vínculos entre México e Irlanda.

Escasamente a dos manzanas de aquí, en la avenida Revolución, 4, esquina con la avenida de la Paz, se encuentra el **convento e iglesia del Carmen** (abierto al público de martes

Más al este, volviendo hacia Coyoacán, se alza el **monumento al general Álvaro Obregón**, el revolucionario y presidente que fue asesinado en esa zona en 1928.

El **Museo Estudio Diego Rivera**, ((5) 616-0996, en calle Altavista; abierto al público de martes a domingo, de 10.00 a 18.00 horas, con una módica entrada), es, más que una muestra de sus obras, un monumento a su vida. Diseñado por Juan O´Gorman y utilizado como museo desde 1986, presenta las exposiciones en la planta baja y el primer piso. El piso superior, el estudio de Rivera, aloja una increíble selección de su colección privada de obras de arte, así como recuerdos de su vida. El **Museo Anahuacalli**, ((5) 617-4310, en la calle de Museo, en Montezuma, abre de martes a domingo. Se trata de un museo apasionante que Rivera mandó construir a modo de pirámide de piedra volcánica para instalar en él su colección privada de esculturas y objetos precolombinos. En la planta baja se encuentra su taller en el que pueden contemplarse bocetos de sus murales más famosos.

San Ángel constituye la puerta de acceso al cercano **Parque Nacional del Desierto de Los Leones** que, a pesar de su nombre, es un parque montañoso densamente poblado de coníferas.

Son de especial interés los murales que recubren las paredes exteriores de algunos edificios. La **biblioteca** está adornada por un mural de estilo barroco moderno, de doce pisos de altura, diseñado por Juan O´Gorman y que refleja la historia de México.

Lo mismo ocurre con la obra tridimensional de David Alfaro Siqueiros en la **rectoría**, cuyo tema es el papel que desempeña la educación, titulado *El pueblo para la universidad y la universidad para el pueblo*. En la **escuela de Medicina**, un mosaico de Francisco Helguera representa las varias raíces de las

La ciudad universitaria
La **Universidad Nacional Autónoma de México** fue creada en 1551 por iniciativa del virrey español Antonio de Mendoza y aprobada por el rey Felipe II, convirtiéndola en la más antigua de todo el hemisferio occidental, con casi cien años más que la de Harvard, en Estados Unidos.

Su campus actual, inaugurado en 1952, es el complejo de este tipo más grande del mundo, con cerca de cien edificios y más de trescientos mil estudiantes. Indudablemente, es también una de las muestras más interesantes de arquitectura social concebidas en el mundo, con una gran variedad de impresionantes murales y perfiles que reflejan la extraordinaria vitalidad intelectual de México.

que surge el pueblo mexicano. José Chávez Morado creó los dos vastos murales en el **edificio de la Ciencia**, que muestran el papel de la energía y de la armonía en la vida.

Para aquellos que tengan interés en la botánica, la universidad aloja también uno de los viveros e invernaderos más grandes del mundo, en el que se pueden ver criaderos extensivos de la vegetación tropical mexicana, así como otros árboles y plantas (abierto de lunes a sábado, de 09.00 a 16.00 horas).

El enorme **Estadio Olímpico**, uno de los más grandes del mundo, tiene también exce-

PÁGINA ANTERIOR: Mercado de piezas de oro en Ciudad de México. SUPERIOR: En San Ángel, suburbio de Ciudad de México, un bullicioso mercado, IZQUIERDA, y una posada colonial, DERECHA.

lentes murales de Diego Rivera. También en la universidad, en su moderno centro cultural se encuentra la **sala Nezahualcóyotl**, sala de conciertos, con una capacidad para 2.500 personas, que está considerada como una de las más perfectas del mundo desde el punto de vista acústico.

LA PIRÁMIDE DE CUICUILCO

Al sur de Nezahualcóyotl, se encuentra la pirámide de Cuicuilco («lugar donde se canta y se baila», en náhuatl), estructura circular que está considerada como una de las construcciones más antiguas del valle de México, edificada alrededor del año 500 a. C. Según los análisis arqueológicos, fue abandonada por su población alrededor del año 200 a. C. y, posteriormente, sepultada bajo la lava procedente de la erupción del volcán Xitle, unos cien años más tarde. Maltratada por la acción del tiempo y de excavaciones anteriores ha pasado de su altura original, estimada en 27 m, a la actual, inferior a los 18 m. En el lugar, hay un pequeño museo, abierto de martes a domingo, de 10.00 a 16.00 horas, con una módica entrada.

Xochimilco

Más al este, en la salida de los Jardines del Sur, en el Periférico, se encuentran los famosos «jardines flotantes» de Xochimilco, cuyo significado en náhuatl es «campos florecientes». Es uno de los lugares más típicos y llenos de color de todo México. Los jardines flotantes fueron originalmente *chinampas*, especie de balsas de ramas entretejidas y cubiertas de tierra, en la que se plantaban vegetales y flores. A lo largo de los años, las raíces de la vegetación alcanzaron el fondo y anclaron las balsas en el lago.

Para recorrer los canales, se pueden alquilar lanchas cubiertas de flores, las denominadas «trajineras», en el embarcadero. Estas lanchas están previstas, en principio, para doce personas, pero pueden ser alquiladas por grupos más pequeños.

Aun cuando los precios oficiales de alquiler de las trajineras están expuestos en el embarcadero, es necesario acordar el precio por anticipado.

También en Xochimilco se encuentra la **iglesia de San Bernardino**, construida a finales del siglo XVI, con un soberbio altar rena-

centista y portales bellamente esculpidos. También hay, en este lugar, un interesante mercado de los sábados y un mercado diario de flores. Puede visitar el **Museo Dolores Olmedo Patiño**, ((5) 525-1016, que cuenta con una importante colección privada de obras de Diego Rivera. El museo se encuentra en la avenida México, 5843 y abre con cita previa.

Tlatelolco

Situada en la parte norte de Ciudad de México, Tlatelolco era una ciudad importante e independiente, rival de Tenochtitlán hasta que esta última la derrotó en una batalla que tuvo lugar en 1473. A su rey Moquihuix, hecho prisionero, lo mataron arrojándolo desde la cima de una de las pirámides. Incluso después de su conquista por los aztecas de Tenochtitlán, continuó siendo un centro ceremonial muy importante, y era donde se desarrollaba el mercado más importante de México a la llegada de los conquistadores españoles. Según las estimaciones de los propios españoles, más de sesenta mil personas visitaban el mercado diariamente. En la actual **plaza de las Tres Culturas**, se reúnen los vestigios de algunas pirámides de la época, una pared de calaveras, grabados aztecas con su calendario, una iglesia del siglo XVII y algunos edificios modernos.

La iglesia es la denominada **iglesia de Santiago de Tlatelolco**, una simple estructura barroca construida en 1609 en el asentamiento original de una capilla franciscana. En ella está la pila bautismal donde se supone fue bautizado el indio Juan Diego, a quien se le apareció la Virgen de Guadalupe.

LA BASÍLICA DE NUESTRA SEÑORA DE GUADALUPE

La **basílica de Nuestra Señora de Guadalupe** se ubica en la calzada de Guadalupe, que nace en la glorieta de la Reforma. Es el centro religioso de México y honra a su santa patrona, la Virgen de Guadalupe. Según se cuenta, la Virgen se apareció a un campesino indio, Juan Diego, y le dijo que era su deseo que se erigiera una iglesia en aquel lugar.

El obispo pidió pruebas de la aparición y, el 12 de diciembre, Juan Diego volvió a vi-

PÁGINA ANTERIOR: Desfile de las Quimeras en Xochimilco.

sitarlo con las rosas que había recogido en la colina, cubierta de cactus. Cuando quiso mostrar las flores al obispo, éstas habían desaparecido y en su lugar, impresa en el manto (*tilma*) en el que las llevaba, estaba la imagen de la Virgen. En la actualidad este manto se venera en el altar mayor de la nueva basílica. La primera basílica se construyó en 1536 pero se fue transformando y agrandando a lo largo de los siglos. El edificio acoge en la actualidad una impresionante colección de exvotos, pinturas realizadas sobre estaño en los que se pide a la Virgen que cure a un enfermo o socorra a un pecador arrepentido. El santuario moderno, que puede albergar hasta 10.000 fieles, fue diseñado por Pedro Ramírez Vázquez en 1976. Por desgracia, carece del encanto y de la atmósfera espiritual que se presupone a un lugar de culto como éste: es un bloque de vidrio y acero. El manto de Juan Diego, sobre el altar mayor, se puede ver desde todos los lugares del edificio. El jardín que rodea la basílica se llena cada día de peregrinos procedentes de todo el país. El 12 de diciembre, día de Nuestra Señora de Guadalupe, todo México organiza procesiones y fiestas en honor de su patrona.

La cercana **capilla del Pocito** es una muestra perfecta de la arquitectura y ornamentación barrocas del siglo XVIII. Se dice que en este lugar surgió una fuente de la roca en la que se había aparecido la Virgen. Se da la coincidencia de que, aquí mismo, había un lugar sagrado azteca dedicado a Tonantzin, la diosa madre de la Tierra.

FESTIVIDADES

Si su estancia en México coincide con alguna de estas fechas no se pierda los impresionantes desfiles y fiestas que se organizan. El primero de mayo, **Día del Trabajador**, el 16 de septiembre, **Día de la Independencia**, y el 20 de noviembre, **aniversario de la Revolución**, tienen lugar grandes desfiles. La llamada a la independencia del cura Hidalgo (*Grito de Dolores*) es representada, de nuevo, por el presidente en el Zócalo, la noche del 15 del septiembre; el mejor lugar

Miles de turistas y peregrinos se congregan cada año ante la basílica de Nuestra Señora de Guadalupe. PÁGINAS SIGUIENTES: Exposición de crucifijos en el mercado de Guadalupe, en Ciudad de México.

para asistir es el restaurante del hotel Majestic.

La **colonia Ixtapalapa** es famosa por la representación de la Pasión de Cristo, que tiene lugar durante la Semana Santa. El Sábado de Gloria se queman en la esplanada del Museo de Antropología y en la plaza de Santo Domingo, en medio de castillos de fuegos artificiales, figuras de papel maché que representan a Judas y a los «demonios» del año anterior (corrupción, inflación, etc.).

La **Noche de Muertos**, en la noche del 1 de noviembre, cobra una relevancia especial en el poblado de Mixquic, cerca de Xochimilco. La fiesta, en todo México, está caracterizada por las visitas a los cementerios, con ofrendas de flores, comida, etc., para los difuntos.

Las **pastorelas**, representaciones del nacimiento de Cristo, se muestran del 12 al 23 de diciembre en el museo de Tepotzotlán y en otros de Ciudad de México. El precio de la entrada incluye la cena y el ponche.

CÓMO DESPLAZARSE

En Ciudad de México se camina mucho para visitar los monumentos porque los peatones suelen llegar mucho antes a según que sitios que los coches, inmovilizados en largas colas de atascos. No le recomiendo que conduzca pero, si está decidido, lo primero que debe de hacer es comprar una *Guía Roji* de la ciudad, que tiene una lista de todas las calles y excelentes mapas. El tráfico en la ciudad es normalmente horrible, y las glorietas proporcionan un nuevo significado a la palabra «mortal». La excepción la constituyen los días de las fiestas de Navidad y Semana Santa, en las que todos los *chilangos* (originarios de Ciudad de México) que se lo pueden permitir, salen de la ciudad. El costo de los aparcamientos no suele ser mayor del equivalente a 1 USD la hora. **No caiga en la tentación** de dejar su coche en una zona de aparcamiento prohibido. Se lo llevará una grúa o un policía le quitará las placas de matrícula y su recuperación le resultará muy cara.

En taxi

En la ciudad hay muchos taxis, pero el riesgo que implican desanima a muchos usuarios. Desde 1996, los robos a pasajeros de taxis se

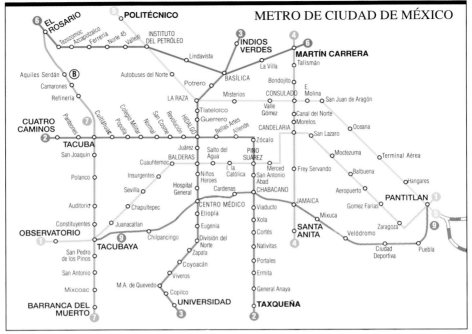

METRO DE CIUDAD DE MÉXICO

han convertido en una costumbre. Una persona sube a un taxi y unos metros después, uno o dos hombres asaltan el vehículo. Los turistas no son las únicas víctimas; altos cargos del Gobierno han sufrido en carne propia la experiencia. Las sociedades extranjeras y las embajadas se han visto obligadas a contratar a chóferes para transportar sanos y salvos a sus empleados. Por todo ello, nunca pare un taxi en la calle, vaya a un *sitio* («parada de taxis») o a la puerta de un hotel y escoja un vehículo en el que vea claramente el permiso de trabajo del conductor. Los hoteles y las oficinas de información turística proporcionan listas de los servicios de radio-taxi considerados seguros. Son más caros que los que se paran en la calle, pero por lo menos, en caso de problemas, tendrá alguien a quien reclamar. Una vez que se suba al taxi, compruebe que el taxímetro funcione. En caso contrario, póngase de acuerdo con el conductor antes de salir. Cierre bien las puertas y no lleve encima más dinero del necesario.

En metro

El metro de Ciudad de México es bastante peligroso, debido a que hay muchos ladrones y carteristas; sea prudente y vigile bien

sus pertenencias. Este sistema de transporte resultaría un placer si no estuviera tan atestado. En las horas punta se disponen vagones suplementarios para las mujeres y los niños. Se encuentran mapas del sistema en cada estación y en los coches. La dirección que lleva un tren viene indicada por el nombre de la última estación de la línea, mientras que las estaciones de transferencia están señaladas en los mapas con los colores de la líneas que tienen parada en esa determinada estación. No se permite el transporte de equipajes ni de bultos voluminosos.

En autobús

Los autobuses deben lidiar con el tráfico demoníaco de la ciudad y suelen estar llenos a rebosar. Las paradas están bien señalizadas.

ALOJAMIENTOS TURÍSTICOS

El D.F. es la ciudad más cara de todo México, sobre todo durante la semana, momento en que los grandes hoteles se llenan de hombres de negocios. En algunos hoteles, las tarifas bajan más de 100 USD los fines de semana y en época de vacaciones. Como siempre, la elección deberá hacerse teniendo en cuenta la localización, la tranquilidad, el ambiente y la proximidad a aquello que uno quiere ver y hacer.

Un punto importante al elegir una habitación en lugares más pequeños y baratos es el factor ruido. Por consiguiente, y como regla general, es mejor ver la habitación, incluso el cuarto de baño, antes de tomarla, y no dude en pedir otra si la habitación que le ofrecen no es de su agrado. En la mayor parte de los establecimientos modestos, es imprescindible dormir con tapones. Mientras inspecciona el hotel, deje su equipaje en un lugar seguro.

DE LUJO

La zona de Polanco, cerca del parque de Chapultepec, es uno de los barrios más elegantes de la ciudad y en él se encuentran los hoteles más lujosos. El más famoso es, probablemente, el **Camino Real Mexico City** (Mariano Escobedo, 700, 11590, ((5) 203-2121 o (800) 722-6466 (LLAMADA GRATUITA), FAX (5) 250-6897, con 720 habitaciones y *suites*, que ofrece todo aquello que uno puede imaginar y más.

También es muy famoso el **Presidente Intercontinental**, Campos Elíseos, 218, ((5) 327-7700 o (800) 90444 (LLAMADA GRATUITA), FAX (5) 327-7730, con 870 habitaciones y *suites*, cuyas habitaciones cuentan con las mismas comodidades que las del Camino Real y las de los niveles superiores disponen de una fabulosa vista sobre el parque de Chapultepec. El hotel cuenta con seis restaurantes y un centro de negocios.

Pasé veinticuatro horas muy relajantes sin salir de mi habitación en el **hotel Nikko Mexico**, ((5) 280-1111 o (800) 90888 (LLAMADA GRATUITA), FAX (5) 280-9191, Campos Elíseos, 204. Las 770 habitaciones de que dispone esta torre brillante tienen dimensiones y estilos distintos; existen incluso habitaciones japonesas con colchones en el suelo. En el hotel hay tres restaurantes, dos piscinas, pistas de tenis y un gimnasio. Sin embargo, el edificio se mueve cuando sopla un viento fuerte.

El **Four Seasons Hotel Mexico City** es más reciente, ((5) 230-1818 o (800) 322-3442 (LLAMADA GRATUITA), FAX (5) 230-1808, paseo de la Reforma, 500 (entre Burdeos y Leija). Está construido en el estilo colonial característico de los edificios del centro y recuerda a los de

la calle St. Honoré de París. Las 230 habitaciones de que dispone están situadas entorno a un gran patio interior y algunas cuentan con terraza y vistas a los jardines. Todas ellas son amplias. En el hotel hay un gimnasio, cuatro restaurantes y varios bares. El servicio es excelente y el establecimiento posee una situación privilegiada, entre Polanco y la Zona Rosa, que permite ir caminando a descubrir la ciudad.

El **Marquís Reforma**, ((5) 211-3600 o (800) 525-4800 (LLAMADA GRATUITA), FAX (5) 211-5561, paseo de la Reforma, 465 (junto a río Elba), se encuentra casi en frente del Four Seasons y tiene una arquitectura y un estilo resueltamente modernos. Sus 209 habitaciones y *suites* están decoradas con muebles *art déco* y el vestíbulo tiene un marcado aire europeo.

El **María Isabel Sheraton**, ((5) 207-3933 o (800) 325-3535 (LLAMADA GRATUITA), FAX (5) 207-0684, paseo de la Reforma, 325, se encuentra un poco más lejos del parque, pero las habitaciones de los niveles superiores cuentan con vistas excepcionales. El hotel tiene un total de 850 habitaciones perfectamente equipadas, tres restaurantes, un gimnasio, una piscina y una pista de tenis.

El **Westin Galería Plaza**, ((5) 211-0014 o (800) 228-3000 (LLAMADA GRATUITA), FAX (5) 207-5867, Hamburgo, 195, se encuentra en la Zona Rosa, cerca de una serie de tiendas y restaurantes muy agradables, y cuenta con 435 elegantes habitaciones.

CAROS

El **Fiesta Americana Reforma**, ((5) 705-1515 o (800) 343-7821 (LLAMADA GRATUITA), FAX (5) 705-1313, está en el paseo de la Reforma esquina con la calle Ramírez y pertenece a una cadena muy apreciada por los hombres de negocios mexicanos. Dispone de 610 habitaciones, un gimnasio, una piscina, solárium, un par de restaurantes y una discoteca.

El **Krystal Rosa**, ((5) 211-3460 o (800) 231-9860 (LLAMADA GRATUITA), FAX (5) 511-3490, Liverpool, 155, cuenta con 302 habitaciones y un excelente restaurante japonés. El servicio es inmejorable.

La Casona, ((5) 286-3001 o (800) 223-5662 (LLAMADA GRATUITA), FAX (5) 211-0871, Durango,

Los hoteles y restaurantes son un refugio en medio del bullicio de la gran ciudad.

280, con Cozumel, tiene un ambiente íntimo, ya que sólo dispone de 30 habitaciones y se halla situado en una antigua casa restaurada. Las habitaciones y las áreas comunes están decoradas con antigüedades europeas y con las lámparas, alfombras y armarios que tanto gustaban a los ricos de finales del siglo XIX. El hotel se encuentra en un barrio residencial tranquilo, a menos de diez minutos andando de la Zona Rosa.

El **Calinda Geneve**, ((5) 211-0071/525-1500 o (800) 221-2222 (LLAMADA GRATUITA), Londres, 130, es uno de mis hoteles preferidos de la Zona Rosa. Se trata de un edificio bastante antiguo que cuenta con 318 habitaciones completamente renovadas. El salón Jardín es de estilo *belle époque*, una auténtica delicia llena de plantas y con una hermosa vidriera en el techo.

Para alivio de los viajeros que se quedan atrapados en el aeropuerto, el **Marriott Aeropuerto**, ((5) 230-0505 o (800) 228-9290 (LLAMADA GRATUITA), FAX (5) 230-0555, se encuentra justo frente a la terminal nacional. Su cafetería es ideal para quienes tienen que matar unas horas entre vuelos. Las habitaciones son muy caras y no tienen nada de extraordinario: sólo se paga la comodidad.

MODERADOS

Cuando me oriento más por el turismo que por los negocios, me hospedo en el **Hotel de Cortés**, ((5) 518-2181 o (800) 528-1234 (LLAMADA GRATUITA), FAX (5) 512-1863, Hidalgo, 85. El hotel se encuentra frente a la Alameda, y es un monumento histórico: un antiguo hospicio de monjes agustinos del siglo XVIII. Sus 29 habitaciones dan a un patio cubierto de plantas con mesas bajo la sombra de los árboles y de las sombrillas. Las habitaciones son modestas pero cómodas.

El **Gran Hotel Ciudad de México** es casi tan encantador como el Hotel de Cortés. Se encuentra en Dieciséis de Septiembre, 82, ((5) 510-4040, FAX (5) 512-2085. El edificio fue un gran almacén en el siglo XIX y cuenta con uno de los vestíbulos más impresionantes que he visto, con vitrales en el techo y ascensores de hierro forjado. Sus 125 habitaciones son algo ruidosas, y algunas tienen vistas a muros o tejados. Pida que le muestren las habitaciones y escoja la que más le guste.

El **B. W. Majestic**, ((5) 521-8600 o (800) 528-1234 (LLAMADA GRATUITA), FAX (5) 512-6262, Madero, 73, da al Zócalo. Las 85 habitaciones del hotel no están exentas de desventajas: el ruido de la calle puede llegar a ser molesto. Es un lugar muy agradable para seguir las celebraciones del Día de la Independencia, aunque es posible que no pueda ver nada porque la ventana esté tapada por las luces de colores que adornan la plaza en esas fechas.

ECONÓMICOS

Los mejores hoteles baratos se encuentran en las calles laterales al Zócalo, en el corazón del casco antiguo, es decir, junto al bullicio y la animación. El **hotel Catedral**, ((5) 512-8581, FAX (5) 512-4344, calle Donceles, 95, es una auténtica ganga que cuenta con 116 habitaciones muy cuidadas. El **hotel Gillow**, ((5) 518-1440, FAX (5) 512-2078, Isabel la Católica, 17, dispone de 110 habitaciones modernas pero algunas dan a muros interiores. El **María Cristina**, ((5) 566-9688, FAX (5) 566-9194, Río Lerma, 31, cerca de la Zona Rosa, es la mejor opción. Se trata de un edificio de los años treinta en el que se han habilitado 156 habitaciones cuyo ambiente y estilo recuerda los de la época colonial.

RESTAURANTES

Al igual que todas las capitales del mundo, Ciudad de México dispone de un buen número de restaurantes para todos los gustos: *sushi*, pasta, carne, trucha a la *meunière*... Encontrará un poco de todo en Polanco, en la Zona Rosa o en el casco antiguo. De todos modos, los mejores platos son los que preparan *chefs* que pertenecen a la *nouvelle cuisine* mexicana. Puede llenarse comiendo aperitivos y entrantes en los mejores restaurantes o centrarse en los platos nacionales. En todos los barrios hay restaurantes con menús a buen precio (*comida corrida*) que se sirven en horario de oficina. Los habitantes de México se engalanan para salir y muchos de los restaurantes más elegantes exigen traje y corbata a los caballeros.

Los hoteles que se encuentran en los alrededores del Zócalo de México suelen ser de mármol y estar muy adornados.

DE LUJO

Muchos de los restaurantes más elegantes de la ciudad se encuentran en hoteles de lujo. El **Fouquet's de París**, ℂ (5) 203-2121, está en el Camino Real y es una filial del célebre establecimiento parisino en el que los *chefs* organizan un festival culinario en otoño. El **Maxim's de París**, ℂ (5) 327-7700, se encuentra en el Presidente Intercontinental y atrae desde hace tiempo a la elite de la ciudad, que busca buena comida francesa y mexicana. La **Hacienda de los Morales**, ℂ (5) 281-4554, en Vázquez de Mella, 525, en la colonia Los Morales, cerca de Polanco, está situado en una antigua hacienda del siglo XVI. Se trata de un restaurante elegante y discreto que cuenta con varias salas en las que sirven una excelente cocina internacional.

La calidad de la exquisita cocina del **San Ángel Inn**, ℂ (5) 616-1402 (Diego Rivera, 50), ha declinado en los últimos años, pero ello no ha hecho que disminuyan su popularidad ni sus precios. Esta hermosa mansión colonial fue el lugar de los encuentros entre Emiliano Zapata y Pancho Villa. Merece la pena visitarlo y comer allí por la belleza de su patio ajardinado y su exquisito mobiliario. Se exige un atuendo correcto, zapatos incluidos.

CAROS

El casco antiguo no está precisamente de moda, pero aun así, en él se encuentran dos restaurantes muy elegantes que tienen un gran éxito desde principios de la década de los noventa. El **Cicero Centenario**, ℂ (5) 521-7866, en República de Cuba, 79, está situado en un edificio del siglo XVII cerca del Portal de los Evangelistas. Sus propietarios quisieron rendir un homenaje a la arquitectura, la artesanía y la cocina mexicana creando un espacio muy especial y ofreciendo un menú en el que reinan los moles y los chiles menos conocidos. El restaurante ha tenido tanto éxito que ha abierto una sucursal en la Zona Rosa, en la calle Londres, 195, ℂ (5) 533-3800. **Los Girasoles**, ℂ (5) 510-0630, plaza Tolsa, 8, frente al Museo de Arte Nacional, también está especializado en comida mexicana y se encuentra en un edificio colonial con un agradable patio exterior. El **Prendes**, ℂ (5) 512-7517, Dieciséis de Septiembre, 10, es el restaurante favorito de las personas importantes. Desde su inauguración en 1892 ha recibido la visita de muchos personajes legendarios. Cuenta con un mural en el que están representados personajes tan dispares como León Trotsky y Walt Disney.

MODERADOS

El Taquito, ℂ (5) 526-7699/526-7885, Carmen, 69, detrás de la catedral, es otro establecimiento legendario que acogió a muchos toreros y estrellas de cine. Cuenta con una orquesta para amenizar las comidas. El **Café Tacuba**, ℂ (5) 518-4950, Tacuba, 28, siempre está lleno a la hora de comer. Hágase el *gringo* y vaya a comer a las doce, de lo contrario tendrá que esperar bastante a que le asignen una mesa. Todos los platos (enchiladas, taquitos, carne asada) se sirven con rapidez y eficiencia. Una comida completa es bastante cara en el **Sanborn's Casa de los Azulejos**, ℂ (5) 512-2300, Madero, 4, junto a la Alameda, pero puede ir a tomar un café o alimentarse de sopas y molletes que son baratos.

Las calles peatonales de la Zona Rosa están llenas de cafés de ambiente internacional. En el **Konditori**, ℂ (5) 525-6621, Génova, 61, preparan bocadillos y pastas *delicatessen*. Aquellos que quieran sentirse como en Inglaterra no se deben perder el **Picadilly Pub**, ℂ (5) 533-5306, Copenhague, 23. **El Mesón del Perro Andaluz**, ℂ (5) 533-5306, Copenhague, 26, sirve tapas españolas y mexicanas. Tomarse un té se convierte en una delicia en las mesas del **Duca d'Este**, ℂ (5) 525-6374, Hamburgo, 164B. Recomiendo sobre todo el *strudel* de manzana que preparan. El **Focolare**, ℂ (5) 207-8850, Hamburgo, 87, sirve especialidades de todas las regiones de México y dispone de un maravilloso bufé a la hora de la comida. Mi restaurante mexicano preferido es la **fonda El Refugio**, ℂ (5) 525-8128, Liverpool, 166, en la Zona Rosa. El restaurante está instalado en una antigua residencia restaurada, cuenta con varios salones y sirve, por lo menos, una especialidad de cada región.

ECONÓMICOS

La **Hostería de Santo Domingo**, ℂ (5) 510-1434, Belisario Domínguez, 72, tiene fama de ser el restaurante más antiguo de la ciudad. Es uno de los mejores lugares para disfrutar una comida mexicana casera a precios razonables. A los vegetarianos les encantará el restaurante, **Yug**, ((5) 533-3296, Varsovia, 3, cerca del paseo de la Reforma. ¡Qué alegría me dio ver enormes platos de verduras cocidas al vapor con arroz integral, un gran surtido de ensaladas, cremosas sopas de espinacas y yogures caseros con frutas y galletas saladas! El restaurante **Danubio**, ((5) 512-0912, Uruguay, 3, cerca de la Alameda, es un clásico café mexicano, siempre animado y bullicioso tanto de día como de noche. Sirve *comida corrida* al mediodía, y menú a la carta y bocadillos muy correctos a todas horas.

VIDA NOCTURNA

En Ciudad de México, la mayoría de las discotecas y las salas de fiesta no abren hasta las 22.00 horas, momento en que llegan los primeros clientes.

La música tradicional de los mariachis suena en todas las calles que rodean la **plaza Garibaldi**. Los amantes de las rancheras se sientan en las mesas dispuestas en la plaza y le piden sus canciones favoritas a los grupos de mariachis que dan vueltas por el lugar. A medida que la noche avanza, la plaza se llena más y más. Si pasea por el barrio, tenga cuidado: hay muchos ladrones.

El **Guadalajara de Noche**, ((5) 526-5521, cercano a la plaza Garibaldi, es una cantina que está muy de moda y cuenta con música en vivo hasta la madrugada.

Muchos hoteles importantes ofrecen cenas con espectáculo. La más recomendable es la de **La Bohemia** en el Camino Real, ((5) 203-2121, en la que actúan músicos latinoamericanos de renombre y hay baile después de la cena. En los bares de los mejores hoteles también hay música en vivo. Los del **Presidente Intercontinental**, ((5) 327-7700, y el **Camino Real** son muy populares. La discoteca del hotel Nikko, **Dinasty**, ((5) 280-1111, siempre está llena mientras que **Antillano's**, ((5) 592-0439, Francisco Pimental, 78, cerca de la Zona Rosa, organiza bailes de música latina.

CÓMO LLEGAR

El aeropuerto internacional Benito Juárez, ((5) 762-4011, es el más importante del país

y a él llegan vuelos procedentes de todo el mundo. Los viajeros extranjeros se ven obligados a pasar por este monstruoso aeropuerto cuando están en tránsito hacia algún otro punto de destino en México. Las dos terminales, una para vuelos nacionales y otra para vuelos internacionales, están relacionadas. En ambas se encuentran casas de cambio, oficinas de información turística, tiendas y restaurantes. Junto a la salida de equipajes se encuentran unos puestos de venta de billetes para taxis. Es preferible tomar un taxi oficial y no uno de la calle (el propio conductor del

taxi se acercará a usted para ofrecerle sus servicios en el interior del aeropuerto).

La ciudad cuenta con cuatro estaciones de autocares que ofrecen servicio de primera clase hacia casi todas las regiones del país. Pida información en la oficina de turismo del aeropuerto y pregunte a qué estación ha de dirigirse.

La estación de tren de México se conoce como Terminal de Ferrocarriles Nacionales o estación Buenavista. Existen trenes modernos con vagones de primera clase que cubren casi todas las ciudades del país.

En el aeropuerto encontrará sucursales de las principales agencias de alquiler de coches, pero le recomiendo que se abstenga de conducir en Ciudad de México. El tráfico es tan demencial como en Roma. Si tiene previsto dar una vuelta por el país en coche, alquílelo lo más cerca posible de la salida que vaya a tomar.

Los venerables restaurantes del casco antiguo están llenos de oficinistas y de turistas desde la mañana hasta la noche.

El valle
de México

SE PODRÍAN DEDICAR SEMANAS A EXPLORAR el valle que circunda Ciudad de México, sin llegar a verlo todo. Hay ruinas prehispánicas, ciudades coloniales, monasterios, conventos, pueblos y parques naturales. La mayor parte de estos lugares se pueden visitar en viajes de un día, partiendo de la ciudad, pero una idea más agradable es seleccionar una de las ciudades o pueblos cercanos a Ciudad de México y visitar ésta en viajes de uno o dos días. Las ciudades coloniales de Puebla y Cuernavaca, por ejemplo, están muy próximas y se llega rápidamente a la capital por autopista o utilizando transportes públicos. Otras ventajas de esta elección son los precios más bajos y la menor contaminación ambiental.

TEPOTZOTLÁN

Saliendo de la ciudad en dirección norte por la autopista 57D, y a unos 45 minutos desde la fuente de Petróleos, se encuentra **Tepotzotlán**, una ciudad de 30.000 habitantes.

VISITAR TEPOTZOTLÁN

La construcción de la iglesia de **San Francisco Javier** (abierta de martes a domingo, de 11.00 a 18.00 horas), se inició en 1670, pero no se concluyó hasta mediados del siglo XVIII. A la iglesia se accede a través de una escalera en la parte posterior del **Museo Nacional del Virreinato** (abierto de martes a domingo, de 10.00 a 18.00 horas) que, a su vez, se aloja en el monasterio del siglo XVI anexo a la iglesia. Sus paredes y antiguas celdas están repletas de notables tesoros del arte religioso mexicano. La capilla del noviciado, ricamente adornada, es una introducción de lo que se podrá contemplar en la iglesia, con sus altares ricamente adornados con oro, espejos y recuadros. En el sótano se halla la antigua cocina y en el patio se ofrecen conciertos y representaciones para los niños durante los fines de semana.

A la derecha de la entrada principal de la iglesia, se encuentra la **capilla de la Virgen de Loreto**, que tiene una representación construida en ladrillo de la casa de la Virgen en Nazaret. Detrás está el **Camarín de la Virgen**, de forma octogonal, donde cada centímetro está cubierto de pinturas ricamente coloreadas, representando ángeles y querubines con

facciones indias de piel morena. Se ha colocado un espejo bajo el techo abovedado, a fin de que los visitantes puedan apreciar todos los detalles de los adornos. También en este lugar, hay un encantador restaurante, típicamente mexicano. Del 13 al 23 de diciembre se representan en el patio del museo las típicas *pastorelas*, que reproducen la búsqueda de alojamiento para el nacimiento de Cristo. Puede adquirir entradas con antelación llamando a TicketMaster, ((5) 325-9000, en Ciudad de México, y ((587) 60243, en Tepotzotlán.

TULA

En su época de mayor esplendor, del 950 al 1250 d. C., Tula era famosa por sus progresos en los campos de la escritura, la medicina, la astronomía y la agricultura, si bien, muchos de sus conocimientos pudieron haberse obtenido de las civilizaciones anteriores del valle. La palabra *tolteca* quiere decir «hombre culto», «sabio» o «artista», y este calificativo lo confirman las ruinas de su civilización y de las artes y conocimientos que legaron a sus sucesores.

Si bien la mayor parte de todo aquello que hizo de Tula una de las más grandes ciudades del mundo fue destruido por los aztecas, cuando la conquistaron en el siglo XIV, lo que queda es suficiente para que podamos hacernos una idea de su poder. La antigua ciudad, situada en las inmediaciones de la moderna Tula, merece ser visitada por su pirámide de Quetzalcóatl y la plaza que la rodea.

VISITAR TULA

La famosa **pirámide de Quetzalcóatl** (entrada: 4,50 USD, abierta de martes a domingo, de 10.00 a 17.00 horas) ocupa la parte norte de la plaza principal. La característica más impresionante de la pirámide la constituyen los atlantes, columnas de 4,6 m de altura que representan a las divinidades toltecas, con armas en ambas manos y mirando hacia el sur. Cada una de ellas está compuesta por cuatro bloques de piedra superpuestos y sujetos en-

Estas impresionantes columnas pétreas, que representan a divinidades toltecas fuertemente armadas, soportaban el tejado del templo de la pirámide de Quetzalcóatl.

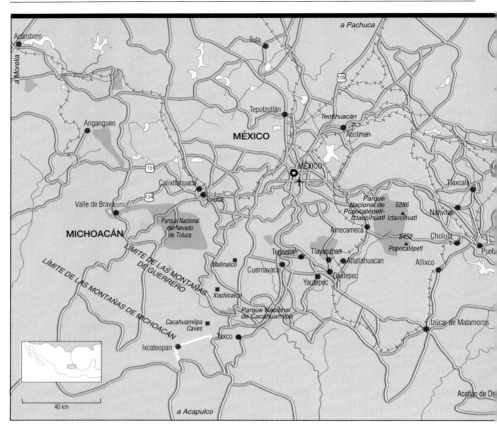

tre sí mediante espigas. Sus tocados representan plumas y estrellas, los signos de la divinidad, y sus ojos y boca estaban adornados con conchas marinas y piedras semipreciosas. Desde lejos, las caras parecen rígidas e iguales, pero vistas de cerca resultan plenas de emoción y muy diferentes. Éstas constituían los soportes del templo, que desapareció hace muchos años, y sobresalían por encima del techo de la columnata inferior, de la cual quedan unas cien columnas y un banco grabado.

Los grabados en la pirámide reflejan la preocupación de la sociedad en lo relativo a los sacrificios, a la mortalidad y al ser humano como alimento de animales sobrenaturales. Las paredes inclinadas de la pirámide, provistas de escalones, estaban originalmente recubiertas de paneles de piedra con grabados que representaban jaguares, coyotes y águilas desgarrando corazones humanos. De éstas, solamente las posteriores están relativamente intactas. Tras la pirámide se encuentra un grabado sumamente intrincado,

el **Coatepantli** («muro de las serpientes»), largo muro de estuco pintado, con figuras geométricas, en el que una interminable procesión de serpientes de cascabel devoran esqueletos humanos.

Esta preocupación por la interrelación entre vida y muerte es una constante de todo el arte mexicano prehispánico, pero es más notable entre los toltecas. Su dios más importante era Quetzalcóatl, la serpiente emplumada, en cuya divinidad se funden los polos opuestos de luz y oscuridad, tierra y cielo, las vibraciones de la vida y el vacío de la muerte.

En la zona central, ante la pirámide, se encuentran dos *chacmool* (esculturas reclinadas), cada uno de ellos con un recipiente para colocar corazones humanos. Situándose de espaldas a la pirámide, la estructura que se encuentra a la derecha es la denominada **Palacio Quemado**, con más grabados, bancos, hogares y columnas.

El **museo** (abierto de martes a domingo, de 10.00 a 17.00 horas) contiene una intere-

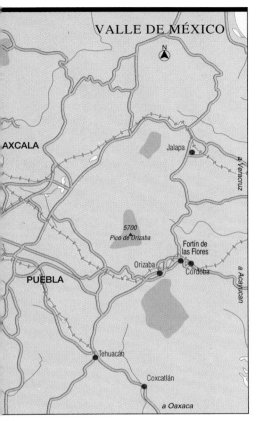

sante colección de los hallazgos más importantes de Tula.

CÓMO LLEGAR

Tome la carretera 57D desde Tepotzotlán y llegará a Tula al cabo de una media hora. Utilice la segunda salida.

TEOTIHUACÁN

No se puede dejar de visitar Teotihuacán, «el lugar donde los hombres se convierten en dioses» (abierto diariamente de 08.00 a 17.00 horas, con una módica entrada). Esta amplia y hermosa zona arqueológica, situada a 48 km de la ciudad, sobre la autopista 83D, rivaliza con las pirámides de Egipto por su grandeza, con Roma por la complejidad de su arquitectura y con Babilonia por su poder y expansión. En ninguna otra ciudad la planificación urbana alcanzó tal refinamiento ni la arquitectura media una excelencia tan uniforme.

ANTECEDENTES HISTÓRICOS

Con una extensión de 40 km², Teotihuacán fue la mayor y más importante ciudad de Mesoamérica entre el año 150 a. C.-700 d. C., alcanzando su cénit entre el año 200 y 500. Sus orígenes, un pequeño pueblo creado alrededor del año 600 a. C., son aún oscuros pero, según los arqueólogos, se había convertido en una ciudad de 50.000 habitantes hacia el año 200 a. C., con una economía basada en el comercio de la obsidiana. Durante los siguientes 500 años, la ciudad continuó su expansión a lo largo de la calzada de los Muertos, que se extiende de norte a sur, y fue durante ese período cuando se construyeron las dos pirámides más grandes.

Entre los 300 y 400 años siguientes, se construyó el complejo del **templo de Quetzalcóatl**; la alfarería anaranjada, característica de la ciudad, se convirtió en el objeto principal de su comercio con todo México, y en las afueras de la ciudad se construyeron habitaciones, mercados, templos y otras estructuras. En este punto, su arquitectura se volvió más refinada, basándose en la combinación de elementos verticales e inclinados (talud-tablero). La sociedad se hizo asimismo más compleja, compuesta por grupos sociales, religiosos y políticos bien organizados y gobernados todos ellos por la clase dominante de los sacerdotes, que controlaban el comercio, la manufactura, la educación, la ciencia, la astronomía y la religión.

La ciudad más impresionante del mundo pereció después del año 650 d. C.; fue quemada y su población se dispersó. Pero por mucho tiempo continuó siendo un importante asentamiento religioso para los toltecas y, posteriormente, para los aztecas.

VISITAR TEOTIHUACÁN

La entrada se encuentra junto a la **Unidad Cultural** (entrada gratuita los domingos, abierto de martes a domingo de 08.00 a 17.00 horas), un centro turístico en el que se encuentra un excelente pequeño museo, varios restaurantes y puestos de *souvenirs*, una librería, baños y un bar.

Exactamente frente al museo, está la inmensa **plaza de la Ciudadela**, a un nivel más bajo que el resto, que contiene templos y pirámides y que constituye uno de los grupos arquitectónicos más grandes del mundo. Mide más de 400 m de lado y podía alojar más de sesenta mil personas durante las ceremonias religiosas. La plaza tenía 12 edificios principales en tres de sus lados, con casas para los sacerdotes, residencias oficiales e incluso quizá palacios, así como las tumbas de las víctimas de los sacrificios.

Desde luego, el monumento más conocido y antiguo de la plaza es la **pirámide de Quetzalcóatl**, que anteriormente estaba recubierta por otra pirámide más grande. Estaba construida en el estilo talud-tablero, con los elementos cortos inclinados (taludes) y los elementos más altos (tableros) recubiertos con esculturas y bajorrelieves. Los taludes muestran increíbles vistas laterales de una serpiente emplumada que parece que se mueve a lo largo de la pared. Los tableros están tachonados con inmensas cabezas pétreas de los dioses Tláloc y Quetzalcóatl.

La calle principal y eje de la ciudad es la **calzada de los Muertos**, amplia avenida de 43 m de anchura que discurre de norte a sur a lo largo de 2,5 km, partiendo de la pirámide de la Luna hasta más allá de la Ciudadela. En sus tiempos gloriosos, continuaba por lo menos 1,5 km más allá de la Ciudadela, con una longitud total de más de 4 km.

A pesar de la grandeza del lugar, resulta difícil imaginar cómo era Teotihuacán. En sus orígenes, estaba densamente poblada de edificios con paredes estucadas y murales pintados de diversos colores y decorados con variadas esculturas de piedra representando animales, dioses y seres humanos. Además, mucho de lo que allí existía fue destruido por los arqueólogos del siglo XIX, y, posteriormente, otros arqueólogos hiperactivos, en la década de 1910, retiraron el grueso exterior de piedra y estuco de la pirámide del Sol.

Dando la vuelta hacia el norte de la calzada de los Muertos, se llega a una serie de pequeños asentamientos, que incluyen las «excavaciones de 1917», así llamadas por la fecha en que tuvieron lugar, y al otro lado los **edificios superpuestos**. Estos últimos proporcionan una idea de cómo se realizaba la construcción de las ciudades mexicanas en los tiempos prehispánicos. Los edificios existentes se demolían para servir de base a las nuevas construcciones. En este lugar, los distintos niveles han sido excavados cuidadosamente en orden.

Subiendo la suave pendiente de la calzada de los Muertos se llega a las proximidades del **grupo Viking**, así denominado en honor de la fundación estadounidense que proporcionó los fondos para realizar las excavaciones. En este lugar se encontraron dos amplios pisos de mica de 6 cm de espesor y de casi 9 m^2 de superficie, cuyo propósito, ceremonial o de otro tipo, se desconoce.

En las inmediaciones, a la derecha, se encuentran los restos de las **casas de los sacerdotes** y, más allá, la enorme **pirámide del Sol**. Esta última está orientada de tal modo que, en el solsticio de verano, cuando el sol se pone, ilumina exactamente la fachada occidental. Ocupa una superficie igual a la de la pirámide de Kéops, aunque no es tan alta. Posiblemente fue construida como punto focal para la ciudad y esta parte del valle. Su base es casi cuadrada (225 x 222 m), posee una altura de 63 m y su construcción se terminó alrededor del año 100. Los arqueólogos estiman que el material de relleno para construirla, con un peso aproximado de cuatro millones de toneladas, fue transportado a mano.

La pirámide del Sol ha sido deteriorada por intentos de restauración inadecuados. A pesar de ello, el ascenso por la escalinata central hasta la cúspide ofrece una sensación única, casi subliminal, del vasto poder y genio intelectual que creó Teotihuacán.

Es imprescindible la visita de los soberbios murales del complejo apartamental de **Tepantitla**, que en náhuatl significa «lugar de las gruesas paredes», situado detrás de la pirámide del Sol. Se supone que en él vivían las familias de los artesanos o de los sacerdotes. Las paredes tienen excelentes pinturas de sacerdotes en traje ceremonial y un fabuloso mural que muestra a Tláloc creando la lluvia a partir del mar, y otras pinturas.

Volviendo a la calzada de los Muertos, su última sección sube hacia la pirámide de la Luna. A la izquierda queda el **patio de los Cuatro Templitos**, seguido de otras dos estructuras, también de templos: el de los **Animales Mitológicos** y el de la **Agricultura**. En ambos se muestran copias de murales de

El interior de la iglesia de Santa María de Tonantzintla, de estilo barroco, es uno de los más labrados del mundo.

animales y plantas. Los originales fueron trasladados al Museo Nacional de Antropología en el parque de Chapultepec.

En el **palacio de los Jaguares**, hay otros excelentes murales originales que representan animales: entre ellos jaguares en cuclillas, tocados con plumas y haciendo sonar caracolas ceremoniales. A su lado, se ubica el **palacio de Quetzalpapálotl** («de la mariposa de Quetzal»), que era probablemente una zona residencial para sacerdotes, cuya estructura, quemada mucho antes de la caída de Teotihuacán, ha sido bien restaurada. Construido alrededor de un amplio patio central, con columnas cubiertas con bajorrelieves que representan pájaros y mariposas, el palacio tiene también un patio posterior, denominado **patio de los Tigres**, donde, posiblemente, vivían los sacerdotes.

Junto al palacio de Quetzalpapálotl, se halla la **subestructura de los Caracoles Emplumados**, a la que se llega desde el palacio de los Jaguares a través de un túnel. En ella quedan soberbios grabados y murales representando pájaros, flores y caracoles emplumados que, probablemente, eran utilizados para la música y otras ceremonias.

Aquí, en el extremo superior de la calzada de los Muertos, se eleva la bella **pirámide de la Luna**. Con una altura de 46 m, es 17 m más baja que la del Sol, pero se diseñó de tal modo que su cima quedara a la misma altura absoluta que la de aquélla. Situada en una amplia plaza del mismo nombre, su base es también casi cuadrada (140 x 150 m); originalmente, estaba rodeada de 12 templos, un decimotercero adornaba su cúspide.

Desde la cima de la pirámide de la Luna se puede ver toda la calzada de los Muertos y, en la distancia, la pirámide del Sol, a la izquierda.

LOS ALREDEDORES DE TEOTIHUACÁN

Tampoco se deben dejar de visitar los excelentes murales y frescos de **Tetitla** y los **palacios de Zacuala** y **Yahuala**. Para alcanzar esa zona, se debe salir del área principal de estacionamiento, seguir recto hasta pasar la carretera que rodea la zona y girar a la derecha. Un poco más allá, por la misma carretera, se encuentra **Atetelco**, con dos patios decorados con frescos que representan animales y sacerdotes.

ALOJAMIENTOS TURÍSTICOS

El único hotel recomendable en Teotihuacán es uno controlado por la cadena Club Med, el **Villas Arqueológicas**, ((5) 956-0244/956-0909, con 20 habitaciones bastante caras, un buen restaurante y una piscina.

RESTAURANTES

Encontrará un pequeño restaurante en el tercer piso de la Unidad Cultural: **Las Pirámides**, ((595) 60187. Los precios son elevados pero la vista merece la pena. **La Gruta**, ((595) 60127/60104, se encuentra detrás de la pirámide del Sol y también es una buena opción.

CÓMO LLEGAR

Teotihuacán se encuentra 48 km al nordeste de Ciudad de México. Para llegar en coche, tome la autopista 85D o la carretera 132D. Esta última opción le permitirá contemplar paisajes más pintorescos, pero es mucho más lenta. De la Terminal Central de Autobuses del Norte, en el D.F., salen autobuses hacia Teotihuacán cada media hora. El trayecto dura aproximadamente una hora.

TLAXCALA

A sólo una hora de viaje hacia el este de Ciudad de México, está situado el estado más pequeño del país, Tlaxcala, donde se encuentra una interesante combinación de la historia y la cultura de México. La capital del estado que lleva su mismo nombre, **Tlaxcala**, fue en tiempos prehispánicos el cuartel general de los fieros tlaxcaltecas, contra los que los aztecas estaban en guerra constante. Por ello, tras haber comprobado la fuerza de los invasores blancos españoles, en 1519, se aliaron con Cortés y fueron uno de los instrumentos importantes para asegurar la victoria de los españoles sobre los aztecas. Después de la caída de Tenochtitlán, se convirtieron al cristianismo y permanecieron como fieles aliados de los españoles.

En reconocimiento por la ayuda prestada a Cortés, el emperador Carlos V concedió un estatuto especial a la ciudad de Tlaxcala, que se convirtió en el asentamiento más próspero de la Nueva España. Sin embargo, su gloria resultó efímera, pues su población fue prácticamente aniquilada por una plaga que duró tres años (1544-1546). La ciudad no fue reconstruida ni creció, y en la actualidad su población no alcanza los 30.000 habitantes.

VISITAR TLAXCALA

La plaza mayor de Tlaxcala, la **plaza de la Constitución**, está rodeada de edificios gubernamentales coloniales, que muestran una fuerte influencia morisca. El balcón del segundo piso del **Palacio de Gobierno** podría

estar inspirado en la Alhambra de Granada. Al nordeste de la plaza se encuentra el **convento de San Francisco**, fundado en 1526. Su magnificencia constituye el testimonio de la importancia original de Tlaxcala, pero lo más interesante es el techo de cedro de la iglesia. La capilla lateral, la parte más antigua del complejo, es donde, se dice, eran bautizados los jefes de Tlaxcala.

En una colina, a 1 km, se erige el **santuario de Nuestra Señora de Ocotlán**, en el lugar donde la Virgen se apareció en 1541 y prometió terminar con la sequía. No es tan impresionante como la basílica de Nuestra Señora de Guadalupe, pero la iglesia en sí, es más bella. Diseñada por Francisco Miguel y construida en el siglo XVIII, representa la per-

fección del estilo churrigueresco. El interior cuenta con una extraordinaria capilla octogonal para la Virgen, decorada con una impresionante profusión de estatuas y arte barroco en las paredes y la bóveda.

ALOJAMIENTOS TURÍSTICOS

El mejor hotel de la zona es el **hotel Posada San Francisco**, ((2) 6022, FAX (2) 6818, plaza de la Constitución, perteneciente al Club Med. El hotel se inauguró en 1992, y cuenta con 68 cómodas habitaciones y *suites* de precio elevado. Está situado en la Casa de las Piedras, un edificio de principios de siglo. El vestíbulo conduce a un patio en el que hay una gran piscina. El local posee un buen restaurante, salas de reunión y una pista de tenis.

CACAXTLA

A 20 km de Tlaxcala, hacia el sudoeste, cerca del pueblo de Nativitas, se encuentra la zona arqueológica de Cacaxtla, que data del año 700 (abierta al público de martes a domingo, de 10.00 a 17.00 horas, entrada libre el domingo). Los frescos muy bien conservados, que muestran figuras ataviadas con trajes multicolores, no fueron descubiertos hasta 1975, y han servido a los arqueólogos para comprender el caos que siguió al colapso de Teotihuacán. El mural más amplio, de 22 m de longitud, representa una batalla de sorprendente realismo. De las 42 figuras originales, 17 están completamente intactas. Todo parece indicar que Cacaxtla fue un importante centro comercial para grupos étnicos llegados de todo el país. Los murales están protegidos por un tejado de acero, y para tomar fotos es preciso solicitar un permiso y pagar una cuota. Cacaxtla y Tlaxcala se pueden visitar en un solo día partiendo de Ciudad de México o en una excursión de dos días que incluya la ciudad de Puebla. Se pueden encontrar alojamientos en Tlaxcala y Puebla.

PUEBLA

Capital del estado homónimo, Puebla es una antigua ciudad colonial, con más de sesenta

La catedral de Puebla muestra una estrecha relación con los últimos ejemplos de la arquitectura gótica española.

iglesias, ubicada en un alto valle. A poco más de una hora de autopista desde Ciudad de México, tiene en la actualidad una población cercana a los dos millones de habitantes, pero ha logrado conservar parcialmente su primitivo sabor colonial.

INFORMACIÓN TURÍSTICA

En la **oficina de información turística**, ℂ (22) 461285/462044, FAX (22) 323511, avenida Oriente, 3, situada cerca de la catedral y de la biblioteca, le facilitarán toda clase de datos. La oficina abre de lunes a viernes, de 08.00 a 20.30 horas, el sábado, de 09.00 a 20.30 horas y el domingo, de 09.00 a 14.00 horas.

ANTECEDENTES HISTÓRICOS

Puebla fue fundada en 1530, en un lugar deshabitado, elegido por su situación estratégica, que permitía mantener controlados a los pueblos de los alrededores y las rutas comerciales entre Veracruz y Oaxaca. Los edificios antiguos de la ciudad reflejan el lugar de procedencia de sus primitivos colonizadores: los alrededores de Talavera en España. Adornaron sus casas e iglesias con ladrillos coloreados y azulejos pintados a mano, creando un contraste lleno de colorido. Con razón, esta ciudad ha sido designada por la UNESCO patrimonio de la humanidad.

Los españoles que fundaron Puebla vinieron con sus familias para iniciar una nueva vida en la Nueva España. Con ellos llegaron un gran deseo de aprender y profundas creencias religiosas. En 1537, Puebla tenía ya una universidad y, en 1539, un obispo. La ciudad se convirtió en un próspero centro agrícola e industrial. A finales del siglo XVI, sus azulejos constituían un cargamento tan importante en los galeones españoles como el oro y la plata. Más tarde, las exportaciones de lana y tejidos contribuyeron a su prosperidad. En 1835, comenzó a operar en Puebla la primera planta textil mecanizada de todo el país.

La pacífica existencia de Puebla se vio turbada en el siglo XIX, cuando Antonio López de Santa Anna se enfrentó allí al cuerpo expedicionario estadounidense comandado por el general Winfield Scott. Éste tomó la ciudad, pero la ocupó durante poco tiempo. El 5 de mayo de 1862, Puebla fue de nuevo escenario de una batalla. En esta ocasión, el general Ignacio Zaragoza venció a las tropas francesas que mandaba el general Laurence. El **5 de mayo** es una de las más importantes fiestas nacionales. En 1863, la ciudad fue nuevamente atacada por los franceses y esta vez derrotada. Los franceses permanecieron en ella hasta que fueron desalojados por el general Porfirio Díaz el 4 de abril de 1867.

Pero Puebla es también bien conocida por su cocina. El mole, salsa picante y sabrosa, con más de veinte ingredientes, fue creado en el poblano convento de Santa Rosa. Hay, en los alrededores del convento, tiendas especializadas en los ingredientes para el mole, que se ha convertido en la salsa para las ocasiones especiales. Otra exquisitez gastronómica de Puebla son los *chiles en nogada*, chiles rellenos de carne molida, nueces y frutas, y recubiertos con una salsa de nueces y granos de granada.

VISITAR PUEBLA

La **plaza Principal** está rodeada de edificios coloniales gubernamentales y por la segunda **catedral** del país (abierta diariamente de 09.00 a 12.00 horas y de 15.30 a 18.00 horas). La construcción de este edificio comenzó en 1575, pero no se terminó hasta 1649, siendo Juan de Palafox y Mendoza arzobispo de la ciudad. Su interior es una magnífica muestra del arte religioso mexicano, con el altar principal obra de Manuel Tolso y José Manzo, los sillones del coro tallados por Pedro Muñoz, un mural de la cúpula de la capilla real de Cristóbal de Villalpando y pinturas barrocas de la sacristía de los artistas del siglo XVIII Pedro García Ferrer y Miguel Cabrera.

A la vuelta de la esquina de la catedral, en la avenida 5 Oriente, 5, se encuentra el palacio arzobispal, hoy **Casa de la Cultura**. En ella se aloja la **biblioteca Palafox** (abierta de martes a domingo, de 10.00 a 18.00 horas, con entrada), que fue fundada por el arzobispo Palafox y donada a la ciudad. Entre sus 43.000 volúmenes destaca una biblia políglota del siglo XVI en caldeo, hebreo, griego y latín.

El señor Bello, magnate del tabaco y coleccionista de arte, donó su casa y su colección a la ciudad para crear el **Museo Bello** (abierto de martes a domingo, de 10.00 a 16.30 horas, entrada libre los martes), que contiene una colección de arte europeo, mobiliario antiguo y una exposición de azulejos de Talavera. Los visitantes deben ir acompañados por un guía.

Al norte de la plaza, la **capilla del Rosario** (calle Cinco de Mayo, 405, abierta al público todos los días de 07.00 a 13.00 y de 15.00 a 20.30 horas), en el interior de la **iglesia de Santo Domingo**, ha sido calificada como la octava maravilla del mundo. Su Virgen del Rosario, rodeada de estatuas policromadas y grabados dorados, armoniza con las paredes, techos, arcos y portales, también exuberan-

dad, el convento es sede del **Museo de Artes Populares**, abierto de martes a domingo, de 10.00 a 16.30 horas. En él se exponen objetos provenientes de todo México y trajes regionales. En la avenida 18 Poniente, 103, se encuentra el **convento de Santa Mónica**, del siglo XVII (abierto de martes a domingo de 10.00 a 17.00 horas, con entrada), que operó como convento clandestino durante 80 años. Sus túneles secretos y pasajes escondidos son piezas maestras del arte del engaño.

En la avenida 6 Norte, entre las calles 2 Oriente y 8 Oriente, se hallan el **Teatro Prin-**

temente adornados. Es quizá el más fino ejemplo del arte barroco mexicano.

El **Museo Amparo**, ☏ (22) 464200, calle 2 Sur, 708 (abierto de miércoles a lunes, de 10.00 a 18.00 horas; lunes, entrada gratuita), es uno de los museos de arqueología más reputados de México. Instalado en un edificio colonial, ofrece siete salas, cada una dedicada a un aspecto de la arqueología; por ejemplo, la sala Rupestre presenta ejemplos de pinturas rupestres del mundo entero; la sala Códice del Tiempo presenta un gráfico en la pared, en él se muestran todos los eventos importantes del mundo desde el 2500 a. C. hasta el 1500 d. C.

Sor Andrea de la Asunción inventó la salsa de mole en la cocina del **convento de Santa Rosa**, avenida 12 Poniente. En la actuali-

cipal, la **Casa de Alfeñique** y el **mercado del Parián**. El Teatro Principal es uno de los más antiguos de las Américas. Completado en 1759, está todavía en uso. La oficina de turismo dispone de los programas. Cruzando la calle se levanta el **Museo Regional de Puebla** (abierto de martes a domingo, de 10.00 a 17.00 horas, con entrada), en el edificio conocido como la Casa de Alfeñique, así denominado porque parece estar construido de alfeñique, una pasta de almendras y azúcar. El mercado del Parián, que data del siglo XVIII, tiene docenas de tiendas en las que se ven-

Puebla es una mezcla fascinante de tradición y modernidad. Los edificios antiguos como el ayuntamiento, ponen de manifiesto el origen español de la ciudad.

den artesanías. Los domingos es día de mercado en Puebla y la **plazuela de los Sapos**, en el cruce de la avenida 7 Oriente y la calle 4 Sur, se convierte en encantes.

ALOJAMIENTOS TURÍSTICOS

Puebla cuenta con varios hoteles de precio más razonable que los de Ciudad de México.

Caros

El **Camino Real Puebla**, ((22) 290909 o (800) 722-6466 (LLAMADA GRATUITA), FAX (22) 329251,

taciones y está ubicado en un edificio colonial de cuatro pisos con una cafetería en la terraza.

RESTAURANTES

Si visita Puebla, no se pierda el mole poblano, la especialidad de la ciudad. En la mayor parte de los restaurantes lo preparan bien, pero casi ninguno supera el que sirven en la **Fonda de Santa Clara**, ((22) 422659, avenida 3 Poniente, 307. Si no desea comer un plato mexicano, pruebe en el restaurante **Bodegas del Molino**,

calle 7 Poniente, 105, está situado en un céntrico convento del siglo XVI restaurado. Dispone de 83 habitaciones y *suites*, y tres restaurantes. **El Mesón del Ángel**, ((22) 243000, FAX (22) 242227, Hermanos Serdán, 807, es uno de los preferidos de los operadores turísticos. Se encuentra en un parque de 4 ha y cuenta con dos piscinas, una pista de tenis, un moderno gimnasio y salas de conferencias. Sus 192 habitaciones cuentan con un magnífico balcón, nevera y televisión vía satélite y las 10 *suites* cuentan, además, con una espléndida chimenea.

Moderados

Los viajeros que busquen precios más discretos deben dirigirse al **Royalty**, ((22) 424740, en la plaza Principal. Dispone de 45 habi-

((22) 490399, en Molina de San José del Puente, a las afueras de la ciudad.

CÓMO LLEGAR

Puebla se encuentra 125 km al este de Ciudad de México. Si dispone de coche, tome la carretera 190 o la 150D. Si se hospeda en el centro de Ciudad de México, coja uno de los autobuses de primera clase que salen de la estación de autobuses de TAPO cada media hora. El trayecto dura aproximadamente dos horas.

CHOLULA

Cholula fue en el pasado equivalente a Teotihuacán. Cuando Cortés llegó en su marcha

hacia Tenochtitlán, encontró una ciudad tolteca con cerca de 400 templos y 100.000 habitantes, bajo el dominio de los aztecas. Convencido de que se le tendía una emboscada, ordenó el asalto a la ciudad, que se convirtió en
una masacre en la que murieron 6.000 personas. La ciudad fue destruida por los aliados
tlaxcaltecas de Cortés, y la destrucción dejó
en ruinas Tepanapa, la pirámide más grande
del mundo.

VISITAR CHOLULA

El monumento más importante de Cholula es
la **pirámide de Tepanapa** que se encuentra a
cinco minutos a pie del centro de la ciudad, en
la avenida Morelos. El lugar y el pequeño museo abren todos los días, de 10.00 a 17.00 horas. Disponen de un servicio de guías que realizan visitas individuales, y los domingos, la
entrada es libre.

Dedicada a Quetzalcóatl, la pirámide posee una base de 425 m, cubre 17 ha, y tenía originalmente una altura de 62 m. Cuando los españoles volvieron a Cholula para colonizarla,
después de la derrota de Moctezuma, destruyeron aún más la ciudad y se construyó una
iglesia, la de **la Virgen de los Remedios**, en la
cima de la pirámide, utilizando en la construcción materiales de ésta. Los arqueólogos han
excavado más de 6 km de túneles a través de
la pirámide, abiertos hoy al público, que han
descubierto que en realidad está constituida
por cuatro pirámides superpuestas a una más
pequeña erigida entre el año 900 y 200 a. C.
El museo, a la entrada del complejo, muestra
un modelo a escala de cómo se supone que era
la pirámide.

Se comenta que Cholula cuenta con 365 iglesias, una para cada día del año. La más importante es la de **San Francisco Acatepec**, situada 6,5 km al sur de la ciudad. La iglesia está
recubierta de azulejos, y los días de fiesta o de
boda se adorna con guirnaldas de papel.

Cholula no tiene los magníficos edificios
que caracterizan a Puebla, pero muchos la
prefieren a ésta. En ella está la **Universidad de
las Américas**.

CÓMO LLEGAR

Situada 12 km al oeste de Puebla, Cholula se
ha convertido en un suburbio de la misma.
El valle de México

Se puede acceder en coche o en autobús, desde Puebla, por la carretera 190.

POPOCATÉPETL E IZTACCÍHUATL

Saliendo de México o de Puebla, no hay sensación comparable a la de subir por las laderas de
los volcanes, el Popocatépetl y el Iztaccíhuatl.

En náhuatl, Popocatépetl significa «montaña humeante», e Iztaccíhuatl, «la dama blanca». Con la única excepción del Pico de Orizaba, son las dos cimas más altas de México, con
alturas de 5.456 m y 5.230 m respectivamente. Junto con sus estribaciones, forman el **Parque Nacional del Popocatépetl-Iztaccíhuatl**,
el más próximo a Ciudad de México.

A 2.500 m de altura, justo a los pies de los
volcanes, se encuentra la hermosa ciudad de
Amecameca. Sus 37.000 habitantes han sido
evacuados varias veces desde que el Popocatépetl volvió a rugir en 1994. La primera erupción importante data de 1802, pero su actividad se ha intensificado en los últimos años.

De acuerdo con las leyendas náhuatl, el
guerrero Popocatépetl se enamoró de la bella
princesa Iztaccíhuatl, pero el padre de ésta no
accedió a su matrimonio en tanto que Popocatépetl no derrotara a uno de los enemigos más
importantes de la tribu. Cuando regresó vic-
torioso de la batalla, encontró que la princesa
creyéndole muerto, había perecido de dolor.

En su marcha hacia Tenochtitlán, Cortés
pasó entre ambas montañas, siguiendo la ruta
hoy conocida como el paso de Cortés, y envió
a sus hombres al cráter del Popocatépetl a recoger azufre para fabricar pólvora. Según el
relato de Bernal Díaz del Castillo, *Historia verdadera de la Conquista de la Nueva España*, fue
desde allí de donde Cortés contempló por vez
primera Tenochtitlán.

EL ASCENSO A LAS CUMBRES

Ambas ascensiones se pueden considerar
como excursiones de una noche, de fatiga mo-
derada, semejantes en altura a las del Mont
Blanc, pero accesibles para la mayor parte de
las personas que disfruten de buena salud.
El viaje de ida y vuelta requiere, por lo menos, dos días, pero es mejor contar con tres.
Se puede acampar en ambas cumbres. Si no se

PÁGINA ANTERIOR: El patio del convento
de Santa Rosa.

dispone de equipo de acampada y sacos de dormir, se pueden alquilar en Tlamacas. Antes de partir, infórmese acerca del estado de la actividad volcánica y de la previsión del tiempo en la oficina de información turística de Ciudad de México.

ALOJAMIENTOS TURÍSTICOS

A 4.000 m de altura, en el Popocatépetl, se encuentra un refugio al que se puede acceder por carretera, saliendo de la autopista. No es demasiado cómodo: las camas son de piedra y

ción sur hacia Tlamacas, donde empieza la senda de la excursión a la cima del Popocatépetl, o en dirección norte hacia La Joya, donde se inicia la senda hacia la cima del Iztaccíhuatl.

CUERNAVACA

Conocida como la ciudad de la eterna primavera, Cuernavaca ha sido el lugar de descanso preferido por los habitantes ricos de Ciudad de México. Antes de la conquista, era el lugar donde habitaban los tlahuicas, do-

es preciso llevar saco de dormir, agua y alimentos consigo. El **Albergue Vicente Guerrero**, ℂ (5) 553-5896, está en Tlamacas. Se trata de un estupendo chalet de montaña con dormitorios, duchas y un restaurante. Es preferible reservar plaza por teléfono. En La Joya y en Tlamacas encontrará guías para la excursión a la cima del Itza y del Popo.

CÓMO LLEGAR

A los volcanes se puede acceder, desde Ciudad de México, saliendo por la carretera hacia Chalco y Amecameca, y desde esta última se continúa otros 23 km en dirección a Cholula y Puebla, hasta el paso de Cortés. Cerca de la cumbre se puede seguir en direc-

minados por los aztecas cien años antes de que los españoles, a su vez, los conquistaran. Hay quien sostiene que Moctezuma I nació aquí, fruto de la unión entre el jefe azteca Huitzilíhuitl y la hija-maga del jefe de Cuernavaca, y que construyó una residencia de verano en la cercana Oactepec. Años más tarde, Cortés construyó también aquí un palacio y una hacienda, desde la que se introdujo en el país el cultivo de la caña de azúcar. También Maximiliano escogió Cuernavaca para escapar de las tribulaciones de su breve reinado.

Unida a Ciudad de México por una autopista, se ha convertido en un suburbio de México para las clases privilegiadas. Entre Navidad y Semana Santa, la Asociación Local de

Damas ofrece visitas a algunas fincas escogidas. La edición dominical del *México City News* da normalmente las fechas y datos sobre las reservas.

INFORMACIÓN TURÍSTICA

La **oficina de información turística**, ((73) 143794, FAX (73) 143881, se encuentra en la avenida Morelos Sur, 802. Abre de lunes a viernes, de 09.00 a 20.00 horas y el sábado y el domingo, de 09.00 a 17.00 horas.

VISITAR CUERNAVACA

Los palacios estivales de los jefes aztecas fueron destruidos casi al principio de la conquista, pero todavía se puede visitar la **Casa de Cortés**, que en la actualidad aloja el **Museo de Cuauhnáhuac**, ((73) 12817, Leya, 100, esquina con Juárez, cerca de la Alameda (abierto de martes a domingo, de 10.00 a 17.00 horas). Cortés mandó construir su casa sobre los restos de una estructura prehispánica. En la casa, que data de 1530, vivieron Cortés y su primogénito; luego se convirtió en cuartel general de los generales del ejército español. Como museo presenta exposiciones sobre la historia de México y cuenta con trajes, carrozas y muebles coloniales. Llama la atención un gran mural de Diego Rivera que refleja la historia de México desde el tiempo de la conquista española, y que fue donado al museo por Dwight Morrow, embajador de Estados Unidos y padre de Ann Morrow Lindberg.

El museo da a la **Alameda**, un parque unido al vasto **jardín Juárez** que cuenta con un kiosco diseñado por Gustave Eiffel. La **plaza de la Constitución** es bastante grande y también se encuentra frente al jardín. La **catedral fortificada de la Asunción**, en la esquina de Hidalgo y Morelos, fue construida por los monjes franciscanos en los inicios del siglo XVI y contiene interesantes frescos del siglo XVII que relatan la historia de 25 misioneros franciscanos que fueron crucificados en 1597 cerca de Nagasaki, Japón.

Muchos visitantes llegan a Cuernavaca con el único deseo de visitar el **jardín Borda**, en la avenida Morelos, 103 (abierto de martes a domingo, de 10.00 a 15.00 horas). Se trata del jardín privado del francés Joseph de

la Borda, un empresario que se enriqueció con las minas de la zona, en el siglo XVIII. El parque cuenta con un lago artificial en el que el propietario y sus amigos practicaban la vela. Al emperador Maximiliano y a su joven esposa Carlota, el jardín les recordó a Versalles y decidieron instalarse temporalmente en la residencia La Borda, hasta que concluyeran las obras de su palacio al sur de la ciudad.

En 1866, Maximiliano fijó su residencia de verano en el barrio de Acapantzingo. Una parte de esta residencia real que casi no llegó a ser

habitada, se ha convertido en el actual **Museo de la Herbolaria**, ((73) 125956, avenida Matamoros, 200 (abierto todos los días, de 10.00 a 17.00 horas). El museo está consagrado a la herboristería tradicional y su amplio jardín tiene más de doscientas orquídeas y parterres con distintas clases de hierbas. La casita que hoy aloja el museo se construyó para su amante, conocida como la *India Bonita*.

Al este de la estación del ferrocarril se halla el emplazamiento prehispánico de **Teopanzolco**, que en náhuatl significa «templo abandonado». Estas dos pirámides gemelas dedicadas a los dioses aztecas Tláloc y Huitzilopochtli son los únicos restos que hoy quedan de la ciudad de Tlahuicán.

ALOJAMIENTOS TURÍSTICOS

La mayor parte de los hoteles de Cuernavaca están llenos los fines de semana. Es preferible reservar con bastante antelación.

PÁGINA ANTERIOR: Cholula, con el Popocatépetl al fondo, domina el paisaje. SUPERIOR: Hotel Hacienda Bella Vista, en Cuernavaca.

De lujo

Considerado durante mucho tiempo el mejor hotel de la ciudad, **Las Mañanitas**, ((73) 141466, FAX (73) 183672, Ricardo Linares, 107, merece una visita, aunque no tenga previsto pasar en él la noche. Sus 23 habitaciones y *suites* están lujosamente amuebladas con antigüedades, objetos de cobre y accesorios dorados sin olvidar los azulejos hechos a mano. El **Camino Real Sumiya**, ((73) 209199 o (800) 722-6466 (LLAMADA GRATUITA), FAX (73) 209142, situado 15 km al sur de la ciudad, en el interior del Fraccionamiento Sumiyawas, fue construido en 1959 y perteneció a la heredera de los almacenes Woolworth, Barbara Hutton. La propiedad, de 12 ha, se convirtió en hotel en 1993. Las habitaciones se encuentran dispersas por todo el jardín. Las 169 habitaciones y *suites* retoman el estilo asiático con puertas decoradas y muebles minimalistas. El hotel dispone de una piscina, varias pistas de tenis y, en el edificio principal, un elegante vestíbulo, un salón y un restaurante.

Caros

Si desea que lo colmen de atenciones, alójese en la **hostería Las Quintas**, ((73) 183949, FAX (73) 183895, E-MAIL hquintas@intersur.com, un hotel-balneario situado en la avenida Presidente Gustavo Díaz Ordaz, 9, en la colonia Cantarranas. Sus 52 *suites* con terraza resultan impresionantemente cómodas. Seis de ellas cuentan con *jacuzzi*. El hotel cuenta con un fantástico jardín de 7.000 m^2 lleno de árboles y plantas exóticas. Dispone de dos piscinas y un balneario en el que se dan masajes relajantes, se realizan limpiezas de cutis o masajes exfoliantes con baños de sales del mar Muerto, entre otros tratamientos de salud y belleza.

Moderados

Al parecer, el conquistador durmió en el **Hotel Hacienda de Cortés**, ((73) 158844, FAX (73) 150032, plaza Kennedy, 90. Se trata de una hacienda del siglo XVII, convertida en hotel allá por la década de 1970. Cuenta con 22 habitaciones amuebladas con antigüedades.

Económicos

El **hotel Cádiz**, ((73) 189204, avenida Álvaro Obregón, 329, dispone de 17 habitaciones con baño, sencillas pero limpias. El restaurante del hotel es bastante económico. También puede optar por el **hotel Colonia**, ((73) 886414, Agustín y León, 104. Se trata de un establecimiento pequeño que suele estar lleno.

RESTAURANTES

El precio de las comidas son el reflejo del tipo de clientela que viene de Ciudad de México. Sin embargo, la calidad es igualmente alta. El restaurante de **Las Mañanitas**, ((73) 141466, aunque caro, está considerado entre los diez mejores del país. Está especializado en comida mexicana con un leve toque internacional, y propone alrededor de seis platos diferentes cada día. Es preferible reservar mesa antes de ir.

Si prefiere precios más razonables, acuda a **La Cueva**, Galeana, 2, o al **restaurante Los Arcos**, Plaza de Armas, 4. Ambos sirven especialidades mexicanas a buenos precios.

CÓMO LLEGAR

Cuernavaca se encuentra 100 km al sur de Ciudad de México y 80 km al norte de Taxco. Si viaja en coche desde México, tome la autopista 95D en dirección a Cuernavaca. Una vez en el Periférico, tome la salida Insurgentes y cuando vea un cartel que indica Cuernavaca/Tlalpan, escoja la autopista o la carretera, a la derecha. Yo prefiero coger uno de los autobuses que sale con frecuencia de la **Central de Autobuses del Sur**. También hay autobuses rápidos que paran en Cuernavaca camino de Taxco, Acapulco o Zihuatanejo.

TEPOZTLÁN

A pesar de que esta zona se está desarrollando rápidamente, se pueden encontrar pueblos que se aferran a sus tradiciones prehispánicas. **Tepoztlán**, 25 km al sur de Ciudad de México, ha capitalizado estas tradiciones y está ganando popularidad como punto de destino para los turistas. Los que consideran la zona como una fuente de propiedades cua-

PÁGINA ANTERIOR: El mercadillo dominical de Tepoztlán constituye un bello crisol de formas y colores.

si mágicas son bienvenidos: los adeptos al *new age* se desplazan en masa hasta aquí para practicar yoga, meditación y medicina natural, o para iniciarse en el arte de los curanderos locales. El pueblo es famoso por su celebración del 8 de septiembre en honor a la Virgen de Tepoztécatl, patrona de la ciudad y del *pulque* (jugo del maguey blanco fermentado), y por su Fiesta del Brinco, en Semana Santa. Además, su **convento de Tepoztlán**, que fue un monasterio fortificado, es hoy monumento nacional, y el mercado de los domingos atrae a numerosos habitantes de Ciudad de México.

Pero lo más interesante de este pueblo es la **pirámide de Tepoztec**. Se requiere una hora de ascensión por una colina arbolada para alcanzarla. Allí se halla un templo tlahuica, de tres pisos, dedicado al dios Tepoztécatl. Las ruinas no son nada excepcional desde el punto de vista arqueológico, pero las columnas esculpidas de la capilla del tercer piso justifican el esfuerzo.

Al sur de Tepoztec se encuentran otros pueblos de población inferior a los 10.000 habitantes, muchos de los cuales poseen bellos conventos del siglo XVI. Los mejores se hallan en Yautepec, Oaxtepec, Tlayacapán, Atlatlahuacán, Yecapixtla y Ocuituco, aunque hay pocas comodidades en ellos.

MORELOS

En Morelos, una hora al sudeste de Ciudad de México, Cortés mandó construir la maravillosa **hacienda Cocoyoc**. La propiedad estuvo en ruinas durante varios siglos pero en los años setenta, un constructor mexicano descubrió los restos y decidió convertirlos en hotel y balneario. Gracias a ello, en la actualidad los viajeros pueden pasar unos días en la **hacienda Cocoyoc**, ((73) 522000, un hotel situado en la antigua fábrica de dulces, los establos y el acueducto de la hacienda. Las 300 habitaciones y *suites* están decoradas con estilo colonial. Sin embargo, lo que más llama la atención de los *chilangos* es el balneario.

XOCHICALCO

Al sudoeste de Cuernavaca están las ruinas de Xochicalco, en náhuatl «el lugar de la casa

de flores», de mucha importancia desde el punto de vista arqueológico. Se estima que fueron un importante centro ceremonial entre el año 750 y 900 d. C.; en ellas se notan las influencias teotihuacana, zapoteca y maya. Se cree que Xochicalco era una universidad para el estudio de la astronomía y del calendario, y en ella pudo haber estudiado el diosrey Quetzalcóatl.

La pirámide central, **pirámide de Quetzalcóatl**, está adornada con relieves que representan la serpiente emplumada en sus cuatro caras, figuras humanas sentadas con las piernas cruzadas y con facciones claramente mayas y jeroglíficos que conservan trazos de la pintura original. En la cara occidental de la pirámide se encuentra la entrada a un túnel que lleva a una estructura circular abovedada. Se cree que era un observatorio, ya que, en los equinoccios, el sol ilumina directamente la habitación. También aquí se halla el **templo Stelae**, un juego de pelota muy bien conservado y un sofisticado sistema de alcantarillado.

TAXCO

Taxco es la más famosa entre las ciudades coloniales bien conservadas de México. Con sus pintorescos tejados rojos, sus blancas casas y sus calles adoquinadas, constituye un alto obligatorio en el circuito colonial. Por si eso fuera poco, los amantes de las joyas de plata se sentirán en el paraíso.

INFORMACIÓN TURÍSTICA

La **oficina de turismo**, ((762) 21525, avenida de los Plateros, 1, abre de 09.00 a 14.00 horas y de 16.00 a 19.00 horas entre semana. Taxco se encuentra a 1.800 m de altura. La temperatura media es de 22 °C. Abril y mayo son los meses más calurosos, y diciembre y enero, los más fríos.

ANTECEDENTES HISTÓRICOS

Cuando los conquistadores españoles llegaron a *Tlachco*, como se llamaba entonces, descubrieron ricos depósitos de oro y plata. Sin embargo, la prosperidad real no llegó hasta el siglo XVIII, cuando el francés Joseph de la Borda descubrió un riquísimo filón de plata. En agradecimiento por su buena suerte, construyó la magnífica **iglesia de Santa Prisca y San Sebastián**, que se erige en la plaza central.

Por fortuna para Taxco, el Gobierno mexicano tuvo la previsión de declarar el pueblo monumento nacional colonial en 1928, por lo que las fachadas originales deben conservarse y las nuevas construcciones deben adaptarse al estilo arquitectónico antiguo. En los primeros años de la década de 1930, llegó a la ciudad William Spratling para escribir un libro. Un amigo suyo lo convenció

VISITAR TAXCO

De la obra maestra de Joseph de la Borda, la **iglesia de Santa Prisca y San Sebastián**, en la plaza, se dice que su construcción, en el siglo XVIII, costó más de ocho millones de pesos. Recientemente restaurada, esta iglesia con sus torres gemelas es el centro de interés de los turistas que visitan el lugar. Los santos y los ángeles policromados del interior ponen de manifiesto la riqueza de la familia Borda. En la iglesia y en la sacristía, detrás del altar, pueden verse varios cuadros de Miguel Cabrera,

para que dedicara su talento artístico al diseño de objetos de plata, en lugar de a la literatura. Con unos pocos aprendices de la población local, y unos expertos convirtió su pequeño taller en una próspera fábrica, de la que proviene la reputación de Taxco como el centro mundial de la plata.

Quizás no existe en el mundo otro lugar con tantas platerías: en Taxco hay unas doscientas, que son la columna vertebral de su economía. Su Feria Nacional de la Plata, que se celebra la última semana de noviembre y la primera de diciembre, se ha convertido en un evento internacional. Taxco sigue siendo una ciudad mexicana tradicional y su celebración de la Semana Santa figura entre las más importantes del país.

uno de los pintores más importantes de la época. Detrás de la iglesia está el **Museo Guillermo Spratling**, ℃ (762) 21660, en Porfirio Delgado con El Arco, que se puede visitar, con entrada, de martes a sábado, de 10.00 a 17.00 horas, sólo con guía. Contiene la colección personal de Spratling de objetos prehispánicos y una exposición de la minería colonial. El **Museo Virreinal de Taxco**, ℃ (762) 25501, en la calle Juan Ruiz de Alarcón (abierto todos los días, de 10.00 a 17.00 horas), se encuentra en la **Casa Humboldt**, una residencia de estilo morisco. En el museo se exponen cuadros, trajes y objetos del siglo XVIII, así como una muestra dedicada a las expediciones de Humboldt.

SUPERIOR: La serpiente emplumada de Xochicalco.

La hacienda y el taller de William Spratling están abiertos al público en el **Spratling Ranch Workshop**, ((762) 26108, situado 9 km al sur de la ciudad, en la carretera 95. Spratling murió en 1967 pero sus creaciones siguen vivas gracias a la escuela de artesanos de gran calidad que supo formar. Los aficionados a la plata no deben dejar de visitar el taller de **Los Castillo**, ((762) 20652, 8 km al sur de la ciudad por la carretera 95. Castillo fue alumno de Spratling pero pronto desarrolló un estilo propio. Los objetos que presenta en su taller no se venden, pero si desea adquirir alguna de las creaciones de los Castillo, puede dirigirse a la tienda del mismo nombre situada en la plaza Bernal.

Taxco es una ciudad maravillosa para aquellos que gustan de pasear. Es difícil perderse, ya que hay muchos carteles que indican cómo llegar a Santa Prisca. Si no tiene vértigo, suba en el funicular que va al hotel Montetaxco, situado en una colina al norte, y disfrutará de una de las mejores vistas de la ciudad.

ALOJAMIENTOS TURÍSTICOS

En Taxco hay muchos hoteles pero, después de pasar varias noches con el chirriar de los coches de fondo, es fácil asegurar que los mejores hoteles son los que se encuentran en las afueras.

Caros

La **Hacienda del Solar**, ((762) 20323, FAX (762) 20687, en la calle del Solar, se encuentra en una colina ajardinada. Sus 22 habitaciones están decoradas con artesanía mexicana y el restaurante merece la pena más por la vista que por la comida.

Moderados

Los amantes de Taxco suelen adorar el ambiente colonial del **hotel Montetaxco**, ((762) 21300, FAX (762) 21428, en Lomas de Taxco. Para llegar al hotel puede tomar el funicular o la carretera. El hotel cuenta con 160 habitaciones, un campo de golf de 9 hoyos, una piscina y una pista de tenis. La **Posada de la Misión**, ((762) 20063, FAX (762) 22198, cerro de la Misión, 32, dispone de 150 habitaciones. Merece la pena visitarla por admirar los murales de Juan O'Gorman situados junto a la piscina. Si viaja con niños, la mejor opción es

el **Hotel de la Borda**, ((762) 10015/20225, en el cerro del Pedregal, 2. Cuenta con piscina y juegos infantiles además de televisión por cable, pistas de tenis, servicio de habitaciones y un restaurante.

Económicos

El **hotel Santa Prisca**, ((762) 20080, Cena Obscura, 1, cuenta con 38 habitaciones de estilo colonial, y el precio incluye también el desayuno. La **Posada Los Castillo**, ((762) 21396, calle Juan Ruiz de Alarcón, 7, tiene 15 habitaciones, y el servicio es muy agradable.

RESTAURANTES

En general, los restaurantes de Taxco son buenos, y sus precios, en particular los que ofrecen cocina internacional, reflejan que se trata de una ciudad turística. Sin embargo, si se decide por la excelente comida mexicana a precios razonables sepa que las enchiladas, las sopas y los huevos son deliciosos en el restaurante **Santa Fe**, ((762) 21170, calle Hidalgo, 2. El restaurante **Cielito Lindo**, ((762) 20603, Plaza Borda, 14, cuenta con un ambiente agradable y una cocina excelente. El **Señor Costillas**, ((762) 23215, Plaza Borda, 1, está muy céntrico y ofrece comidas copiosas servidas con un estilo muy personal.

CÓMO LLEGAR

Para llegar a Taxco en coche, desde Ciudad de México, es preciso tomar la carretera 95D, al sur de la ciudad. Una vez en la periferia, coja la salida Insurgentes en dirección a Cuernavaca y Tlalpán. Continúe hacia el sur hasta Amacuzac primero y luego siga las indicaciones hacia Taxco; el trayecto dura aproximadamente tres horas y media. Si prefiere viajar en autobús, acuda a la Central de Autobuses del Sur.

LAS GRUTAS DE CACAHUAMILPA

Las **grutas de Cacahuamilpa** (abiertas todos los días, de 10.00 a 15.00 horas), situadas a 32 km al noroeste de Taxco, en el **Parque Nacional de Cacahuamilpa**, merecen la

PÁGINA ANTERIOR: La iglesia de Santa Prisca y San Sebastián, del siglo XVIII, presenta una fachada muy trabajada.

pena si le gustan las cuevas y las estalactitas. Sus 16 km de túneles son ideales para dar un refrescante paseo. Las cuevas cuentan con un espectáculo de luz y sonido que aumenta su belleza. Más al norte, se hallan las **cuevas de la Estrella**, menos turísticas.

IXCATEOPÁN

En la iglesia parroquial de Ixcateopán, 40 km al oeste de Taxco, está el altar bajo en el que se supone fue enterrado Cuauhtémoc, el último emperador de los aztecas. Aun cuan-

do existen desacuerdos entre los eruditos, son muchos los que opinan que después de la muerte de Cuauhtémoc, en Honduras en 1523, su cuerpo fue trasladado aquí para que fuera sepultado.

TOLUCA

A menos de una hora hacia el sudoeste de Ciudad de México, a 2.680 m de altitud, Toluca posee un clima más fresco y mucho menos contaminado que el de D.F. Toluca, capital del estado de México, cuenta con unos 500.000 habitantes. Fue durante mucho tiempo un lugar de mercado para los distintos grupos étnicos de los alrededores y en la actualidad se ha convertido en un importan-

te centro industrial. Toluca siempre ha tenido fama por su **mercado de los viernes**, pero, desde la década de 1970, se ha trasladado hacia la periferia de la ciudad, cerca de la estación de autobuses de **paseo Tollocán**. Al llegar, parece que los compact discs a todo volumen se hayan adueñado de los puestos del **mercado Juárez**, pero al adentrarse un poco, todavía se pueden encontrar artesanías originales y escenas memorables. La calidad de las artesanías es bastante mejor en **CASART**, al este, en el paseo Tollocán, 900, donde se venden productos de todo el país. Los precios son razonables pero no se puede regatear.

La antigua estructura de hierro *art nouveau* que alojaba el antiguo mercado central ha sido transformada en el **Cosmovitral Botánico**, un jardín botánico situado en la esquina de las calles Juárez y Lerdo (abierto de martes a domingo, de 09.00 a 16.00 horas). El jardín está rodeado por un edificio con 43 paneles de vidrio tintado que dan sombra a plantas tropicales y del desierto. Después de visitar el mercado, diríjase al casco antiguo de Toluca. Cerca de la plaza principal hay varios museos de arte e historia. No se pierda los célebres **portales** del siglo XIX.

CALIXTLAHUACA

Al norte de Toluca se encuentra el asentamiento prehispánico de **Calixtlahuaca**, que significa, en náhuatl, «el lugar de las casas en el llano» y que contiene el único templo redondo de México. Se cree que el edificio circular, de cuatro pisos de altura, fue dedicado a Ehecatl, dios huasteco del viento, y, posteriormente, rededicado a Quetzalcóatl por los aztecas, cuando conquistaron la ciudad en 1474. Entre las más de veinte estructuras encontradas en este asentamiento, la más interesante, aunque también la más macabra, es el altar de las Calaveras, en forma de cruz. Todavía se llevan a cabo excavaciones y el lugar no está abierto al público.

MALINALCO

Al sudeste de Toluca y directamente al oeste de Cuernavaca, situado en unas colinas densamente arboladas, se encuentra el pueblo de **Matlalzincan** y el asentamiento arqueológico de **Malinalco**. Rodeado de escarpadas laderas, este pueblo de menos de 30.000 habitantes está más considerado de lo que lo estuvo en tiempos de la conquista española.

Cuando los españoles llegaron a este lugar en 1521, encontraron a los matlalzincas dominados por los aztecas y en proceso de construcción de algunas partes adicionales al centro ceremonial que estaba a su vez excavado en las rocas. Siguiendo su práctica habitual, los españoles destruyeron gran parte del centro y utilizaron sus piedras para construir un monasterio agustino en las cercanías. Cuatrocientos pasos más arriba, se halla el **templo del Jaguar y del Águila**, cuyo exterior es la cabeza del «monstruo de la tierra», con las mandíbulas abiertas, los ojos y los colmillos claramente visibles y la lengua extendida como alfombra para la entrada. En su interior es, probablemente, donde los aztecas efectuaban los ritos de iniciación. En el suelo hay un pequeño recipiente que los arqueólogos suponen que se utilizaba para los corazones de las víctimas de los sacrificios. Como el nombre del templo indica, hay numerosas esculturas y grabados de diferentes animales sagrados para estos pueblos, como jaguares y águilas.

NEVADO DE TOLUCA

El **Parque Nacional del Nevado de Toluca** rodea la cima del volcán ya extinguido del Nevado de Toluca o Xinantécatl («el hombre desnudo», en náhuatl), de 4.558 m de altura, situado al sudoeste de Toluca. Hay una gran abundancia de sendas para realizar excursiones en las laderas que llevan al borde del gigantesco cráter que contiene los **lagos del Sol y de la Luna**; pero esta espectacular visión no está reservada únicamente a los excursionistas. Hay un camino de tierra que lleva a la cima, desde la que se pueden ver las cumbres del Popocatépetl y del Iztaccíhuatl, así como las lejanas montañas de Guerrero y Michoacán. El parque está pensado para los excursionistas, no para los turistas. Eso significa que tendrá que llevar consigo la comida y la bebida que desee consumir. A la entrada del parque, una serie de guías ofrecen sus servicios a los visitantes.

VALLE DE BRAVO

Para huir de la ciudad, muchos *chilangos* (nombre con que se conoce a los ricos de Ciudad de México) recorren tres horas de carretera hacia **Valle de Bravo**, a unos 100 km al oeste de Toluca. Valle de Bravo ofrece al visitante actividades organizadas al aire libre. Se trata de un antiguo pueblo mexicano, con calles empedradas, casas blancas de rojos tejados y situado a las orillas de un gran lago artificial. El pueblo es conocido por sus obras de alfarería, textiles y bordados, que se pueden encontrar en gran abundancia en el **mercado callejero dominical**, alrededor de la plaza principal. La parte no urbana alrededor del lago cuenta con numerosas sendas para excursiones que discurren a lo largo de las orillas hasta las cascadas, pero la mayor parte de los visitantes vienen aquí a practicar el esquí acuático, la vela y el *windsurf*. Dada su proximidad a Ciudad de México (menos de tres horas), suele estar abarrotado los fines de semana y días festivos.

ALOJAMIENTOS TURÍSTICOS

Si desea que lo mimen durante un fin de semana, reserve habitación en el lujoso **Avandaro Golf & Spa Resort**, ((726) 60370 o (800) 525-4800 (LLAMADA GRATUITA), Vega de Río, s/n, Fracción Avandaro. Además del campo de golf, el hotel cuenta con un maravillo balneario en el que podrá disfrutar de masajes relajantes o curas rejuvenecedoras para el rostro. Dispone de 110 habitaciones, todas ellas equipadas con chimenea. El parque de atracciones que se encuentra junto al hotel congrega a muchos *chilangos* durante los fines de semana.

El **Hotel Rancho Las Margaritas**, ((726) 20986, carretera Valle-Villa Victoria, km 10, tiene precios más razonables. Cuenta con piscina, restaurante, bar, cafetería y sala de conferencias. Si le apetece montar un rato, en el hotel alquilan caballos.

PÁGINA ANTERIOR: La dramatización de los últimos días de Cristo durante la Semana Santa de Taxco aúna ritos católicos y tradiciones prehispánicas.

El centro de México

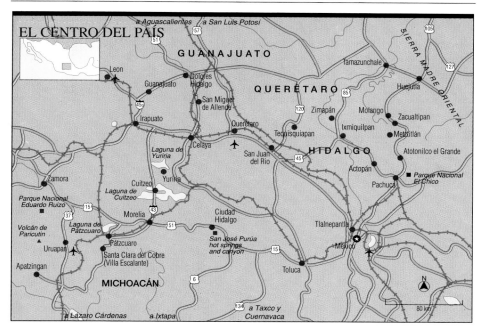

EL CENTRO DEL PAÍS

MÁS DE 250 AÑOS DESPUÉS DE LA LLEGADA DE LOS CONQUISTADORES, los ricos criollos y los liberales del centro del país decidieron levantarse en armas contra la dominación española. En los estados centrales de Michoacán, Guanajuato, Querétaro e Hidalgo se libraron un gran número de batallas por la independencia. Los artífices de la revuelta se llamaban Ignacio Allende, José María Morelos, Melchor Ocampo, padre Miguel Hidalgo y Costilla y Lázaro Cárdenas. No es de extrañar que uno de los principales atractivos de la región sea su valor histórico. Michoacán está lleno de pueblos de artesanos que crean algunos de los productos más bellos del país, y también se encuentra un fenómeno natural: la migración anual de las mariposas monarcas hacia el refugio de El Rosario.

EL INTERIOR DE MICHOACÁN

Entre las muchas regiones de México de fabulosa belleza natural, la más variada es la de Michoacán.

Cortés y los conquistadores no perdieron el tiempo después del saqueo de Tenochtitlán para encontrar las minas aztecas del México central. Se pusieron rápidamente a extraer la riqueza representada por el oro, la plata y otros metales preciosos. Aquí, en el interior de

Michoacán y los estados de Querétaro, Guanajuato e Hidalgo, los colonizadores españoles construyeron sus ciudades y las adornaron con gran lujo.

En los tiempos prehispánicos, Michoacán era el hogar de los indios tarascos, que vivían básicamente de la pesca, la caza y el cultivo del maíz. Sus prácticas religiosas continúan siendo un misterio, al igual que el origen de su lengua. Su sociedad, dividida en dos clases, la de los sacerdotes guerreros y la de los campesinos, desarrolló una gran sofisticación en la realización de manualidades a base de plumas, alfarería y tejidos, y en el trabajo de la piedra. De hecho, fueron uno de los pocos grupos étnicos capaces de combatir a los fieros aztecas, que buscaban nuevas víctimas para sus sacrificios humanos.

Sus habilidades fueron reforzadas por los colonizadores españoles y constituyen todavía una característica de la región.

MORELIA

Morelia, capital comercial y cultural del estado de Michoacán, se encuentra 280 km al

PÁGINA ANTERIOR: Aunque no se halla muy lejos de Ciudad de México, su zona central conserva aún un estilo de vida rural, en particular en las inmediaciones de Pátzcuaro.

oeste de México, a dos horas por la carretera 15 y a 1.951 m sobre el nivel del mar, rodeada de suaves colinas. La mayor parte de sus edificios en piedra de color rosado datan de los siglos XVI y XVII. Las ordenanzas locales exigen que las nuevas construcciones sean acordes con el estilo colonial, aunque hay algunas desafortunadas excepciones.

ANTECEDENTES HISTÓRICOS

Con anterioridad a la llegada de los españoles, Morelia estaba situada en territorio tarasco, cuyo centro era el lago de Pátzcuaro. La primera construcción permanente europea fue un convento, erigido por Juan de San Miguel en 1531, aunque el pueblo en sí fue fundado en 1541. Su nombre original era Valladolid, pero fue rebautizado como Morelia en honor a José María Morelos, héroe local de la guerra de la Independencia.

Si alguien merece el reconocimiento por la gentileza de sus habitantes, éste no es otro que Vasco de Quiroga, el primer obispo de Michoacán, que convirtió al cristianismo a los tarascos. Conocido como Tata Vasco (*tata* es un término de gran respeto que, en tarasco, significa «padre»), era seguidor de las teorías de sir Thomas Moore e intentó crear una Utopía en Michoacán. Construyó hospitales y escuelas y viajó de pueblo en pueblo enseñando el comercio y los trabajos manuales. Muchos consideran que a ello se debe la calidad de la artesanía de la región.

INFORMACIÓN TURÍSTICA

La **oficina de información turística**, ((43) 125244 o (800) 450-2300 (LLAMADA GRATUITA), FAX (43) 129816, PÁGINA WEB http://www.mexico-travel.com, en calle El Nigromante, 79, está abierta de 08.00 a 20.00 horas entre semana y, de 09.00 a 16.00 horas, los fines de semana.

VISITAR MORELIA

La majestuosa plaza central de Morelia, conocida como **Plaza de Armas** o **Plaza de los Mártires**, constituye el verdadero corazón de la ciudad. Durante la guerra de la Independencia, varios curas rebeldes, entre ellos el padre Matamoros, fueron ejecutados en ella.

En el lado este de la plaza se encuentra la **catedral**, la tercera en magnitud de Latinoamérica, de exquisitas proporciones y con dos torres, en las que sus 65 m de altura equilibran perfectamente su maciza estructura. Los trabajos de construcción comenzaron en 1660, pero no se terminó hasta 1744. Su interior, que en su día estuvo ricamente adornado, es hoy austero desde el punto de vista de lo que es normal en México. La custodia de plata y la pila bautismal proporcionan una idea de cuán adornado pudo estar su interior. Sin embargo, la falta de ornamentación queda ampliamente compensada por el magnífico órgano de tres pisos, que fue construido por la Casa Wagner de Alemania en 1905 y que tiene cerca de cinco mil tubos. Durante la Feria del Estado, que tiene lugar del 1 al 21 de mayo, se celebra un festival internacional de órgano. En la oficina de turismo proporcionan información sobre éste y otros conciertos de órgano.

Cruzando la avenida Madero, se encuentra el **Palacio de Gobierno**, ((43) 127872, en el n.º 63, con entrada libre de 09.00 a 14.00 y de 18.00 a 22.00 horas, que fue originalmente el seminario Tridentino, construido en el siglo XVIII. Morelos, Melchor Ocampo y Agustín de Iturbide, estudiaron en él. La escalinata y el primer piso están decorados con murales del artista local Alfredo Zalce.

En la esquina sudoriental de la plaza, se halla una mansión del siglo XVIII, en la que se alojó el emperador Maximiliano. En la actualidad contiene el **Museo Michoacano**, ((43) 120407, calle Allende, 305 (abierto de martes a sábado, de 09.00 a 19.00 horas; precio de la entrada: 2 USD), que está dedicado a la historia y artes mexicanos. Al sur del museo se erige la **iglesia de San Agustín**. En la esquina del parque está la **casa natal de Morelos**, ((43) 122793, calle Corregidora, 113, en la que el 30 de septiembre de 1765 nació Morelos. Este edificio es hoy biblioteca y monumento nacional (abierto de lunes a sábado, de 09.30 a 14.00 y de 16.00 a 20.00 horas, y los sábados y domingos, de 09.30 a 15.00 horas).

Otra manzana más al este, se encuentra la **Casa Museo de Morelos**, ((43) 132651, avenida Morelos Sur, 323; abierta todos los días de 09.00 a 18.00 horas; con entrada, que es la casa donde vivió la familia de Morelos hasta 1934. Hoy propiedad del Estado, es un museo lleno de recuerdos.

Al nordeste de la plaza, en la **plaza de San Francisco**, se encuentra la **Casa de Artesanías de Michoacán**, ✆ (43) 121248. La casa es a la vez tienda y museo, por lo que resulta ideal para familiarizarse con las artesanías de la zona. Los objetos se encuentran ordenados por localidades y cada localidad gestiona el puesto de venta.

Hacia el noroeste de la catedral, en la esquina de las avenidas Madero Poniente y Nigromante, se levanta el antiguo **colegio de San Nicolás de Hidalgo**, el segundo en antigüedad de las Américas, fundado por Don

Rosas, alrededor del cual se levantan la hermosa **iglesia de Santa Rosa**, el famoso **conservatorio de música** y el **Museo del Estado**. El conservatorio, que fue la primera escuela de música de las Américas, era el convento de las Rosas, primer convento dominico en Morelia. Hoy es el hogar del Coro de los Niños Cantores de Morelia, que ha actuado en todo el mundo. El Museo del Estado, ✆ (43) 130629, calle Guillermo Prieto, 176, abierto de lunes a viernes de 09.00 a 14.00 y de 16.00 a 20.00 horas; entrada libre, muestra la evolución etnológica del pueblo michoacano.

Vasco de Quiroga en 1540. En él, el padre Miguel Hidalgo y Costilla fue alumno y profesor. Se utiliza todavía como escuela y se admiten visitantes para que puedan contemplar el patio rodeado de dos pisos de arcadas con murales sobre la vida tarasca antes de la llegada de los españoles.

El **palacio Clavijero**, al otro lado de la calle Nigromante, se construyó como seminario jesuita, a finales del siglo XVI. Así denominado en honor de Francisco Javier Clavijero, que es el sabio más famoso de México del siglo XVIII, ha sido remodelado para oficinas y una biblioteca pública.

Siguiendo por la calle Nigromante hacia el norte, y en su intersección con la calle Santiago Tapia, se encuentra el **jardín de las**

Una manzana más al oeste y tomando dirección sur, a lo largo de la calle Gómez Farias, está el **Mercado de Dulces** de Morelia. En él hay dulces suficientes para saciar al más goloso. ¡El simple olor de los dulces ya es una fuente de calorías!

La **Casa de la Cultura**, ✆ (43) 131320, Morelos Norte, 485 (abierta diariamente de 10.00 a 20.00 horas), es una de las estructuras más impresionantes y antiguas de Morelia. Su construcción comenzó en el siglo XVI, como convento carmelita. Hoy es el centro de la vida cultural de la ciudad y lugar de reunión de la juventud. En el patio hay varias esculturas metálicas y un pequeño café.

Los claustros recubiertos de murales del Museo del Estado de Morelia.

Caminando quince minutos desde el centro hacia el nordeste, se encuentra la **plaza Villalongín**, en el cruce de las avenidas Madero Oriente y Santos Degollado, en la que se erige la fuente que se ha convertido en el símbolo de Morelia. Tres jóvenes tarascas, con el pecho desnudo, sostienen en alto una gran bandeja repleta de las riquezas que han hecho famoso a Michoacán. Cruzando la calle, del **bosque Cuauhtémoc**, el parque más grande de Morelia, nace el **acueducto** de casi 2 km de longitud, con 253 arcos y que fue construido durante un período de sequía en 1785 para traer agua a la ciudad. El **Museo de Arte Contemporáneo**, ((43) 125404, se encuentra a dos manzanas del bosque Cuauhtémoc, en la avenida Acueducto, 18 (abierto de martes a domingo, de 10.00 a 14.00 y de 16.00

a 20.00 horas). Alberga una colección permanente y varias exposiciones temporales muy interesantes.

ALOJAMIENTOS TURÍSTICOS

La mayor parte de los hoteles de Morelia no tienen calefacción, por lo que en invierno es aconsejable llevar ropa de abrigo. Los meses más cálidos van de abril a junio, con temperaturas de unos 20 °C.

De lujo
El hotel más lujoso de la ciudad es el **Villa Montana**, ((43) 140231/140179 o (800) 525-4800 (LLAMADA GRATUITA), FAX (43) 151423, en la calle Patazimba, 201. Este establecimiento de 55 habitaciones dispone de piscina climati-

La **Posada de la Soledad**, ((43) 121888, FAX (43) 122111, Zaragoza, 90, cuenta con 60 habitaciones, unas mejores que otras. Algunas habitaciones tienen chimenea y bañera. En temporada baja, se puede conseguir una habitación de lujo por el precio de una normal.

En el **Hotel Mansión Acueducto**, ((43) 123301, FAX (43) 122020, avenida Acueducto, 25, se respira una atmósfera más tranquila que en los hoteles del centro. Sus 36 habitaciones disponen de teléfono y televisión vía satélite. El hotel cuenta con piscina.

En Morelia hay un **albergue para jóvenes** muy económico, ((43) 133177, calle Chiapas, 180, con calle Oaxaca. El albergue dispone de 76 camas y se encuentra cerca de la estación de autobuses. La puerta se cierra a las 23.00 horas y las habitaciones son dobles. Pero el establecimiento está limpio, y el restaurante tiene precios razonables.

RESTAURANTES

Moderados
La **Fonda Las Mercedes**, ((43) 126113, calle León Guzmán, 47, tiene un encanto especial. La cocina es estupenda y el ambiente muy agradable. En el menú prima la cocina internacional: destacan sus seis variedades de *crêpes* y sus ensaladas, en especial la de *gruyère* y champiñones a la vinagreta.

Una buena elección para desayuno, comida y cena es **Los comensales**, ((43) 129361, calle Zaragoza, 148; tiene una buena situación, atmósfera agradable y excelente comida mexicana, pero el servicio puede resultar algo lento.

El **Cenduria Lupita II**, ((43) 244067, avenida Camelinas, 3100, Col. Jardines del Rincón, es el lugar ideal para probar especialidades regionales. Se encuentra a pocos minutos del centro en taxi, cerca del supermercado Gigante y de un cine.

Económicos
Los Pioneros, ((43) 134938, Aquiles Serdán, 7, es una de las mejores taquerías. El local siempre está lleno de gente que acude atraída por las enormes raciones de *alambre* (carne a la parilla, cebolla, pimiento y queso) pre-

zada y de pistas de tenis, además de tener un excelente restaurante en el que se sirven tanto platos mexicanos como especialidades internacionales.

Moderados
En el extremo sudoeste de la plaza de Armas puede verse una residencia del siglo XVIII que recientemente fue renovada para convertirse en el **hotel Virrey de Mendoza**, ((43) 120633 o (800) 450-2000 (LLAMADA GRATUITA), FAX (43) 126719, portal Matamoros, 16. El vestíbulo es de mármol pulido y todo el hotel tiene la opulencia de las residencias coloniales tradicionales. Las 52 habitaciones están maravillosamente decoradas, y dotadas de bañera y de televisión vía satélite. El restaurante del hotel permanece abierto todo el día.

En la catedral barroca de Morelia, del siglo XVII, se celebra cada año, durante el mes de mayo, un festival internacional de órgano.

sentadas de distintas maneras pero servidas siempre con tortillas recién hechas, salsa casera y muchas servilletas. También venden comida para llevar. Si lo que quiere es un piscolabis, acuda al **Café**, ((43) 128601, Santiago Tapia, 363, frente al Conservatorio de las Rosas. La música clásica que suena en su interior llega hasta los clientes sentados en alguna de las mesas de hierro forjado de la terraza. Sirven bocadillos de *baguette* con patatas fritas o ensalada, pastel de carne o de espinaca, pastas, café, té y vino blanco y tinto.

CÓMO LLEGAR

El aeropuerto Francisco J. Múgica queda a media hora de camino del centro de Morelia. A él llegan vuelos nacionales provenientes de Ciudad de México, Guadalajara y Tijuana. La estación principal de autobuses está situada en las calles Ruiz y Gómez, al norte de la catedral. Existen líneas de autocares que unen Morelia con Ciudad de México, Guadalajara, Pátzcuaro y Querétaro.

LOS ALREDEDORES DE MORELIA

EL ROSARIO

Existen excursiones de diez horas en las que se visita la **reserva de las mariposas monarcas** en El Rosario. Las mariposas vuelan unos 4.800 km dos veces por año y se desplazan desde Canadá y el norte de Estados Unidos hasta los pinares del centro de México, donde se quedan de noviembre a marzo. La mejor época para admirarlas es a mediados de diciembre. Durante la excursión se ven mariposas monarcas en pleno vuelo pero también reposando sobre los árboles formando nubes tan densas que cubren el follaje.

El Rosario es el único de los ocho centros de reproducción de estas mariposas en Michoacán que permite el paso a los excursionistas. Es preciso subir una cuesta bastante empinada antes de llegar, por lo que se aconseja utilizar calzado cómodo.

CUITZEO

A 24 km al norte de Morelia, en las riberas de un lago salado y poco profundo, se encuentra el pintoresco pueblo de Cuitzeo. Merece la pena visitar su **convento**, construido por los monjes agustinos en el siglo XVI y profusamente decorado con grabados y pinturas de artesanos indios. Una calzada de 4 km une la orilla sur con el pueblo situado en un banco en el centro del lago. El lago se seca casi completamente en verano.

YURIRIA

Una hora más de viaje hacia el norte, a unos 55 km, en el estado de Guanajuato y a la mitad de camino entre Morelia y Celaya, se halla el pueblo de Yuriria. Antes de la conquista, era un asentamiento tarasco importante; la ciudad debe su fama de monumento histórico a la iglesia y al monasterio del siglo XVI. Los tarascos convertidos al cristianismo concentraron su talento en la ejecución de esta impresionante estructura, mezcla de los estilos medieval y gótico y tributo a su arte y maestría.

EL PARQUE NACIONAL DE SIERRA MADRE OCCIDENTAL Y MIL CUMBRES

A 70 km al este de Morelia, se encuentra el Parque Nacional de Sierra Madre Occidental, que rodea Mil Cumbres. El parque tiene muy buenas sendas para excursión y lugares para acampar, así como vistas fabulosas de laderas empinadas y arboladas, estrechos valles y crestas escarpadas.

PÁTZCUARO

A pesar de su escasa población (65.000 habitantes), el pueblo de Pátzcuaro, situado a hora y media hacia el sudoeste de Morelia (a unos 57 km), continúa siendo un poblado indio en las colinas que nacen en las riberas del **lago de Pátzcuaro**, y donde sus habitantes parecen vivir conforme al significado del nombre indio, «lugar feliz».

Sus habitantes, que pertenecen a una de las pocas tribus del centro de México que logró resistir la dominación azteca, son los llamados purépechas. Los españoles los bautizaron «tarascos» pero en la actualidad, en Pátzcuaro prefieren volver a usar el nombre original. Era la capital tarasca y un importante centro ceremonial hasta que llegó el líder renegado español Nuño de Guzmán. Su reinado de terror duró lo necesario para destruir el lugar y lograr que los supervivientes se tuvieran que refugiar en las montañas vecinas. Alrededor de 1540, Don Vasco de Quiroga, primer arzobispo de Michoacán, logró que recuperaran la confianza y repoblaran el lugar. Tata Vasco estableció aquí el obispado y defendió a ultranza los derechos de la población india. Después de su muerte, el obispado fue trasladado a Morelia.

Muchos de los pueblos de la región de Pátzcuaro son famosos por las celebraciones de la «Noche de Muertos», rito cristiano-pagano que comienza la noche del 1 de noviembre, Día de Todos los Santos, momento en que los padres y las familias rinden homenaje a los niños muertos. Este día recibe el nombre de «Día de los Angelitos» porque se considera que los niños son seres puros. La noche del 31 de octubre, cada familia construye un altar y lo llena con lo que más gustaba al desaparecido, con el fin de que éste se sienta tentado de visitar el altar.

La celebración más importante es la que corresponde al 1 de noviembre. Los purépechas, ataviados con ropas llenas de colorido, dejan sus pueblos y acuden cargados de velas al cementerio, donde llevan alimentos y flores a sus muertos y los velan durante toda la noche. Las ceremonias de **Janitzio** tienen mucha fama, por lo que la isla suele llenarse de turistas. A pesar del ambiente festivo que eso conlleva, sus habitantes desarrollan sus actividades con seriedad y estoicismo. Otros pueblos cuentan con celebraciones más tranquilas: es el caso de la isla de Yunuén, Jarácuaro y Tzintzuntzán. En Pátzcuaro se organizan conciertos, exposiciones y bailes con motivo de estas celebraciones. La oficina de información turística publica un programa completo.

Al margen de esas festividades, la zona se puede visitar durante todo el año, ya que posee gran cantidad de pueblos artesanos y de albergues de montaña muy interesantes. Los pueblos que rodean al lago organizan festivales durante todo el año, en los que se representa un total de 60 bailes tradicionales. Pátzcuaro es el único lugar en el que se representa la «danza de los ancianos». Por si eso fuera poco, en la región se encuentran más de 300 artesanos. La Semana Santa también es una fiesta de gran importancia en la zona.

INFORMACIÓN TURÍSTICA

Gracias a que goza de un clima benigno durante todo el año, la industria turística de Pátzcuaro crece constantemente. Hay una oficina de información turística en la plaza Vasco de Quiroga, en Ibarra, 2, Interior 4, ℂ (434) 21214; abierta de lunes a sábado, de 09.00 a 14.00 y de 16.00 a 19.00 horas y los domingos, de 09.00 a 14.00 horas.

VISITAR PÁTZCUARO

Pátzcuaro tiene dos plazas: la formal **plaza Vasco de Quiroga**, con una fuente circular que rodea la estatua del benefactor de la ciudad y que da nombre a la plaza, y la concurrida **plaza Gertrudis Bocanegra**, sita dos manzanas más al norte. Llamada antes plaza de San Agustín, fue rebautizada más tarde con el nombre de la heroína local y mártir de la guerra de la Independencia.

El **mercado de artesanías**, en el lado occidental de la plaza Gertrudis Bocanegra, es, posiblemente, el mejor en su género de todo México. Numerosos turistas visitan Pátzcuaro únicamente para hacer sus compras en este mercado. Aun cuando la mayor parte de las tiendas son fijas, los viernes vienen artesanos de los pueblos de los alrededores a ofrecer sus productos. Se recomiendan los tejidos a mano y las tallas en madera.

En el ángulo norte de la plaza, en lo que una vez fue un monasterio agustino, se en-

Los estantes de las tiendas de Santa Clara del Cobre están llenos de cuencos de cobre.

cuenta la **biblioteca Gertrudis Bocanegra** (abierta de lunes a viernes, de 09.00 a 19.00 horas). Esta biblioteca pública contiene murales de tamaño superior al natural que muestran la conquista y la historia de Michoacán. El muralista Juan O´Gorman incluyó en los murales la figura de la mujer que da su nombre a la plaza, así como la de Eréndira, nieta del último jefe tarasco, que se supone fue la primera mujer india en montar a caballo. También se representa la famosa batalla en la que los tarascos derrotaron a los aztecas en 1478, causándoles veinte mil muertos.

Más al este, se halla la **basílica de Nuestra Señora de la Salud**, en la avenida Buenavista, en la que fue sepultado Tata Vasco. Más que el edificio en sí, lo interesante es la estatua de la Virgen de la Salud, confeccionada con mazorcas de maíz aglomeradas. Los días 8 de cada mes se celebran ceremonias religiosas en su honor.

Al sur de la basílica, el **Museo de Artes Populares**, ((434) 21029, en la esquina de Enseñanza y Alcantarillas (abierto, con entrada, de martes a sábado, de 09.00 a 19.00 horas y los domingos, de 09.00 a 15.00 horas), ofrece una muestra completa de las artesanías típicas michoacanas. El edificio fue, originalmente, el colegio de San Nicolás, fundado por Tata Vasco en 1538, el primer seminario de las Américas. Las salas rodean un bello patio, en el que se ha montado una casa típica tarasca de tamaño natural.

Siguiendo hacia el sur por una estrecha calle con escaleras, se llega al centro local de artesanía y a la oficina principal de información turística, en la **Casa de los Once Patios**, en la calle Madrigal de los Altos, 2; abierta todos los días de 10.00 a 14.00 horas y de 16.00 a 20.00 horas. Este convento dominico del siglo XVII tiene, en la actualidad, solamente cuatro patios pero, a pesar de ello, constituye una pieza magnífica de arquitectura. La mayor parte de lo que se vende en las tiendas es de fabricación local, y es normal ver artesanos haciendo su trabajo en sus estudios o en los patios.

Entre el museo y el centro de artesanías, se erige la **iglesia de La Compañía**, que ha sido transformada en museo en honor de Tata Vasco, y la **iglesia de El Sagrario**, donde estuvo la Virgen de la Salud hasta su traslado a la basílica, a principios del siglo XX.

ALOJAMIENTOS TURÍSTICOS

En el pueblo hay varios hoteles, algunos cuentan con un ambiente colonial lleno de encanto.

Moderados

El único gran hotel del pueblo es la **Posada de Don Vasco**, ((434) 20227, FAX (434) 20262, avenida de las Américas, 450. Dispone de 102 habitaciones situadas entre el pueblo y el lago, un amplio jardín, piscina climatizada, pistas de tenis y de bádminton, bolera y un agradable restaurante con una enorme chimenea. Todas las habitaciones cuentan con teléfono y televisión vía satélite.

Económicos

El **Hotel Posada la Basílica**, ((434) 21108/21181, calle Arciga, 6, cuenta con 11 habitaciones y es uno de los establecimientos con más encanto del pueblo. Siete de las habitaciones están dotadas de chimenea.

El **hotel Plaza Fiesta**, ((434) 22515/22516, FAX (434) 22515, plaza Bocanegra, 24, es una antigua residencia colonial restaurada que dispone de 92 habitaciones repartidas en dos pisos. Su estilo es una mezcla de clásico y moderno. En el hotel encontrará aparcamiento y restaurante. El **Mesón del Gallo**, ((434) 21474, FAX (434) 21511, calle Doctor Coss, 20, es algo vetusto pero tranquilo. Dispone de 25 habitaciones con teléfono, pero sin televisor.

Si busca una experiencia única, pase una noche en la isla de Yunuén, en el lago de Pátzcuaro, en las **Cabañas Yunuén**, un establecimiento regentado por la oficina de información turística de la zona. Se trata de un conjunto de seis cabañas muy cómodas en las que pueden alojarse dos, cuatro o seis personas. El precio incluye el trayecto de ida y vuelta y una cena. Cada cabaña está equipada con una pequeña cocina con nevera y algunos enseres. Las reservas se realizan en la oficina de turismo, ((434) 21214, en la plaza Quiroga, calle Ibarra, 2.

RESTAURANTES

El lago de Pátzcuaro es conocido por un pescado blanco muy delicado, denominado «blanco de Pátzcuaro». Sin embargo, en los últimos años, la contaminación del lago ha puesto en peligro la especie. También son populares los boquerones fritos y los *charrales*, pequeños pececillos que se fríen en abundante aceite hirviendo, lo que, de paso, mata cualquier bacteria. Los más atrevidos se pueden dirigir a la **Plaza Chica** (plaza de Gertrudis Bocanegra), donde encontrarán varios puestos de comida caliente.

En general, los restaurantes de Pátzcuaro son poco variados. Después de comer unos platos de sopa tarasca o de quesadillas con guacamole, uno empieza a aburrirse del menú.

Moderados

El Primer Piso, ((434) 20122, plaza Vasco de Quiroga, 29, cierra los martes y se encuentra en el primer piso de un edificio que da a la plaza Grande. Sirven una interesante mezcla de platos internacionales. El menú incluye varios postres muy tentadores, sobre todo una deliciosa tarta de frutas o *mousse* de chocolate blanco. Es un establecimiento muy alegre, decorado con obras realizadas por artistas locales. La música de *jazz* de fondo y las mesas iluminadas con velas, hacen de éste uno de los restaurantes más románticos de Pátzcuaro.

El restaurante del **hotel Los Escudos**, ((434) 20138, Portal Hidalgo, 73, prepara comidas para los turistas y platos típicamente estadounidenses, como filete *mignon*. Organizan cenas con espectáculos como la «danza de los ancianos», generalmente los sábados a partir de las 20.00 horas.

El Viejo Gaucho, ((434) 30268, situado en el hotel Iturbide, en la calle Iturbide, 10, está especializado en churrasco argentino acompañado de patatas y ensalada. El restaurante abre de miércoles a domingo por la noche, se puede cenar escuchando la orquesta a partir de las 20.00 horas.

Económicos

La cocina del **Hotel Posada la Basílica**, ((434) 21108/21181, no tiene nada de original, pero el desayuno es excelente. El servicio resulta algo lento: aproveche para contemplar la vista de los tejados de tejas rojas de la ciudad mientras espera al camarero.

El menú de cuatro platos que proponen a la hora de la comida en **El Sótano**, ((434) 23148, cuesta Vasco de Quiroga, 12, merece la pena. Le darán a elegir entre tres sopas, dos entrantes, dos platos principales y un postre

o un café, todo por menos de 4 USD. Si pide a la carta, las opciones son menos.

CÓMO LLEGAR

A la estación de autobuses de Pátzcuaro llegan cada día líneas que cubren el trayecto entre México y Morelia.

LAS ISLAS DEL LAGO PÁTZCUARO

Es difícil visitar Pátzcuaro sin realizar un viaje al lago, que se halla a 4 km del pueblo. Merece la pena dar un paseo en barca, parando en alguna de las islas: **Janitzio**, **Jarácuaro**, **Pacanda**, **Tecuén** o **Yunuén**. Los poblados del lago han conservado mucho del sistema de vida tradicional e irradian una extraña serenidad. Solamente en los últimos diez años, los pescadores han cambiado sus tradicionales redes en forma de mariposa (*uiripu*) por técnicas más modernas, pero todavía hay algunos que hacen demostraciones del uso de las antiguas técnicas, mediante la correspondiente propina. También se celebra aquí la «Noche de muertos», en la madrugada del 1 de noviembre, día de Todos los Santos, al 2 de noviembre; hay servicio de transbordadores desde Pátzcuaro para esta ocasión.

Janitzio

El servicio de transbordadores es regular entre Pátzcuaro y Janitzio, la isla más próxima y más poblada. Vale la pena visitarla, aunque sólo sea por el viaje en barco y la vista desde la parte alta de la isla. Los transbordadores funcionan de 08.00 a 17.00 horas, y el viaje dura una media hora. Las tarifas las fija cada año el Consejo Turístico.

EL VOLCÁN DE ESTRIBO GRANDE

Pátzcuaro posee no sólo el maravilloso lago, sino también un volcán. La calle adoquinada de Ponce de León lleva a la cima del volcán de Estribo Grande, ya extinto. Antiguamente sólo se podía acceder a pie, pero hoy se puede subir en automóvil.

SANTA CLARA DEL COBRE

Santa Clara del Cobre o Villa Escalante, nombre este último que no ha arraigado, está situada 16 km al sur de Pátzcuaro y es el centro regional de las artesanías de cobre. Vasco de Quiroga trajo un grupo de especialistas de España para que enseñaran las técnicas de trabajo del cobre que se extraía de las cercanas minas de Inguarán. El **Museo del Cobre** (sin teléfono), calle Morelos y Piño Suárez (entrada libre; abierto todos los días de 10.00 a 15.00 y de 17.00 a 19.00 horas) muestra el desarrollo de las artesanías de cobre en México, exhibiendo piezas que han obtenido premios en la Feria Nacional del Cobre, que tiene lugar anualmente del 10 al 17 de agosto.

A 11 km hacia el oeste, se halla el «lugar de donde sale vapor», el **lago de Zirahuén**, cubierto por la niebla. Allí podrá cenar o pasar la noche al borde del lago, en una de las cabañas de **El Chalet**, ((434) 20368, Cerrito Colorado. Estas cabañas pertenecen al hotel Mansión Iturbide de Pátzcuaro y están equipadas con cocina y chimenea. Existen otros restaurantes interesantes en este encantador pueblo de casas de adobe. El pueblo celebra por todo lo alto la Semana Santa así como la exaltación de la Santa Cruz (el 3 de mayo). También tiene fama por sus tallas de madera y por la música de sus bailes tradicionales.

ERONGARÍCUARO

Continuando alrededor del lago de Pátzcuaro hacia el noroeste, se llega al pueblo de Erongarícuaro, que en el idioma tarascopurépecha significa la «torre vigilante en el lago». André Breton y otros pintores surrealistas franceses convirtieron este lugar en su hogar durante la segunda guerra mundial. Desde entonces ha crecido poco. Situado al margen de las grandes vías de comunicación, Erongarícuaro es todavía un poblado de pescadores de unos 4.000 habitantes, en el que hay un convento franciscano del siglo XVI. Las mujeres hacen finos tejidos a mano y bordados que se venden en el mercado dominical. Una de las industrias más lucrativas de la ciudad es la fabricación de muebles tallados y pintados, que se compran directamente en los talleres. Algunos de los muebles están decorados con reproducciones de obras de arte, escenas oníricas o cuadros. Los muebles se fabrican por encargo y son bastante caros.

Los principales festivales tienen lugar entorno a la semana de Pascua, la fiesta de la Santa Cruz (el 3 de mayo) y las fiestas de Nuestro Señor de la Misericordia (6 de enero y 6 de junio).

TZINTZUNTZÁN

Sobre las riberas del nordeste del lago de Pátzcuaro, se encuentra Tzintzuntzán, el «lugar de los colibrís». En él se halla la **iglesia de San Francisco**, del siglo XVI. La figura de Cristo en la iglesia está realizada con mazor-

cas de maíz machacadas y aglomeradas con un líquido extraído de la planta de las orquídeas.

El pueblo es reconocido por sus piezas de cerámica pintadas a mano, decoradas con figuras de pescadores nativos con sus redes, pájaros y peces, y también por sus figuras de paja tejida. También se celebra aquí la «Noche de Muertos» y, durante la Semana Santa, hay representaciones de la Pasión de Cristo.

YÁCATAS E IHUATZÍO

Sobre la colina, exactamente al sur del pueblo de Tzintzuntzán, se encuentra la **zona arqueológica de Yácatas**, que fue el pueblo y centro religioso más importante de los tarascos y que data del período tolteca (siglo XI). Se rindió pacíficamente a los españoles en 1522 pero, a pesar de ello, fue gravemente dañado por Nuño de Guzmán 7 años más tarde. Entre las excavaciones que comenzaron a finales del siglo XIX, se encuentran los restos de cinco pirámides construidas sobre una plataforma rectangular de 400 x 250 m. Originalmente, estas pirámides tenían bases bajas en forma de «T» con superestructuras ovales o circulares, que eran las tumbas de los jefes y sus familias. Sobre és-

el amanecer al anochecer. El parque protege el nacimiento del río Cupatitzio. El **Hotel Mansión de Cupatitzio**, ℂ (452) 32070/32100, FAX (452) 46772, situado junto al lago, dispone de 57 habitaciones y constituye una buen lugar de partida para excursiones a pie. Siguiendo la corriente, y a unos 10 km, se halla la impresionante **catarata de Tzaráracua**, en un hermoso valle. El restaurante del hotel sirve un menú internacional y abre todos los días.

La ciudad de Uruapan no justifica un viaje, a no ser que se esté interesado en la excur-

tas, a su vez, se apoyaban templos de madera y paja, dedicados a Curicaveri, el dios del fuego.

A 4 km más, se halla otro pueblo tarasco: **Ihuatzío**, «el lugar de los coyotes», que llegó a tener cerca de 5.000 habitantes. No se ha procedido todavía a la excavación de estas ruinas.

URUAPAN

Uruapan, cuyo significado es «lugar donde florecen las flores» en purépecha, está ubicado en un valle de lujuriosa vegetación tropical, a unos 60 km de Pátzcuaro. El atractivo más importante es el **Parque Nacional Eduardo Rizo**, abierto todos los días desde

sión o en visitar la feria del Estado, que comienza todos los años el Domingo de Ramos. Cerca de la vieja plaza del mercado, se encuentra el **Museo Huatapera**, ℂ (452) 22138, abierto de martes a domingo de 09.30 a 13.00 y de 15.30 a 18.00 horas, un antiguo hospital que exhibe artesanía local, especialmente piezas barnizadas.

El otro atractivo para los excursionistas es el volcán de Michoacán, el **Paricutín**, 35 km más allá. Su última erupción tuvo lugar el 20 de febrero de 1943. Desde la cumbre de **Angahuán**, se puede caminar por un inmen-

PÁGINA ANTERIOR: El centro de Guanajuato es un laberinto de callejuelas estrechas.
SUPERIOR: Las calles de Guanajuato serpentean sobre las faldas de Sierra Madre.

so mar de lava solidificada, bajo el que está sepultado el pueblo de San Juan Parangaricutirorícuaro.

GUANAJUATO

Región rica en minerales y de fértil suelo, Guanajuato («lugar de las colinas de las ranas») fue el centro de la economía y la cultura mexicanas durante el período colonial. Después de ocupar la zona, los españoles descubrieron algunas minas de plata, las más ricas de México.

Posteriormente, muchas de las batallas por la independencia de México tuvieron lugar en este estado, dejando pueblos en ruinas, las granjas destrozadas y las minas de plata fuera de servicio.

Los lugares turísticos más populares del estado son **Guanajuato**, capital del estado, **San Miguel de Allende**, **Atotonilco**, **Dolores Hidalgo** y **Yuriria**.

LA CIUDAD DE GUANAJUATO

En las alturas de Sierra Madre, a 2.000 m de altitud, se encuentra Guanajuato. Su centro colonial se ha conservado de tal modo, que ha sido declarado monumento histórico nacional. Desde 1972, Guanajuato acoge el **festival Cervantino**, un evento que dura dos semanas y tiene lugar durante el mes de octubre. En esa época, la ciudad recibe a gran cantidad de visitantes, de modo que, si piensa acudir por esas fechas, reserve habitación con unos seis meses de antelación. Para obtener el programa del festival, solicítelo a: Festival Internacional Cervantino, ((473) 26487/25796, FAX (473) 26775, o a TicketMaster, ((5) 325-9000, plaza de San Francisco, 1, México D.F.

ANTECEDENTES HISTÓRICOS

El lecho seco del río Guanajuato se convirtió en una avenida subterránea de 3 km de longitud, que conduce el tráfico rodado a través de la ciudad, con lo que se ha evitado que ésta sufra aglomeraciones de automóviles. Los puentes con arcos y sus balcones colgantes recuerdan, en cierto modo, los tiempos feudales. El centro de la ciudad, sin automóviles, se ha conservado como un abigarrado conjunto de estrechas calles iluminadas con farolas de estilo antiguo, románticas fuentes, parques arbolados, casas cubiertas de flores e iglesias ricamente decoradas. En algunos lugares, las calles son tan empinadas que parece que cada casa se apoye sobre el techo de la contigua.

Asentamiento tarasco en su origen y, posteriormente, azteca, Guanajuato experimentó una explosión de crecimiento en la época colonial, cuando se descubrieron los yacimientos de plata a mediados del siglo XVI. Después del descubrimiento de la Veta Madre de plata, una de las más ricas del mundo, la población de Guanajuato alcanzó los 80.000 habitantes. Durante siglos, se extrajo de esta zona una cuarta parte de toda la plata producida en México, y algunas de las minas todavía producen hoy en día. Sin embargo, la economía local se basa actualmente en los servicios gubernamentales, el comercio, el turismo y su universidad.

INFORMACIÓN TURÍSTICA

La **oficina de turismo**, ((473) 20086/21574, esquina de la avenida Juárez y la calle Cinco de Mayo, está abierta al público de lunes a viernes, de 08.30 a 19.30 horas y los sábados y domingos, de 10.00 a 14.00 horas. En la plaza de La Paz, 14, se encuentra la **Subsecretaría Estatal de Turismo**, ((473) 27622, FAX (473) 24251.

VISITAR GUANAJUATO

Esta ciudad es la versión mexicana de San Francisco, pero sin mar. Se extiende a lo largo de un estrecho valle y sobre las laderas de las colinas circundantes.

La característica más importante de la ciudad es la **Alhóndiga de Granaditas**, un antiguo granero, hoy museo regional (calle Veintiocho de Septiembre, 6, ((473) 21112, abierto al público, con entrada de martes a sábado, de 10.00 a 14.00 y de 16.00 a 18.00 horas, y los domingos, de 10.00 a 15.00 horas). Allí tuvo lugar una importante victoria de las tropas de Hidalgo durante la guerra de la Independencia. Después de su ejecución, su cabeza, junto con las de Jiménez, Aldama y Allende, fueron trasladadas hasta aquí desde Chihuahua, y expuestas en las cuatro esquinas del granero. El museo exhibe recuerdos de la historia local, artesanía y objetos arqueológicos. La escalinata está decorada con murales de Chávez Morado que representan la lucha por la independencia.

Al este se encuentran el **jardín de la Reforma**, y la **plaza de San Roque**, en los que, durante todo el año, se dan conciertos de música mexicana y donde, durante el festival Cervantino, se representan los entremeses, obras en un acto del autor de *El Quijote*. Siguiendo la avenida Juárez, se pasa por delante del majestuoso **Palacio Legislativo**, cuya fachada gris verdosa da a la plaza de la Paz. Al sur de la plaza se localiza un conjunto de plazuelas rodeadas de angostas calles. Aquí es donde se encuentra el famoso **callejón del Beso**, así llamado porque dos enamorados podían intercambiar besos desde dos balcones situados a los lados de la calle.

En la plaza de la Paz se eleva la **mansión del conde de Rul y Valenciana**, donde hoy se aloja la Corte Superior de Justicia. Esta mansión de estilo neoclásico fue proyectada por Francisco Eduardo Tresguerras a finales del siglo XVIII para el conde de Rul, rico propietario de minas. La **basílica de Nuestra Señora de Guanajuato**, al otro lado de la plaza, data de 1671. Se dice que la imagen de madera de Nuestra Señora de Guanajuato es del siglo VII y que fue un regalo que el rey Felipe II de España hizo a la ciudad.

Subiendo por la avenida Juárez, se halla el **jardín de la Unión**, que es lo más próximo a una plaza central de que dispone Guanajuato. El **teatro Juárez** (abierto de martes a domingo, de 09.15 a 13.45 y de 17.15 a 19.45 horas), es una verdadera explosión del arte churrigueresco, con una fachada dórica, un vestíbulo francés, interiores moriscos y algunos toques de *art nouveau*.

El **Museo Iconográfico Cervantino**, ((473) 26721 (calle Miguel Doblado; abierto de lunes a sábado, de 10.00 a 13.00 y de 16.00 a 18.00 horas, y los domingos, de 10.00 a 13.00 horas) expone una colección de obras inspiradas en *El Quijote*. Esta colección fue donada a la ciudad por Eulalio Ferrer, un refugiado de la guerra civil española. El museo presenta obras de Dalí, Rafael y Pedro Coronel, originario de Zacatecas.

Desde el jardín de la Unión, se puede bajar de la colina hacia el sudoeste donde, a

1,5 km, se encuentra el **monumento a El Pípila**, desde donde se tiene una espléndida vista de la ciudad. El monumento representa la figura de un minero semidesnudo y fue erigido en honor al joven que permitió a las fuerzas de Hidalgo capturar a los españoles realistas que defendían la Alhóndiga. Su verdadero nombre, José M. Barojas, es recordado por muy pocos, ya que fue más conocido por su apodo, El Pípila.

Regresando a la ciudad, y detrás de la basílica, se halla la **Universidad Estatal**, fundada en 1732. Justo al lado se erige la encan-

tadora iglesia original de la ciudad, **La Compañía de Jesús**, que conserva su estructura predominante. Su elaborada fachada churrigueresca en piedra rosada se contrapone con su austero interior, simplemente decorado con una colección de pinturas de Miguel Cabrera.

Volviendo hacia la Alhóndiga, se encuentra el **Museo del Pueblo de Guanajuato**, ((473) 22990, calle Pocitos, 7, abierto al público de martes a sábado, de 10.00 a 14.00 y de 16.00 a 19.00 horas, y los domingos, de 10.00 a 14.30 horas; entrada: 2 USD, que fue, en el siglo XVII, la mansión del marqués de San Juan de Royas. Expone una colección de

Uno de los agradables y económicos restaurantes de Guanajuato.

arte religioso colonial y contiene unos murales de José Chávez Morado que representan la historia de Guanajuato.

La **Casa Museo de Diego Rivera**, ((473) 21197, calle Pocitos, 47; entrada: 1,75 USD; abierto de lunes a sábado, de 10.00 a 18.30 horas y los domingos, de 10.00 a 14.30 horas, se ubica donde nació y pasó parte de su niñez el más famoso muralista mexicano. El museo exhibe antigüedades de principios del siglo XX y una colección de las primeras obras de Rivera. En los pisos superiores se organizan exposiciones temporales de arte contemporáneo.

Dos kilómetros al oeste de la Alhóndiga, siguiendo la avenida Juárez hacia Tepetapa, está el **Museo de las Momias** (abierto al público diariamente de 09.00 a 18.00 horas, entrada: 2 USD), que presenta una interesante colección de momias.

ALOJAMIENTOS TURÍSTICOS

Muchos de los barrios de la ciudad recuerdan a rincones españoles, en especial por sus callejuelas estrechas y adoquinadas. La mayor parte de los hoteles carecen de calefacción, pero proporcionan tantas mantas como sea preciso. En otoño y en invierno, la zona es bastante fría, de modo que procure vestir con ropa de abrigo cómoda. El precio de los hoteles suele ser razonable, salvo durante el festival Cervantino, época en la que se suelen duplicar.

Moderados

Uno de los hoteles más céntricos y más antiguos de Guanajuato es la **Posada Santa Fe**, ((473) 20084/20207 o (800) 112-4773 (LLAMADA GRATUITA), FAX (473) 24653, en el Jardín de la Unión, 2. El hotel data de 1862 y cuenta con 47 habitaciones repartidas en tres niveles, todas con televisión vía satélite y teléfono. En la azotea hay un *jacuzzi* y en la planta baja, un bar, un restaurante y una cafetería con una terraza que da al jardín de la Unión, el parque más importante de Guanajuato. Instalado en una antigua hacienda, el **Parador de San Javier**, ((473) 20696/20650, FAX (473) 23114, plaza San Javier, sigue manteniendo la grandiosidad de antaño. Las 15 habitaciones situadas en el ala más antigua cuentan con chimenea, y las 100 más modernas dis-

ponen de televisión vía satélite y radiodespertador. En el jardín, hay una piscina con tobogán y una piscina para niños. El hotel cuenta, además, con sala de conferencias y un restaurante que permanece abierto todo el día.

Económicos

La **Casa Kloster**, ((473) 20088, Alonso, 32, está a dos calles del jardín de la Unión. Las 18 habitaciones están decoradas con muebles viejos pero están limpias. Todo está enmoquetado menos los tres cuartos de baño comunes, situados en la planta baja y en los dos pisos superiores. El **hotel Socavón**, ((473) 26666, FAX (473) 24885, calle Alhóndiga, 41A, también es muy recomendable. La decoración estilo antigua ciudad minera, es algo asfixiante, pero las 36 habitaciones están equipadas con televisión y teléfono.

RESTAURANTES

La ciudad cuenta con algunos restaurantes pequeños a los que acuden los lugareños, que resultan relativamente buenos y económicos. Los restaurantes de los hoteles mencionados son de buena calidad.

Moderados

La **Tasca de Los Santos**, ((473) 22320, en la plaza de La Paz, es céntrica y cuenta con comedor y terraza. El menú tiene más platos españoles que mexicanos: destacan sus tapas de jamón serrano, de chorizo de Pamplona y de queso manchego. La paella es la especialidad de la casa. **El Teatro**, ((473) 25454, Sopeña, 3, sirve platos internacionales. Los viernes y sábados a la hora de la cena se representan fragmentos de obras teatrales. **La Capilla Real de la Esperanza**, ((473) 2141, carretera de Guanajuato a Dolores Hidalgo, km 5, es a la vez restaurante y galería de arte.

Económicos

El Truco 7, ((473) 38374, calle Truco, 7, es un pequeño pero cómodo restaurante. El menú del día o *comida corrida* tiene una excelente relación calidad-precio. El restaurante se encuentra en una antigua residencia colonial restaurada y dispone de 3 comedores decorados con obras de arte originales, fotografías y estantes llenos de libros y de revistas.

El **Café Dada**, ✆ (473) 25094, calle Truco, 19, es un pequeño restaurante que se ha puesto muy de moda últimamente. El dueño es un estadounidense que propone *comida corrida* entre las 13.30 y 17.00 horas por un total de 3 USD. El restaurante sirve pastas y platos a la carta. ¿Tiene ganas de comida vegetariana? Acuda al **restaurante Yamuna** (sin teléfono), un local modesto situado detrás del teatro Juárez, en el que se ofrece *comida corrida* compuesta por platos indios tradicionales.

Cómo llegar

El aeropuerto Bajío se encuentra a 30 minutos en taxi del centro de la ciudad. A él llegan vuelos de las principales compañías nacionales procedentes de Tijuana, México, Morelia y Guadalajara. La estación de autobuses queda al sur del centro urbano y de allí parten a menudo autocares hacia Ciudad de México y San Miguel de Allende.

Marfil

Marfil, 4 km al oeste de Guanajuato por la carretera 110, es un antiguo y encantador pueblo minero en el que se han reconstruido algunas de sus mansiones. Al lado de la autopista, antes de Marfil, se encuentra la **hacienda de San Gabriel Barrera** (horario de visita, con una módica entrada, de lunes a sábado, de 09.00 a 18.00 horas). Es una antigua refinería de plata del siglo XVII que ha sido restaurada para reflejar, de un modo razonable, su esplendor original. En su capilla privada hay un espectacular altar policromado con escenas de la Pasión de Cristo.

La Valenciana

La mina de plata más lucrativa del siglo XVI y principios del XVII se encuentra en la carretera 30, al noroeste de Guanajuato, en dirección a Dolores Hidalgo. Después de estar cerrada durante 40 años, la mina de la Valenciana, se ha reabierto recientemente. Fue descubierta por Antonio Obregón y Alcocer en 1766, y Obregón la convirtió en la mina más productiva del mundo. Su pozo principal fue denominado «la boca del infierno» por los indios esclavos que en él trabajaban.

Obregón se hizo rico más allá de lo imaginable; le fue concedido el título de conde de la Valenciana y construyó una iglesia en agradecimiento a Dios por su suerte. El conde no reparó en gasto alguno para crear esta ornamentada obra maestra barroca pero, por alguna razón, la torre de la derecha nunca se terminó. Grabados recubiertos de pan de oro adornan el altar y se supone que el púlpito, ricamente tallado, fue traído de China.

SAN MIGUEL DE ALLENDE

La mayor parte de las iglesias, casas y edificios públicos de San Miguel de Allende son de estilo colonial, y poseen puertas de madera hermosamente talladas. Las callejuelas adoquinadas y empinadas están bordeadas de edificios coloniales de piedra rosa (cantera rosa) con techos de teja roja llenos de musgo. Situado a 1.870 m de altura, San Miguel tiene un clima privilegiado, soleado y con una temperatura media anual de 18 °C. Los muchos artistas y artesanos que viven en San Miguel no dudan en calificar la ciudad de «verdadera obra de arte» y la UNESCO la convirtió en patrimonio de la humanidad en 1926. Es un lugar ideal para pasar unos días tranquilos, incluso unas semanas.

Antecedentes históricos

La ciudad, conocida originalmente como San Miguel el Grande, fue fundada en 1542 por el fraile franciscano Juan de San Miguel, que fue guiado hasta este lugar por sus perros, en búsqueda de agua. En el siglo XVIII, ricos propietarios de minas y hacendados de Guanajuato y Zacatecas habían construido sus hogares en este lugar, dirigiendo las operaciones a distancia y convirtiendo la ciudad en un floreciente centro cultural, agrícola y comercial. La abundancia de fuentes de aguas termales fue, sin duda, uno de los atractivos más importantes de la región.

Después de la guerra de la Independencia de México, se cambió el nombre de la ciudad por el de San Miguel de Allende, en honor a su héroe local, el capitán Ignacio Allende. Después de la revolución, las grandes haciendas de la zona fueron desmembradas y sus tierras repartidas entre los campesinos que habían trabajado en ellas. Algunas de las mansiones de las haciendas fueron restauradas como residencias privadas o como museos. Una de ellas se convirtió en el Instituto Allende, escuela de bellas artes, a la que acuden estudiantes de todas las edades y nacionalidades.

INFORMACIÓN TURÍSTICA

La **oficina de información turística**, ₵/FAX (415) 21747, está en la plaza principal y permanece abierta al público de lunes a viernes, de 10.00 a 19.00 horas, y los sábados y domingos, de 10.00 a 17.00 horas. Además, realiza un excelente trabajo de promoción de la zona. Los domingos, la biblioteca pública ofrece visitas a casas y jardines y hace las veces de centro cultural y de punto de encuentro de extranjeros y visitantes. Las visitas por el centro histórico duran dos horas y se puede reservar plaza en el **Instituto de Viajes**, ₵ (415) 20078, FAX (415) 20121, hotel Vista Hermosa, calle Cuna de Allende, 11, interior. Es preferible reservar un día antes.

San Miguel acoge cada año varios festivales de música muy interesantes. La Escuela de Arte Nigromante organiza un festival de música de cámara durante las dos primeras semanas de agosto. Además, desde hace cinco años se organiza un festival de *jazz* a finales de noviembre. Por último, durante las dos últimas semanas de diciembre, músicos de todo el país y del resto del mundo acuden a la ciudad para participar en el Festival de Música Clásica de San Miguel.

San Miguel es también conocido como la ciudad mexicana de las fiestas, ya que se celebran todas las nacionales, las locales y algunas de las de Estados Unidos.

VISITAR SAN MIGUEL DE ALLENDE

San Miguel Allende es en sí un museo. Toda ella está llena de casas coloniales, numerosas iglesias y tiendas que venden artículos textiles, muebles construidos a mano, joyería, cerámicas y objetos de cobre y estaño.

El punto focal de San Miguel es la **parroquia**, la iglesia parroquial que se levanta en el lado sur de la plaza central, la **plaza Allen-**

de. Su ornamentación es tal que no parece real y se la designa, con frecuencia, como la iglesia del «gótico de pan de jengibre». Algunas partes de su estructura datan del siglo XVI, pero se reconstruyó unos cien años más tarde. A finales del siglo XIX, se encargó la remodelación de la fachada al arquitecto autodidacta indio Ceferino Gutiérrez, quien incorporó detalles tomados de tarjetas postales de diversos edificios europeos y, en particular, de la catedral de Colonia, Alemania. La decoración interior es más tradicional. En una capilla se encuentra el interesante Nuestro Señor de la Conquista, figura tarasca construida con masa de maíz.

La **casa de Ignacio Allende**, Cuna de Allende, 1 (abierta de martes a domingo, de 10.00 a 15.30 horas; la entrada es libre), casa donde nació y vivió Allende, es hoy un museo regional en el que lo exhibido se va cambiando periódicamente.

Varias manzanas al nordeste de la plaza está el **oratorio de San Felipe Neri**, con una fachada de piedra de delicado color rosa. La casa contigua es la **Santa Casa de Loreto**, una reproducción de la casa de la Virgen en Loreto, Italia, construida por el rico conde de Canal como sepulcro para él y su esposa.

Hacia el oeste de la plaza se halla el **Centro Cultural Bellas Artes** (también llamado El Nigromante), en la calle Dr. Hernández Macías, 75. Está abierto de lunes a sábado, de 09.00 a 20.00 horas y el domingo, de 10.00 a 15.00 horas. En otro tiempo, el edificio albergó el convento más grande de México y hoy es parte del Instituto Nacional de Bellas Artes, en el que se ofrecen cursos de danza y literatura. Inmediatamente detrás está la **iglesia de la Concepción**, que posee una de las cúpulas más amplias de México. Su diseño, que recuerda el de la cúpula de los Inválidos de París, se atribuye a Gutiérrez.

Colina arriba, y cuatro manzanas al sur, en la calle Zacatecas, 20, que cambia su nombre a calzada Ancha de San Antonio, se encuentra la elegante mansión del siglo XVIII de Tomás de la Canal, que hoy es el **Instituto Allende**, escuela internacional de Bellas Artes y centro cultural. El **Instituto Allende**, ₵ (415) 20190,

La arcada central de San Miguel de Allende contribuye a conservar el sabor europeo de la ciudad.

FAX (415) 24538, Ancha de San Antonio, 20, está cerrado los domingos.

Dirigiéndose hacia el este desde el Instituto Allende, se llega al parque más grande de San Miguel, el **parque Benito Juárez**, en cuyo ángulo norte se encuentra la **lavandería**, lugar de reunión social.

ALOJAMIENTOS TURÍSTICOS

A pesar del carácter turístico del pueblo, los precios de hoteles y restaurantes se conservan dentro de límites razonables y son de alta calidad. La mayor parte de los hoteles incluyen el desayuno en el precio de la habitación. Muchos hoteles carecen de calefacción y, en el mejor de los casos, disponen de chimenea.

De lujo

Entre los hoteles de más precio pero también de mayor comodidad y encanto cabe destacar la **Casa de Sierra Nevada**, ((415) 27040 o (800) 223-6510 (LLAMADA GRATUITA), FAX (415) 22337, Hospicio, 35. En el edificio principal se encuentra la recepción, un bar, un restaurante y un patio lleno de flores. Algunas de sus 37 habitaciones y *suites* tienen vistas a la calle. En otro de los edificios se encuentra una gran piscina. Los muebles y accesorios son estupendos: azulejos de la vecina Dolores Hidalgo, cortinas de puntilla, entre otros. Puede jugar al golf y al tenis en los clubes deportivos vecinos; el hotel cuenta también con centro ecuestre propio (202 ha) y su ambiente es fino y elegante.

La Puertecita Boutique, ((415) 22250, FAX (415) 25505, Santo Domingo, 75, en el barrio residencial de Ascadero, se encuentra en lo que fue la vivienda de un antiguo alcalde de San Miguel, que, a todas luces, tenía una situación muy boyante. El edificio cuenta con 24 habitaciones perfectamente decoradas, cada una con un estilo distinto. La mayor parte de ellas cuenta con patio privado y algunas disponen de *jacuzzi*. El hotel tiene dos piscinas, un gimnasio y un restaurante muy elegante.

El **Hotel Hacienda Taboada**, ((415) 20888, FAX (415) 21798, se encuentra a 24 km de la ciudad. Se trata de un balneario con aguas termales que ya utilizaban los indios otomí y chichimecas. Sus 100 habitaciones dan a un hermoso jardín y el establecimiento dispone de todos los servicios de un balneario.

Moderados

El **hotel Villa Jacaranda**, ((415) 21015/20811, FAX (415) 20883, Aldama, 53, es propiedad de Don y Gloria Fenton. Las 26 habitaciones disponen de calefacción y de televisión vía satélite.

Mi Casa B & B, ((415) 22492, Canal, 58, cuenta con dos habitaciones, y la **pensión Casa Carmen**, (/FAX (415) 20844, Correo, 31, con 11 habitaciones con baño.

Económicos

La **Quinta Loreto**, ((415) 20042, FAX (415) 23616, calle Loreto, 15, cuenta con 38 habitaciones, que disponen de teléfono, televisión y calefacción. Su restaurante tiene muy buena fama. El hotel cuenta con aparcamiento propio, una pista de tenis venida a menos y una piscina que sólo limpian muy de vez en cuando. En la misma línea, el **hotel Vianey**, ((415) 24559, Aparicio, 18, dispone de 11 habitaciones, algunas con cocina, y el **Parador San Sebastián**, ((415) 20707, Mesones, 7, cuenta con 11.

SUPERIOR: Parroquia de San Miguel, de estilo gótico de «pan de jengibre». PÁGINA SIGUIENTE: Al igual que muchas otras ciudades de la región central de México, San Miguel posee bellas muestras de la arquitectura colonial.

RESTAURANTES

De lujo

El restaurante de la **Casa de Sierra Nevada**, ((415) 20415/27040, ha recibido varios premios por su cocina calificada de «contemporánea con un toque mexicano». Es imprescindible reservar mesa.

Moderados

Al igual que el restaurante de la Casa de Sierra Nevada, el del hotel **Villa Jacaranda**, ((415) 21015, ha recibido varios premios.

El comedor es amplio pero íntimo y los domingos sirven un delicioso almuerzo con *champagne*. En el menú figuran platos internacionales y especialidades mexicanas como las *crêpes* con *huitlacoche* (un moho negro) o *chiles en nogada* (pimientos rellenos de carne picada, nuez y pasas y cubiertos con una deliciosa salsa de nata).

El restaurante **Mama Mía**, ((415) 22063, calle Umarán, 8, gusta tanto a los lugareños como a los turistas por su ambiente agradable. Por si eso fuera poco, actúan bandas de *jazz*, *reggae*, *rock* o marimbas. **El Arlequín**, ((415) 20856, pertenece al Hotel Mansión del Virrey, calle Canal, 19. En los días de frío encienden la chimenea. Sirven *comida corrida*: por un módico precio podrá comer una sopa, un plato principal, un postre y tomarse un café. Si pide la carta, no se pierda la sopa azteca (una sopa de pollo con tomate, tortillas fritas, aguacate y nata).

Económicos

En **La Buena Vida**, ((415) 22211, calle Hernández Macías, 72-75, venden un pan delicioso (blanco tipo *baguette*, de cereales o de centeno), que se puede comer allí mismo o comprar para llevar. El establecimiento cierra los domingos. Se trata de una pequeña pastelería en la que también se pueden adquirir pastas y galletas, y en la que se sirven desayunos sencillos como, por ejemplo, frutas con galletas o cereales con yogur.

CÓMO LLEGAR

San Miguel no dispone de aeropuerto pero varias líneas de autocares unen esta ciudad con Ciudad de México, Guanajuato, Querétaro y Dolores Hidalgo. La estación de autobuses se encuentra al oeste del centro urbano.

DOLORES HIDALGO Y ATOTONILCO

Desde San Miguel de Allende se puede hacer una visita de un día a **Dolores Hidalgo**, lugar donde el *Grito de Dolores* inició la guerra de la Independencia de México, el 15 de septiembre de 1810. La ciudad nunca ha sido tan rica y próspera como San Miguel, pero tiene un cierto sabor colonial. Los aficionados a la historia no se pueden perder la **Casa Hidalgo**, ((418) 20171, en la calle Morelos, 1 (cierra los domingos). Se trata de la antigua residencia del padre Hidalgo, donde se conservan recuerdos de la guerra de la Independencia. Otra actividad interesante es ir de compras: los azulejos y los objetos de cerámica de Dolores Hidalgo tienen mucha fama y se encuentran en toda la región del Bajío.

En el camino a Dolores Hidalgo, se pasa por **Atotonilco**, que significa en náhuatl «lugar del agua caliente». Del santuario del convento, el cura Miguel Hidalgo tomó el estandarte de la Virgen de Guadalupe y la declaró patrona de la lucha de México por su independencia. A la iglesia llegan peregrinos deseosos de admirar sus frescos o con la intención de acudir a una misa.

QUERÉTARO

Situado en el centro geográfico del país, Querétaro fue colonizado por los españoles por la fertilidad de su suelo, que vino a produ-

SUPERIOR: Un niño juega con dos pequeños cerdos. PÁGINA SIGUIENTE: El convento de Atotonilco fue uno de los primeros centros que lucharon por la independencia de México.

cir una gran parte de los cereales de la nación. Las ruinas precolombinas de Las Ranas son de fácil acceso, mientras que a las de Toluguilla se llega por una pista de tierra primero y por un sendero que recorre una colina escarpada después.

LA CIUDAD DE QUERÉTARO

Querétaro, capital del estado homónimo, es una ciudad con numerosas iglesias, plazas y casas palaciegas con balconadas. Fue fundada por los indios otomíes y tomada por los aztecas a principios del siglo xv. Un siglo más tarde, los españoles desplazaron a los aztecas y la ciudad se convirtió en el cuartel general de los monjes franciscanos, quienes establecieron misiones por toda la zona.

Desde principios de siglo xix, Querétaro desempeñó un importante papel en la historia de México. Fue aquí donde los insurgentes engendraron la «conspiración de Querétaro», mientras supuestamente asistían a veladas literarias organizadas por Josefa de Domínguez y su esposo. En 1810, cuando se descubrió el complot, la Corregidora (doña Josefa) avisó a los conspiradores.

Cuando las fuerzas de Estados Unidos ocuparon Ciudad de México en 1847, Querétaro se convirtió en la capital provisional de la nación, hasta que se firmó el Tratado de Guadalupe Hidalgo, con el que terminó la guerra méxico-americana. También se desarrolló en Querétaro la última batalla entre el emperador Maximiliano y las fuerzas

INFORMACIÓN TURÍSTICA

La **oficina de información turística estatal**, ((42) 121412/120907, FAX (42) 121094, se encuentra en la plaza de la Independencia con Pasteur 4 Norte; abre de lunes a viernes, de 09.00 a 21.00 horas, y los sábados y domingos, de 09.00 a 20.00 horas, y ofrece visitas a pie por la ciudad vieja con el pago de un precio módico.

VISITAR QUERÉTARO

Querétaro posee muchos monumentos y edificios coloniales y, considerando la importancia de su conservación, la UNESCO declaró toda la ciudad patrimonio de la humanidad. La plaza mayor de la ciudad, el **jardín Obregón**, en el cruce de las calles Madero y Juárez, está rodeada de majestuosos edificios del siglo XVIII y, entre ellos, al este, se encuentra la **iglesia de San Francisco**.

En la actualidad, la iglesia de San Francisco, que fue en el siglo XVII un monasterio franciscano, aloja el **Museo Regional de Querétaro**, ((42) 122031, Cinco de Mayo, 3 (abierto de martes a domingo, de 10.00 a 16.00 horas). El museo alberga una interesante colección de cuadros de época colonial realizados por artistas mexicanos y extranjeros.

Más al este, en la avenida Cinco de Mayo, se encuentra el **Palacio del Gobierno del Estado**, también conocido como el palacio de la Corregidora. Era, a principios del siglo XIX, la residencia de doña Josefa, donde nació el movimiento de independencia.

A la vuelta de la esquina, en la **plaza de Armas**, o plaza de la Independencia, se alza la antigua mansión del marqués de Escala (hoy conocida como la **Casa de Escala**), con una fachada magnífica. La estatua del centro de la arbolada plaza es la del marqués de la Villa de Villar del Águila, que fue quien hizo construir el acueducto que, aún hoy, proporciona agua a la ciudad.

Dirigiéndose hacia el oeste, por la avenida Cinco de Mayo (que pasa a llamarse avenida Madero), en el n.º 41, se ve una espléndida mansión en la que se encuentra un hotel de lujo llamado la **Casa de la Marquesa**.

de Benito Juárez en 1867, y fue en el cerro de las Campanas, al nordeste de la ciudad, donde fue fusilado el último emperador de México. Al realizarse el censo de 1980, la ciudad contaba con 200.000 habitantes, pero hoy en día tiene cerca del millón. Muchos de los nuevos residentes proceden de Ciudad de México, de donde salieron después del terremoto de 1985; este crecimiento de la población ha determinado una enorme expansión territorial de la ciudad. Sin embargo, una vez atravesadas las zonas industriales y suburbanas se encuentra una encantadora ciudad colonial que por su altitud, situada a 1.853 m sobre el nivel del mar, tiene una temperatura media de 18 °C, ligeramente superior a la que, por otro lado, ostenta de Ciudad de México.

PÁGINA ANTERIOR: Una de las numerosas iglesias y plazas del siglo XVI, que confieren su encanto a la ciudad de Querétaro.

La casa fue antaño residencia de la marquesa de la Villa de Villar del Águila. La marquesa mandó decorar el patio interior en un estilo mudéjar español muy trabajado. Fíjese en las granadas de piedra esculpidas en los arcos interiores. Al parecer, en la España de la Reconquista, las granadas eran un símbolo de que los moros que ocupaban el país estaban a punto de perder el territorio.

Al otro lado de la calle está la **iglesia de Santa Clara**, en la plaza del mismo nombre, en la que se erige la **fuente de Neptuno**, proyectada por Eduardo Tresguerras. El exterior de la iglesia, más bien austero, contrasta con los ornados grabados del interior, con los delicados trabajos de forja y los querubines dorados que en él abundan.

Hacia el sur, en la calle Allende esquina con Pino Suárez, la iglesia y el exconvento de San Agustín albergan el actual **Museo de Arte del Estado**, ((42) 122357, calle Allende Sur, 14 (entrada: 1,50 USD; abierto de martes a domingo, de 11.00 a 19.00 horas). La colección de arte del museo está especialmente compuesta por obras de la época colonial, pero también se organizan exposiciones de arte contemporáneo de vez en cuando. No se pierda las originales cariátides que se sostienen sobre una sola pierna ni el patio central de estilo barroco.

En la esquina de la calle Corregidora y la avenida Dieciséis de Septiembre se encuentra el **jardín de la Corregidora**, que alberga un monumento en honor a Doña Josefa, y el **Árbol de la Amistad**, plantado en 1977, con una mezcla de tierras traídas de todo el mundo, convertido en símbolo de la hospitalidad de Querétaro para con sus visitantes.

Cuatro manzanas al este del jardín Obregón, está la **plaza de Santa Cruz**. La **cruz** de la iglesia marca el lugar donde los conquistadores celebraron la primera misa en esta zona, en 1531. El monasterio, anexo a la iglesia, fue utilizado por Maximiliano como cuartel general, y más tarde sirvió como su prisión. En el patio interior hay un árbol en forma de cruz que, según creen muchos, creció del bastón de uno de los monjes más queridos de la comunidad, fray Antonio Margil de Jesús Ros.

A corta distancia, al este, se inicia el **acueducto** de Querétaro. Proyectado por Antonio Urrutia y Arana, marqués de la Villa de Villar

de Águila, tiene 74 arcos con una altura máxima de 23 m. Su construcción duró doce años, (1726-1738).

ALOJAMIENTOS TURÍSTICOS

Algunas de las muchas mansiones coloniales de Querétaro han sido convertidas en hoteles de lujo. En el centro de la ciudad hay varios hoteles para hombres de negocios y en la periferia, hoteles sencillos y económicos.

De lujo
El **hotel La Casa de la Marquesa**, ((42) 120092, FAX (42) 120098, avenida Madero, 41, está situado en una mansión que mandó construir el marqués de Villa del Villar de Águila. El edificio es magnífico y todas las habitaciones están decoradas con un gusto exquisito, con las tupidas alfombras que se confeccionan en esta región, antigüedades y obras de arte originales. Las habitaciones disponen de aire acondicionado, calefacción centralizada y grandes bañeras (algo poco habitual en la zona, pero muy característico de los hoteles de lujo). No se aceptan niños menores de 12 años.

Caros
El **Mesón de Santa Rosa**, ((42) 242623/ 242781/242993, FAX (42) 125522, E-MAIL starosa@sparc.ciateq.conacyt.mx, Pasteur Sur, 17, está situado en un edificio colonial restaurado con tres siglos de antigüedad, en la plaza de Armas. Sus 21 *suites* están equipadas con televisión vía satélite, vídeo y minibar. En la parte trasera del hotel hay una piscina climatizada, y el hotel cuenta también con un excelente restaurante.

Económicos
Entre los establecimientos más económicos, podemos destacar el **hotel Señorial**, ((42) 143700, FAX (42) 141945, Guerrero Norte, 10-A, que cuenta con 45 habitaciones modernas y el común pero correcto **hotel Plaza**, ((42) 121138/126562, avenida Juárez Norte, 23, céntrico pero muy ruidoso.

RESTAURANTES

La ciudad de Querétaro tiene una amplia variedad de restaurantes, a precios razonables, que ofrecen comida mexicana.

Caros

¿Tiene ganas de una cena original? Acuda al **1810**, ((42) 143324, en Andador Libertad, 60, en el que sirven platos franceses y las especialidades mexicanas de costumbre.

Moderados

La Fonda del Refugio, ((42) 120755, jardín de la Corregidora, 26, se encuentra en una plaza tranquila. La especialidad de la casa son los platos de carne de buey.

Económicos

La Flor de Querétaro (sin teléfono), avenida Juárez, 5, es un restaurante muy entretenido, donde sirven comida muy sabrosa. En el menú encontrará enchiladas, pollo, chiles rellenos, y los platos principales llevan un acompañamiento de verdura. En el restaurante también sirven desayunos.

Cómo llegar

Los autocares procedentes de San Miguel de Allende llegan a la estación de autobuses situada al sur de la ciudad.

Los alrededores de Querétaro

Los centros de reposo de **San Juan del Río** y **Tequisquiapán**, ambos a una hora de viaje de Querétaro, proporcionan a los habitantes de Ciudad de México lugares para hacer escapadas de fin de semana, lo que ha convertido a estas ciudades en centros turísticos. San Juan, la más grande de las dos, es un centro de manufactura de muebles y de cestos tejidos de mimbre, pero la actividad más importante es la artesanía con piedras semipreciosas. Tequisquiapán es famoso por sus cestos de mimbre y por sus manantiales de agua caliente.

HIDALGO

Hidalgo es uno de los estados de más bellos paisajes del corazón de México, pero de los menos visitados. **Tula**, en el sur, fue la ciudad tolteca más importante del estado y toda la zona es rica en reservas minerales. **Pachuca**, la capital del estado, fue, en la época colonial, centro de actividades mineras, pero nunca alcanzó el desarrollo de las otras ciudades de la plata. Es como un Guanajuato en miniatura. En el antiguo convento de San Francisco se aloja actualmente una amplia colección de fotografías que constituyen una crónica de la revolución mexicana de 1910. La capilla del convento tiene un altar churrigueresco dorado, cuyo esplendor es tal que ha sido denominada la **capilla de la Luz**.

La zona alrededor de Pachuca es también conocida por sus vastos campos de cultivo del maguey, del que se produce una bebida fermentada, el *pulque*. El gusano que se cría en las pencas del maguey, frito y crujiente, se considera una exquisitez gastronómica.

El Parque Nacional El Chico, los conventos y el cañón de Tolantongo

A 35 km de Pachuca se encuentra el **Parque Nacional El Chico**, con densos bosques poblados de pinos, raras formaciones rocosas y dos lagos.

Un interesante recorrido de unos 500 km sería el de salir de Pachuca en dirección norte, por la carretera 105, hacia el pueblo de **Huejutla** (conocido por sus trabajos de alfarería), para dirigirse después a **Tamazunchale**, en el oeste, y regresar a Pachuca por la carretera 85. Hay pequeños hoteles y restaurantes en la mayor parte de los pueblos a lo largo de esta ruta. Desde Pachuca a Huejutla se encuentran magníficos paisajes y conventos agustinos del siglo XVI en **Atotonilco el Grande**, **Metztitlán**, **Santa María Xoxoteco**, **Zacualtipán**, **Molango** y **Huejutla**. A la vuelta, se encuentran el viejo pueblo minero de **Zimapán**, el **cañón de Tolantongo**, con sus cuevas, otro convento agustino en **Ixmiquilpán** y el convento de San Nicolás Tolentino en **Actopán**.

El **convento de San Nicolás** es una espectacular estructura fortificada. Fue construido en el siglo XVI y son notables los frescos que adornan la escalinata y la capilla exterior.

El **cañón de Tolantongo**, al que se llega por una carretera de tierra de 28 km, es uno de los lugares más bellos de México. Al pie de una cristalina cascada se encuentra la entrada a una serie de cuevas en las que hay fuentes de aguas termales. Cuanto más adentro se entra en las cuevas, tanto más caliente es el agua.

Las maravillas del oeste

GUADALAJARA

Avenida Federalismo
Mariano Bárcenas
Contreras Medellín
Zaragoza
6 de Diciembre
Coronel Calderón
Augustin Rivera
Alameda
Calzada Independencia Sur

Palacio Federal

Angulo
Avenida Alcalde
Angulo
Venustiano Carranza
Humbolt
Dr. Baeza Alzázar

Garibaldi
Garibaldi

Pedro Loza

Reforma
Reforma
Pino Suárez
Belén
San Felipe
Parque Morelos

Santa Mónica

Independencia
Bárcenas
Mariano
Zacatecas
Correos
Independencia

Puebla
Moro
Contreras Medellín
González
Belén
Avenida Hidalgo

Avenida Hidalgo
Morelos
Rontonda de los Hombres illustres

Catedral
Plaza de Armas
Teatro Degollado
Plaza de los Marichis
Hospicio Cabañas

Parque de la
Ocampo
Departamento de Turismo del Estado de Jalisco

Avenida Juárez
Avenida Juárez

Revolución
Avenida Corona

López Cotilla
López Cotilla
Francisco Madero
Av. Javier Mina

8 de Julio
Prescíliano Sánachez
Avenida 16 de Septiembre
Gigantes

Miguel Blanco
Degollado
Gómez Farías

Leandro Valle
Libertad

Av. La Paz
Fortunato Arce
Médrano

Montenegro
28 de Enero
Calz. Revolución

Avenida Federalismo
Donato Guerra
Avenida Colón
Manzano
Constitución

Av. Niños Héroes
Calzada Independencia Sur
Guadalupe Victoria
Cuauhtémoc
N. Bravo

Museo de la Ciudad
Cuitláhuac
Antonio Bravo
Bartolomé de las Casas

Constituyentes
20 de Noviembre
28 de Enero
5 de Mayo
Gante

Guadalupe
Manzano
Avenida 16 de Septiembre
Estadio
Los Ángeles
Conchas

Parque Agua Azul
Estación des Camions (Bus Station)
Avenida 5 de Ferrero
N. Bravo
J. Luis Verdia

Violeta

Monumento a la Independencia
Calzada Independencia Sur
Analco
Tuberosa

Calzada Jesus Gonzáles Gallo

Río Nilo

N

500 m

ENTRE LA COSTA DEL PACÍFICO y el valle central de México, los asentamientos españoles en Sierra Madre Occidental crecieron continuamente, aunque aislados del impulso general de la civilización. El clima benigno durante todo el año, la tierra fértil y las ricas minas atrajeron a los colonizadores.

Hasta la segunda mitad del siglo xx no se incorporaron a las rutas turísticas regulares los estados de **Jalisco**, **Aguascalientes**, **Zacatecas** y **San Luis Potosí**, posiblemente, como consecuencia de todos aquellos que se enamoraron del espíritu mexicano y se quedaron a residir en el país.

GUADALAJARA

Capital del estado de Jalisco, Guadalajara es la segunda ciudad del país en cuanto a tamaño. Su atmósfera europea, sus amables habitantes, los llamados tapatíos, los mariachis, el tequila, hacen de ésta una ciudad cosmopolita.

ANTECEDENTES HISTÓRICOS

Se sabe muy poco de las tribus indias que habitaban Sierra Madre y el valle de Atemajac en los tiempos prehispánicos. Los arqueólogos creen que comerciaban con las de Teotihuacán y que también mantenían contactos con las tribus de Centroamérica y Sudamérica. Se han descubierto objetos metálicos, lo que hace suponer un conocimiento de la metalurgia.

Se han encontrado otras semejanzas con las culturas sudamericanas, particularmente en las prácticas sepulcrales, con tumbas profundas en las que se enterraban varias generaciones de la misma familia. Estas tribus indias ocuparon esta región desde el 2500 a. C. hasta el 600 d. C., y la mayor parte de los conocimientos que se tienen sobre ellas deriva del estudio de las tumbas que no han sido víctimas de profanaciones y pillaje. Las figuras cerámicas que se han encontrado nos muestran el tipo de vestidos y sus actividades cotidianas, así como escenas guerreras y religiosas. Las más famosas de estas figuras prehispánicas son los llamados «perros besadores» de Colima.

Tras la destrucción de Teotihuacán, se encomendó a Nuño Beltrán de Guzmán la tarea de exploración de Sierra Madre Occidental. Este conquistador exigió tributo a todas las tribus indias, mas no contento con sus aportaciones, recurrió a la tortura para incrementar las recaudaciones, llegando al exterminio de algunas de ellas. Las demás se retiraron a las montañas.

Desaparecidos los indios de la región, los españoles se asentaron en el valle de Atemajac, a principios de la década de 1530. Poco tiempo después, muchos de los colonizadores abandonaron el lugar debido a la aparición de ricos yacimientos auríferos en Perú. Al disminuir las fuerzas españolas, en 1528 los indios se reagruparon y reanudaron las hostilidades. Esta acción, llamada guerra mixteca, duró cuatro años y concluyó con la derrota y exterminio de los indios.

Sin indios en la región, el desarrollo de Guadalajara la convirtió en la ciudad mexicana más europea y en la capital de la Nueva Galicia, nombre con el que se denominó a todo el oeste de México. Su riqueza, basada en las toneladas de plata extraídas de las montañas circundantes, se refleja en la arquitectura de la región.

En el siglo xix, Guadalajara era una próspera metrópoli con una floreciente industria textil, con su puerto en San Blas y controlada básicamente por los criollos, libres de las influencias tanto de Ciudad de México como de España, por lo que no resulta sorprendente que, tras el *Grito de Dolores* en 1810, la ciudad recibiera con los brazos abiertos al cura Hidalgo. Desde las gradas del Palacio de Gobierno, aquél proclamó la abolición de la esclavitud, pero fue derrotado en 1811.

Guadalajara fue siempre vista como una remota capital de provincia hasta la llegada del ferrocarril. Éste la unió a finales del siglo xix con Ciudad de México, y con las ciudades del norte en los años veinte.

Tras el último terremoto en Ciudad de México, numerosos mexicanos se trasladaron a Guadalajara, y, en consecuencia, su población aumentó. La contaminación, las aglomeraciones y la criminalidad han comenzado a representar problemas serios, pero en modo alguno como en la capital de la nación.

INFORMACIÓN TURÍSTICA

Ubicada a 1.552 m, Guadalajara goza, durante todo el año, de una primavera perpetua. Desde noviembre a febrero, la temperatura media es de 15 °C y de marzo a octubre, de

21 °C. La temporada de lluvias se extiende de junio a septiembre, pero con largos y frecuentes períodos de sol.

La **oficina de información turística estatal**, ((3) 613-1196/614-0123, FAX (3) 614-4365, calle Morelos, 102; abierta al público de lunes a viernes, de 09.00 a 20.00 horas, y los sábados, de 09.00 a 13.00 horas, es la que ofrece mayor cantidad de información local y mapas de la zona.

También facilitan información en **Teletur**, ((3) 658-0222/658-0305/658-0177, plaza Tapatía.

VISITAR GUADALAJARA

Los lugares más interesantes de Guadalajara se encuentran concentrados en el centro de la ciudad colonial, que se construyó entorno a cuatro plazas que formaban una cruz latina. Esos lugares son: la plaza de los Laureles, la plaza de las Armas, la plaza de la Liberación y la plaza de la Rotonda. Los tapatíos han sabido conservar los valores históricos y arquitectónicos de esta zona. Al sobrecargarse el tráfico de vehículos en la zona histórica, a final de la década de 1970 se construyó una vía rápida subterránea y el área constituida por las cinco manzanas adyacentes a las cuatro antiguas plazas se convirtió en una amplia explanada peatonal: **la plaza Tapatía**.

El punto más lógico para iniciar una visita por la ciudad es la **catedral**, cuya fachada está en la **plaza de los Laureles**, entre las avenidas de Hidalgo y Morelos (abierta todos los días, de 08.00 a 19.00 horas). Su construcción se comenzó el 31 de julio de 1561 y se terminó en 1616. Al ser objeto de numerosas modificaciones, resulta una compleja combinación de los estilos barroco, renacentista, gótico, bizantino y neoclásico. De acuerdo con el decreto de Felipe II, la iglesia se diseñó con tres naves principales, una de ellas destinada a los oficiales españoles, la segunda para los terratenientes, mestizos en su mayoría, y la tercera para los indios. Las torres gemelas, dedicadas a san Miguel y al apóstol Santiago, se erigieron a fines del siglo XVII, pero fueron destruidas en 1818 por un terremoto y reconstruidas posteriormente de acuerdo con un proyecto más moderno de Gómez Ibarra.

El interior constituye un compendio de arte religioso. La estatua y el altar de Nuestra Señora de la Rosa, patrona de la ciudad, proceden de principios del siglo XVI. La característica de la imagen es haber sido tallada en una sola pieza de madera de balsa. Los diez altares de plata y pan de oro fueron ofrendas del rey Fernando VII en agradecimiento por las contribuciones de oro y plata de Guadalajara a España durante las guerras napoleónicas. El altar de mármol blanco esculpido vino de Italia a mediados del siglo XIX, del mismo modo que los restos de San Inocente I, el papa del siglo V cuyo cuerpo se encontró en las catacumbas de Roma.

La mejor de las pinturas es la *Asunción de la Virgen*, del siglo XVII, atribuida a Bartolomé

Esteban Murillo. La característica en que se apoya esta teoría es la dulzura en la expresión de los personajes.

Al sur de la catedral, atravesando la avenida Morelos, se encuentra la **plaza de Armas**, el zócalo de Guadalajara. Los visitantes europeos encontrarán, y con razón, que el quiosco central recuerda los de París.

En el ángulo este de la plaza, en la avenida Morelos, se encuentra el impresionante **Palacio de Gobierno**, de estilo barroco (abierto de lunes a viernes, de 09.00 a 18.00 horas), y cuya fachada de columnas profusamente adornadas caracterizan el churrigueresco. En el interior, la escalinata principal y una de las salas de consejo están decoradas con murales de José Clemente Orozco. Uno de ellos conmemora la abolición de la esclavitud, que

tuvo lugar desde las gradas de este mismo edificio.

Cruzando la **plaza de la Liberación**, al norte del palacio, se encuentra el **Museo Regional de Guadalajara**, avenida Hidalgo, entre las calles Liceo y Pino Suárez, ((3) 614-9957; abierto al público de martes a sábado, de 10.00 a 18.00 horas y los domingos, de 09.00 a 15.00 horas. Edificado en el siglo XVII y destinado originalmente a seminario teológico, alberga en la actualidad una excelente colección de pinturas de artistas europeos y mexicanos de los siglos que van del XVI al XX. Además, se pueden admirar en este museo piezas arqueológicas y paleontológicas procedentes de los estados occidentales.

La catedral de Guadalajara domina el ángulo occidental de la plaza de la Liberación.

EL OESTE

Al oeste del museo, en la **plaza de la Rotonda**, se encuentra la **rotonda de los Hombres Ilustres de Jalisco**, en conmemoración de las personalidades originarias de este estado. En la parte occidental de la plaza, se encuentra el **Palacio Municipal**, que fue construido en 1952. En su interior se pueden ver murales de Gabriel Flores, el alumno más distinguido de Orozco.

Saliendo del museo, hacia el este, hay dos edificios coloniales más: el **Palacio Legislativo**, que ha sido aduana, almacén y hotel, y el **Palacio de Justicia**, que fue el primer convento de Jalisco en 1588. Cuando fue transformado en Palacio de Justicia, en 1952, se adornó con murales de Guillermo Chávez Vega.

Continuando hacia el este, en las avenidas de Hidalgo y Belén, se encuentra el teatro de la ópera de Guadalajara, el **teatro Degollado**, ((3) 614-4773. Diseñado por José Jacobo Gálvez, la primera representación tuvo lugar en 1866. Fue renovado en 1988 y en él se alojan la Filarmónica de Guadalajara y el Ballet Folclórico. Este edificio está únicamente abierto al público para las representaciones artísticas; los programas se pueden obtener en las distintas oficinas de turismo y en los hoteles; en caso de asistir a alguna de ellas, no olvide contemplar en la bóveda la pintura de Gerardo Suárez, la *Divina Comedia*.

Detrás del teatro se encuentra un friso que muestra la fundación de la ciudad. Según la creencia popular, en este lugar se encontraba el poblado indio que precedió a Guadalajara. Más allá, hacia el este, se extienden las explanadas de la **plaza Tapatía**, embellecida con fuentes y monumentos. En el extremo más lejano se encuentra el elegante **hospicio Cabañas**, del siglo XIX, que hoy alberga el **Instituto Cultural Cabañas**, calles Cabañas y Hospicio, ((36) 140276, abierto de martes a sábado, de 10.00 a 18.00 horas, y los domingos, de 10.00 a 15.00 horas, con una módica cuota de admisión. Este edificio, con su espléndido pórtico y sus 23 patios interiores unidos por corredores alicatados con azulejos en color rosa, fue construido como orfanato por el padre Juan Ruiz Cabañas y Crespo a principios del siglo XIX. Durante la guerra de la Independencia, fue usado como cuartel. El interior de la capilla está adornado con el mural que se considera la pieza maestra de Orozco y que representa la conquista de México. La sección más impresionante, el «Hombre de Fuego», domina la cúpula. Actualmente se destina a la exhibición permanente y periódica de las obras de artistas mexicanos.

No se puede considerar completo un viaje a Guadalajara sin visitar el **mercado de la Libertad**, un inmenso centro comercial de tres pisos que ocupa tres manzanas.

Por la noche, la **plaza de los Mariachis** se convierte en típicamente mexicana con los mariachis vestidos con sus trajes tradicionales, que ofrecen sus canciones según los deseos de los clientes.

Al norte de la catedral, en la mejor zona colonial de la ciudad, se encuentra la **iglesia de Santa Mónica**, con una fachada plateresca profusamente esculpida (calles Santa Mónica y San Felipe; abierta diariamente de 08.00 a 20.00 horas). Cuatro manzanas al sur de la plaza de Armas, la **iglesia de San Francisco** (avenidas Dieciséis de Septiembre y Corona; abierta al público de 07.00 a 20.00 horas), muestra una magnífica fachada barroca. La **capilla de Nuestra Señora de Aránzazu**, situada dos manzanas al oeste de la iglesia de San Francisco, tiene tres altares churrigueres-

El interior de la catedral de Guadalajara refleja la gran riqueza que, de las minas de plata de la región, fue a parar a la iglesia.

Las maravillas del oeste

cos dorados, que, en la opinión de muchos, son más bellos que los de la catedral.

En el extremo sur de la calzada Independencia se ubica el mayor parque de Guadalajara, el **parque Agua Azul**, ((3) 619-0328, calzadas Independencia Sur y González Gallo; abierto todos los días de 10.00 a 18.00 horas, con entrada. Para entretenimiento de los visitantes, hay atracciones infantiles, una piscina y, en la concha acústica, un teatro al aire libre donde se dan conciertos los domingos a las 17.00 horas.

Muy cerca se encuentra el **Museo Arqueológico de Occidente**, avenida Dieciséis de Septiembre; abierto, con entrada, diariamente, de 10.00 a 14.00 y de 16.00 a 19.00 horas, que cuenta con una pequeña pero excelente exposición del arte cerámico prehispánico de Colima, Jalisco y Nayarit.

En las afueras, y en el extremo opuesto de la calzada Independencia Norte, se halla el **Parque Natural Huentitán**, que es el más nuevo de Guadalajara, en el que se ofrecen una serie de atracciones aptas para disfrutar en familia, tales como un centro de ciencia y tecnología y un jardín zoológico. A la entrada del zoo se encuentra una estructura con 17 columnas adornadas con figuras de animales fantásticos, diseñadas por Sergio Bustamante. Cerca del zoo hay un parque de atracciones y un planetario.

Guadalajara tiene fama por la calidad de sus zapatos de mujer, lo que explica la gran cantidad de zapaterías que se encuentran en la ciudad. La **plaza Galería del Calzado**, en la avenida México, cuenta con más de 60 zapaterías. **El Charro** es un buen lugar para comprar objetos de piel; se encuentra en Gran Plaza y en Plaza del Sol. **Gran Plaza**, en la avenida Vallarta, al oeste de la ciudad, es un centro comercial con más de trescientas tiendas y con un cine de varias salas. **Plaza del Sol**, en la avenida López y Mariano Otero, es el centro comercial más importante. La **Casa de las Artesanías de Jalisco**, en Independencia Sur con la calle Gallo, es una tienda muy interesante. Por su parte, **El Convento**, calle Donato Guerra, 25, es una antigua residencia colonial que acoge varias tiendas.

ALOJAMIENTOS TURÍSTICOS

La mayor parte de los hoteles de Guadalajara se localizan en la vieja ciudad colonial y en la zona hotelera de la avenida López Mateos, que se extiende a lo largo de 16 km en el límite oeste de la ciudad.

De lujo

El **Quinta Real**, ((3) 615-0000 o (800) 445-4565 (LLAMADA GRATUITA), FAX (3) 630-1797, avenida México, 2727, es uno de los hoteles más hermosos de todo México. Construido en estilo colonial, dispone de 78 *suites* muy cómodas, algunas dotadas de chimenea y *jacuzzi*. El restaurante es excelente.

Caros

El **Camino Real Guadalajara**, ((3) 121-8000 o (800) 228-3000 (LLAMADA GRATUITA), FAX (3) 121-8070, avenida Vallarta, 5005, queda a 15 minutos en taxi del centro urbano. Sus 224 habitaciones son amplias y están decoradas con gran gusto. El **hotel Presidente Inter-Continental**, ((3) 678-1234, FAX (3) 678-1222, avenida López Mateos Sur y Moctezuma, tiene 12 pisos, y sus 414 habitaciones forman una torre piramidal. El **hotel Fiesta Americana**, ((3) 825-3434 o (800) 343-7821(LLAMADA GRATUITA), FAX (3) 630-3725, Aureole Aceves, 225, también tiene forma de torre y cuenta con una vista panorámica de la ciudad.

Moderados

En historia, no hay establecimiento que pueda competir con el **hotel Francés**, ((3) 613-1190, FAX (3) 658-2831, Maestranza, 355, que abrió sus puertas en 1610. Su principal inconveniente sigue siendo el ruido del tráfico. El hotel fue renovado en 1992, momento en que se colocaron los arcos de piedra que rodean la fuente del vestíbulo. Las 60 habitaciones y *suites* poseen vigas de madera y muebles de estilo colonial. El **hotel Calinda Roma**, ((3) 614-8650, FAX (3) 614-2619, no tiene un aspecto excepcional, pero queda muy céntrico (avenida Juárez, 170). Sus 172 habitaciones son amplias y cómodas, y algunas tienen vistas a la catedral. El **Hotel de Mendoza**, ((3) 613-4646 o (800) 221-6509 (LLAMADA GRATUITA), FAX (3) 613-7310, Venustiano Kerns, 16, se encuentra a una manzana del teatro Degollado y tiene una agradable terraza en la azotea. Los muebles hechos a mano y las vigas de madera dan personalidad a sus 104 habitaciones y *suites*. El **hotel Vista Plaza del Sol**, ((3) 647-8790 o (800) 882-8215 (LLAMADA GRATUITA), FAX (3) 122-

9685, avenida López Mateos y calle Mariano Otero, también es recomendable. Se trata de una moderna torre con 354 habitaciones y *suites*, situada junto al centro comercial.

Económicos

En el casco antiguo de la ciudad hay varias pensiones y hoteles pequeños. Antes de comprometerse, pida que le enseñen la habitación. Recomendamos la **posada Regis**, ((3) 613-3026, avenida Corona, 171, que dispone de 19 habitaciones y la **posada San Pablo**, ((3) 614-2811, con 14 habitaciones, algunas

con baño. El **hotel B. W. Fénix**, ((3) 614-5714 o (800) 528-1234 (LLAMADA GRATUITA), FAX (3) 613-4005, avenida Corona, 160, es más moderno, y tiene 262 habitaciones.

RESTAURANTES

En la actualidad, hay muchos buenos restaurantes internacionales. A pesar de ello, lo mejor es visitar los lugares donde se ofrecen la «*birria*», barbacoa de cordero, cabra o cerdo, cabrito asado y pozole, un guisado a base cerdo y un maíz especial.

Los restaurantes se llenan alrededor de las 15.00 horas para la comida y de las 21.00 horas para la cena, durante los días laborables. Los domingos están llenos durante todo el día

y se cierran alrededor de las 21.30 horas. Para evitar esperas excesivas, lo mejor es ir temprano o hacer reservas previas.

Caros

El restaurante **Maximino's**, ((3) 615-3424, Lerdo de Tejada, 2043, es el más elegante de la ciudad y resulta ideal para las grandes ocasiones. Cuenta con varios comedores en un solo piso y está situado en un barrio residencial tranquilo. Los comedores están decorados con antigüedades europeas, y la cocina es más internacional que mexicana: sirven pato, buey *Wellington* y mariscos.

Moderados

La Fonda de San Miguel, ((3) 613-0802, Donato Guerra, 25, ocupa el patio de un convento del siglo XVIII restaurado. El restaurante tiene un ambiente a la vez relajado y elegante. Sirven exquisitos platos regionales. Pruebe las quesadillas con *huitlacoche*, las gambas con tequila y el mole. El tequila es un elemento clave en **La Destilería**, ((3) 640-3440, avenida México y Nelson, cerca del hotel Quinta Real. Se trata de un restaurante muy amplio, que simula ser una destilería de tequila, y en él se sirven abundantes raciones de los mejores platos mexicanos. La **Parrilla Argentina**, ((3) 615-7561, Celada, 176, es diferente a los muchos restaurantes de carne de la ciudad, ya que utiliza carne muy tierna. El **Guadalajara Grill**, ((3) 631-5622, avenida López Mateos Sur, 3771, es muy céntrico y resulta ideal para hacer fiestas por la noche. El comedor tiene tres niveles y está lleno de *souvenirs* (no se pierda las fotos de Guadalajara que hay al fondo).

Económicos

El trayecto en taxi aumenta un poco el precio de la cena, pero aún así merece la pena acudir a **Los Itacates**, ((3) 825-1106, avenida Chapultepec Norte, 1100. Las sillas son multicolores y los muros están adornados con objetos artesanales. El mole poblano es excepcional; pida raciones de algunos platos típicos mexicanos y tortillas, y haga tacos a su gusto. En el **Café Madrid**, ((3) 614-9504, avenida Juárez, 264, sirven un café excelente y unos desayunos muy abundantes.

Guadalajara se anima mucho pasada la medianoche.

CÓMO LLEGAR

El aeropuerto internacional Libertador Miguel Hidalgo se encuentra a 16,5 km del centro de la ciudad y en él aterrizan vuelos procedentes de Europa y de Estados Unidos. La ciudad cuenta asimismo con una estación de tren y otra de autobuses.

TLAQUEPAQUE Y TONALÁ

Tlaquepaque y Tonalá eran dos pequeñas ciudades independientes hacia el sudeste, a

domingos, de 10.00 a 15.00 horas), cuenta con una excelente muestra de las cerámicas tradicionales de la región. Tanto el museo como otras bellas residencias coloniales reflejan la antigua elegancia de la ciudad.

Los turistas visitan Tlaquepaque para huir un poco de la ciudad y para ir de compras. Para admirar hermosos muebles tallados, sillas decoradas, objetos de vidrio soplado y joyas, acuda a **La Casa Canela**, Independencia, 258, o a **Antigua de México**, en Independencia, 255. En el **Bazaar Hecht**, Independencia, 158, se venden antigüedades, pero la mayor parte

6 y 7 km, respectivamente, de Guadalajara, pero que hoy han sido absorbidas por la ciudad. A pesar de ello, han conservado parte de su antigua y encantadora identidad. En Tlaquepaque se firmó el Tratado de Independencia el 13 de junio de 1821.

Era, y lo es hoy también, famosa por sus trabajos de cerámica y, actualmente, constituye un centro comercial de artesanía de cerámica fina, *equipales* (mobiliario en madera y piel rústicos), tejidos, vidrio y escultura. Muchos de los artesanos que venden sus obras en Tlaquepaque poseen sus talleres en la cercana Tonalá. El **Museo Regional de la Cerámica**, ((3) 635-5405, en calzada de la Independencia, 257 (de libre entrada de martes a sábados, de 10.00 a 18.00 horas y los

de la mercancía consiste en reproducciones nuevas talladas en antiguas puertas de granja o equipadas con accesorios viejos. **Arte Cristalino**, en Independencia, 163, está repleto de objetos brillantes de cristal y de latón. **Sergio Bustamante**, en Independencia, 238, presenta esculturas y joyas realizadas por uno de los mejores artesanos mexicanos.

Tonalá es un antiguo pueblo tradicional con estructuras de adobe sencillo y estrechas calles. Es famoso por sus cerámicas decoradas con animales estilizados, pájaros y flores, sus jarrones y bandejas bruñidas a mano y sus figuras de papel *maché*, cobre y latón. Las mejores muestras de la cerámica mexicana se encuentran en el **Museo de la Cerámica**, ((3) 683-0494, en Constitución,

110 (de entrada gratuita, abierto de martes a viernes, de 10.00 a 14.00 horas y de 15.00 a 16.30 horas, los sábados, de 10.00 a 15.00 horas, y los domingos, de 10.00 a 14.00 horas). Los mejores días para visitar Tonalá son los jueves y los domingos, cuando se instala el mercado frente a la iglesia. Muchos artistas venden aquí sus piezas de segunda clase.

Alojamientos turísticos

La Villa de Ensueño, ((3) 635-8792 o (800) 220-8689, FAX (3) 659-6152, Floriada, 305, Tlaquepaque, es una encantadora pensión de 10 habitaciones. Dispone de piscina.

ZAPOPAN

A 8 km del centro de la ciudad, al noroeste, se halla el antiguo asentamiento indio de Zapopan, donde se celebra la fiesta de otoño de Guadalajara. La **basílica de la Virgen de Zapopan**, en calzada Ávila Camacho y avenida de las Américas, alberga a *La Zapopanita*, una estatua de la Virgen de 22 cm de altura, que es la patrona de Jalisco, y a la que se atribuyen milagros. Cada año, durante el verano, la estatua viaja de iglesia en iglesia por toda Guadalajara hasta regresar a su sede el 12 de octubre, día de su celebración. Durante la semana siguiente, se celebra una fiesta todas las noches en el patio frente a la basílica.

Alojamientos turísticos

Situado a 27 km de la ciudad sobre la carretera 15, el **Rancho Río Caliente Spa**, ((3) 615-7800, (415) 615-9543 (si llama desde EE UU), FAX (415) 615-0601, es un hotel que ofrece un lujo rústico a precios asequibles. Los huéspedes pueden darse un baño en aguas termales o en la piscina del hotel, o someterse a un tratamiento de belleza. En el hotel no se sirven bebidas alcohólicas. Las comidas vegetarianas son sencillas, pero están pensadas para que pierda unos cuantos kilos. En el rancho se puede practicar la equitación, dar paseos o acudir a clases de yoga.

LA BARRANCA DE OBLATOS

A 9 km de Guadalajara, hacia el norte, se encuentra la magnífica barranca de Oblatos, un cañón de 600 m de profundidad excavado por el río Santiago. Aunque menos profun-

da que la barranca del Cobre, da una idea de la grandeza del paisaje mexicano.

TEQUILA

A 56 km de Guadalajara, al noroeste, se encuentra la ciudad de Tequila, patria de la bebida típica mexicana homónima, que se produce a partir del jugo del agave, planta cactácea característica de la zona. Hay numerosas destilerías en la ciudad; la mayoría de ellas aceptan visitas por la mañana y por la tarde. La destilería **El Cuervo** afirma ser la única que todavía emplea en la fabricación los procedimientos tradicionales.

A pesar de que los extranjeros creen que el tequila es una bebida para después de las comidas, los mexicanos consideran que solamente se debe beber como aperitivo.

LA LAGUNA DE CHAPALA

La laguna de Chapala es la masa de agua continental más grande de México; se encuentra 45 km al sur de Guadalajara, el lugar es muy hermoso. **Chapala**, en la ribera norte, se ha convertido en una comunidad estadounidense para personas retiradas no muy diferente a las que existen en Arizona y Nuevo México. En las cercanías, **Ajijic** se ha conservado como asentamiento mexicano para artistas y artesanos.

Esta zona ha empezado a desarrollarse recientemente, después de que se construyera una ruta pavimentada hasta la ribera sur. **La oficina de turismo de la laguna de Chapala** se encuentra en la ciudad de Chapala, ((376) 53141, avenida Madero, 200; abierta al público de lunes a viernes, de 09.00 a 19.00 horas y los fines de semana, de 09.00 a 13.00 horas.

Las visitas a Ajijic duran seis horas y son muy interesantes por los paisajes: amplios valles agrícolas que van desde la ciudad hasta las montañas, al otro lado del lago.

Alojamientos y restaurantes

Después de pasar unas noches en la magnífica **Nueva Posada**, ((376) 61444, FAX (376) 61344, Donato Guerra, 9, no le costará entender porqué tantos *gringos* deciden retirarse a Ajijic. Este albergue dispone de 16 habitacio-

PÁGINA ANTERIOR: Las casas pintadas de Tlaquepaque.

nes y se encuentra frente al lago, en medio de un jardín exuberante, y su restaurante es el mejor de la ciudad. Es recomendable reservar con antelación.

AGUASCALIENTES

Al norte de Guadalajara se encuentra el pequeño estado de Aguascalientes y la moderna capital del mismo nombre. Así llamado por sus fuentes termales, este estado es productor de vinos, y también conocido por sus cerámicas, tejidos y bordados. Aguascalientes ha conservado parte de su sabor colonial a pesar de su nivel de desarrollo industrial, y cuenta con un amplio sistema de misteriosos túneles excavados por los habitantes prehispánicos de la zona. La Feria de San Marcos, la más antigua de México pues tiene sus orígenes en 1640, es una fiesta que dura tres semanas, a finales del mes de abril, y en la que sucede todo aquello que caracteriza una feria mexicana: toros, rodeos, desfiles, fuegos artificiales y conciertos. Otra época popular para los turistas es la primera semana de septiembre, en la que la ciudad celebra la cosecha con el festival de la uva.

La ciudad vieja tiene su centro alrededor del **parque de San Marcos** y varias estructuras coloniales: el **Palacio de Gobierno**, la **catedral de Nuestra Señora de la Asunción**, y la **iglesia de San Marcos**, todas ellas monumentos de una era en la que la ciudad no era más que un puesto avanzado.

ZACATECAS

El estado de Zacatecas debe su nombre al zacate que cubre sus llanuras y colinas. Zacatecas posee importantes depósitos minerales de oro, plata, cobre, zinc, mercurio y plomo. La minería y la transformación de los minerales constituye la base de su economía desde que los españoles descubrieron allí yacimientos de plata, poco tiempo después de la conquista. La riqueza de sus minas se refleja en la elegancia de los edificios coloniales de la capital.

ZACATECAS, CAPITAL COLONIAL

Acomodada en las laderas del árido cerro de la Bufa, la ciudad de Zacatecas ha conserva-

do sus mansiones coloniales y sus calles adoquinadas, al tiempo que se ha convertido en una moderna ciudad de más de 120.000 habitantes. Hay una **oficina de información turística estatal** en la esquina de avenida Hidalgo y callejón de Santero, ((492) 40552, FAX (492) 29329. El mayor atractivo de la ciudad es la **catedral**, en la plaza Hidalgo, considerada por los eruditos como el ejemplo supremo del estilo churrigueresco mexicano. Por desgracia, los decorados del interior han ido desapareciendo como consecuencia de distintas guerras.

Al otro lado de la plaza se encuentra el **Palacio de Gobierno** (abierto entre semana de 09.00 a 17.00 horas y el sábado, de 09.00 a 13.00 horas), construido en el siglo XVIII como residencia privada; en su interior, una

serie de frescos reflejan la historia de Zacatecas. Hacia el norte, en el ángulo sudoeste de la **plaza de Armas**, se halla el **Palacio de Justicia**, otra antigua residencia privada colonial, también conocido como el «**Palacio de la Mala Noche**» (abierto entre semana de 10.00 a 14.00 horas y de 16.00 a 19.00 horas), debido a que su propietario original quebró durante su construcción. Una versión popular de la historia sostiene que, una noche, la depresión sufrida por el propietario era tal que decidió suicidarse, pero que se salvó al recibir la noticia de que se había descubierto una nueva veta en su mina de plata. Al sudoeste de la catedral, está el **mercado González Ortega**, que fue el mercado central, y que se ha convertido en un moderno conjunto comercial que conserva la única estructura

metálica original. Más allá se erige la **iglesia de San Agustín**, con una de las más hermosas fachadas platerescas del país.

En el callejón de Viny, se encuentra el **templo de Santo Domingo**, soberbio ejemplo de la arquitectura barroca y cuyo interior es mucho más interesante que el de la catedral. Cabe hacer notar los 8 bellos retablos churriguerescos. Cerca de allí se encuentra el **Museo Rafael Coronel**, ((492) 28116, en Vergel Nuevo, entre Chaveño y García Salinas (abierto entre semana, menos los miércoles, de 10.00 a 14.00 horas y de 16.00 a 19.00 horas, y los domingos, de 10.00 a 17.00 horas), que cuenta con una impresionante colección de máscaras hechas a mano.

La región de Zacatecas es conocida por sus extrañas formaciones rocosas y por su agreste paisaje.

También se puede visitar la **mina de Edén**, ((492) 23002, en Antonio Dovali, junto a la avenida Torreón (entrada libre; abierto todos los días de 10.00 a 18.00 horas). La mina dio plata a Zacatecas durante más de cuatro siglos hasta su clausura, en 1960. Existe un tren que recorre los túneles por debajo de la ciudad colonial.

Ninguna visita a Zacatecas está completa sin ver la ciudad desde el **cerro de la Bufa**, de 2.700 m de altura, situado 4 km al norte de la misma. Allí se encuentra el **Museo de la Toma de Zacatecas**, ((492) 28066 (abierto de martes a domingo, de 10.00 a 17.00 horas), un museo lleno de recuerdos de la victoria de Pancho Villa sobre el dictador Victoriano Huerta. También en la cima se eleva el **santuario de la Virgen de Patrocinio**, en honor a la patrona de la ciudad. Hay un teleférico que sobrevuela la ciudad y llega al cerro del Grillo, a 650 m de la mina de Edén. El teleférico funciona todos los días de mediodía hasta la puesta de sol.

ALOJAMIENTOS TURÍSTICOS

El hotel más exclusivo de la ciudad es el **Quinta Real**, ((492) 29104 o (800) 426-0494 (LLAMADA GRATUITA), FAX (492) 28440, en González Ortega, cerca del acueducto. Está construido alrededor del edificio más antiguo de México. Su 49 habitaciones son caras y dan a una plaza de toros en desuso. En el antiguo toril se encuentra, hoy en día, el bar. El **Continental Plaza**, ((492) 26183, FAX (492) 26245, avenida Hidalgo, 703, dispone de 115 habitaciones y *suites* instaladas en una magnífica residencia del siglo XVIII en piedra de cantera rosa. En la categoría de hoteles baratos, destaca la **Posada de la Moneda**, ((492) 20881, Hidalgo, 413, que cuenta con 36 habitaciones correctas, aunque algo venidas a menos.

RESTAURANTES

Los dos hoteles de lujo antes citados tienen excelentes restaurantes. En la ciudad, para saborear una buena comida mexicana a precios asequibles, acuda a **La Cuija**, ((492) 28275, en el centro comercial El Mercado la **ceneduría Los Dorados**, ((492) 25722, plazuela de García, 1314, y al **mesón la Mina**, ((492) 22773.

CÓMO LLEGAR

Al aeropuerto, situado unos 25 km al norte de la ciudad, llegan vuelos de compañías importantes procedentes de la capital. La estación de autobuses se encuentra cerca del centro urbano; de ahí parten autobuses hacia Guadalajara y las ciudades vecinas.

GUADALUPE

A 7 km de la capital, hacia el sudeste, se encuentra el pueblo de Guadalupe y, en él, el **convento de Nuestra Señora de Guadalupe**. Fundado en 1707, es un excelente ejemplo del concepto del barroco de los artesanos zacatecanos. Lamentablemente, una torre del siglo XIX estropea el conjunto. La **capilla de la Purísima** está adornada en exceso, pero tiene un bello piso de mezquite. El convento aloja una biblioteca privada y el **Museo de Arte Virreinal**, con una colección de pinturas coloniales. Otro monumento que merece la pena visitar es la **capilla de Nápoles**, ((492) 32386, en jardín de Juárez (los domingos, entrada libre; abierto de martes a domingo, de 10.00 a 17.00 horas).

CHICOMOZTOC

La zona arqueológica de **La Quemada** o **Chicomoztoc** se halla 53 km al sur. Esta fortaleza es uno de los pocos centros ceremoniales fundados en el noroeste mexicano. La civilización que lo construyó alcanzó su apogeo en el siglo XI y la ciudad fue destruida por el fuego a principios del XIII. Las estructuras entre las que se encuentran pirámides, juegos de pelota, palacios y templos, se extienden 1.500 m a lo largo de la cresta de la montaña.

FRESNILLO

A 65 km al norte de Zacatecas, se halla Fresnillo, la segunda ciudad en importancia del estado. Es una vieja ciudad minera que posee algunos bellos edificios coloniales. Más al norte, en el municipio de **Chalchuihuites**, que significa «piedra verde», se encuentra **Alta Vista**, otra zona arqueológica. Se considera que sus estructuras, que datan quizá del año 300 d. C., fueron construidas como observatorio astronómico.

En los confines de Zacatecas está el pintoresco pueblo de **Sombrerete**, dominado por sus tres iglesias.

SAN LUIS POTOSÍ

Todo aquel que viaja desde el norte hacia Ciudad de México, pasa por la ciudad colonial de San Luis Potosí, capital del estado homónino. Fue, en dos ocasiones, sede del Gobierno nacional en tiempos del presidente Juárez, y desde ella éste dictó la sentencia de muerte de Maximiliano.

La ciudad fue fundada en 1592, al descubrirse importantes yacimientos de oro, plata, plomo y cobre. En la actualidad, es un importante centro minero y comercial, y un lugar donde se cruzan numerosas rutas comerciales. Su centro ha conservado mucho de su sabor del viejo mundo. La **oficina de información turística**, ((48) 129939, FAX (48) 126769, avenida Venustiano Kerns, 325, abierta de lunes a sábados, de 09.00 a 20.00 horas, dispone de mapas de la ciudad, que fue una de las tres más ricas de la Nueva España en el siglo XVII.

El **jardín de Hidalgo**, avenida Kerns con avenida Hidalgo, se encuentra en el corazón de la ciudad. Está muy bien diseñado y contiene varias joyas del arte colonial entre las que destaca el **Palacio de Gobierno**, que fue

la residencia del primer emperador de México, Agustín de Iturbide, y que tardó más de un siglo en concluirse, y la **catedral** (avenidas de Othón y Zaragoza), en la que se erigen las estatuas de mármol de los doce apóstoles, y que tiene un altar sumamente adornado y un porche hexagonal.

Cerca del jardín se encuentra la **iglesia del Carmen**. Los azulejos multicolores que decoran esta iglesia del siglo XVII le dan una apariencia surrealista. El edificio de al lado es el **teatro de la Paz**, cuya construcción tomó como modelo la Ópera de París.

Cruzando la calle, en el viejo Palacio Federal, se halla el **Museo Nacional de la Máscara**, calle Villerias, de entrada libre de lunes a viernes, de 10.00 a 14.00 y de 16.00 a 18.00 horas, y sábados y domingos, de 10.00 a 14.00 horas. En él se exhiben muestras que reflejan las influencias de las conquistas.

Tres manzanas al oeste del museo, en la **plaza de San Francisco**, está la **iglesia de San Francisco**, con una fachada de color naranja tostado, y una sacristía de exquisita ornamentación. A la vuelta de la esquina, y en lo que fue una vez monasterio franciscano, se aloja el **Museo Regional Potosino**, Galeana, 450, de entrada libre, de martes a viernes, de 10.00 a 13.00 y de 15.00 a 18.00 horas, y los sábados y domingos, de 10.00 a 12.00 horas. Merece la pena visitarlo para ver la hermosa capilla de Aránzazu.

La **Casa de la Cultura**, ((48) 132247, avenida Kerns, 1815, 3 km al oeste del centro de la ciudad (abierto de martes a viernes, de 10.00 a 14.00 y de 16.00 a 18.00 horas, y los domingos, de 10.00 a 14.00 horas), cuenta con una colección de arte prehispánico y antigüedades coloniales y organiza exposiciones temporales de artistas de la localidad.

San Luis tiene una de las plazas de toros más importantes de México, la de **Fermín Rivera**, que se encuentra en el área norte de la ciudad, cerca del **parque de la Alameda**. En el gran mercado central, el **mercado Hidalgo**, se encuentran los preciados rebozos de seda, procedentes del vecino pueblo de Santa María del Oro. También aquí es un buen sitio para degustar dos especialidades locales: las enchiladas potosinas, a base de la clásica tortilla mexicana, y el queso de tuna, plato dul-

Las estatuas de los doce apóstoles adornan la catedral de San Luis Potosí.

ce y bastante empalagoso, hecho a base de tunas, el fruto espinoso del nopal.

A 20 km de la ciudad, hacia el oeste, se encuentra el pueblo fantasma de **Cerro de San Pedro**, que fue el cuartel general, en el siglo XVII, de las minas de oro y plata que hicieron rico a San Luis Potosí.

ALOJAMIENTOS TURÍSTICOS

El **hotel María Cristina**, ((48) 129408 o (800) 480-6100 (LLAMADA GRATUITA), FAX (48) 128823, Juan Sarabia, 110, es céntrico y económico a la vez. Cuenta con aparcamiento, piscina en la azotea y 74 habitaciones. El **hotel Plaza**, ((48) 124631, Jardín Hidalgo, 22, dispone de 32 habitaciones económicas.

RESTAURANTES

Uno de los restaurantes más recomendables es el de la **Posada del Virrey**, ((48) 127055, jardín Hidalgo, 3, que ocupa tres casas contiguas. **La Parroquia**, ((48) 126681, avenida Kerns, 303, es un café económico en el que se reúnen estudiantes, oficinistas y viajeros.

CÓMO LLEGAR

El aeropuerto se encuentra a 11 km del centro urbano. A él llegan vuelos procedentes de México, Morelia y EE UU. En la estación de autobuses hay salidas diarias hacia San Miguel de Allende, León, Querétaro, México y Guadalajara.

REAL DE CATORCE

En el norte del estado se encuentra la ciudad fantasma de Real de Catorce, bautizada así por los catorce bandidos que devastaban la zona en el siglo XVIII. Otra leyenda afirma que el nombre deriva de catorce soldados españoles que murieron aquí en 1705. Se alcanza la ciudad a través de una galería minera de 2.750 m de longitud para visitar los edificios que quedan del centro minero: la **iglesia de la Purísima Concepción**, la **Casa de la Moneda**, la **plaza de toros** y el **palenque**. **Matehuala**, la segunda ciudad de San Luis, constituye un buen lugar de fin de etapa.

El oeste mexicano cuenta con paisajes amplios y espectaculares.

Las maravillas del oeste

El altiplano
del
centro-norte

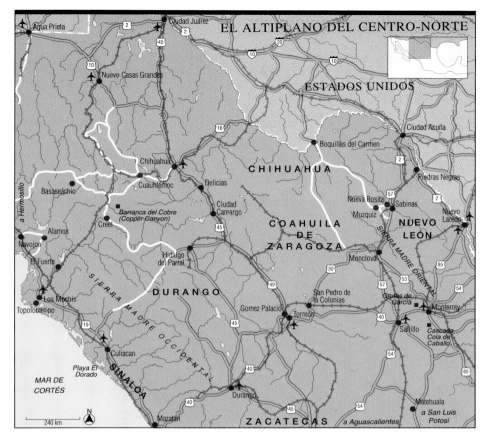

EL ALTIPLANO DEL CENTRO-NORTE

Agua Prieta
Ciudad Juárez
ESTADOS UNIDOS
Nuevo Casas Grandes
Ciudad Acuña
Boquillas del Carmen
Chihuahua
CHIHUAHUA
Piedras Negras
Cuauhtémoc
Delicias
Basaseáchic
Nueva Rosita
Sabinas
Nuevo Laredo
Ciudad Camargo
Muzquiz
a Hermosillo
Barranca del Cobre
(Copper Canyon)
NUEVO
LEÓN
Creel
COAHUILA
DE
ZARAGOZA
Alamos
Navojoa
Hidalgo
del Parral
Monclova
El Fuerte
SIERRA MADRE OCCIDENTAL
DURANGO
San Pedro de
la Colonias
Grutas de
García
Monterrey
Los Mochis
Topolobampo
Gomez Palacio
Torreón
Saltillo
Cascada
Cola de
Caballo
Culiacan
Playa El
Dorado
SINALOA
MAR DE
CORTÉS
Matehuala
a San Luis
Potosi
Durango
N
240 km
Mazatlan
ZACATECAS
a Aguascalientes

LOS ESPAÑOLES llegaron al altiplano del centro-norte, donde se encuentran los estados de **Chihuahua**, **Durango**, **Coahuila de Zaragoza** y **Nuevo León**, en busca de las legendarias «ciudades de oro». No encontraron ninguna, pero algunos recientes descubrimientos arqueológicos han proporcionado cierta credibilidad a la leyenda. Las estructuras de Casas Grandes sugieren la existencia de sofisticadas sociedades prehispánicas en estas zonas, que fueron destruidas por otras tribus indias antes del siglo XVI.

La zona sufrió frecuentes incursiones por parte de los indios de Arizona y Texas, lo que hizo a las tribus nómadas que permanecieron en ella hostiles frente a los extranjeros. Una de las tribus, la tarahumara, que es todavía nómada, habita las regiones frías de la sierra Tarahumara durante el verano y sus cañones semitropicales en invierno.

No encontraron ciudades de plata, pero en las colinas y cañones de la árida altiplani-cie, a 1.500 m de altura, encontraron plata, cobre y oro en grandes cantidades.

Durante siglos, los indios fueron esclavizados y obligados a trabajar en las minas, en primer lugar por los españoles y más tarde por ricos mexicanos o compañías estadounidenses, y dominados por la Iglesia, que proporcionó alojamiento y educación a unos pocos y apaciguó a los demás para que permanecieran sumisos a los ricos que, a su vez, llenaban las arcas de la Iglesia.

De esta injusta sociedad surgió Doroteo Arango, más conocido como Pancho Villa, el Robin Hood del Oeste. Dicen que, cuando era todavía un muchacho, vio cómo el capataz de un rancho violaba a su hermana. Después de matar al capataz, se dedicó al bandidaje y cambió su nombre por el de Pancho Villa.

El cañón del Cobre de México es cuatro veces más grande que el Gran Cañón de Estados Unidos; es también el hogar de los indios tarahumara.

Posteriormente, encabezó en el norte la lucha a favor de la Revolución mexicana. Después de ser derrotado, en 1915, por Álvaro Obregón, se refugió en las montañas. En 1920, firmó la paz con el Gobierno mexicano, se retiró a Durango y, tres años más tarde, fue asesinado en Hidalgo del Parral.

Muchos viajeros consideran el altiplano del centro-norte como un corredor polvoriento, pero esto es falso. Fuera de la autopista principal, hay pueblos que todavía no han sido mancillados por el turismo y que constituyen la verdadera alma de este país.

texana de El Paso. Ciudad Juárez tiene un encanto muy personal, a la vez antiguo y moderno. Algunos visitantes dedican unas horas a visitar la **Misión de Nuestra Señora de Guadalupe**, un edificio del siglo XVII, el centro cultural y sus muchos restaurantes, bares y tiendas.

INFORMACIÓN TURÍSTICA

La **oficina de turismo**, ℂ (16) 152301/140607, está en la avenida Francisco Villa, en el malecón, cerca del Palacio Municipal.

Gran parte del altiplano está a más de 1.400 m de altura, y las temperaturas oscilan entre los 10 °C en invierno y una media de 25 °C en los meses de mayo a agosto. Las noches son frescas, pero nunca frías, y las lluvias, torrenciales, aunque poco frecuentes.

CIUDAD JUÁREZ

En la ribera sur del río Grande, que constituye la frontera entre México y Texas, se encuentra Ciudad Juárez, la quinta ciudad en magnitud de México. Tanto Benito Juárez como Pancho Villa establecieron en ella su cuartel general en varias ocasiones; en la actualidad constituye una ciudad fronteriza y centro comercial, hermanado con la ciudad

VISITAR CIUDAD JUÁREZ

Ciudad Juárez cuenta con varias iglesias, parques y museos interesantes. La **Misión de Nuestra Señora de Guadalupe** es un edificio de piedra que fue construido entre 1688 y 1670. Queda en el margen oeste de la plaza principal, entre el palacio municipal y el mercado Cuauhtémoc, junto a la calle Mariscal. Vale la pena desviarse a las zonas arqueológicas de **Casas Grandes**, muy cerca de **Nuevo Casas Grandes**, el asentamiento prehispánico más importante al norte del valle central. Es el único lugar en el que se han encontrado edificios tolteca-aztecas (juegos de pelota, plataformas y pirámides) y esculturas de Quetzalcóatl junto a viviendas en acantilados, cámaras subterráneas (*kivas*), y alfarería propias de las culturas del sudoeste de Estados Unidos.

ALOJAMIENTOS Y RESTAURANTES

La mayoría de los hoteles de Ciudad Juárez son algo más caros que los del resto del país, pero su calidad es igualmente superior. El **hotel Lucerna**, ((16) 112911, FAX (16) 110518, en Poniente de la República, esquina con la avenida López Mateos, es un establecimiento elegante y antiguo que cuenta con 140 habitaciones y precios moderados.

El restaurante **Chihuahua Charlie's Bar & Grill**, en el paseo Triunfo de la República, 2525, sirve una excelente carne asada y unos deliciosos platos de marisco fresco.

CÓMO LLEGAR

De Ciudad Juárez parten varios trenes hacia el sur. El aeropuerto se encuentra a 18 km del centro y los vuelos a ciudades mexicanas son más baratos que desde Estados Unidos. La carretera 45, que conduce hacia el sur, es muy cómoda.

CHIHUAHUA

Chihuahua es la capital de uno de los estados más grandes de México: 247.000 km^2 de desiertos, praderas y cañones. La ciudad parece un espejismo en pleno desierto, y es una extraña combinación de elegancia colonial, rusticidad vaquera y modernos barrios industriales. Fundada en 1709, al pie de Sierra Madre Occidental, fue conocida como San Francisco de Cuéllar, más tarde, en 1718, como San Felipe Real de Chihuahua y, finalmente, recibió, en 1821, su nombre definitivo de Chihuahua, que significa «lugar seco», en lengua tarahumara.

De las sierras próximas procede gran parte de la plata de México, y Chihuahua es, todavía, líder en esta producción, aunque la economía de la zona se ha diversificado hacia otros ámbitos.

Chihuahua tiene una historia variada e interesante. El cura Miguel Hidalgo, padre de la Independencia mexicana, fue ejecutado en esta ciudad en 1811, del mismo modo que lo fueron Allende y Aldama. Durante la guerra méxicoamericana (1846-1848) y la invasión francesa (1862-1866), las tropas de Estados Unidos ocuparon la ciudad. También vivió en ella Benito Juárez. En Chihuahua nació el levantamiento comandado por Francisco I. Madero y Pancho Villa, que condujo a la dimisión del presidente Porfirio Díaz y a la Revolución mexicana.

INFORMACIÓN TURÍSTICA

La ciudad cuenta con dos **oficinas de información turística**. Una se encuentra en la avenida Libertad, en un primer piso, ((14) 293421 / 293300, FAX (14) 160032, y abre entre semana de 08.00 a 13.30 horas y de 15.30 a 18.00 horas. La otra queda en el patio central del Palacio de Gobierno, en la plaza Hidalgo, ((14) 293300, extensión 1061, o (14) 101077. Abre de 09.00 a 19.00 horas entre semana y de 10.00 a 14.00 horas los fines de semana.

VISITAR CHIHUAHUA

La **catedral**, sita en la plaza de la Constitución, es un ejemplo excelente de la arquitectura colonial aplicada a las iglesias. Su construcción duró más de un siglo, de 1717 a 1826. En la fachada barroca, superadornada, se hallan las estatuas de los doce apóstoles y la de san Francisco, a quien está dedicada la catedral. En su interior, el **Museo de Arte Sacro** (abre entre semana de 10.00 a 14.00 horas y de 16.00 a 18.00 horas) muestra una colección de arte mexicano del siglo XVIII.

Los edificios del gobierno de Chihuahua, del siglo XVIII, y que están todavía en uso, rodean la **plaza Hidalgo**, en la que se erige un monumento de bronce y mármol de 15 m de altura en honor de Miguel Hidalgo. Los estudiantes de la Universidad de Chihuahua utilizan la plaza como punto de reunión y de protestas y manifestaciones. El **Palacio Federal**, hoy en día oficina central de Correos, en la parte sur de la plaza, es el lugar en el que el cura Hidalgo estuvo prisionero hasta que cruzó la plaza en dirección al **Palacio de Gobierno** para ser ejecutado. Allende y Aldama habían hecho ese mismo recorrido 313 días antes. El Palacio de Gobierno se puede visitar diariamente de 08.00 a 18.00 horas.

El palacio fue, en sus inicios, un colegio jesuita, construido en 1717, pero destruido casi completamente por un incendio en 1914.

El patio central del Palacio de Gobierno de Chihuahua vio morir ejecutado al revolucionario Miguel Hidalgo.

Lo que se puede ver actualmente es una reconstrucción muy cuidadosa. Los muros que rodean el patio central están adornados con murales de Piña Mora, que reflejan la historia de Chihuahua.

Al noroeste de la plaza, en la calle Libertad, se ubica la **iglesia de San Francisco**, donde fue enterrado, en secreto, el cuerpo decapitado de Hidalgo. En 1823, al triunfar el movimiento independentista, fue trasladado a Ciudad de México.

Una manzana al sur de la catedral se encuentra la **Quinta Gameros**, que aloja el **Museo Regional de Chihuahua**, ((14) 166684, Bolivia, 401; entrada: 2 USD; abierto de martes a domingo, de 10.00 a 14.00 y de 16.00 a 19.00 horas. El edificio del museo, con sus decorados *art nouveau* y su colección de piezas de Casas Grandes, justifica el precio de la entrada. También se muestran escenas de la vida y costumbres de los menonitas, que se instalaron cerca de la ciudad en 1921 y que constituyen una comunidad de 55.000 personas.

La **Quinta Luz**, ((14) 162958, en calle Décima, 3014; abierta al público todos los días, de 09.00 a 13.00 y de 15.00 a 19.00 horas, es el palacio en el que vivió durante un tiempo Pancho Villa, y hogar de su viuda hasta su muerte, en 1984. Hoy forma parte del **Museo de la Revolución**. En él se exhiben fotografías, uniformes y otros recuerdos.

En las afueras de la ciudad, algunas de las viejas minas de plata en **Santa Eulalia** y **Aquiles Serdán** están abiertas al público. Las horas de visita varían de acuerdo con la época.

ALOJAMIENTOS TURÍSTICOS

Chihuahua cuenta con hoteles de todas las categorías. Los más conocidos se encuentran en los alrededores de la catedral.

Caros

El **Camino Real Chihuahua**, ((14) 292929 o (800) 722-6466 (LLAMADA GRATUITA), FAX (14) 292900, barranca del Cobre, 3211, se encuentra en la cima de una colina y dispone de 204 habitaciones. El hotel cuenta con piscina y dos restaurantes. El **Holiday Inn Hotel & Suites**, ((14) 143350, FAX (14) 133313, Escudero, 702, se encuentra a diez minutos del centro. Sus 72 *suites* tienen cocina y vídeo y el hotel dispone de piscina climatizada y gimnasio.

Moderados

La **posada Tierra Blanca**, ((14) 150000, FAX (14) 16063, en Niños Héroes, 102, dispone de 103 habitaciones y un mural de Piña Mora. Queda a unos metros del centro.

RESTAURANTES

Chihuahua es un estado ganadero, y la carne es la mejor de México. Por ello, hay numerosos restaurantes especializados en ella. Se recomiendan **La Olla de Chihuahua**, ((14) 147894, en avenida Juárez, 331, que, a pesar de ser caro, merece la pena por la calidad de sus filetes, y **El Club de los Parados**, ((14) 153504, avenida Juárez, 3901, uno de los restaurantes más famosos de la ciudad. **El Taquito**, ((14) 102144, Venustiano Carranza, 1818, es económico y queda cerca de la plaza principal.

CÓMO LLEGAR

Chihuahua se encuentra 370 km al sur de la frontera de El Paso y Ciudad Juárez. A su aeropuerto llegan cada día vuelos procedentes de Estados Unidos, Tijuana, Ciudad de México, Monterrey y Guadalajara. Para llegar en coche, tome la carretera 45 procedente del El Paso, en el norte, o de México, en el sur.

LAS COLONIAS MENONITAS

Saliendo de Chihuahua y en dirección oeste, se produce un cambio en el paisaje. Las polvorientas llanuras pardas dan paso a los campos alrededor de **Cuauhtémoc**, la mayor colonia menonita, donde las tierras áridas han sido transformadas en prósperos vergeles.

Así denominada en honor de su fundador, Menno Simons, los menonitas basan su prosperidad en el trabajo duro, desdeñando el uso de maquinaria moderna. Los más puros rehúsan incluso utilizar ropa con cremalleras.

Visitar las colonias menonitas

Aun cuando una de sus casas, una fábrica de quesos y su almacén general están abiertos al público, los menonitas no están demasiado interesados en el turismo. Muchos de ellos hablan únicamente un dialecto alemán del siglo XVIII. Constituyen una sociedad cerrada, interesada únicamente en su religión, de la que la autosuficiencia es un importante componente. Sus granjas son modelo de eficiencia. Si desea visitar una, póngase en contacto con **Cumbres Friesen**, ((158) 25457, FAX (158) 24060, en el 466 de la calle 3A, una agencia de viajes que pertenece al menonita David Friesen.

Alojamientos turísticos

El **Hotel Rancho La Estancia**, ((14) 161657, es el único de la zona. Se encuentra a 10 km de Chihuahua por la carretera 65, en el cruce con las carreteras 20 y 21.

Occidental. En sus bordes, a 2.000 y 3.000 m, crecen cactus gigantes y bosques de coníferas. En invierno están, con frecuencia, cubiertos de nieve y en verano son cálidos y secos. El fondo de los cañones tiene un clima tropical, con palmas, cítricos y orquídeas silvestres. Los arqueólogos han estimado que algunas de las cuevas y los restos de alfarería allí encontrados datan del año 1000, y que son atribuibles a los antepasados nómadas de los tarahumara. Los exploradores españoles y los misioneros jesuitas trazaron su camino por estos desfiladeros casi inaccesibles y re-

Cómo llegar

Las colonias menonitas están cerca de Cuauhtémoc, 150 km al nordeste de Creel y 104 km al sudoeste de Chihuahua.

LA BARRANCA DEL COBRE

Comparada con frecuencia con el Gran Cañón de Estados Unidos, la **barranca del Cobre** constituye una atracción que hace único este país. Cuatro veces más ancha y 91 m más profunda que el Gran Cañón, la barranca del Cobre, que es en realidad un conjunto de cañones, es una de las pocas maravillas del mundo no explotadas.

    La barranca está constituida por una docena de amplios desfiladeros en Sierra Madre

descubrieron los depósitos minerales de cobre, oro, plata y ópalos. Después les siguieron las compañías mineras estadounidenses, que a final del siglo pasado planearon un ferrocarril. Éste se terminó en 1961, cuando ya había cesado la fiebre minera; sin embargo, constituye una pieza de ingeniería.

Cómo llegar

Dos trenes parten diariamente de Chihuahua en dirección a Los Mochis, pasando por la barranca del Cobre. El mejor de ellos es el *Chihuahua al Pacífico*, que tiene primera y segunda clase a un precio aproximado de 45

La barranca del Cobre es una de las maravillas naturales más grandes del mundo.

y 15 USD, respectivamente, y que emplea 12 horas en el viaje y hace 12 paradas. Sale a las 06.00 horas y dispone de un vagón restaurante que no siempre está abierto. El otro, el *Pollero*, no sale hasta las 07.00 horas. Es el tren local y realiza 55 paradas.

Otra posibilidad pasa por viajar saliendo de Los Mochis, en dirección a Chihuahua. Reservar plaza es casi imprescindible, porque nunca se sabe cuándo el tren se va a llenar de grupos de viajes organizados. Es bastante habitual que sufran averías y que haya que pasar varias horas en una vía muerta, reparando el motor. Otro inconveniente es presentarse en la estación y que el tren no llegue a pasar. Si quiere detenerse en algún punto del trayecto para pasar la noche, debe comprar dos billetes independientes. La estación de Chihuahua, ((14) 157756, está entre las calles Veinte de Noviembre y Ocampo. En Los Mochis, la estación, ((68) 157775, está a 5 km de la ciudad, en la avenida Onofre Serrano.

Visitar la barranca del Cobre supone una experiencia excepcional, pero no está exenta de dificultades. Los trenes no son demasiado cómodos: en invierno, se morirá de frío y en verano, de calor. El restaurante no siempre está abierto. Además, el incremento de robos ha propiciado que haya policías en casi todas las estaciones: guarde a buen recaudo su dinero, su pasaporte y sus joyas. A pesar de todo, la experiencia merece la pena, pues la barranca del Cobre es uno de los lugares más bellos del mundo.

VISITAR LA BARRANCA DEL COBRE

El viaje de 12 horas desde Chihuahua a Los Mochis, en la costa del Pacífico, es muy espectacular. Entre Creel y Los Mochis, el tren pasa a través de 86 túneles y sobre 39 puentes y, a lo largo de los 2.700 m de altura que cubre el viaje, los viajeros pueden contemplar interesantes formaciones geológicas.

Es posible detenerse en **Creel**, **Divisadero**, **Cerocahui/Bahuichivo** y **El Fuerte**. El tren sólo se para unos minutos en cada estación; si baja a comprar comida, súbase rápidamente en cuanto oiga el silbato. Cada uno de estos pueblos cuenta con hoteles pequeños y desde ellos se pueden realizar excursiones a pie, en mula o a caballo por los lagos, las cascadas y los pueblos tarahumara de los alrededores.

El viaje no está completo si no pasa una o dos noches en alguna de estas localidades.

Los tarahumara, cazadores tan veloces que, a pie, consiguen perseguir su pieza hasta cansarla, se mantienen firmemente apegados a su cultura, a su forma de vida y a su tierra. Durante el invierno ocupan las zonas bajas de los cañones y al llegar el verano se desplazan con su ganado a las tierras de la alta montaña. Tiempo atrás, dominaban la mayor parte del estado de Chihuahua; no obstante, hoy se han concentrado en los remotos lugares de la barranca del Cobre.

Para poder sobrevivir durante siglos, los tarahumara han aceptado, de las fuerzas dominantes, lo indispensable, y ello bajo sus propias condiciones. La presión de los misioneros los han convertido a un catolicismo rudimentario, y celebran las fiestas de la Semana Santa, Corpus Christi, Todos los Santos y Navidad. Sin embargo, sus ceremonias se parecen poco a las funciones religiosas católicas, y se acercan más a las de la religión tarahumara.

Los tarahumara también han sufrido presiones por parte de los magnates de la droga, que se han adueñado de amplias franjas de la barranca para cultivar marihuana. Si desea visitar la barranca, busque un guía local que lo mantenga alejado de las zonas de peligro. Los cañones se pueden recorrer a pie, a caballo o en mula partiendo de alguna de las localidades antes citadas. En todas ellas encontrará guías y alquiler del equipo necesario.

ALOJAMIENTOS Y RESTAURANTES

En los pueblos situados junto a las vías del tren encontrará varios hoteles de montaña. Algunos pertenecen a la cadena Balderrama y se pueden reservar desde el hotel Santa Anita de Los Mochis. Reserve con antelación, sobre todo en primavera y en otoño. Los únicos restaurantes disponibles son los de los hoteles, excepción hecha de Creel, que cuenta con mayor variedad.

CREEL

Creel es el típico pueblo del oeste y se encuentra en la cima de la barranca. Desde allí se organizan excursiones a las grutas habitadas de la zona, a las cascadas y a **Batopilas**. Fue una de las localidades mineras más prósperas del

México del siglo XVIII, y en la actualidad cuenta con 500 habitantes que viven cerca de haciendas del siglo XIX en ruinas. La catedral del siglo XVII parece un oasis de flores y se encuentra a 6,5 km del puesto.

Alojamientos turísticos

Si es de aquellos a quienes gusta que todo esté bien organizado, acuda al **Parador de la Montaña**, ((145) 60075, FAX (145) 60085, avenida López Mateos, 41, el mayor hotel de la ciudad. Dispone de 49 habitaciones a precios moderados. El edificio es algo viejo pero el

pertenece a la misma sociedad. Se trata de uno de los pocos albergues de lujo de la zona.

En la zona hay varios hoteles baratos, algo que agradecerá el bolsillo de muchos viajeros, ya que ir a la barranca del Cobre no resulta especialmente económico.

De regreso a Creel, los viajeros de presupuesto limitado pueden acudir al **hotel Nuevo**, ((145) 60022, FAX (145) 60043, Francisco Villa, 121, que cuenta con 36 habitaciones, o al **Margaritas**, ((145) 60045, avenida López Mateos, esquina con la Parroquia. A pesar de su aspecto de residencia particular, el hotel

restaurante está muy animado y su dueño es un húngaro que conoce la barranca como la palma de su mano. El hotel organiza excursiones con guía. El **Cooper Canyon Sierra Lodge**, ((800) 340-7230/776-3942 (LLAMADA GRATUITA), se encuentra a 24 km de la estación, integrado en un bosque a modo de refugio de montaña. No tiene electricidad; la calefacción la proporcionan chimeneas y estufas de carbón. Sus 17 habitaciones son sorprendentemente cómodas y en el restaurante sirven comidas caseras abundantes en un ambiente muy familiar. Si desea mayor información, póngase en contacto con Copper Canyon Lodges, 2741 Paladan, Auburn Hills, MI 48326, EE UU. El **Cooper Canyon Riverside Lodge**, Batopilas, 126 km al sudeste de Creel,

alberga 21 habitaciones con baño. Si dispone de poco dinero, opte por una cama en una habitación colectiva.

EL DIVISADERO

El Divisadero dispone de hoteles más caros, pero de mejor calidad. El **hotel Cabañas Divisadero-Barrancas**, ((14) 103330, FAX (14) 156575 (para reservar, escriba a avenida Mirador, 4516, apdo. de correos 661, Colonia Residencial Campestre, Chihuahua, Chih. 31000), da a un acantilado, por lo que muchas de sus habitaciones y el restaurante cuenta con unas vistas espectaculares. El **Hotel Po-**

La manera más confortable de viajar al cañón del Cobre es en ferrocarril, ya que no hay carreteras.

sada **Barrancas Mirador**, ✆ (68) 187046 o (800) 896-8096 (LLAMADA GRATUITA), FAX (68) 120046, es un edificio de color rosa que no pasa desapercibido. Reserve en el hotel Santa Anita, Leyva o Hidalgo, apdo. de correos 159, Los Mochis, Sin. 81200. El **Hotel Mansión Tarahumara**, ✆ (681) 415-4721, en Chihuahua, parece un castillo medieval en lo alto de una colina, y cuenta con cabañas individuales.

BAHUICHIVO Y CEROCAHUI

Junto a las vías, en Bahuichivo hay un hotel desde el que se accede al desfiladero de Urique, en Cerocahui. El viajero puede visitar el desfiladero y las grutas, escuelas e iglesias tarahumara. La zona está llena de caminos que conducen a antiguas minas de pla-

ta, a cascadas y a impresionantes miradores. El **hotel Misión** (sin teléfono) de Cerocahui, pertenece al grupo Balderrama, por lo que se puede reservar habitación en el hotel Santa Anita de Los Mochis. Cuenta con 30 habitaciones con chimenea y carece de electricidad, aunque dispone de un generador que funciona a ciertas horas al día.

EL FUERTE

El Fuerte es una hermosa localidad colonial situada 80 km al nordeste de Los Mochis. La población debe su nombre a un río vecino y es un antiguo pueblo minero con casas coloniales y calles empedradas. El **Hotel Posada del Hidalgo**, ✆ (681) 30242, avenida Hidalgo, 101, está situado en una antigua residencia colonial y cuenta con 38 habitaciones a precios moderados. Se puede reservar en el hotel Santa Anita de Los Mochis. **El Fuerte Lodge**, ((68) 30242, avenida Hidalgo, dispone de 12 habitaciones. Sus precios son moderados y se encuentra en uno de los edificios más antiguos de la localidad. Su restaurante es el mejor de la zona.

LOS MOCHIS

Los Mochis es el término de la línea que une Chihuahua con el Pacífico. Es uno de los centros claves de comercio y transporte del estado de Sinaloa, y cerca de allí se encuentra el puerto más profundo del Pacífico, Topolobampo. De Los Mochis, los viajeros siguen hacia la península de Baja California.

La historia de la ciudad es motivo de alguna que otra controversia. Algunos afirman que la fundaron los estadounidenses en 1872, en la época en que se inició la construcción de la línea Chihuahua-Pacífico. Otros, le atribuyen el mérito a Benjamin Johnston, que construyó una refinería de azúcar en la zona. Se trata de una ciudad sin centro urbano, que recibe gran cantidad de viajeros que se disponen a coger un transbordador en Topolobampo o un tren en Los Mochis.

Sus playas son ideales para descansar, pero no para bañarse. En invierno, a sus colinas acuden gran cantidad de aves migratorias.

Información turística

La **oficina de turismo**, ((681) 126640, se encuentra en el centro administrativo, en Allende esquina con Ordoñez. La estación de tren, ((681) 415-7756/815-7775, queda en las afueras de la ciudad y es uno de los puntos de mayor interés turístico.

Alojamientos y restaurantes

El **hotel Santa Anita**, ((68) 187046 o (800) 896-8196 (LLAMADA GRATUITA), FAX (68) 120046, en la esquina de la calle Leyva con Hidalgo, es una especie de centro turístico de la ciudad. Pertenece al grupo Balderrama, una sociedad que posee gran cantidad de hoteles situados a lo largo del trayecto del tren, y sirve de oficina de reservas para los hoteles, los billetes de tren y las excursiones que se organizan en la región. Sus 133 habitaciones entran en la categoría de precios de moderados a caros y su restaurante es uno de los mejores de la ciudad.

DURANGO

Saliendo de Chihuahua en dirección sur, hacia Durango, se cruzan de nuevo áridas tierras ganaderas. En la pequeña localidad minera de **Hidalgo del Parral** hay un pequeño museo ubicado en el lugar donde murió Pancho Villa. El pueblo cuenta, asimismo, con dos iglesias impresionantes construidas gracias al dinero procedente de las minas vecinas. La **catedral de San José** destaca por su decoración interior y por su altar barroco de mármol rosa con adornos policromados.

El estado fronterizo con Chihuahua en el sur es Durango, que parece una continuación del mismo, pero carece de los depósitos minerales de aquél. **Durango**, capital del estado y, al mismo tiempo, la ciudad más grande de éste, es el centro comercial, cuya economía se apoya básicamente en el mineral de hierro. Las minas del cercano **cerro del Mercado**, una colina de 200 m de altura de dicho mineral, tienen una producción diaria de unas trescientas toneladas y pueden continuar en producción durante cien años más.

Durango es un lugar muy adecuado para pasar la noche antes de tomar la autopista en dirección a El Salto y la costa del Pacífico. Esta autopista, de 320 km, baja desde las altas montañas, a 1.890 m, hasta el nivel del mar.

INFORMACIÓN TURÍSTICA

La **oficina de turismo**, ((18) 113160, FAX (18) 119677, calle Hidalgo, 408 Sur, le facilitará los datos que precise.

VISITAR DURANGO

En la época del apogeo de las películas del oeste de Hollywood, se filmaron muchas de ellas en esta zona. Muchos de los platós no han sido desmontados y se pueden visitar en **Villa del Oeste**, **Chupaderos** y **Los Álamos**.

La **catedral Basílica Menor** es una excelente muestra de la arquitectura barroca. Su construcción duró casi un siglo y en ella se puede seguir el desarrollo del estilo barroco mexicano. Otro edificio notable de Duran-

Las extrañas formaciones rocosas como las que forman el valle de los Champiñones de Arareco, atraen por igual a los tarahumara y a los viajeros curiosos que recorren la barranca del Cobre.

go, del siglo XVIII, es la **casa del conde de Suchil** (calles Cinco de Febrero y Francisco Madero).

ALOJAMIENTOS TURÍSTICOS

La **posada Duran**, ((18) 112412, avenida Veinte de Noviembre, 506 Poniente, es un hotel de estilo colonial que cuenta con 17 habitaciones dispuestas entorno a un patio central.

El **Campo México Courts**, ((18) 187744, avenida Veinte de Noviembre esquina con Colegio Militar, es un lugar práctico para pa-

sar la noche si tiene previsto coger la carretera 40, en dirección a Torreón o a Monterrey.

RESTAURANTES

En Durango hay varios restaurantes muy agradables. Si le apetece comer comida mexicana de calidad, dése una vuelta por la **Cocina de Dulcinea**, en la calle Río Yaqui, cerca de la Ciudad Deportiva, en el extremo noroeste de la ciudad. O acuda a la **Fonda de la Tía Chona**, en la calle del Nogal, 110.

CÓMO LLEGAR

El aeropuerto de Durango está 26 km al nordeste de la ciudad. Aeroméxico y Mexicana

tienen vuelos directos entre Durango y Culiacán, Guadalajara, Mazatlán, Ciudad de México, Ciudad Juárez, Monterrey y Torreón. Para llegar en coche, es preciso tomar la carretera 45 desde el norte o desde el sur. Para llegar a la costa del Pacífico, coja la carretera 40, al oeste de Durango.

COAHUILA

El estado de Coahuila, cuyo nombre oficial es **Coahuila de Zaragoza**, es el tercero de México en cuanto a extensión territorial, pero la única tierra fértil se encuentra en algunos valles y depresiones con sistemas de irrigación. Hay poca diferencia entre Coahuila y Chihuahua, con la excepción de que la economía del primero se apoya en la gran industria siderúrgica de **Monclova**.

La ciudad más grande del estado es **Torreón**, en la frontera con Durango. Constituye un punto de cruce de las rutas de transporte y es un moderno centro industrial de escaso interés turístico.

CÓMO LLEGAR

La mayor parte de los visitantes de Coahuila proceden de Estados Unidos y cruzan la frontera en Boquillas del Carmen, Ciudad Acuña y **Piedras Negras**. Viajando hacia el sur por la carretera 57, vale la pena considerar el desviarse a **Melchor Múzquiz**, 55 km al oeste de Sabinas. En él se encuentra un asentamiento de los indios kikupú, miembros de la tribu de los algonquin, que se trasladaron a esta zona, hace unos doscientos años, en un último intento para proteger a su tribu del exterminio por parte de los colonizadores estadounidenses. La colonia más importante está en **Nacimiento de los Negros**.

SALTILLO

Rodeada por la árida Sierra Madre Oriental, Saltillo es un moderno centro industrial y agrícola y la capital del estado. Por ella pasó ya Cabeza de Vaca en 1533, pero no fue poblada hasta la llegada de Francisco de Urdiñola, en 1575. En el período comprendido entre 1835 y 1847, fue la capital del área que ocupan hoy el actual estado de Coahuila y el estado de Texas, en Estados Unidos.

Información turística

La oficina de turismo se encuentra en el primer piso del **Centro de Convenciones**, ((84) 152162 o (800) 718-4220 (LLAMADA GRATUITA), FAX (84) 152174, en el bulevar de Los Fundadores, km 6 de la carretera 57.

Visitar Saltillo

El monumento más significativo del centro de la ciudad, alrededor de la **plaza de Armas**, es la **catedral de Santiago**, del siglo XVIII y de estilo churrigueresco. Desde su alta torre se disfruta de una hermosa vista de la ciudad y de las colinas circundantes.

Saltillo es conocido por sus sarapes multicolores, fabricados en telares manuales. Se pueden adquirir en muchos comercios de la ciudad y en el **mercado Juárez**, mercado central en las avenidas Padre Flores y Allende. Los azulejos artesanales de Saltillo son muy apreciados y se emplean tanto en patios como en tejados.

Alojamientos y restaurantes

En el centro se encuentran algunos de lo más pequeños y los más antiguos. El **hotel Urdiñola**, ((84) 140940, calle Victoria, 211, ofrece una buena relación calidad-precio. Queda cerca de la plaza de Armas, de las tiendas y de los restaurantes. Si busca algo más cómodo, acuda al **hotel Camino Real**, ((84) 300000 o (800) 718-4002 (LLAMADA GRATUITA), FAX (84) 301030, bulevar de Los Fundadores, 6 km al sudeste de la ciudad. Cuenta con un bar, un buen restaurante, una cafetería, un minigolf, pistas de tenis y una piscina climatizada.

La mayor parte de los restaurates de la ciudad sólo sirven comida mexicana. Al igual que Chihuahua, este estado produce gran parte de la carne del país, por lo que es un buen lugar para comer un bistec. **El Tapanco**, en Allende Sur, 225, es uno de los mejores restaurantes de la ciudad. En una categoría de precios algo inferior, destaca el **Restaurante-Bar Las Vegas**, bulevar V. Carranza, 3984.

Cómo llegar

Saltillo se encuentra al sur de la frontera entre Texas y Coahuila, en la carretera 57. Como

queda muy cerca de Monterrey, pocas compañías aéreas importantes vuelan a Saltillo; el único vuelo regular es uno de TAESA procedente de Ciudad de México. La mayor parte de los viajeros llegan en coche. Saltillo es un punto de descanso habitual para quienes viajan hacia Texas.

NUEVO LEÓN

El estado de Nuevo León, el más oriental del norte de México, tiene en **Monterrey** la tercera ciudad en magnitud del país, pero el estado en sí ofrece pocos atractivos turísticos. Sin embargo, muchos turistas estadounidenses atraviesan este estado al dirigirse a Ciudad de México o a las playas del sur. En la parte norte, el estado se parece mucho a su vecino Coahuila, pero en el este se encuentra una abundante vegetación subtropical y densos bosques en el sur y el oeste.

MONTERREY

Monterrey, la capital del estado, es un importante centro industrial. Sus industrias producen gran parte del acero, vidrio, cemento, tejidos y productos químicos de México. También está en Monterrey la cervecería Cuauhtémoc, que produce la famosa cerveza Carta Blanca. Asimismo, esta ciudad posee varias universidades y, entre ellas, el Instituto Tecnológico de Monterrey, el mejor centro de enseñanza de ingeniería del país.

La ciudad se asienta en un valle de la Sierra Madre, entre el cerro de la Mitra (2.380 m) al oeste y el cerro de la Silla (1.740 m) al este. Muchos dicen que la forma de silla de montar de este último se debe a que un hombre de negocios local perdió una moneda en la cima del cerro y cavó y cavó hasta que la encontró. Sus habitantes se han constituido en el prototipo caricaturesco, de modo que, para acusar de tacaño a un mexicano, es suficiente con sugerir que es de Monterrey.

Monterrey fue fundada en 1596 por doce familias españolas dirigidas por Diego de Montemayor. Doscientos años más tarde, tenía únicamente 250 habitantes, pero el descubrimiento de gas natural en la región y la disponibilidad de energía hidráulica impulsó el

El patio de una iglesia del siglo XVIII en el centro de Durango.

crecimiento de la ciudad en los siglos XIX y XX. En la actualidad, los edificios coloniales se encuentran flanqueados por otros más modernos.

INFORMACIÓN TURÍSTICA

La **oficina de información turística**, ((8) 340-1080, FAX (8) 344-1169, se encuentra en el cuarto piso del edificio Kalos, en la avenida Constitución, esquina con Zaragoza. La oficina de **Infotur**, ((8) 345-0902, situada en la planta baja de la torre administrativa, en el extremo oeste de la Gran Plaza, en el cruce de Zaragoza y Matamoros, constituye otro punto de información de la ciudad.

Los meses de abril a septiembre son los más cálidos en Monterrey, con temperaturas medias de 27 °C. Durante el invierno, el tiempo es, generalmente, soleado y cálido.

VISITAR MONTERREY

El zócalo de la ciudad lo constituye la **Gran Plaza**. Su estructura más impresionante es el monumento de 74 m de altura conocido como el Faro del Comercio, que por la noche lanza rayos láser sobre la ciudad. En el ángulo norte de la plaza se encuentra el **Palacio de Gobierno**, construido a finales del siglo pasado, de piedra arenisca roja. Tiene un amplio patio colonial, salones decorados con frescos y un museo histórico (abierto, de lunes a viernes en horas laborables), en el que se muestran las armas utilizadas por el pelotón que ejecutó al emperador Maximiliano en 1867. En el extremo opuesto, se alza el más antiguo **Palacio Federal**, del siglo XVIII, que aloja actualmente las oficinas de Correos y Telégrafos, y el nuevo **Palacio Municipal**, con la escultura de Rufino Tamayo, *Homenaje al Sol*, situada frente a él.

En el extremo sur de la Gran Plaza se encuentra la plaza más popular de Monterrey, la **plaza Zaragoza**, rodeada de varios hoteles, tiendas, restaurantes y la ricamente adornada **catedral** barroca. Los dos siglos y medio transcurridos desde el inicio de su construcción en 1603, le han incorporado una gran profusión de estilos.

Es también interesante el **Obispado**, en el extremo oeste de la avenida del Padre Mier. Fue construido en 1786 como obra pública destinada a proporcionar trabajo a los indios, durante un período de pertinaz sequía. Sede de la diócesis católica hasta la guerra méxico-americana, fue utilizado durante ésta como fortaleza. Más tarde Pancho Villa lo utilizó como cuartel general y posteriormente sirvió como hospital durante una epidemia de fiebre amarilla. En la actualidad, aloja el **Museo Regional de Nuevo León** (abierto de martes a domingo, de 10.00 a 18.00 horas, con una pequeña entrada), en el que se exhiben asuntos relativos a la historia regional.

La **iglesia de la Purísima** y el **Centro Cultural Alfa** fueron diseñados por Enrique de la Mora y Palomar. La primera (avenida Hidalgo y calle Serafín Puño) cuenta con un interesante campanario, y en su fachada se hallan las esculturas en bronce de los discípulos: ejemplos de la arquitectura religiosa moderna. En la iglesia, se encuentra la capilla de la Virgen Chiquita, a la que se atribuye el haber evitado que la ciudad fuera destruida por las inundaciones en el siglo XVII.

El Centro Cultural Alfa en la avenida Manuel Gómez Morín, aloja el Museo de la Ciencia y la Tecnología, que posee salas en las que se propone a los visitantes que participen en experimentos científicos; también cuenta con un excelente planetario.

Hacia el norte del centro de la ciudad se encuentra la **cervecería Cuauhtémoc**, en la que hay una galería de arte, un museo del deporte y un jardín dedicado a la cerveza. Los equipos de béisbol estadounidenses vienen a jugar encuentros a Monterrey.

ALOJAMIENTOS Y RESTAURANTES

Los hoteles de Monterrey están más pensados para los hombres de negocios que para los turistas. El **Quinta Real**, ((8) 368-1000 o (800) 445-4565 (LLAMADA GRATUITA), FAX (8) 363-5108, avenida Diego Rivera, 500, es tal vez el mejor hotel de la ciudad. El servicio es excelente y dispone de 125 lujosas habitaciones decoradas con un estilo mexicano y europeo en el que no faltan numerosas obras de arte. El restaurante es muy selecto.

El **Sheraton Ambassador**, ((8) 380-7000 o (800) 325-3535 (LLAMADA GRATUITA), FAX (8) 380-7019, avenida Hidalgo Oriente, 310, es más grande. Tiene 241 habitaciones y una clientela constituida por hombres de negocios. El hotel cuenta con un pequeño balneario, un gimnasio, un excelente restaurante francés y un piano bar. El **Crowne Plaza**, ((8) 319-6000 o (800) 227-6963 (LLAMADA GRATUITA), FAX (8) 344-3007, avenida Constitución Oriente, 300, es algo más económico. Cuenta con 400 habitaciones, un buen restaurante especializado en carnes, un bar animado con espectáculos, una piscina y un espectacular vestíbulo. El **Radisson Ancira Plaza**, ((8) 345-1060 o (800) 333-3333 (LLAMADA GRATUITA), FAX (8) 344-5226, avenida Hidalgo, esquina con Escobedo, es un establecimiento muy agradable. Se dice que Pancho Villa entró a caballo en el vestíbulo de este majestuoso hotel.

El **hotel Colonial**, ((8) 343-6791, FAX (8) 342-1169, Hidalgo, 475, es uno de los mejores y más antiguos dentro de la gama de precios moderados, y sus habitaciones son modernas. En la misma línea, aunque algo más barato, el **Royalty**, ((8) 340-2800, FAX (8) 340-5812, Hidalgo Oriente, 402, es un hotel céntrico, con 402 habitaciones equipadas con aire acondicionado y televisión vía satélite. El hotel cuenta con piscina al aire libre, restaurante y un bar muy popular.

Situada en el corazón de un estado ganadero, Monterrey es un lugar donde se come buena carne. La carne seca se emplea para preparar la *machaca con huevos*, que se sirve a la hora del desayuno, y en el *cortadillo norteño* (carne con salsa de tomate). La carne de cabrito es otra de las especialidades de la ciudad: se puede comer en restaurantes o en los puestos de tacos de la calle. El **restaurante Luisiana**, ((8) 343-1561, avenida Hidalgo Oriente, 530, propone una buena cocina a precios moderados. En el menú conviven platos europeos y mexicanos. El **Rey del Cabrito**, ((8) 343-5560, avenida Constitución Oriente, 317, es el mejor lugar para probar el cabrito frito, pero no es fácil conseguir mesa. Las raciones son abundantes, el servicio rápido y los precios bastante económicos. **Sanborn's**, ((8) 343-1834, Escobedo, 920, es una cafetería barata y agradable en la que sirven especialidades mexicanas, desayunos, hamburguesas y helados.

CÓMO LLEGAR

El aeropuerto de Monterrey queda unos 24 km al nordeste de la ciudad, en la carretera 54. A él llegan vuelos de varias compañías importantes. Continental propone vuelos directos a varias ciudades estadounidenses. Aeroméxico ofrece el mejor servicio para viajar a Texas; las compañías mexicanas también disponen de vuelos a Monterrey. En coche, se llega por la carretera 1 de Nuevo León o por la autopista 85, desde el norte; por la autopista 54 por el este; y por la carretera 40, desde Saltillo, por el oeste.

LOS ALREDEDORES DE MONTERREY

Entre los muchos lugares de gran belleza natural en los alrededores de Monterrey, se

encuentra la cercana **mesa Chipinque**, con sendas para excursiones, bosques, cañones y paisajes soberbios. Se halla a 18 km al sur, por la avenida Mesa Chipinque. Un poco más al sudoeste, por la autopista en dirección a Saltillo, está la magnífica **barranca Huasteca**, impresionante desfiladero de más de 300 m de profundidad.

A unos 45 km al sudeste de Monterrey se halla la **cascada Cola de Caballo**, un salto de agua de 35 m, en una aislada cañada de lujuriante vegetación. A la ida o a la vuelta, se puede hacer una parada en la **presa de la Boca**, para darse un refrescante baño.

Las **grutas de García** (siempre abiertas), situadas a 45 km al oeste de Monterrey, son las más grandes de México. A ellas se accede mediante un funicular que realiza el ascenso de 80 m hasta la cima de la montaña de Friar, a la entrada de las cavernas. Hay 16 salas iluminadas, para que el público contemple las estalactitas y estalagmitas desarrolladas a lo largo de sesenta millones de años.

Los mercadillos en las calles proponen una colorida gama de productos de lo más variopintos.

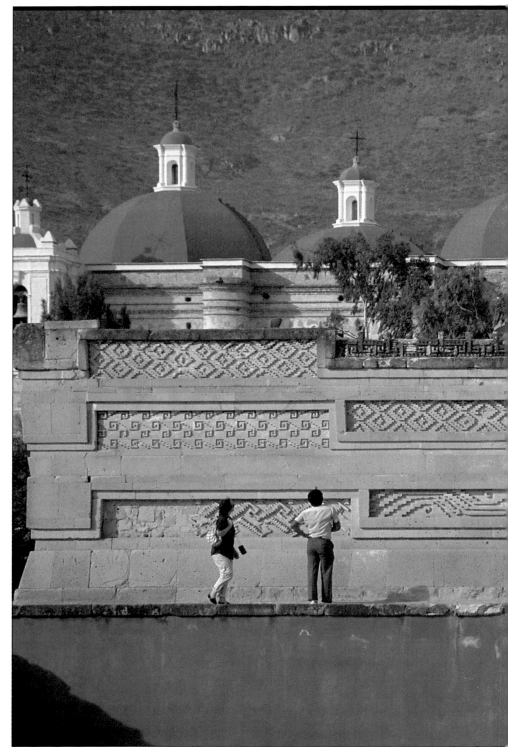

El istmo

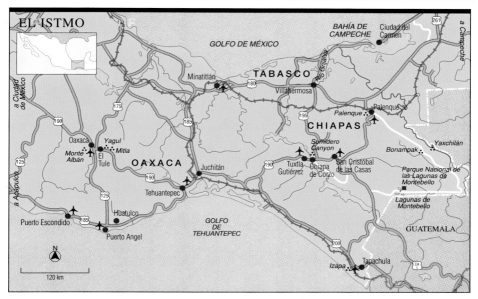

LOS ESTADOS DE OAXACA, CHIAPAS Y TABASCO constituyen el istmo, puente que une la parte continental de México, situada al sur de Estados Unidos, con la península de Yucatán, que se adentra a su vez en el mar Caribe. Los tres tienen importantes emplazamientos prehispánicos y son de una excepcional belleza natural. No hay vuelos internacionales directos a estos estados, ni autopistas. Existen unos pocos vuelos desde Ciudad de México y no abundan los centros vacacionales. Con la única excepción de la costa de Tabasco, la industrialización moderna es escasa, lo que hace que esta zona se conserve casi como hace 50 años a pesar de la irrupción de la electricidad, las antenas parabólicas y los turistas.

La naturaleza de la zona posee una belleza salvaje difícil de encontrar en el resto del país (excepción hecha de la península de Baja Califonia y Veracruz). El istmo, que comprende las costas el Pacífico y del golfo, así como el istmo de Tehuantepec, ha conservado en gran medida su carácter indígena y las influencias que han dejado las distintas culturas precolombinas que poblaron México. En Tabasco quedan restos olmecas, mientras que Chiapas sigue siendo, aún hoy, un importante centro de la cultura maya. Hay más de quince tribus de origen mixteca y zapoteca que todavía se aferran a sus propias tradiciones e idiomas. Fuera de las ciudades más importantes, los viajeros se pueden encontrar en situaciones en las que el dominio del castellano no les solucionará el problema de la comunicación.

En los estados de Oaxaca y Chiapas, los problemas políticos y la pobreza van de la mano. En 1994, Chiapas se convirtió en noticia de primera plana con el surgimiento del movimiento zapatista. Gran parte del estado sigue padeciendo conflictos en los que se enfrentan las tropas gubernamentales y los grupos rebeldes. Oaxaca es más estable desde el punto de vista político pero también conoce la pobreza extrema. Muchas localidades rurales dependen para vivir del dinero que mandan familiares residentes en Estados Unidos.

OAXACA

Este estado, el quinto en extensión de México, ofrece una amplia variedad de terrenos que van desde blancas playas a densos bosques, profundos valles, sabanas y escarpadas montañas. Oaxaca posee también numerosos lugares de interés histórico y cultural, y entre sus hijos se encuentran los dos presidentes más respetados en la historia de México: Porfirio Díaz y Benito Juárez.

El convento del apóstol Santiago de Cuilapan, uno de los mayores del continente norteamericano, se encuentra a sólo 12 km de la ciudad de Oaxaca.

LA CIUDAD DE OAXACA

Las innumerables construcciones coloniales que se llevaron a cabo en Oaxaca, la han hecho merecedora del calificativo de monumento histórico nacional y, debido a esta arquitectura colonial, a las tradiciones nativas y a su cálido clima, Oaxaca podría ser considerada como la más típica de las ciudades mexicanas. Sin embargo, a consecuencia de estar alejada del centro y de su escaso desarrollo industrial, su población, de unos 300.000 habitantes, está constituida en su mayoría por indios mixtecas y zapotecas.

INFORMACIÓN TURÍSTICA

Desde el punto de vista climático, Oaxaca no tiene una estación mala, pero llueve con frecuencia de junio a septiembre. La temperatura media durante el invierno es de 18 °C, y en abril, mayo y junio, la media alcanza los 22 °C. El festival del Lunes del Cerro, entre finales de julio y principios de agosto, marca el punto culminante de la estación en términos turísticos, y es una celebración con profundas raíces en las tradiciones del siglo XVI. Representantes de las siete regiones de Oaxaca, ataviados con magníficos trajes regionales, bailan danzas indígenas, entre ellas, la más famosa es la Danza de las Plumas. Tanto los turistas como los oaxaqueños afluyen a la ciudad para la fiesta de la *guelaguetza*, que es la palabra zapoteca para denominar «regalo», y en la que se tiran a la multitud pequeños obsequios. Las festividades incluyen también la elección de la diosa y el Bani Stui Gulal, representación de la historia de las conquistas de los aztecas y de los españoles, que tiene lugar en un teatro al aire libre especialmente diseñado para este fin en el cerro del Fortín, que corona la ciudad. Durante estas fiestas y las de Navidad, resulta muy difícil encontrar habitaciones en los hoteles. Para realizar una reserva anticipada de habitaciones, se puede poner en contacto con la **oficina de información turística**, ((951) 60717, FAX (951) 60984, E-MAIL turinfo@oaxaca.gob.mx; PÁGINA WEB http://oaxaca.gob.mx/sedetur/, en Independencia, 607, abierta de lunes a sábado, de 09.00 a 15.00 horas.

VISITAR OAXACA

Oaxaca es una ciudad compacta que se puede recorrer cómodamente a pie. En el centro de la ciudad se encuentra la **plaza de Armas**, rodeada de cafés, de la que el punto central es un quiosco de música de estilo francés, desde el que se ofrecen conciertos todos los domingos por la tarde. Los extremos principales del zócalo están ocupados por el **Palacio de Gobierno**, edificio de estilo neoclásico del siglo XIX, y la **catedral**. Ésta es un edificio macizo de estilo barroco, cuya construcción se comenzó en 1544, pero que no se terminó hasta 200 años más tarde y, durante este tiempo, el edificio resultó dañado como consecuencia de los terremotos y el pillaje. El interior no es muy impresionante.

Al este de la catedral y yendo hacia el norte por la calzada peatonal denominada el **Andador Turístico**, se encuentra la iglesia más famosa de Oaxaca, la **iglesia de Santo Domingo**, ((951) 63720, en la calle Macedonia Alcalá y calle A (abierta de lunes a sábado, de 07.00 a 13.00 y de 16.00 a 20.00 horas y los domingos, de 07.00 a 14.00 horas). Esta iglesia fue construida como parte de un convento dominico a principios del siglo XVI. Su interior es un conjunto impresionante de blanco y oro. Nadie podría haber imaginado que después sería utilizada como establo, cuando la Iglesia católica quedó fuera de la ley en el siglo XIX. La iglesia ha sido totalmente restaurada y las capillas laterales y el jardín se han convertido en una cafetería y una escuela de arte.

Detrás de la iglesia y en los claustros del antiguo monasterio se halla el **Museo Regional de Oaxaca**, ((951) 62991, abierto al público de martes a viernes, de 10.00 a 18.00 horas y los sábados, de 10.00 a 17.00 horas, con una de entrada de 2 USD; los domingos la entrada es gratuita. El museo cuenta con una de las pocas colecciones de piezas de oro anteriores a la conquista, ya que la mayoría de estas piezas se fundieron en lingotes para ser trasladarlas a España. También se exhiben piezas arqueológicas procedentes de las ruinas mixteco-zapotecas de Monte Albán, así como una colección etnológica relativa a los más de quince grupos indios del estado.

Dos manzanas hacia el oeste, calle García Vigil, 609, se ubica la casa donde Benito Juárez trabajó como sirviente al llegar a Oaxaca. Hoy es el **Museo Casa de Benito Juárez**, ℂ (951) 61860, en el que se encuentra una colección de sus recuerdos (abierto al público de martes a domingo, de 10.00 a 12.30 y de 15.30 a 19.00 horas, con entrada).

A seis manzanas al oeste de la catedral, en la avenida de la Independencia, se encuentra la **basílica de la Soledad**. Esta iglesia barroca fue construida en 1682 para colocar en ella una imagen de la Virgen que se encontró en la albarda de una mula perdida que llegó agotada y murió en este lugar. La estatua está revestida con un manto de terciopelo negro adornado con joyas. Las fiestas de la Virgen, a mediados de diciembre, duran una semana, antes de las Navidades. Frente a la iglesia tienen lugar bailes regionales, fuegos artificiales y una ceremonia de luces desde el 16 al 18 de diciembre. A continuación, todas las noches del 18 al 24 de diciembre, se representa, en distintas iglesias de la ciudad, la función en la que José y María buscan posada en Belén. El 23 de diciembre es la «Noche de los Rábanos», en la que se venden en el zócalo rábanos esculpidos.

Una manzana al norte de la basílica de la Soledad está la avenida Morelos, y en el 503 de la misma se halla el **Museo de Arte Prehispánico Rufino Tamayo**, ℂ (951) 64750, abierto los lunes y de miércoles a sábado, de 10.00 a 14.00 y de 16.00 a 19.00 horas, y los domingos, de 10.00 a 15.00 horas. La colección, que actualmente es propiedad de la ciudad, incluye excelentes muestras del arte de los mayas, zapotecas, mixtecas, teotihuacanos, toltecas, aztecas, olmecas, totonacos y huastecos.

La máxima atracción turística de la ciudad la constituyen sus mercados. A dos manzanas al sur del zócalo, abren diariamente sus puertas el **mercado Benito Juárez** y el **mercado Veinte de Noviembre**, ambos repletos de frutas y verduras. En ellos se venden artesanías confeccionadas en los pueblos de los alrededores, y la mayor parte de los artesanos vienen a la ciudad una vez a la semana para el **mercado del sábado**, que tiene lugar al sur de la ciudad, en la **Central de Abastos**; se trata de uno de los mejores mercados de México. Su atractivo reside en las gentes que a él concurren. Los vendedores visten trajes tradicionales y se expresan en varios dialec-

tos. En el mercado encontrará artesanías de Oaxaca, animales vivos y muertos y montones de aromáticas flores.

Aun cuando las piezas de artesanía más famosas de la zona son los *huipiles*, blusas indias bordadas, también hay excelentes tallas en madera, alfombras de lana, sarapes, figuras de paja, artículos de piel y cerámicas. El domingo es día de mercado en **Tlacolula de Matamoros**. El mercado del miércoles de **Etla** tiene fama por los alimentos que se venden, sobre todo por el queso casero y el chocolate.

Las excursiones a los pueblos vecinos constituyen una parte importante de la visita a Oaxaca. La región de Oaxaca se puede visitar cómodamente en coche; por otro lado, varias líneas de autobuses unen Oaxaca con los principales pueblos de la zona. En la oficina de información turística y en la mayor parte de los hoteles regalan mapas de la región en los que se indica cuáles son los pueblos más interesantes en lo que a artesanías se refiere. **San Bartolomé de Coyotepec** es la cuna de las famosas cerámicas negras de Oaxaca, decoradas y pulidas a mano, y realizadas con arcilla local. Las tallas de madera de **Arrazola** son muy conocidas, al igual

La espléndida iglesia de Santo Domingo de Oaxaca, que fue utilizada durante un tiempo como establo.

que las de **San Martín Tilcajete**. Las figuras de animales con originales formas y colores intensos se realizan tanto en un estilo básico como otro más elaborado.

Muchos de los mejores artesanos exponen sus creaciones en galerías de la ciudad. Acuda a **Artesanías Chimali**, en García Vigil, **Corazón del Pueblo**, **Yalalag** y **La Mano Mágica**, en Alcalá y al **Mercado de Artesanías**, en J. P. García esquina con Zaragoza. La cooperativa femenina **Mujeres Artesanas de las Regiones de Oaxaca** es una verdadera cueva de Ali Baba a la que, afortunadamente, nunca le faltan clientes.

ALOJAMIENTOS TURÍSTICOS

Caros
El más alto nivel de calidad, atmósfera y precio lo ofrece el **hotel Camino Real Oaxaca**, ((951) 60611 o (800) 722-6466 (LLAMADA GRATUITA), FAX (951) 60732, Cinco de Mayo, 300, que está en el antiguo convento de Santa Catalina, construido en 1576. El edificio es un monumento nacional muy bien conservado.

Moderados
La **Misión de los Ángeles**, ((951) 51500, FAX (951) 51680, calzada Porfirio Díaz, 102, dispone de 173 habitaciones. Queda a veinte minutos del zócalo. La piscina y el amplio jardín son ideales para descansar lejos del ruido, y el restaurante del hotel es bastante bueno. El **Hostal de la Noria**, ((951) 47844, FAX (951) 63992, E-MAIL lanoria@infosel.net.mx, Hidalgo, 918, tiene el aspecto de una residencia colonial restaurada, y todas las habitaciones dan a un patio interior.

Económicos
El **hotel Principal**, (/FAX (951) 62535, calle Cinco de Mayo, 208, dispone de 17 habitaciones. Haga su reserva con suficiente antelación. La mayor parte de las habitaciones son cómodas pero tres de ellas carecen de ventanas. **Las Golondrinas**, ((951) 43298, FAX (951) 42126, Tinoco y Palacios, 411, es el segundo hotel más recomendado por la hospitalidad de sus propietarios y el talento de su cocinero. El **hotel Mesón de Ángel**, ((951) 66666, FAX (951) 45405, Mina, 518, está ubicado cerca de los mercados. Cuenta con 62 habitaciones y una agencia de viajes excelente. Del ho-

tel salen autobuses hacia Monte Albán y hacia Mitla. Si prefiere alojarse donde está la acción, acuda al **hotel Señorial**, ((951) 63933, FAX (951) 63668, Portal de Flores, 6.

RESTAURANTES

Oaxaca cuenta con varios platos que considera como propios. La versión oaxaqueña del mole es más rica que cualquier otra en México, y los cocineros opinan que ello se debe a la calidad del chocolate local. Las especialidades de Oaxaca pueden resultar sorprendentes: los saltamontes fritos o *chapulines* son un plato muy valorado en la región. Así, el *coloradito* es carne de cerdo o pollo en una salsa de tomate y chile, con ajo y semillas de ajonjolí; el *almendrado*, pollo en salsa de tomate y chile con canela; y el *amarillo*, carne de cerdo en salsa de chile y comino.

Caros
El Refectorio, ((951) 60611, situado en el hotel Camino Real Oaxaca, sirve comida mexicana e internacional en un gran comedor que perteneció a un antiguo convento.

Moderados
El **Asador Vasco**, ((951) 44745, Portal de Flores, 11, primera planta, sirve un mole excelente, y tiene vistas al zócalo. **Madre Tierra**, ((951) 67798, Cinco de Mayo, 411, destaca por su pan integral, sus enormes ensaladas y sus platos vegetarianos.

Económicos
En **El Biche Pobre**, ((951) 34636, calzada de la República, 600, sirven especialidades regionales caseras. El restaurante sólo abre de 13.00 a 18.00 horas. **El Mesón**, ((951) 62729, avenida Hidalgo, 805, es mi establecimiento favorito para saborear unas enchiladas con mole.

CÓMO LLEGAR

El aeropuerto se encuentra a unos veinte minutos del sur de la ciudad, en taxi. A él llegan vuelos procedentes de Ciudad de México, Cancún, Mérida, Villahermosa, Huatulco y Puerto Escondido.

El imponente y misterioso Monte Albán.

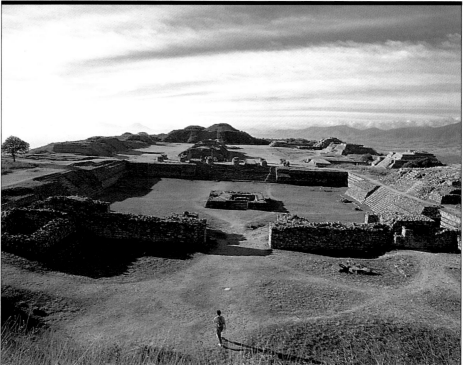

A la estación de autobuses situada en el norte de la ciudad llegan autocares procedentes de todo el país.

MONTE ALBÁN

Monte Albán, el asentamiento prehispánico más importante del estado, está situado en la cima de una colina, 10 km al sudeste de Oaxaca, y desde él se domina totalmente el valle (se puede visitar todos los días de 08.00 a 17.00 horas, con una reducida entrada). Se cree que fueron los zapotecas los que iniciaron la construcción de Monte Albán en el año 800 a. C. Nivelaron la cima de la colina para construir una plaza rectangular de 300 x 200 m, rodeada de pirámides, templos y plataformas. Cuando la ciudad alcanzó su apogeo, hacia el año 500, se supone que tenía una superficie de 36 km². Fue abandonada en el año 750. Su «Gran Plaza», centro de la ciudad, estaba dispuesta sobre un perfecto eje norte-sur y fue reconstruida con frecuencia a lo largo del tiempo, superponiendo unos edificios sobre otros. Las plataformas de las pirámides, hoy vacías, estaban ocupadas por templos y residencias. Las excavaciones en este lugar comenzaron en el siglo XIX y, desde entonces, se han investigado e identificado completamente más de 20 estructuras y 170 tumbas.

El edificio en el extremo sur de la Gran Plaza, el **Terraplén J**, es el único que no está orientado en la dirección norte-sur. Forma un ángulo de 45° con la plaza, y tiene forma de punta de flecha; hoy se considera que era un observatorio astronómico alineado con el paso del sol en el día más largo del año. Esto no explica, sin embargo, los grabados relativos a victorias militares que se han hallado en su interior.

El templo, en el oeste de la Gran Plaza, estaba recubierto con losas esculpidas. Inicialmente se consideró que las contorsionadas figuras eran danzantes, y por ello se le dio el nombre de «**templo de los Danzantes**». Sin embargo, en la actualidad se cree que estas figuras representan a personas enfermas o a posibles víctimas de los sacrificios.

El **terreno para el juego de pelota** de Monte Albán, al este de la Gran Plaza, tiene una extraña forma de «I». No se sabe con certeza

cómo se jugaba, pero el capitán del equipo perdedor era sacrificado.

Después de que los mixtecas conquistaran esta zona en el siglo VIII, no habitaron el lugar, sino que lo utilizaron como cementerio. Se han excavado unas 170 tumbas, algunas de ellas están abiertas al público, como la **tumba 104**, que contiene una maravillosa figura de un sacerdote con atavío ceremonial, así como algunas pinturas murales de tamaño mayor al natural, muy bien conservadas.

Si desea pasar allí el día, lleve algo de comer. Hay un servicio frecuente de autobuses para ir a las ruinas desde el hotel Mesón del Ángel.

MITLA

A 45 km de Oaxaca, hacia el sudeste, sobre la carretera 45, se encuentra otro centro ceremonial zapoteca, **Mitla**, «el lugar de la muerte» (abierto de 08.30 a 18.00 horas, con una modesta entrada). Probablemente, este lugar estaba ya habitado en el año 7000 a. C., pero las ruinas datan únicamente del siglo XV. Comparándolas con las de Monte Albán, la sillería aquí es mucho más fina, y los edificios están decorados con mosaicos de intrincadas figuras geométricas.

Cuando llegaron los españoles, era la residencia del sumo sacerdote zapoteca, que vivía aislado del resto del pueblo, estudiando las estrellas y planeando las ceremonias. El **Palacio de las Columnas**, así llamado por su larga sala en la que se alinean seis columnas, se cree que era la residencia del sacerdote.

La ciudad de Mitla merece una visita. El **Museo de Arte Zapoteca**, antes llamado Museo Frissel, está junto a la plaza principal y alberga una colección de 2.000 objetos mixtecas y zapotecas que se han encontrado en el valle. El **restaurante La Sorpresa** está en el mismo edificio y sirve especialidades regionales y nacionales.

Otros lugares arqueológicos de interés

Entre Oaxaca y Mitla hay varias desviaciones en la carretera 190 que conducen a lugares que merece la pena visitar: **Yagul**, **Dainzú**, **Lambityeco** y **El Tule**. El emplazamiento arqueológico de Yagul, **fortaleza** situada sobre una colina y con mosaicos geométricos semejantes a los de Mitla, tiene el **terreno**

para juego de pelota más grande del valle. Dainzú conserva **losas esculpidas** semejantes a las de Monte Albán y en Lambityeco se han excavado dos **casas**, que es lo único que ha quedado del asentamiento prehispánico hoy enterrado bajo el pueblo de Tlacolula.

El Tule, en **Santa María del Tule**, a 12 km de Oaxaca, puede ser considerado un elemento arqueológico, aunque todavía está vivo. Se trata de un *ahuehuete* gigante que se estima que tiene más de dos mil años y cuyo tronco, de 42 m de perímetro, es más grande que la iglesia del pueblo.

guardada bahía rodeada de colinas, cuenta con una población permanente de 30.000 habitantes, y en él ningún hotel tiene más de cien habitaciones. Las playas están limpias y los comercios son pequeños y con poca clientela. El pueblo está dividido en dos partes: un centro de negocios situado al norte de la carretera 200 y una zona turística, al sur. La estación de autobuses, el mercado, los hoteles y los restaurantes para hombres de negocios se encuentran en el centro del pueblo. El corazón del barrio turístico lo constituye una **zona peatonal** situada a una man-

PUERTO ESCONDIDO

Al sur de los altos valles del centro de Oaxaca se hallan bellas playas tropicales que, hasta recientemente, eran muy poco visitadas. Hace años que surfistas de todo el mundo visitan Puerto Escondido para disfrutar de las olas de la playa Zicatela. En invierno, Puerto Escondido se llena de aves migratorias procedentes de Estados Unidos y Canadá.

VISITAR PUERTO ESCONDIDO

Puerto Escondido ha conservado mucho del carácter de cuando era solamente un pequeño pueblo de pescadores. Sito en una res-

zana de casas de la playa principal, en la que hay barcos de pesca y lanchas que realizan excursiones. En las tiendas que dan a la calle peatonal se venden artesanías de Oaxaca y de Guatemala, así como ropa informal a precios muy competitivos. La playa principal se extiende hacia el sur donde se convierte en la **playa Zicatela**, una de las diez mejores playas del mundo para la práctica del *surf*.

La playa más segura y más agradable para nadar y bucear se encuentra en **Puerto Angelito**. Las condiciones del viento y el clima determinan si las playas de **Marinero**,

SUPERIOR: Aún cuando Mitla es menos impresionante que Monte Albán, cuenta con esculturas de piedra realizadas con gran maestría.

Bacocho y **Carrizalillo** se pueden considerar como de natación o de *surf*.

Al noroeste de Puerto Escondido y sobre la carretera 200 se encuentran dos amplias zonas de manglares interconectadas con lagunas, pobladas de maravillosas variedades de pájaros. La **laguna de Manialtepec**, a 13 km de Puerto Escondido, y el **Parque Nacional de la laguna de Chacahua**, a 65 km, pueden ser explorados únicamente en barca. La madrugada y el atardecer son los mejores momentos para observar los pájaros.

ALOJAMIENTOS TURÍSTICOS

Puerto Escondido es un lugar muy apreciado por los viajeros de bajo presupuesto, porque es uno de los destinos más económicos de la costa del Pacífico. Enfrente de la playa Zicatela hay varios establecimientos que alquilan cabañas rústicas pero en el pueblo se encuentran hoteles más elegantes.

Moderados

La **Best Western Posada Real**, ((958) 20133 o (800) 528-1234 (LLAMADA GRATUITA), FAX (958) 20192, bulevar Benito Juárez, cuenta con 100 habitaciones. Es el establecimiento de más alto nivel de la zona y queda a cinco minutos en coche del centro.

El **hotel Santa Fe**, ((958) 20170/20266 o (800) 849-6153 (LLAMADA GRATUITA), FAX (958) 20260, calle de Morrow, playa Zicatela, cuenta con 47 habitaciones y ocho cabañas. Su situación es ideal tanto para acceder al pueblo como a las playas de *surf*. Las habitaciones están decoradas con tapices mexicanos y en el centro del hotel hay una piscina.

Económicos

Mi hotel preferido en esta categoría es el **Flor de María**, (/FAX (958) 20536, entrada Playa Marinero, entre la carretera costera y la playa. Lino y Maria Francato, italianos, han sabido crear un hotel ideal, con 24 habitaciones decoradas con frescos, garrafones de agua en cada piso, una piscina en la azotea y un bar con hamacas a la sombra, y un excelente restaurante italiano.

El **hotel Paraíso Escondido**, ((958) 20444, avenida Gasga, entre la zona peatonal y la carretera, está formado por una serie de edificios de muros excavados en la roca y adornados con mosquiteras e imágenes religiosas. En el hotel hay un puente que conduce a un mirador. Cuenta con 25 habitaciones y un restaurante.

En el corazón de la zona peatonal se encuentra el **hotel Casa Blanca**, ((958) 20168, avenida Gasga, 905. Algunas de sus 20 habitaciones tienen balcón y vistas a los comercios de las calles laterales. Aunque ruidoso, se encuentra muy cerca de la playa municipal, y cuenta con una pequeña piscina y un restaurante. El **hotel Arco Iris**, (/FAX (958) 20432, calle de Morrow, s/n (playa Zicatela), está formado por tres edificios rodeados de jardín y césped. El bar restaurante situado en un segundo piso resulta ideal para contemplar las puestas de sol.

RESTAURANTES

Puerto Escondido posee gran cantidad de restaurantes en los que se sirve marisco pero también pizzas y pastas preparadas por inmigrantes italianos.

Moderados

El restaurante **Flor de María**, ((958) 20536, situado en el hotel de mismo nombre, es un punto de reunión al que acuden los inmigrantes y los turistas extranjeros para saborear especialidades italianas y estadounidenses. No se pierda las pastas de espinacas ni el cerdo asado. Los postres son irresistibles. El restaurante **Santa Fe**, ((958) 20170/20266, en el hotel homónimo, es mi lugar favorito para desayunar huevos rancheros (huevos fritos con salsa mexicana), zumo de naranja y un *café de olla* humeante.

Económicos

El marisco es el rey de **La Posada del Tiburón**, ((958) 20789, avenida Gasga, s/n, situado cerca de la playa principal. En él sirven deliciosos filetes de pescado rellenos de cangrejo, pulpo o gambas y sus cócteles de marisco son tan abundantes que constituyen una cena por sí mismos. En **La Galería** (sin teléfono), avenida Gasga, s/n, entre la avenida Soledad y la Marina Nacional, ofrecen ensaladas, pastas y pizzas en una atmósfera íntima con música de *jazz* de fondo. Los cuadros que adornan los muros son obra del propietario del restaurante. No se puede marchar de Puerto Escondido sin tomar algo en la **pastelería de Carmen**, a la entrada de la Playa Marinero. Siga el aroma del pan fresco y de las pastas recién hechas y llegará a un establecimiento sencillo en el que hay varias mesas rodeadas de estantes llenos de libros y revistas.

CÓMO LLEGAR

Al aeropuerto nacional de Puerto Escondido llegan cada día vuelos procedentes de Oaxaca y de Ciudad de México, mientras que las compañías internacionales aterrizan en el aeropuerto de Huatulco, situado 112 km al sur. La carretera 175, que une Oaxaca y Puerto Ángel, está asfaltada; la carretera 200, que va de Acapulco a Puerto Escondido, sigue hacia el sur hasta Puerto Ángel y Huatulco.

PUERTO ÁNGEL

Puerto Ángel queda 83 km al sur de Puerto Escondido, y es uno de los últimos paraísos tropicales de México. En el puerto hay una importante base naval pero ningún hotel de lujo. Instalado en una pequeña bahía resguardada, Puerto Ángel cuenta con largas extensiones de playa de arena fina en las que se puede nadar y practicar *surf*. La playa más codiciada es la **playa Panteón**, que queda a quince minutos de la base naval. Entre las mejores playas cabe destacar también la **playa Zipolote**, que cuenta con un cámping solitario que antiguamente se llenaba de *hippies*. Zipolote se encuentra a 7 km del pueblo y, en la actualidad, está llena de cámpings y de cabañas muy apreciados por los trotamundos. El **Museo de la Tortuga Marina de Mazunte** cuenta con acuarios en los que viven distintas especies de tortugas marinas que llegan a esta costa para poner sus huevos durante los meses de verano. En el museo hay también varios estanques al aire libre en los que viven crías de tortugas.

ALOJAMIENTOS Y RESTAURANTES

La Posada Cañón de Vata, ((958) 43048, calle Cañón de Vata, cuenta con 10 habitaciones y 6 cabañas y es uno de los hoteles de mayor fama del pueblo, en parte porque las habitaciones están inmersas en una jungla de

árboles y hiedra. En 1997, la costa sufrió el paso de varios huracanes que dañaron notablemente la vegetación, pero aun así, el hotel sigue siendo un lugar ideal para descansar. **La Buena Vista**, (/FAX (958) 43104, al sur de la base naval y en lo alto de una colina escarpada, es un establecimiento sencillo que cuenta con unas vistas espectaculares, y para llegar hasta él hay que subir una escalera bastante inclinada. Ambos hoteles disponen de buenos restaurantes. Aunque en Zipolote hay varios hoteles, es preferible echar un vistazo a las habitaciones antes de registrarse. Muchas de ellas carecen de agua caliente y de mosquitera.

HUATULCO

En el año 700 a. C. existía en esta zona un asentamiento zapoteca; durante la época colonial, se albergaban aquí galeones españoles que atraían a los piratas; después de la Independencia se convirtió en un tranquilo pueblo de pescadores. En la actualidad, FONATUR denomina «paraíso» de Huatulco a la serie de nueve espectaculares bahías aisladas, con 33 playas, que cubre una franja de 36 km de la costa del Pacífico de Oaxaca. Pero se puede coincidir con quien dijo: «llama paraíso a un lugar y despídete de él».

Desde 1974, Huatulco se esfuerza por convertirse en un centro turístico importante, pero las dificultades a las que se enfrenta son muchas. A pesar de la presencia de varios hoteles de lujo y un campo de golf, no hay mucho que hacer, a excepción de bucear, nadar y tomar el sol. Por supuesto, si lo que desea es relajarse, Huatulco es el lugar ideal.

VISITAR HUATULCO

Existen tres grandes zonas en pleno desarrollo. La **bahía Tangolunda** cuenta con varios hoteles y un campo de golf. Fuera de los hoteles casi no se encuentran restaurantes. El puerto del que parten los barcos que realizan excursiones se encuentra en la **bahía de Santa Cruz**, que, a pesar de ser un pueblo pequeño, cuenta con varios hoteles y restaurantes de precios moderados. **Crucecita** es el pueblo más importante de la zona: dispone de tiendas, mercado, plaza central y varios restaurantes de buena calidad. La distancia que media entre esos tres lugares es demasiado larga como para recorrerla andando, pero puede tomar uno de los autobuses que los unen de las 06.00 a las 19.00 horas.

Los cruceros más interesantes son aquellos que van hacia bahías desiertas realizando varias paradas durante las cuales se puede nadar o bucear.

Al este de Huatulco, Oaxaca retoma su aspecto agreste y la costa no es más que un sinfín de playas solitarias de difícil acceso. Las localidades de Tehuantepec y Juchitán tienen fama por sus comunidades dirigidas por mujeres.

ALOJAMIENTOS TURÍSTICOS

La mayoría de los hoteles de la zona se encuentran en Tangolunda y casi todos ofrecen regímenes de media pensión o pensión completa que invitan a no moverse del lugar. En Santa Cruz y Crucecita existen establecimientos más sencillos y económicos. Si es un amante de la vida nocturna, opte por Crucecita.

De lujo

El hotel **Quinta Real**, ((958) 10428 o (800) 445-4565 (LLAMADA GRATUITA), FAX (958) 10429, bulevar Benito Juárez, Tangolunda, dispone de 27 *suites* situadas sobre una colina con vistas a la bahía. El **Club Méditerranée Huatulco**, ((958) 10033 o (800) 258-2633 (LLAMADA GRATUITA), bulevar Benito Juárez, Tangolunda, fue uno de los primeros hoteles de Huatulco. Es imprescindible reservar plaza. El hotel cuenta con 500 habitaciones

dispuestas en una superficie de 20 ha junto al mar, y en él se pueden practicar toda clase de deportes acuáticos.

Caros

El **Sheraton Huatulco Resort**, ((958) 10055 o (800) 325-3535 (LLAMADA GRATUITA), FAX (958) 10113, bulevar Benito Juárez, en la entrada de Tangolunda, cuenta con 338 habitaciones y 9 *suites*, equipo para deportes acuáticos, una gran piscina, varios restaurantes y tiendas. Se puede optar por un régimen de media pensión. Si adquiere un paquete completo le costará mucho menos.

Económicos

El **Hotel Posada Flamboyant**, ((958) 70105, FAX (958) 70121, calle Gardenia y calle Tamarindo, en Crucecita, supone una de las mejores opciones. Es un hotel céntrico que cuenta con 67 habitaciones, algunas con cocina, y piscina. El **hotel Las Palmas**, ((958) 70060, FAX (958) 70057, avenida Guamuchil, 206, en-

tre las calles Carrizal y Bugambilias, en Crucecita, es mucho más barato. Dispone de 10 habitaciones con ventilador y aire acondicionado, y están habilitando otras 15.

RESTAURANTES

El régimen de media pensión o de pensión
completa que proponen muchos hoteles
pone en serias dificultades a los restaurantes
independientes de la zona. Los que sobreviven lo hacen gracias a la clientela local y ofrecen buena comida a precios competitivos.

Caros

Aunque sea una vez, cene viendo la puesta
de sol en el **restaurante Las Cúpulas**, ((958)
10428, en el hotel Quinta Real, en Tangolunda. Se trata de un establecimiento elegante, con manteles de un blanco inmaculado, y
vajillas y vasos artesanales. El menú es exquisito, con pescado tartare, quesadillas de queso o de nopales o un delicioso mole a la

oaxaqueña con un pollo relleno de fruta que
no sirven en ningún otro lugar.

Moderados

Don Porfirio, ((958) 10001, bulevar Benito
Juárez, es uno de los pocos restaurantes independientes de Tangolunda. Sus filetes y
su langosta son especialmente deliciosos; no
se pierda la langosta al mezcal. Los propietarios tienen otro local cerca concebido
como una hacienda: **Las Noches Oaxaqueñas**, en el que se representan bailes tradicionales los fines de semana. Los bailes y vestidos tradicionales oaxaqueños son tan famosos que cuentan con una fiesta particular
llamada *Guelaguetza* y celebrada en las afueras de Oaxaca durante dos semanas del mes
de agosto. Tendrá que pagar una pequeña
cuota de entrada y mientras contempla el
espectáculo podrá pedir bebidas, *botanas*
(cosas para picar) o cenas completas del menú de Don Porfirio.

Estos pavos van camino de un mercado de Chiapas.

Económicos

El Sabor de Oaxaca, ☎ (958) 70060, avenida Guamuchil, 106, Crucecita, sirve platos regionales muy auténticos. El menú degustación de especialidades oaxaqueñas comprende queso oaxaca, chorizo, tamales, cerdo y ternera adobadas y guacamole. Los visitantes más intrépidos pueden probar los *chapulines* con especias, los famosos saltamontes fritos de la zona. El **restaurante María Sabina**, ☎ (958) 71039, calle Flamboyant, Crucecita, debe su nombre a una curandera local. Se trata de un agradable café con terraza en el que se sirve comida mexicana casera.

En la marina de Santa Cruz hay varias marisquerías. La más famosa es el **restaurante Avalos Doña Celia**, ☎ (958) 70128. No deje de probar las gambas y el pulpo con chile y cebolla. **Tipsy's**, ☎ (958) 70127, se encuentra en el puerto, en el paseo Mitla (detrás de Capitanía). Se trata de un club que cuenta con restaurante en la playa. Pruebe las *botanas*, las *fajitas*, las ensaladas de marisco y el cangrejo con especias. Si lo desea, puede alquilar el equipo necesario para realizar algún deporte acuático, jugar un partido de voleibol o darse un chapuzón.

CÓMO LLEGAR

En el aeropuerto de Huatulco aterrizan vuelos de varias compañías aéreas nacionales e internacionales, aunque la mayor parte de los aviones hacen escala en Ciudad de México. Las compañías locales como Aerocaribe y Aeromorelos se encargan de unir Huatulco y Oaxaca.

CHIAPAS

Al este de Oaxaca se halla uno de los grandes secretos de México: el estado de Chiapas. Chiapas ha resultado muy perjudicado por la práctica agrícola de tala y quemado, así como por la explotación exagerada de sus bosques. A pesar de ello, Chiapas conserva una asombrosa belleza.

Las ruinas de Palenque constituyen uno de los principales atractivos de la región, aunque muchos turistas llegan a Chiapas con el deseo de visitar la ciudad de San Cristóbal de Las Casas. Los conflictos entre los rebeldes zapatistas (conocidos como el Ejérci-

to Zapatista de Liberación Nacional, EZLN) y las fuerzas gubernamentales persisten, lo cual explica el impresionante despliegue militar en la zona. Eso afecta mucho a los chiapanecos, pero muy poco a los turistas. No olvide llevar siempre consigo su pasaporte.

Los habitantes de Chiapas son, en su mayoría, descendientes de los mayas. Han conservado muchas antiguas tradiciones y la historia del estado resulta muy interesante. En enero de 1528, el capitán Diego de Mazariegos comenzó la conquista de esta zona. Después de una serie de batallas, los chiapanecos, carentes de armas y suministros, se dieron cuenta de que no podían resistir por mucho tiempo, por lo que tres mil de ellos, se arrojaron desde el peñón de Tepetchía, en el cañón del Sumidero, prefiriendo la muerte a la esclavitud.

Una vez obtuvieron el control, los españoles hicieron todo lo posible para quebrantar el espíritu de los chiapanecos. Cuando fray Bartolomé de Las Casas llegó a San Cristóbal, se horrorizó de la crueldad con que se trataba a los indios y mandó un informe a España. Veinte años más tarde, el rey decretó las «Ordenanzas para el trato de los indios en el Nuevo Mundo», que reconocía a los indios como seres humanos, pero ello no cambió sensiblemente su situación.

La población de Chiapas, el estado más meridional de México, es inferior a los 3,2 millones de habitantes. Las tierras costeras son cálidas y húmedas, en tanto que las mesetas pueden ser bastante frías. Constituye una importante región agrícola que exporta café, plátanos y mangos. También produce casi el 55 % de la energía hidroeléctrica del país, que se genera en cuatro presas y es la tercera región de México en lo que a petróleo se refiere.

La costa de Chiapas no tiene prácticamente desarrollo alguno y casi ningún acceso al mar. La carretera discurre paralela a la línea del ferrocarril, a distancias de hasta 20 km de la costa. En los últimos años, el número de turistas que pasan por esta carretera para dirigirse a Guatemala ha ido disminuyendo, y en la actualidad, es una zona de inestabilidad debido a la presencia de refugiados políticos y económicos guatemaltecos y a los campos militares construidos por Estados

Unidos. Cerca de Tapachula se halla uno de los asentamientos prehispánicos más antiguos de México: Izapa (la «zanja en el llano»), en el que se encuentran más de cien plataformas de templos que datan del año 1000 a. C.

TUXTLA GUTIÉRREZ

La capital del estado, **Tuxtla Gutiérrez**, es un moderno centro comercial de 500.000 habitantes. La ciudad en sí tiene poco interés turístico, a excepción del zoo Miguel Álvarez del Torro y del Museo Regional de Chiapas. Sin embargo, cuenta con una **oficina estatal de turismo**, ((961) 34499/39396, Edificio Plaza de las Instituciones, bulevar Dr. Belisario Domínguez, 950 (abierta todos los días, de 09.00 a 20.00 horas) que ofrece información sobre otros puntos de destino turístico y mapas del estado.

Al oeste de ésta se encuentra la **Casa de las Artesanías**, ((961) 22275, bulevar Dr. Belisario Domínguez, km 1083 (abierta de lunes a sábado, de 09.00 a 21.00 horas). Se trata de una tienda en la que se venden artesanías de la región y alberga un interesante museo etnológico.

El **Museo Regional de Chiapas**, ((961) 34479/20459, se encuentra en la calzada de los Hombres Ilustres, s/n, parque Madero (la entrada cuesta 2 USD y abre de martes a domingo, de 09.00 a 16.00 horas). En el **parque Madero**, hay una moderna estructura diseñada por Pedro Ramírez Vázquez que alberga un museo de Historia (renovado en enero de 1997), un pequeño museo de etnología y de antropología y un museo cultural que cambia de exposición cada año.

El **zoo Miguel Álvarez del Torro** (al sudeste de la ciudad, por el Libramiento Sur; entrada libre, abierto de martes a domingo, de 08.30 a 17.00 horas) es un notable parque ecológico donde sólo hay fauna local. Un sendero serpentea a través del parque, en el que se pueden ver más de setecientos animales de unas ciento setenta y cinco especies. Gran parte de la población animal está constituida por «voluntarios», animales a los que, en sus desplazamientos, les gustó el sitio y decidieron quedarse, ya que sus lugares de origen están siendo talados.

No se pierda los conciertos que se organizan al aire libre, en el nuevo **parque de las Marimbas**, avenida Central con Ocho Poniente, de jueves a domingo a las 19.00 horas.

ALOJAMIENTOS TURÍSTICOS

Tuxtla Gutiérrez cuenta con varios hoteles modernos. El lujoso Camino Real es el mejor de todos. La mayor parte de los hoteles se llenan de hombres de negocios. Alrededor de la estación hay varios establecimiento económicos; pida que le muestren la habitación y compruebe el nivel de ruido y la seguridad antes de registrarse. Es difícil imaginar en

qué momento se llenan los hoteles ya que los negocios giran entorno al comercio, por lo que, es recomendable reservar con antelación por teléfono una vez llegado al país.

Caros

El **Camino Real**, ((961) 77777, FAX (961) 77799, E-MAIL tgz@caminoreal. com, bulevar Dr. Belisario Domínguez, 1195, es totalmente nuevo y fue diseñado para que el huésped se encuentre lo más cómodo posible. Los muros son anchos para aislar el ruido en las 210 habitaciones y *suites* de que dispone. De los grifos sale agua purificada y cuenta con todas las comodidades propias de un hotel de lujo. El hotel cuenta con un centro de negocios, una piscina, un gimnasio con sauna y vapor, y varias pistas de tenis. Su elegante restaurante, **Montebello**, sirve deliciosas costillas de buey y exquisitos chiles poblanos rellenos acompañados de salsa de champiñones negros. El **café de los Azulejos**, que sirve bufés muy espléndidos a la hora del desayuno y de

Las telas de colores tejidas a mano de esta región son famosas en todo el país.

la comida, posee un ambiente luminoso muy agradable y cada noche se sirven especialidades étnicas diferentes.

Moderados

El amplio jardín, la gran piscina y el bufé de desayuno del **hotel Flamboyant**, ((961) 50888/50999, FAX (961) 50087, atraen a familias mexicanas acomodadas. Sus 118 habitaciones son cómodas, y disponen de aire acondicionado y televisión vía satélite. El hotel está relativamente mal situado en el extremo oeste de la ciudad.

Económicos

Las obras de renovación del **hotel Bonampak**, ((961) 32050/32101, FAX (961) 27737, bulevar Dr. Belisario Domínguez, 180, han mejorado mucho el aspecto de este establecimiento de hace cincuenta años, dotado de 70 habitaciones. El restaurante es uno de los preferidos por los mexicanos, dado que sirven excelentes platos regionales. El hotel cuenta con una pequeña piscina situada en una terraza, en la parte trasera. El hotel **María Eugenia**, ((961) 33767/33769, FAX (961) 32860, se encuentra en el corazón de la ciudad, en la avenida Central Oriente, 507. Dispone de 8 habitaciones decoradas en tonos pastel, con televisión vía satélite, moqueta y aire acondicionado. En el patio hay una piscina rodeada de sillones, y en el interior del hotel hay un bar y dos restaurantes con aire acondicionado en el que los clientes olvidan el calor asfixiante de la calle. El hotel cuenta asimismo con una agencia de viajes y un párking privado.

RESTAURANTES

Al margen de los grandes hoteles, existen otras opciones interesantes que detallamos a continuación.

Moderados

El **Caudillo Tacos** (sin teléfono), bulevar Dr. Belisario Domínguez, 1982, es un establecimiento sencillo y agradable situado frente al hotel Flamboyant. Está especializado en tacos que se piden por piezas. El menú está formado por tacos, quesadillas, *frijoles charros* (frijoles con chorizo y carne de cerdo), pero la oferta de bebidas es bastante variada: horchata de arroz, cerveza, vino, refrescos y café.

Económicos

El **restaurante Fronterizo**, ((916) 22347, avenida Central Poniente, 1218, sirve comida local buena y barata. Los platos de carne se sirven con ensalada, frijoles fritos, plátanos fritos o patatas fritas. El restaurante abre todo el día (cierra el domingo).

Las Pichanchas, ((961) 25351, avenida Central Oriente, 837, sirve comida local con música de marimba de fondo y espectáculos de bailes tradicionales.

EL CAÑÓN DEL SUMIDERO

El cañón del Sumidero, situado 18 km al norte de Tuxtla Gutiérrez, es una formación geológica impresionante. El cañón mide 1.300 m de profundidad y 15 km de longitud, y fue creado por las agitadas aguas del río Grijalva hace doce millones de años. Sus laderas, casi verticales, y el valle, en el fondo, están cubiertos de vegetación tropical que da abrigo a mapaches, iguanas, mariposas y numerosas aves acuáticas. Hay varios miradores en Ceiba, La Coyota y El Tepehuaje, desde los que se puede contemplar el cañón. Otro modo excelente para verlo es en barco; estos parten de Chiapa de Corzo, 17 km al este de Tuxtla Gutiérrez, y el viaje dura de dos a tres horas. Los precios varían según la duración del viaje, y rondan los 7 USD para la versión corta, es decir, hasta **Árbol de Navidad**. El viaje largo llega hasta la gran central hidroeléctrica de Chicoasén.

CHIAPA DE CORZO

Situada en las orillas del río Grijalva, **Chiapa de Corzo** es junto con Izapa, uno de los asentamientos prehispánicos más antiguos de México, ya que data del año 1400 a. C., pero quedan de él pocas estructuras en pie. En las afueras de la ciudad se encuentra una **pirámide** que ha sido restaurada; los objetos que se han encontrado en esta zona se exponen en el Museo de Tuxtla Gutiérrez.

Su zócalo le confiere la dudosa distinción de ser el único pueblo mexicano cuya fuente central tiene la forma de la Corona de España. El **Museo de la Laca** (plaza Central, abierto de martes a sábado, de 09.00 a 13.00 y de 16.00 a 18.00 horas, y el domingo, de 09.00 a 13.00 horas) muestra piezas lacadas procedentes de esta zona y de China. Finalmente, la **iglesia de Santo Domingo**, de los siglos XVI y XVII, tiene una campana de plata, oro y cobre, cuyo peso es de 5.168 kg.

SAN CRISTÓBAL DE LAS CASAS

En la actualidad, las carreteras son buenas y los servicios de autobús bastante aceptables. Hace quince años, los estadounidenses «descubrieron» este lugar, el más antiguo asentamiento español en Chiapas, lo que ha favorecido el desarrollo de una industria turística. Se encuentra a solamente 83 km al este de Tuxtla Gutiérrez, pero a una altura sobre el nivel del mar casi cuatro veces la de aquélla (2.910 m), con temperaturas medias que van de los 13 °C en invierno a los 16 °C en verano.

La ciudad tenía 14.000 habitantes cuando llegó Graham Greene, pero ahora tiene más de 150.000. Las casas del casco antiguo conservan sus tejados de tejas rojas, sus ventanas de hierro forjado y los muros de adobe cubiertos de estuco de vivos colores que, junto a lo estrecho de las calles y los soportales, le da un inequívoco aire español. Los españoles fundaron San Cristóbal de las Casas hace más de 450 años, pero sus habitantes han sabido conservar su identidad indígena: sus ceremonias religiosas son una mezcla de ritos católicos y precolombinos. La sublevación zapatista del EZLN del 1 de enero de 1994 propició el surgimiento de una reforma agraria que se acabó transformando en una campaña diplomática destinada a concienciar y buscar el apoyo de otros países. Cuatro años después, el gobierno mexicano sigue negociando sus promesas y el conflicto entre las fuerzas zapatistas y el ejército no cesa. En diciembre de 1997, la masacre de campesinos zapatistas volvió a colocar a México en la mira de la comunidad internacional.

INFORMACIÓN TURÍSTICA

La **oficina de información turística estatal**, ℂ (967) 86570, Miguel Hidalgo, 2, se encuentra a dos manzanas del zócalo (abre de lunes a viernes, de 09.00 a 21.00 horas; el sábado, de 09.00 a 20.00 horas y el domingo, de 09.00 a 14.00 horas).

VISITAR SAN CRISTÓBAL DE LAS CASAS

El **mercado** (avenida General Utrilla) es el más famoso de los lugares a visitar. Abierto diariamente, alcanza su apogeo los sábados, cuando llegan a él gran cantidad de indios de Chamula, Zinacantán y Huistec para vender, entre otras cosas, hierbas medicinales, animales vivos y flores.

Los indios de Zinacantán se distinguen por sus *huipiles*, blusas sueltas de lana tejidas en casa, bellamente bordadas. Los sombreros de paja de los hombres están adornados con cin-

tas cuyos colores identifican la población de la que proceden y que, si están sueltas, indican que el portador está soltero y, en caso contrario, que está casado. El vestido de los indios de Chamula es menos elaborado: los *huipiles* de las mujeres están adornados únicamente con dos borlas rojas; los hombres cubren el *huipil* con una túnica de lana y los colores de los puños señalan su lugar de procedencia. Los huistecas son los que usan vestidos más elaborados: los *huipiles* de las mujeres están bordados longitudinalmente, con finas líneas rojas sobre las que se superponen dibujos en forma de rombo; los de los hombres están bordados únicamente en los hombros.

La ciudad colonial de San Cristóbal de las Casas.

Tal como cabe esperar, el centro de la ciudad lo constituye el **zócalo**, en cuya parte norte está la **catedral** (abierta todos los días, de 10.00 a 13.00 y de 16.00 a 20.00 horas). En el lado oeste se encuentra el **Palacio Municipal**, y los otros dos lados están ocupados por soportales con comercios y cafés. Sin embargo, el edificio más interesante de la ciudad es el **templo de Santo Domingo** (abierto de martes a domingo, de 09.00 a 14.00 horas), situado a seis manzanas al norte de la catedral. Su fachada de piedra rosa es semejante a la de la iglesia de Antigua, en Guatemala, y su púlpito fue tallado de una sola pieza de roble. Al lado de la iglesia, en lo que fue el convento, se aloja una cooperativa de artesanías indias y un museo de historia regional. En el extremo oriental de la ciudad (avenida Vicente Guerrero, 33), y en un antiguo seminario, se ubica el **Centro de Estudios Científicos Na Bolom** («Casa del Jaguar»), ((967) 81418, E-MAIL nabolom@sclc.ecosur.mex. Se trata de una combinación de museo, biblioteca y hotel, y fue fundado por Frans Blom, un explorador y arqueólogo danés, y Gertrude Blom, una socialista suiza, a los que se les atribuye el mérito de haber evitado la extinción de los indios lacandones. En la casa, convertida en museo, se exponen piezas etnológicas y objetos arqueológicos procedentes de la zona. La biblioteca contiene más de cinco mil volúmenes que tratan de Chiapas y la cultura maya. El centro ofrece soberbios programas de visita para científicos y artistas que deseen pasar una temporada en el lugar, y constituye un marco excelente para talleres, seminarios y demás manifestaciones culturales. Las horas de acceso al museo y a la biblioteca son variables y, normalmente, hay una visita con guía de martes a domingo, a las 16.30 horas.

ALOJAMIENTOS TURÍSTICOS

De lujo
El Jacarandal, ((967) 81065, Comitán, 7, cuesta un promedio de 160 USD por persona en habitación doble. El precio incluye excursiones y paseos a caballo y tres comidas al día. Los visitantes tienen acceso a los magníficos jardines, salones y biblioteca de esta residencia del siglo XIX restaurada, y las cuatro habitaciones disponibles cuentan con bañera.

Moderados
El hotel Casa Mexicana, ((967) 80698, FAX (967) 82627, calle Veintiocho de Agosto, 1, parece más una galería de arte que un hotel de precio medio. Dispone de 50 habitaciones. El establecimiento dispone de un bar restaurante igualmente agradable y cuenta con servicio de habitaciones. Asimismo, el hotel pone a disposición de sus clientes un servicio de mensajería, una guardería y un párking gratuito.

La **Posada Diego de Mazariegos**, ((967) 80833, calle María Adelina Flores, 2, data de dos siglos atrás y es una verdadera institución en San Cristóbal. El ala antigua es mucho más interesante que el ala moderna; las habitaciones de la primera dan a un patio interior cubierto con una vidriera. Las 77 habitaciones están equipadas con teléfono y televisor. La posada está céntrica, muy cerca del zócalo, donde se encuentra toda la animación. Cuenta con bar, cafetería y restaurante además de agencia de viajes y agencia de alquiler de coches. El **hotel Flamboyant Español**, ((967) 80045/80412 o (800) 280-0500 (LLAMADA GRATUITA), FAX (967) 80514, Español y calle Uno de Marzo, 15, es otra opción interesante.

Sin duda, la estancia en **Na Bolom**, (/FAX (967) 81418, E-MAIL nabolom@sclc.ecosur.mx, avenida Vicente Guerrero, 33, es la que puede proporcionar la mejor apreciación de la zona, ya que los huéspedes y los miembros de la dirección comen juntos en un ambiente familiar. Por desgracia, Na Bolom sólo dispone de 14 habitaciones y casi siempre está lleno. Es conveniente reservar con antelación. Los amantes de San Cristóbal escogen a menudo la **Posada Los Morales**, ((967) 81472, avenida Ignacio Allende, 17, que cuenta con 13 cabañas dispersas en la ladera de una colina. Por 16 USD diarios tendrá derecho a una cabaña con dos habitaciones, chimenea y una pequeña cocina equipada. El bar y el pequeño restaurante del hotel permanecen abiertos todo el año. Alrededor de la plaza principal encontrará muchos hoteles pequeños; recomendamos los siguientes: el **hotel Don Quijote**, ((967) 80920, calle Colón, 7, que dispone de 24 habitaciones; el **hotel Fray Bartolomé de las Casas**, ((967) 80932, FAX (967) 83510, Niños Héroes, 2, que dispone de 27 habitaciones, y el **Hotel Real del Valle**, ((967) 80680, FAX (967) 83955, Real de Guadalupe, 14, con 19 habitaciones.

Restaurantes

Los restaurantes del San Cristóbal han mejorado mucho en los últimos cinco años pero aún queda mucho por hacer. La variedad es considerable y no le costará encontrar establecimientos a su gusto. La mayor parte de los locales son informales, sencillos y tienen calefacción. Los restaurantes baratos no suelen aceptar tarjetas de crédito: infórmese antes de entrar.

Moderados

Si le apetece probar una exquisita comida francesa, acuda al **restaurante El Teatro**, ((967) 83149, avenida Uno de Marzo, 8. Consulte la carta y no se pierda la ensalada de berros, las *crêpes* y las pastas. El **restaurante bar Marga-**

rita, ((967) 80957, calle Real de Guadalupe, 34, abre todos los días y es uno de los preferidos por los turistas, ya que pasadas las 21.00 horas empieza a tocar una orquesta que interpreta salsa y canciones latinas. El **Emiliano's Mustache**, ((967) 87246, avenida Crescencio Rosas, se encuentra cerca de la oficina de Correos. Sirven unos tacos estupendos a partir del mediodía, aunque el restaurante abre a las 08.30 horas y el ambiente es muy animado. Pruebe el queso fundido con rajas y el «alambre» (carne a la parrilla estilo Michoacán, con cebolla, pimiento y queso fundido). En el menú encontrará asimismo varios platos vegetarianos como *quiches* de espinacas,

Palenque es a la vez el yacimiento maya más refinado, desde el punto de vista arquitectónico, y el más misterioso.

verduras salteadas o chiles rellenos. Los sábados por la noche, a partir de las 22.00 horas, una orquesta se encarga de amenizar la cena con ritmos latinoamericanos. El **hotel Paraíso**, ((967) 80085, se encuentra en la avenida Cinco de Febrero, 19, y está especializado en cortes de carne anchos, algo poco habitual en México.

Económicos

Los mexicanos y los viajeros de bajo presupuesto acuden al restaurante **El Tuluc**, ((967) 82090, avenida Insurgentes, 5. Tuluc significa «pavo» en lengua tzizoc. El establecimiento gusta mucho a quienes buscan un menú a precios razonables. La música de ascensor que suena de fondo, y los juguetes y lámparas de madera expuestas para su venta le dan un aspecto peculiar al restaurante. Las raciones son abundantes y el bar está bien surtido. El restaurante abre todos los días de 06.30 a 22.00 horas. Su carta es impresionante: en ella figuran tanto especialidades mexicanas como internacionales, además de bocadillos, sopas y espaguetis, carne y pollo. Los mexicanos frecuentan **El Payaso** (sin teléfono), calle Madero, 35 (cierra los miércoles), por sus abundantes raciones de carne o verdura y sus menús económicos. El **Café del Centro**, calle Real de Guadalupe, 15-B, es un restaurante económico que ofrece menús a precio fijo a la hora del desayuno y de la comida. La carta es bastante limitada ya que apenas comprende quesadillas, *tortas* (bocadillos) y yogures.

CÓMO LLEGAR

La mayor parte de los viajeros llegan a San Cristóbal en autobús desde Tuxla Gutiérrez o Palenque. Los autocares llegan a la estación de autobuses situada al sur de la ciudad. San Cristóbal cuenta asimismo con un pequeño aeropuerto al que llegan vuelos procedentes de Palenque.

SAN JUAN CHAMULA

San Juan Chamula, 11 km al oeste de San Cristóbal, está situada en una colina boscosa, con una **iglesia** blanca de techo rosa. Ha sufrido pocos cambios desde el siglo XVIII y sus fiestas religiosas constituyen una mezcla

embrujadora de los ritos católicos y las antiguas tradiciones. Para asistir a la misa del domingo, que se celebra en tzotzil, idioma local, se debe adquirir una entrada simbólica en la **oficina de información turística** del Palacio Municipal.

LOS LAGOS (LAGUNAS) DE MONTEBELLO

Al sudeste de San Cristóbal de las Casas, en la frontera con Guatemala, se encuentra el pequeño **Parque Nacional de las lagunas de Montebello**, que cuenta con una extensión de 7.000 ha y 63 lagos espectaculares. El parque posee una magnífica colección de árboles de hoja perenne y otros árboles con sus ramas cargadas de orquídeas, así como innumerables pájaros. Un hito importante en este parque es el **Arco de San Rafael**, puente natural de piedra caliza bajo el que fluye el río Comitán, que después se oculta en la tierra y desaparece. Por desgracia, esta zona está afectada por la situación política de Guatemala, y no es segura para la acampada. Los alojamientos más cercanos se encuentran en Comitán, en el **Parador Santa María**, ((963) 23346/25116, a 21,5 km de Chincultik, en la carretera de las lagunas de Montebello. La zona se puede visitar en una excursión de un día.

Más allá de las lagunas de Montebello, discurre una carretera financiada por la CIA a lo largo de la frontera este de Guatemala, y gira hacia el norte, paralelamente a ella y al río Usumacinta hacia Palenque. El que fuera una vez el rincón más escondido y magnífico de México está siendo destruido por las quemas con fines agrícolas y la deforestación ilegal. Si se quiere pasar por la carretera de la frontera con Guatemala, es conveniente consultar a la gente de las lagunas o de Bonampak, para asegurarse de si la carretera está abierta y de si es lo suficientemente segura.

PALENQUE

Palenque es el más misterioso de todos los restos mayas de México. Visto de lejos, tiene un aire oriental, en cierto modo semejante a algunos templos de Nepal. Las estructuras de Palenque no tienen la misma magnitud que las de Chichén Itzá o Uxmal, pero el marco es encantador. El pueblo actual de Palenque se encuentra a unos 8 km de las ruinas.

Visitar Palenque

Lo que distingue a Palenque (los domingos, entrada libre; abierto todos los días, de 08.00 a 17.00 horas) son sus tejados y sus altas y elegantes fachadas abiertas, así como los techos que las coronan. Lo que se ha excavado hasta ahora data de entre los años 600 y 800, cuando este asentamiento alcanzó su apogeo. El **templo de las Inscripciones**, que se halla a la derecha, al entrar en el complejo, es el único descubierto hasta ahora en México con una sepultura en su interior. El señor Pacal fue enterrado en una cámara abovedada secreta, a 80 escalones de profundidad, con estalactitas en el techo y en las paredes. En 1949 se encontró el sarcófago de piedra de 13 toneladas, profusamente esculpido y, en su interior, el esqueleto del señor, lujosamente adornado con una máscara de jade, madreperla y obsidiana. En el Museo de Antropología de Ciudad de México hay una reproducción, pero el original permanece aquí. Un «psicoducto» (tubo de piedra) comunica la sepultura con el templo para facilitar el paso del alma.

A la izquierda, el **palacio**, de forma trapezoidal, domina el lugar con una torre diferente a cualquier otra manifestación arquitectónica maya. Probablemente, era un observatorio. El palacio tiene una distribución intrincada en su planta con numerosas galerías con columnas y patios interiores. Los arqueólogos creen que se trataba de un edificio administrativo, pero los baños de vapor en el patio anexo a la torre sugieren que pudo estar habitado por el jefe y los sacerdotes. Gran parte del palacio se atribuye al nieto del señor Pacal y la historia de la familia parece ser el tema de los jeroglíficos y grabados de las paredes y escalinatas. De particular interés es la **placa oval** que conmemora la coronación de Pacal. Se cree que la figura de la izquierda es la de su madre, que gobernó en su nombre durante tres años hasta que pudo ser coronado, a los doce años y medio. Al norte del palacio se hallan cinco edificios de diferentes períodos y en distintos estados de deterioro, conocidos como el «**Grupo Norte**». El mejor conservado es el **templo del Conde**. El museo, al este de este grupo, abierto de 09.00 a 16.00 horas, muestra fragmen-

tos de trabajo en estuco, estelas, objetos de las tumbas y cerámicas. Al este del palacio y cruzando los restos del acueducto y el río Otolum, se hallan tres templos con grandes tejados. El **templo de la Cruz** posee una hermosa fachada, y la mejor vista se tiene desde lo alto del **templo del Sol**.

El gobierno mexicano construyó un hermoso acceso al yacimiento arqueológico de Palenque en 1994, desde la carretera asfaltada que pasa junto a las ruinas. La entrada oficial conduce directamente al templo de las Inscripciones.

El **pueblo de Palenque** también mejora poco a poco. En las épocas de mayor afluencia de turistas está algo abarrotado de gente y las carreteras vecinas se llenan de automovilistas. Alrededor de la plaza principal hay varias tiendas en las que venden productos artesanales de la región de muy buena calidad. Y cada vez hay más restaurantes.

Alojamientos y restaurantes

No merece la pena realizar una excursión de un día a Palenque saliendo de Villahermosa, es preferible pasar la noche cerca del yacimiento. Los hoteles situados en la carretera de acceso al conjunto arqueológico suelen contar con un gran jardín y un ambiente muy tropical y están separados por varios cámpings. La Cañada, situado en el cruce de las carreteras que conducen respectivamente al pueblo y las ruinas, cuenta con varios albergues interesantes, baratos y llenos de encanto.

MODERADOS

El marco tropical y sus tres piscinas que imitan las lagunas y están relacionadas entre sí convierten al **Chan Kah Resort Village**, ((934) 51100, FAX (934) 50820, carretera hacia las ruinas, km 3, en un lugar tranquilo. Las 70 habitaciones del hotel están equipadas con televisión, pero no todas tienen teléfono. El establecimiento cuenta asimismo con bar, restaurante y sala de juntas.

El vasto jardín del **Calinda Nututún Palenque**, ((934) 50100/50161, FAX (934) 50620, carretera hacia las ruinas, km 3,5, cuenta incluso con un río. Uno de los meandros del mismo forma una piscina natural, algo peligrosa por la corriente. Otra opción consiste en acampar junto al río.

ECONÓMICOS

Las 47 habitaciones del **hotel Maya Tulipanes**, ((934) 50201/50258, FAX (934) 51004, calle Cañada, 6, cuentan con aire acondicionado y ventiladores y televisión vía satélite. El hotel dispone también de una pista de baloncesto. Podrá cenar en el comedor o al aire libre, junto a la piscina. El **Tulija Days Inn Palenque**, ((934) 50166 o (800) 900-1500 (LLAMADA GRATUITA), FAX (934) 50163, carretera hacia las ruinas, km 27,5, es un establecimiento limpio y acogedor que cuenta con una piscina y un pequeño restaurante y dispone de 48 habitaciones. Además de los restaurantes de los hoteles, recomiendo **La Selva**, ((934) 50363, carretera hacia las ruinas, km 5, que sirve platos regionales y es famoso por su almuerzo del domingo.

Cómo llegar

Las ruinas y el pueblo de Palenque quedan a cuatro horas y media o cinco de San Cristóbal de las Casas por una carretera montañosa que puede provocar mareos. El trayecto está cubierto por varias compañías de autocares. Palenque se encuentra a dos horas de Villahermosa y hay varias líneas de autobuses que recorren ese trayecto, tanto de día como de noche. El pequeño aeropuerto de Palenque recibe vuelos con turistas que participan en viajes organizados. Las compañías regionales como Aerocaribe se encargan de unir Palenque con Tuxtla Gutiérrez, San Cristóbal y algunos centros turísticos de Yucatán, pero los horarios cambian con frecuencia.

Palenque queda 8 km al este de las ruinas. Durante el día, puede recorrerlos en taxi, pero al caer la noche, los taxis no abundan.

YAXCHILÁN Y BONAMPAK

En el extremo más oriental de Chiapas, junto a la frontera guatemalteca, se encuentran los centros ceremoniales de **Yaxchilán** y **Bonampak**. Yaxchilán se halla a las orillas del río Usumacinta, al borde una antigua carretera que une Palenque y Tikal. Tiene numerosas arcadas, exquisitamente esculpidas con figuras de dioses vestidos, sacerdotes y mujeres. Hay también la escultura de un dios, con la cabeza separada del cuerpo, que continúa siendo una importante figura

religiosa para los lacandones que frecuentan el lugar.

Bonampak posee los frescos mayas más amplios y mejor conservados. Los murales, ricamente coloreados, representan escenas de los ritos que se efectuaban antes de una guerra. En el Museo de Antropología de Ciudad de México se exhiben reproducciones de estos murales y del templo en el que fueron encontrados. La contemplación de estas reproducciones es una buena solución para los que tienen menos espíritu aventurero. El viaje es largo a pesar de que, recientemente, se ha reparado la pista de 13 km que separa las ruinas de Bonampak de la carretera 198. También se puede acceder al conjunto arqueológico en avioneta desde Tuxtla Gutiérrez: póngase en contacto con **Montes Azules**, ((961) 32293. No hay hoteles cerca de las ruinas, pero las agencias de viajes se encargan de reservar estancias de una noche en los pueblos circundantes.

TABASCO

Cuando Graham Greene llegó al estado de Tabasco en los años treinta, no se permitían bebidas alcohólicas, a excepción de la cerveza, y estaba controlado por Tomás Garrido Canabal, un furibundo anticlerical del que se dice destruyó todas las iglesias del estado y persiguió a sus sacerdotes y monjas. Esta situación inspiró la novela de Greene *El poder y la gloria*. En la actualidad, el estado está bajo el control de la industria petrolera.

El estado es llano, con varios lagos y ciénagas y áreas de selva talada. Posee dos de los pocos ríos mexicanos navegables, el Usumacinta y el Grijalva, asentamientos arqueológicos prehispánicos y una de las ciudades menos atractivas de México: Villahermosa.

VILLAHERMOSA

Lo más atractivo de Villahermosa es su cercanía con Palenque. Sin embargo, el **parque de La Venta**, paseo Tabasco (abierto diariamente, de 09.00 a 17.00 horas) y el **Centro de Investigaciones de las Culturas Olmeca y Maya** o **CICOM**, calle Carlos Pellicer, 511 (abierto diariamente, de 09.00 a 19.30 horas) merecen la pena. Entre ambos poseen las mejores muestras de arte olmeca del mundo.

El parque de La Venta es famoso por los restos olmecas que contiene. Sus obras más conocidas son las gigantescas cabezas esculpidas en piedra con un rostro redondo y labios muy carnosos.

Por desgracia, casi todo lo que se ha conservado de esta inmensa y antigua civilización, es lo que se encuentran en Villahermosa. En el parque se erigen 30 esculturas olmecas, entre las que destacan altares, estelas, estatuas de animales y cabezas gigantescas que se han trasladado a una isla en el río Tonalá para dejar paso a los pozos de petróleo. Lo más espectacular del parque son las cabezas de 3 m de altura, que pesan más de 20 toneladas.

El museo CICOM contiene los objetos más pequeños y delicados del arte olmeca. El museo contiene también una buena muestra del arte maya, así como secciones transversales de restos arqueológicos de todo el país.

Alojamientos turísticos

Villahermosa cuenta con numerosos hoteles cuyo objetivo es, básicamente, la atención a los viajeros de negocios. Son recomendables el **Hyatt Regency Villahermosa**, ((93) 151234, FAX (93) 151235, avenida Juárez, 106, con 211 habitaciones; el **Best Western Maya Tabasco**, ((93) 144466, FAX (93) 121133, Ruiz Cortines, 907, con 156 habitaciones; y el **hotel Miraflores**, ((93) 20022, FAX (93) 120486, situado en la avenida Reforma, 304, con 68 habitaciones.

La famosa cascada de Agua Azul, lugar de fama internacional, está situada entre los últimos restos de la selva mexicana en desaparición.

La
península
de Yucatán

CONSULTORIO
Dra. MARGARITA AYORA G.

TIENDA DE ABARROTES
El:
Sagrado Corazón
Hnos. May Solís.

NESCAFÉ

NIDO
INSTANTANEA

ARIEL

PENÍNSULA DE YUCATÁN

HASTA HACE RELATIVAMENTE POCO, la península de Yucatán estuvo casi completamente aislada del mundo exterior. Sus incomparables playas, ruinas fascinantes y la fácil manera de vivir la han hecho la favorita de los turistas.

La península de Yucatán es un lugar diferente a todos, de México y del mundo. Con sus junglas impenetrables y una historia asimismo impenetrable parece, sin embargo, un lugar muy sencillo. Sus blancas playas, de fina arena de coral, se encuentran entre las mejores del mundo.

Detrás de las playas se encuentran las palmeras, las junglas costeras de manglares y, a continuación, se halla la jungla, salpicada aquí y allá por granjas y ranchos, y por los pocos pueblos y ciudades de Yucatán.

En Yucatán hay también centros vacacionales, poco atractivas zonas hoteleras como Cancún y Cozumel, o falsas aldeas mayas con nombres pseudomayas, que son el reino del dólar y donde los turistas van y vienen. Pero también están las antiguas ciudades de

Mérida, Chetumal y Valladolid, todavía mexicanas, con una economía y un estilo de vida no destruidos todavía.

Y también están las aldeas mayas del interior, que han sufrido en menor grado el impacto de los últimos veinte años de explosión turística. Lugares en los que las gentes se muestran inicialmente frías con los extraños, pero que se entregan cordialmente cuando se convive con ellos.

Asimismo, Yucatán son sus ruinas, cuya densidad no tiene parangón en ninguna parte del mundo, de asombrosa ingeniería y sorprendente cultura. Hoy sirven como atracciones para el comercio turístico, aunque tienen un poder mítico y una belleza que se esconde bajo la superficie. Pero, sobre todo, Yucatán es el conocimiento, la tristeza y la trágica comprensión del pueblo maya, que fue una vez el más avanzado del mundo.

La península de Yucatán es, primordialmente, la patria de los mayas, y lo ha sido

Mujeres que esperan tranquilamente a la puerta de una tienda, en un pueblo de Yucatán.

durante más de treinta siglos. Escondidos bajo la vegetación tropical se hallan cientos de pueblos y ciudades prehispánicas. Las más grandes, como Chichén Itzá y Uxmal, fueron descubiertas por los españoles y exploradas en el siglo XIX, con excavaciones que continúan todavía hoy. Otras permanecieron ocultas hasta la última década. Nadie sabe con seguridad cuántas ruinas no han sido todavía descubiertas, pero son, sin duda, innumerables, ya que se estima que la población de la zona en la era posclásica (900-1200) era superior a la actual.

ANTECEDENTES HISTÓRICOS

Cuando los españoles llegaron a principios del siglo XVI, fueron recibidos por los mayas con hostilidad manifiesta. La cultura maya fue la primera de la humanidad en utilizar el cero en las matemáticas; escribían con una avanzada escritura jeroglífica y elaboraron el calendario más exacto de todos los utilizados. Sus libros fueron quemados por el cura Diego de Landa en 1562, dos décadas después de que los españoles lograran, finalmente, constituir un asentamiento permanente en Mérida en 1542.

En Yucatán no había ni oro ni plata, por lo que la zona permaneció en los límites del imperio colonial. Yucatán no participó en la guerra méxico-americana, pero tuvo su propia y brutal guerra originada por las diferencias entre los que querían que formara parte de México y los que lo querían independiente. Esta lucha, conocida como la guerra de las castas, enfrentó a los *ladinos*, residentes de origen europeo, con los mayas, y a los mayas entre sí. Finalmente, fueron enviadas tropas federales a la región y Yucatán, Campeche y Quintana Roo se convirtieron en territorios mexicanos.

Durante los cinco años de guerra, murió más de la mitad de la población y quedó destruida la economía de la zona, basada en la caña de azúcar. Esta última fue reemplazada por el henequén, que se utiliza para fabricar cuerdas, cordeles y sus derivados. Se obligó a los mayas a trabajar en las plantaciones, pero se les negó el derecho a poseer su propia tierra. Unos pocos, de origen español, controlaban la tierra, el poder y la vida de la gente. Cuando llegó la guerra de la Reforma, los mayas dieron la bienvenida a las leyes que se derivaron de ella y a la libertad de la Iglesia católica.

Después de la segunda guerra mundial, las fibras artificiales redujeron el valor del henequén, con lo que la economía de la península sufrió de nuevo una caída en picado, hasta que surgió el turismo en las dos últimas décadas. Sin embargo, los favorecidos han sido los *ladinos* y otros extranjeros, mientras que han proporcionado muy poco al pueblo maya, salvo una nueva intromisión en su manera de vivir.

A través de las turbulencias de los últimos cuatro siglos, muchos mayas han permanecido aislados en sus pequeñas aldeas y pueblos. La vida en estos pequeños lugares tenía y tiene todavía un carácter comunal. En las áreas más apartadas, es más habitual el trueque que el uso del dinero.

De los tres estados de la península, Yucatán, Campeche y Quintana Roo, el primero de ellos es el más desarrollado. El *boom* petrolero de los años setenta llevó el desarrollo industrial a la costa de Campeche, y el FONATUR comenzó el desarrollo turístico de la costa norte de Quintana Roo.

CAMPECHE

Hay pocos lugares para el turismo en el estado de Campeche; una de las pocas cosas que lo hacen notable es el ser la patria de La Malinche, que fue la intérprete, consejera y amante de Cortés.

En el sur, en la **bahía de Campeche**, se encuentra **Ciudad del Carmen**, en la **isla del Carmen**, guarida favorita de los piratas. La isla tiene muy buenas playas, y la ciudad es relativamente tranquila, a pesar de las actividades portuarias. Hay un transbordador que, partiendo de Zacatal, transporta a los visitantes que llegan a la isla desde el este (Villahermosa), y un puente la une con la **isla Aguada**, para aquellos que continúan hacia la ciudad de Campeche.

Se cree que **Champotón**, en la costa y a mitad de camino entre Ciudad del Carmen y Campeche, era un importante puerto y centro comercial en tiempos prehispánicos. En la actualidad es un puerto de pescadores. Uno de los pocos lugares que han tenido éxito es **Siho Playa**, a 25 km de **Sihochac**, ✆ (981) 62989 (con 80 habitaciones, de precio moderado), una antigua hacienda restaurada, con piscinas, pistas de tenis y posibilidades de hacer excursiones para pescar.

LA CIUDAD DE CAMPECHE

Cuando Hernández de Córdoba desembarcó en este lugar, en 1517, encontró el asentamiento maya denominado Ah-kin-pech, que quiere decir «lugar de la serpiente y la garrapata». En los tiempos coloniales, era el único puerto en Yucatán, y estaba constantemente hostigado por los piratas. Para protegerla, los españoles encerraron la ciudad en una muralla, de

66068. Abre todos los días, pero cierra a mediodía y su personal es atento y servicial.

Visitar Campeche

En la avenida Ruiz Cortines, al oeste del centro de la ciudad, se encuentra el malecón, un marco ideal para pasear durante las puestas de sol. A dos manzanas de allí, entre la calle 57 y la calle 8, queda la **plaza de la Independencia**, una de las más importantes de la ciudad vieja. La **catedral**, profusamente decorada, da a la plaza. En la calle 10 se encuentra

2,5 km de perímetro, 2,5 m de espesor y 8 m de altura, y provista de ocho fuertes para su defensa. Son pocos los turistas que llegan hasta aquí, de modo que el lugar es un paraíso para los que huyen de las aglomeraciones turísticas. Los que pasan por Campeche tienen ocasión de saborear los mejores mariscos de la zona, de alojarse en hoteles económicos llenos de encanto y de disfrutar de la belleza de sus plazas y callejuelas.

INFORMACIÓN TURÍSTICA

La oficina de turismo de Campeche cambia a menudo de nombre y de emplazamiento. Últimamente, se encuentra en Plaza Turística Moch Cohuoh, ((981) 66767/65593, FAX (981)

la **mansión Carvajal**, construida a principios de siglo y que en la actualidad alberga a distintos organismos sociales.

Los turistas sólo pueden visitar algunas partes de la muralla que rodeaban la ciudad. El **Baluarte de la Soledad** da a la plaza y en él se encuentra el **Museo de los Estelae** en el que, entre otros objetos, se expone una amplia colección de tablillas mayas con inscripciones (calle 8 y calle 57, abierto de martes a domingo, de 10.00 a 16.00 horas). El **fuerte de San Miguel** se construyó en 1771, 3 km al sur de la ciudad (abierto de martes a sábado, de 08.00 a 20.00 horas y el domingo, de 08.00 a 13.00 ho-

Solamente quedan en pie algunos vestigios de las fortificaciones de finales del siglo XVIII que rodeaban Campeche.

ras), y en él se encuentra el impresionante **Museo de la Cultura Maya**, consagrado a la historia de la comunidad maya de Campeche. El **Baluarte de Santiago** rodea un jardín botánico que da a las calles 8 y 49 (abierto de martes a domingo, de 09.00 a 13.00 horas) mientras que desde las murallas del **fuerte San José**, en la avenida Morazán, se disfruta de una vista sin igual (abierto de martes a domingo, de 08.00 a 20.00 horas).

ALOJAMIENTOS TURÍSTICOS

Campeche no ha sido directamente castigada por el desarrollo del turismo. Los hoteles son más baratos, el servicio es bueno y las playas resultan ideales para pasear y disfrutar del paisaje, aunque en algunos casos se desaconseja bañarse.

El establecimiento más famoso de la ciudad es el **Hotel Ramada Campeche**, ℂ (981) 62233 o (800) 228-9898 (LLAMADA GRATUITA), FAX (981) 11618, avenida Ruiz Cortines, 51, que dispone de 149 habitaciones. El **hotel Colonial**, ℂ (981) 62222/62630, calle 14, 122, cuenta con 30 habitaciones económicas. El hotel está situado en una residencia del siglo XIX con patios con fuentes y suelos de época que la llenan de encanto.

También hay varios hoteles de precios moderados a caros, en los que es preferible inspeccionar las habitaciones antes de registrarse. Campeche cuenta con un **albergue juvenil (CREA)**, ℂ (981) 61802, avenida Agustín Helger, cerca de la universidad.

RESTAURANTES

Siendo puerto de mar, Campeche cuenta con excelentes pescados y mariscos. Las marisquerías son los restaurantes más abundantes. Las hay de todo tipo, desde establecimientos minúsculos hasta locales de moda. Destacan **La Pigua**, ℂ (981) 13365, avenida Miguel Alemán, 197, que sirve cócteles de marisco, sopas y platos principales a precios razonables. El restaurante **Miramar**, ℂ (981) 62883, calle 8, 293, está especializado en platos de pescado y dispone de un comedor de estilo colonial.

CÓMO LLEGAR

A Campeche llegan muy pocos aviones, excepción hecha de un vuelo diario procedente de Ciudad de México. El servicio de autobuses que une la ciudad con Mérida es excelente. La estación se encuentra precisamente en la carretera 261 (que va a Mérida).

EDZNÁ

A 60 km de Campeche, hacia el sudeste, se encuentra Edzná, una pequeña ciudad maya de 6 km^2 de extensión, que estuvo habitada del año 200 a. C. al 900 d. C. (se puede visitar todos los días, de 09.00 a 17.00 horas, con una módica entrada). Edzná fue erigida en un valle cuyo fondo se halla por debajo del nivel del mar; los mayas desarrollaron un intrincado sistema hidráulico que desecó la tierra para el desarrollo urbano y para la agricultura, disponiendo de depósitos para la irrigación. Todavía está intacta una parte de este **sistema de canales** de 23 km de longitud.

Puesto que no está en el circuito turístico, los que la visitan pueden examinar el maravilloso **Edificio de los Cinco Pisos**, templos menores, la plaza principal, un terreno para el juego de pelota y numerosas estelas en relativa soledad y tranquilidad.

EL INTERIOR

Repartidos por todo el interior de Campeche se encuentran numerosos asentamientos mayas en diversos grados de investigación y excavación. Utilizando la ciudad de Campeche como base de partida, se pueden visitar en viajes de un día completo; en Edzná o Campeche se encuentran guías bien preparados que suelen organizar las excursiones. El viajero con afán de aventura puede alcanzar la mayor parte de estos lugares en solitario. Sin embargo, hay que tener precaución con los escorpiones y las serpientes. Es esencial, como en toda la península de Yucatán, un repelente contra los mosquitos.

Al sur de **Hopelchén**, donde hay una iglesia fortificada del siglo XVI, se hallan las ruinas de **Dzehkabtún**, **El Tabasqueño**, **Dzibalchén** y **Hochobo**, cerca de **Chenkoh**, y de **Dzibilnocac**, cerca de Iturbide. En el norte del estado y cerca de **Hecelchakán**, se encuentran **Kacha**, **Xcalumkín** y muchas otras.

EL ESTADO DE YUCATÁN

Los españoles se establecieron inicialmente en el estado de Yucatán, y desde entonces éste ha sido el más desarrollado de los tres que ocupan la península. Hasta mediados del presente siglo, cuando se terminaron los enlaces por ferrocarril y autopista, resultaba más fácil a los yucatecos viajar a Cuba que a Ciudad de México. Antes de 1951, el que quería viajar a Ciudad de México debía ir en barco hasta Veracruz y de allí por tierra a su destino final. Todavía hoy, muchos yucatecos se sienten en cierto modo independientes del resto de México.

MÉRIDA

Mérida es la capital y única gran ciudad del estado de Yucatán; fue el primer asentamiento español en la península, fundado por Francisco de Montejo en 1542, en el lugar en que se levantaba la ciudad maya de T'Ho. Siguiendo la costumbre, Montejo destruyó los templos de la ciudad para construir la nueva.

Después de la guerra de las castas, y en la época del esplendor de la industria henequenera, Mérida creció rápidamente. Se la conocía como el «París de Occidente» ya que los padres de la ciudad remodelaron el paseo Montejo siguiendo el modelo de los Campos Elíseos. Las calesas, que, tiradas por caballos, proporcionaban el servicio de taxi, se utilizan hoy para realizar paseos turísticos por la ciudad. La época dorada de Mérida llegó a su fin con el advenimiento de las fibras sintéticas.

La ciudad conserva gran parte de su ambiente colonial, y su población algo de la herencia maya. No es excepcional oír hablar maya en las calles, y muchas escuelas dan parte de sus clases en el idioma nativo. Mérida está muy cerca de ser la ciudad mexicana perfecta, y su único inconveniente es no contar con playas. Afortunadamente, éstas se encuentran a menos de una hora de viaje.

INFORMACIÓN TURÍSTICA

El principal **centro de información turística**, en el teatro Peón Contreras, ((99) 248386/286547, FAX (99) 286547, calle 59, abre cada día de 08.00 a 20.00 horas.

La **plaza principal** y los edificios coloniales del centro se construyeron sobre las ruinas de la antigua T'Ho, por lo que en algunos edificios quedan restos de **esculturas mayas**. El lugar resulta especialmente agradable los domingos, día en que las calles circundantes se vuelven peatonales y los turistas pueden recorrerlas en calesas. Del lado este se encuentra la **catedral**, de estilo barroco, construida a finales del siglo XVI con la piedra de los templos mayas. En ella está

la **capilla del Cristo de las Ampollas**. Según una leyenda local, la estatua que se venera fue tallada del tronco de un árbol que, según los indios, ardió durante una noche entera, pero que fue encontrado intacto al día siguiente. El **Museo de Arte Contemporáneo (MAKAY)** se encuentra cerca de la catedral. Se trata de un edificio colonial impresionante y abre todos los días menos el martes, de 09.00 a 17.00 horas.

En la parte sur del zócalo, se erige la **Casa de Montejo**, cuya fachada esculpida muestra a dos conquistadores que se alzan sobre las cabezas de los mayas. La residencia fue renovada por el arquitecto Agustín Legoretta

El placentero ambiente de Mérida se refleja en este restaurante al aire libre.

en los años setenta por cuenta del banco Banamex, actual propietario de la casa, que se puede visitar durante las horas de apertura del banco, es decir, de lunes a viernes, de 09.00 a 13.30 horas.

El **Palacio Municipal**, en la parte oeste de la plaza, era una cárcel, y fue convertida en oficina municipal en 1929. El **Palacio de Gobierno**, del siglo XIX, y que es el más moderno de la plaza, domina la parte norte (abierto diariamente de 09.00 a 21.00 horas). Los murales de la escalinata, así como las pinturas del salón de la Historia, fueron realizados por Fernando Castro Pacheco.

Una manzana al norte se halla el **parque Hidalgo**, en el que se dan conciertos de marimba todos los domingos a las 11.30 horas y, algo más al norte, se encuentra el **teatro Peón Contreras**, de estilo neoclásico, en el cual el Ballet Folclórico del Estado ofrece representaciones los martes por la noche.

En las calles 47 y 54 comienzan los «Campos Elíseos» de Mérida, el **paseo Montejo**, una amplia avenida de tres vías. En la esquina de la calle 43 se halla el **palacio Cantón**, que fue la residencia oficial de los gobernadores de Yucatán y donde, en la actualidad, se ubica el **Museo Regional de Antropología e Historia** (abierto, con una módica entrada, de martes a sábado, de 08.00 a 20.00 horas y los domingos, de 09.00 a 14.00 horas), cuyo objeto es la historia y la forma de vida de los mayas, y una exposición total de los asentamientos arqueológicos de Yucatán.

Varias manzanas al este del zócalo, en la calle 50, entre las 57 y 59, se encuentra el **Museo de Artes Populares** (entrada gratuita; abierto de martes a sábado, de 08.00 a 20.00 horas), que cuenta con una completa colección de las artesanías de Yucatán, así como con una buena representación de las artesanías del resto del país. En la tienda de la planta baja se venden blusas bordadas, cerámicas y otras artesanías finas.

Al norte de la calle 50, en las 61 y 62, se alzan dos arcos de estilo morisco, el **arco del Puente** y el **arco de Dragones**, que son los restos de 13 puertas construidas a principios del siglo XVII. Nadie sabe si se levantaron para delimitar la ciudad o eran parte de un proyecto para circundarla con una muralla.

Desde el zócalo hacia el sur, la calle 60 constituye la zona comercial principal de la ciudad. En la calle 65 se encuentra el **mercado García Rejón**, de artesanías. El **mercado municipal** (calle 65, entre las calles 56 y 58) abre todos los días y es el más grande de Yucatán. Las calles que lo rodean están llenas de tiendas de hamacas, camisas de algodón (*guayaberas*), y *jipis* o panamás.

En el extremo sudoriental de la ciudad vieja, en las calles 77 y 65, se alza una pequeña iglesia, la **ermita de Santa Isabel**, también conocida como la «iglesia del viaje seguro». Los viajeros que se dirigían a Campeche solían detenerse en ella para rezar pidiendo la protección divina para el viaje. El viejo cementerio ha sido convertido en un jardín. Los viernes por la noche, a las 21.00 horas, se dan conciertos en su teatro al aire libre.

ALOJAMIENTOS TURÍSTICOS

Mérida posee gran cantidad de buenos hoteles a precios moderados o económicos, que suelen estar instalados en antiguas residencias coloniales. En el barrio del paseo Montejo se han abierto varios hoteles de lujo.

Caros

El **Fiesta Americana Mérida**, ((99) 421111 o (800) 343-7821 (LLAMADA GRATUITA), FAX (99) 421112, paseo Montejo, 451, se construyó con el estilo del siglo pasado. En la planta baja del hotel se encuentra un centro comercial y un restaurante Sanborn's. Las 350 habitaciones también son muy elegantes y cuentan con televisión vía satélite, caja fuerte, teléfono directo, servicio de fax y un pequeño balcón. Sin lugar a dudas, éste es el mejor hotel de Mérida.

El **Hyatt Regency Mérida** se encuentra enfrente, ((99) 420202/421234 o (800) 233-1234 (LLAMADA GRATUITA), FAX (99) 257002, calle 60, 344, junto al paseo Colón. Es un hotel de lujo pero tiene un inconveniente: es imposible abrir las ventanas de las habitaciones.

Moderados

La **Casa del Balam**, ((99) 248844 o (800) 624-8451/555-8842 (LLAMADA GRATUITA), FAX (99) 245011, calle 60, 488, queda muy céntrica, y cuenta con 54 habitaciones. Este establecimiento decorado con antigüedades, azulejos, jardines y fuentes es una de las mejores opciones si desea permanecer en el corazón de la acción.

El **Gran Hotel**, ((99) 247730, FAX (99) 247622, queda cerca del parque Hidalgo, calle 60, 496 y fue el primer hotel de Mérida. El hotel cuenta con balcones que dan al zócalo y mecedoras instaladas al pie de sus escaleras recubiertas de azulejos. El **hotel Caribe**, ((99) 249022 o (800) 555-8842 (LLAMADA GRATUITA), FAX (99) 248733, calle 59, 500, también queda cerca del parque. Este hotel ofrece habitaciones más tranquilas. Ambos hoteles cuentan con buenos restaurantes con terrazas.

Económicos

La **posada Toledo**, ((99) 231690, FAX (99) 232256, calle 58, 487, esquina con la calle 57, es uno de los establecimientos con más encanto de la ciudad. Sus 23 habitaciones dan a un patio central. Pida que le muestren la increíble *suite* principal, formada por dos habitaciones con techos adornados con pinturas bien restauradas y amuebladas con antigüedades. El único inconveniente es que el hotel carece de piscina. Los propietarios del **hotel Mucuy**, ((99) 285193, FAX (99) 237801, calle 57, 481, han sabido crear un remanso de paz para viajeros de bajo presupuesto con habitaciones a un precio sin competencia, nevera compartida y tendedero para secar la ropa. El hotel organiza excursiones económicas por los puntos de interés turístico de la región. Reserve con antelación. El **hotel Dolores Alba**, (/FAX (99) 285650, FAX (99) 283163, calle 63, 464, dispone de 40 habitaciones. La familia Sánchez dirige el hotel desde hace décadas, al igual que otro establecimiento cercano a Chichén Itzá. El **hotel Colón**, ((99) 234355, FAX (99) 244919, calle 62, 483, dispone de 53 habitaciones y un ambiente muy especial. El hotel cuenta con baños de vapor estilo romano, junto a la piscina. Las personas que no se hospedan en el hotel pueden acceder a los baños previo pago de una entrada. Las habitaciones son austeras pero cómodas.

RESTAURANTES

Comer en Mérida es una delicia. Aparte de una amplia variedad de pescados y mariscos, y de especialidades yucatecas como la *cochinita pibil* (cerdo en barbacoa), el pollo *pibil* (pollo en barbacoa) y carne marinada en salsa

de achiote, hay también una muy buena cocina de Oriente Medio, debido a la presencia de numerosos emigrantes libaneses.

Caros

El **Alberto´s Continental Patio**, ((99) 285367, calle 64, 482, tiene un excelente y amplio menú que incluye tabulé, humus, col rellena y otras especialidades libanesas, además de platos de la cocina yucateca. La familia Salum lleva décadas dirigiendo este restaurante. En días festivos es indispensable reservar mesa con antelación. **La Casona**, ((99) 238348, calle 60,

434, está especializado en cocina italiana. Es recomendable tanto por su ambiente como por el talento de su *chef*. **La Bella Época**, ((99) 281429, calle 60 (entre las calles 59 y 57), posee un menú que incluye platos de cocina oriental, italiana, yucateca y europea con un acierto algo irregular. Nunca paso por Mérida sin comer o cenar en el patio de **El Pórtico del Peregrino**, ((99) 286163, calle 57, 501. Siempre pido lo mismo: berenjenas al horno con pollo y queso y una cerveza Negra Modelo.

Moderados

A los estudiantes de cocina de Yucatán les gustan las fotos y las explicaciones que figu-

Los mexicanos se relajan en un café de Mérida lleno de ambiente.

ran en el menú de **Los Almendros**, ℂ (99) 285459, calle 50, A-493 (entre las calles 59 y 57). Sin embargo, la preparación de los platos es un tanto irregular.

Económicos

Los hombres de negocios pasan horas en el **Café Alameda**, ℂ (99) 283635, calle 58, 474. Los estudiantes prefieren la **Cafetería Pop**, ℂ (99) 286163, calle 57, 501 (entre las calles 60 y 62), a pesar de su decoración dominada por la formica. Parece como si toda la ciudad se diera cita en el **Café Express**, ℂ (99) 281691,

CELESTÚN Y SISAL

Las playas se encuentran a una hora corta de Mérida. A 86 km al sudoeste, se encuentra el pueblo de pescadores maya de **Celestún**, cuya laguna es un paraíso para los amantes de los pájaros. Al norte de Celestún, la carretera discurre a lo largo de la costa por playas arenosas hasta el antiguo pueblo henequenero de **Sisal**. Esta zona está fuera de los caminos trillados. Hay pocos hoteles en Celestún y muchos lugares donde colgar una hamaca, pero poca cosa más.

calle 60, 509, en todo momento, tanto de día como de noche. Si desea beber una copa y comer unas *botanas* (similares a las tapas), acuda a **La Prosperidad**, ℂ (99) 211898, calle 56 y 33. Si bebe bastante, las tapas le saldrán gratis.

CÓMO LLEGAR

El aeropuerto internacional de Mérida se encuentra al sur de la ciudad y a él llegan vuelos procedentes de Ciudad de México, Cancún, Oaxaca, Villahermosa y Miami. Los autocares llegan desde todos los puntos importantes de la península de Yucatán a la estación central situada en la calle 69 de Mérida.

PROGRESO

A cuarenta y cinco minutos de viaje por carretera, al norte de Mérida, se encuentra Progreso, que ha sido el puerto más importante de Yucatán desde el tiempo de los españoles. Aparentemente, el pueblo es una Mérida en pequeño, pero no tiene nada del ambiente cosmopolita de la capital. Las playas que rodean el puerto son buenas, pero se encuentran en el golfo de México.

Durante la semana, la zona está casi desierta, excepto en julio y agosto, cuando los mexicanos hacen vacaciones. Para quien quiera pasar un tiempo tranquilo, Progreso tiene los servicios necesarios para hacer la estancia confortable.

En el pueblo hay varios hoteles baratos; entre ellos el **hotel San Miguel**, ((993) 51357, calle 78, entre las calles 29 y 31, con 20 habitaciones, y el **hotel Progreso**, ((993) 50039, FAX (993) 52019, calle 29, 142. En las playas se pueden alquilar *bungalows* por semanas o meses, y muchas de las casas también se pueden alquilar en las mismas condiciones. La oficina de turismo de Mérida tiene una lista de los agentes inmobiliarios que se ocupan del alquiler de estas casas.

Salga de Mérida hacia Progreso y al llegar, tome la carretera 281 hacia el sur, en dirección a Izamal y Chichén Itzá. Aunque viaje a ritmo tranquilo, podrá visitar la zona en una excursión de un día.

DZIBILCHALTÚN

Cuando se redescubrieron las ruinas mayas de Dzibilchaltún, en los cuarenta, a 17 km de Mérida, se produjo una excitación general que pronto se desvaneció, debido a que no se descubrieron estructuras espectaculares. En exploraciones recientes se ha podido determinar que éste fue, probablemente, el asentamiento maya más importante de México, y que estuvo habitado desde, por lo menos, el año 600 a. C. hasta la llegada de los españoles, quienes demolieron gran parte de lo existente para construir haciendas y la carretera, que va de Mérida a Progreso. Se han identificado no menos de ocho mil edificios, pero se han efectuado muy pocas excavaciones en los 65 km^2, que se pueden visitar diariamente de 08.00 a 17.00 horas, con una pequeña entrada. La estructura principal es el **templo de las Siete Muñecas**, que, según se cree, es el único templo maya con ventanas. Se le ha denominado así por las siete figuritas que se encontraron y que ahora se exhiben en el museo de la entrada.

El yacimiento arqueológico se encuentra en el centro de una reserva natural. Cada día llegan a Dzibilchaltún autobuses de segunda clase procedentes de Mérida. También puede llegar a las ruinas tomando uno de los autobuses de primera clase que parten de Progreso, pero tendrá que recorrer a pie los 4 km que separan la carretera de la zona arqueológica. Si dispone de coche propio, salga de Mérida por la carretera 273 en dirección norte.

IZAMAL

En ningún lugar resulta más evidente el choque entre las culturas prehispánicas y la española que en **Izamal**, 75 km al este de Mérida. Aquí, las estructuras coloniales se levantaron en el interior de los edificios mayas. El **convento de San Antonio de Padua**, al cual se llega por la escalinata de una pirámide maya, ocupa el lugar donde antes se encontraba el templo. Antes de la conquista, Izamal era un centro maya de peregrinación dedicado a Itzámna, el creador del universo y la deidad maya más poderosa. Consciente de su importancia, Diego de Landa escogió este lugar como sede obispal. La magnitud de sus planes se evidencia en el atrio del monasterio, que tenía 8.000 m^2, más pequeño únicamente que la plaza de San Pedro en Roma. La mayor parte de sus 75 arcos están todavía intactos. Solamente se salvó del frenesí constructor colonial un templo dedicado al dios Sol conocido como **Kinich Kakmó**. El templo, hoy en ruinas, está situado sobre una pequeña colina y, en los días claros, desde él se pueden ver los restos de Chichén Itzá que sobresalen en la jungla.

Izamal llamó la atención del mundo entero en 1993 cuando el papa Juan Pablo II lo escogió como escenario para su encuentro con las tribus indígenas de México y de América Central. La ciudad, apodada Ciudad Amarilla por el color de sus edificios, fue totalmente restaurada con motivo de la visita papal. Se trata de una de las ciudades más hermosas de Yucatán, pero su infraestructura turística aún no se ha desarrollado plenamente. El estado creó un parador turístico con museo, baños, restaurantes y tiendas a la entrada de la ciudad.

La ciudad tiene algunos hoteles y restaurantes mexicanos. No se pierda el restaurante **Kinich Kakmó**, situado a los pies de las ruinas. Es un lugar maravilloso, en particular entre los días 3 y 5 de mayo, el 15 de agosto, entre el 18 y el 28 de octubre y el 29 de noviembre, en los que tienen lugar fiestas religiosas en el atrio del convento.

A la vista de la poco frecuente forma elíptica de la pirámide del Adivino, en Uxmal, se percibe la magia del diseño clásico maya.

LAS COLINAS PUUC

Al sur de Mérida y cerca de la frontera con Campeche, se halla una zona denominada las Colinas Puuc. La palabra «colina» se utiliza con cierta lenidad, ya que el terreno es relativamente llano comparado con el resto de México. En esta zona se hallan miles de ruinas mayas, de las que las más importantes fueron «redescubiertas» por John L. Stephens, y su compañero Frederick Catherwood, quienes exploraron a caballo la península de Yucatán entre 1839 y 1841.

Uxmal

Fundada entre los años 600 y 900, se cree que **Uxmal** fue un importante centro de aprendizaje, habitado por sacerdotes y expertos en astronomía, arquitectura e ingeniería. Aparentemente, esta ciudad no fue nunca invadida por otros grupos y, en consecuencia, se considera más genuinamente maya que Chichén Itzá. Los edificios están profusamente decorados con dibujos geométricos semejantes a los de Mitla, en Oaxaca, pero el arte está un poco más avanzado. Los frisos geométricos se hallan recubiertos con caricaturas estilizadas comparables, en cierto modo, a las gárgolas de la arquitectura gótica. Los arqueólogos opinan que constituyen representaciones de Chac, el dios de la lluvia, de gran importancia en una zona que, como ésta, estaba sujeta a largos períodos de sequía durante el año. Aparentemente, los mayas habían desarrollado un intrincado sistema de cisternas y depósitos para recoger y almacenar el agua de la lluvia, su única provisión del líquido elemento. Cuando llegó Stephens, el sistema estaba destruido, y sin posibilidades de reparación.

Este lugar, situado a 80 km de Mérida (abierto al público diariamente de 08.00 a 17.00 horas, con entrada), está dominado por la **pirámide del Adivino**, que posee cinco templos de estilos diferentes y colocados a diversos niveles. Hay 118 empinados escalones hasta la cima. También se le da el nombre de pirámide del Enano o del Mago, ya que la leyenda afirma que fue construida por el hijo de una bruja nacido de un huevo.

Al oeste de la misma, hay una estructura que ha venido a ser conocida como el **Cuadrángulo de las Monjas**, debido a que los con-

quistadores españoles opinaban que los sacerdotes mayas utilizaban sus habitaciones. Sin embargo, los arqueólogos creen que este inmenso complejo fue utilizado por la elite maya y no sólo por los sacerdotes.

Frente al convento, y hacia el sur se halla el lugar para el juego de pelota de la ciudad y más allá la Casa de las Tortugas, el palacio del Gobernador, la Gran Pirámide y el Palomar.

La **Casa de las Tortugas** estaba dedicada a éstas, que, según las creencias mayas, sufrían por los humanos en tiempos de sequía y sus lágrimas producían la lluvia. La cornisa está decorada con tortugas, y cada una de ellas cuenta en su caparazón con un grabado diferente.

Con frecuencia se hace referencia al **palacio del Gobernador** como la estructura más perfecta de México, arquitectónicamente hablando. Tiene 100 m de longitud, 12 m de ancho y 9 m de altura. En la terraza se halla una inusual escultura de dos jaguares unidos por el pecho y cuyas cabezas señalan una al norte y la otra al sur.

La **Gran Pirámide** ha sido reconstruida, y el **Palomar**, así llamado porque la celosía de su tejado parece una casa para las palomas, es únicamente la fachada de lo que se cree que fue una estructura similar al convento, aunque bastante más antigua.

Hay en el lugar otras estructuras que no han sido ni excavadas ni reconstruidas; entre ellas se encuentran la **pirámide de la Vieja**, el **templo de los Falos**, así llamado por los falos esculpidos que sirven como caños para el agua de lluvia, y el **Grupo del Cementerio**, decorado con calaveras y otros huesos pero que no fue usado como tal.

Hay un **museo** y un **centro cultural** a la entrada, donde por las noches se ofrecen espectáculos de luz y sonido a las 19.00 horas. La oficina de información turística y los hoteles de Mérida disponen de información y entradas para los espectáculos y las excursiones a este lugar.

Alojamientos turísticos

Los hoteles de la zona son de una calidad semejante y todos ellos son caros. Es particularmente agradable el **Club Med Villa, (** (99)

PÁGINA ANTERIOR: El edificio este del cuadrángulo de Uxmal, dominado por la pirámide del Adivino.

280644 o (800) 555-8842 (LLAMADA GRATUITA), propiedad de Club Méditerranée, que ofrece 43 habitaciones a precios relativamente elevados. El hotel cuenta con una piscina con sombra y un restaurante con terraza en el que sirven platos regionales y europeos de gran calidad.

El **Lodge de Uxmal** se encuentra frente a la entrada de las ruinas, ℂ (99) 232202 o (800) 235-4079 (LLAMADA GRATUITA), FAX (99) 234744 (reserve en Mérida llamando al ℂ [99] 250621, FAX [99] 250087), E-MAIL mayaland@diario1.sureste.com. El establecimiento, que abrió sus puertas en 1997, fue concebido para que se integrase en el entorno y es una verdadera joya arquitectónica.

La **Hacienda Uxmal**, ℂ (99) 280840 o (800) 235-4079 (LLAMADA GRATUITA), FAX (99) 234744 (reservas en Mérida, al ℂ [99] 250621, FAX [99] 250087), E-MAIL mayaland@diario1.sureste.com, se encuentra en la carretera 261, unos 100 m al norte de las ruinas. La hacienda dispone de 80 habitaciones. El edificio tiene el estilo de una antigua hacienda, con motivos complejos en los suelos, muebles de madera muy pesados, persianas de madera y un jardín que parece una jungla.

El **Rancho Uxmal**, ℂ (99) 231576, calle 26, 156, Ticul, se encuentra en la carretera 261, unos 3 km al norte de las ruinas. Es el único hotel barato recomendable en esta zona. Sus 20 habitaciones están equipadas con ventiladores y el hotel dispone de piscina, aunque a menudo no se puede utilizar. Las ruinas quedan a 45 minutos andando, pero los autobuses procedentes de Mérida paran enfrente si les hace una señal. El restaurante del hotel es uno de los mejores de la región.

Restaurantes

Los mejores restaurantes son los de los hoteles y el del centro cultural que se encuentra en las ruinas. Comer en el **Lodge de Uxmal** le da derecho a utilizar su piscina, lo que, teniendo en cuenta el calor infernal, es una gran ventaja.

KABAH

Unos 20 km al sur de Uxmal se halla Kabah (abierta diariamente de 08.00 a 17.00 horas, con una reducida entrada), que fue la segunda ciudad maya en importancia de todo Yucatán. La estructura más importante de este complejo es el llamado **Codz-Pop** o **palacio de las Máscaras**. Ese último nombre proviene del hecho de que toda la fachada está decorada con máscaras de Chac, el dios de la lluvia. El nombre maya significa «la estera arrollada», y hace referencia a que todos los escalones tienen la forma de trompa de elefante, propia del dios de la lluvia.

En este asentamiento, que todavía no ha sido totalmente explorado y excavado, se encuentran el austero **Teocalli** (palacio), el **Gran Teocalli** (gran templo) y la **Casa de la Bruja**, así como un soberbio arco que muestra unas características de reminiscencias moriscas, y que estaba a la entrada de la ciudad y al principio de la *sacbe* («carretera blanca»), que llevaba a Uxmal. En esta última hay un arco semejante, pero el camino ha quedado cubierto por la vegetación.

SAYIL, XLAPAK Y LABNÁ

No lejos, al sur de Kabah, se encuentran otros tres asentamientos mayas: Sayil, Xlapak y Labná (los tres abiertos al público diariamente de 08.00 a 17.00 horas, con entrada). **Sayil** tiene un gran palacio con unas cincuenta habitaciones, cuya característica particular es el tono anaranjado de la piedra con la que está construido, debido a los óxidos de hierro presentes en el terreno. En **Xlapak** hay un palacio, con una planta baja carente de adornos. El friso, las torres en las esquinas y la parte superior de la puerta principal están decorados con máscaras.

En **Labná** se encuentra la arcada maya mejor conservada y la de decoración más intrincada, así como **El Mirador**, un templo con un tejado de 4,5 m de altura.

A 29 km al este de Labná se hallan las **grutas de Loltún**, que son una maravilla subterránea, pero sólo se puede acceder a ella en visitas guiadas. Infórmese en Uxmal: los horarios cambian según la época del año. Se cree que los mayas se escondieron aquí durante la guerra de las castas, pero las cavernas fueron utilizadas mucho tiempo antes.

CHICHÉN ITZÁ

John L. Stephens tuvo su primer contacto con la magnífica ciudad de Chichén Itzá, el 11 de marzo de 1841, después de haber viajado por toda la península y de haber visto, según sus propias palabras, «los restos de cuarenta y cuatro antiguas ciudades». Sita 120 km al este Mérida, es, probablemente, la más famosa de las ruinas mayas y, asimismo, en la que se han realizado más excavaciones y trabajos de restauración. En consecuencia, es también la más visitada (abierta al público diariamente de 08.00 a 17.00 horas, con entrada).

Es recomendable visitar esta ciudad durante las primeras horas de la mañana, permanecer allí solamente media jornada y volver al día siguiente, en lugar de intentar verla en un solo día. El lugar en sí es enorme, con cerca de 10 km^2, a pesar de que solamente ha sido excavada una pequeña parte de su totalidad. Algunos arqueólogos opinan que su extensión total es de más de 100 km^2.

Después de haber visitado Chichén, se adquiere conciencia de la impresionante capacidad de la cultura maya. Se requiere un talento muy especial para haber construido una ciudad de tales proporciones, a base de millones de enormes piedras esculpidas, sin conocer la rueda ni disponer de animales de tiro, haberla provisto de agua, y haberla conectado con las otras ciudades de México mediante rutas perfectamente pavimentadas.

Fundada hacia el año 400 por tribus mayas emigradas de lo que es hoy Guatemala, Chichén Itzá fue el centro religioso maya más importante entre los años 500 y 900, después de lo cual parece ser que se hicieron cargo de ella otras tribus del norte aliadas con los toltecas de Tula. Otras teorías más recientes afirman que, más que haber sido influida por Tula, fue Chichén Itzá quien influyó sobre aquélla. De cualquier manera, los nuevos ocupantes del lugar lo engrandecieron y construyeron en él nuevas estructuras propias.

Chichén Itzá es tan amplia y compleja que requeriría de una *Guía del buen viajero* por sí misma. Sin embargo, es mejor comenzar con un gran mapa de la zona y decidir qué es lo que más interesa visitar. Como alternativa, se puede pasear durante unas horas adquiriendo una visión del conjunto, comprar una guía e informarse en detalle de lo que se ha vislumbrado y volver a visitarlo.

En la zona de aparcamiento, se puede elegir entre entrar por la parte más antigua, en el sur, o por la más nueva, en el norte. Esta última incluye una vasta área abierta, ocupada en el sur por la **pirámide de Kukulkán** («el castillo»), que es una de las maravillas del antiguo mundo maya y que se terminó de construir en el año 830. Es de perfectas proporciones, con nueve niveles representativos de los nueve cielos y con un total de 365 escalones, correspondientes a los días del año, y con una escalinata a 45° en cada una de sus caras, que coinciden con los cuatro puntos cardinales.

Fue construida de acuerdo con medidas astronómicas exactas, y en su cima se erige una

estructura cuadrada, el **templo de Kukulkán**, dios del Sol. Hay también un acceso interior a la pirámide que permite la vista de las otras pirámides sobre las que se construyó.

Desde la cima de la pirámide se puede ver al este el gran **templo de los Guerreros**. Es uno de los más bellos de México y está rodeado por las **Mil Columnas**, altas y de color blanco, que según los arqueólogos, constituyen una versión ampliada del templo de Tlahuizcalpantecuhtli.

Mirando hacia el oeste desde las Mil Columnas, se encuentra el **templo de los Jaguares**, en el que hay una altar con un jaguar es-

SUPERIOR: Ruinas mayas de Sayil. PÁGINAS SIGUIENTES: La impresionante figura del Chac mool, el mensajero de los dioses mayas.

culpido, así como numerosos frisos con jaguares; en su interior se pueden ver pinturas murales relativas a una batalla entre toltecas y mayas. Detrás se encuentra el terreno para el famoso **juego de pelota**. En este juego, los contendientes debían intentar hacer pasar una pelota de caucho duro a través del aro de piedra de la pared sin utilizar jamás las manos. La pelota no debía nunca tocar el suelo, ya que simbolizaba el Sol en su paso a través del cielo. Los que perdían eran sacrificados.

Más allá de la zona norte, un *sacbe* conduce al **cenote de los sacrificios**, al cual pueden haber sido arrojados algunos de los jugadores perdedores. Con una profundidad de más de 80 m, ha sido explorado por submarinistas que han encontrado, hasta ahora, más de cien esqueletos humanos y miles de objetos artísticos.

Hay, en la zona norte, un sinnúmero de fascinantes lugares, como un baño de vapor, una plataforma de calaveras, la **Casa de las Águilas**, un mercado, más templos, columnatas y otras estructuras menores. La zona norte, por sí sola, constituye uno de los mayores y mejores tesoros arqueológicos del mundo.

Cuando se entra por la parte sur, lo primero que se encuentra es la **tumba del Gran Sacerdote**, también conocida como **El Osario**. Esta antigua pirámide fue, probablemente, la tumba de uno o varios grandes sacerdotes. En las sepulturas se han encontrado esqueletos y numerosos objetos.

Más al sur se halla el asombroso **observatorio**, también conocido como **El Caracol**, por la forma de su construcción. Se erige sobre un frontón plano, cuenta con una escalera de caracol interna y una serie de rendijas por las que el sol entra durante unos segundos una o dos veces al año, lo que permite realizar observaciones astronómicas perfectas y determinaciones para el calendario.

Hacia el sur hay una serie de edificios denominados **Las Monjas**, con frisos ricamente esculpidos e intrincados muros de piedra. Otra estructura cercana, igualmente bella, conocida impropiamente como **la iglesia**, es un alto edificio rectangular con soberbios frisos y cornisas moldeadas.

Asimismo fascinantes son la **Azak Dib** o «Casa de la Oscuridad», el **templo del Vena-**

do, la **Casa Colorada** y otro pozo de sacrificios, el **cenote de Xtoloc**.

ALOJAMIENTOS TURÍSTICOS

Una opción maravillosa para alojarse en Chichén es el **Hotel Hacienda Chichén**, ((985) 10045 o (800) 624-8451 (LLAMADA GRATUITA), cerca de la entrada a las ruinas, con 18 habitaciones. El hotel está ubicado en una hacienda de principios de siglo, con bonitos jardines, ruinas y piscina, construida en el lugar en el que el explorador Edward Thompson había instalado su campamento. El hotel abre todo el año y es preferible reservar habitación, pero el restaurante está abierto a todo el mundo.

Otro de los hoteles encantadores de la zona es el **Mayaland Lodge**, también cercano a la entrada de las ruinas, ((985) 10077 o (800) 235-4079 (LLAMADA GRATUITA), FAX (985) 10129. Para reservar desde Mérida, llame al ((99) 462333, FAX (99) 462335, E-MAIL mayaland@diario1.sureste.com. El hotel queda junto a la carretera 180, al nivel del acceso a las ruinas. Está inmerso en una jungla de 40 ha. Las habitaciones se encuentran en el edificio principal, una especie de hacienda, y en varios pabellones independientes construidos en estilo maya tradicional, con tejados de paja y porches con vistas al jardín. El restaurante está decorado con hermosas vidrieras y sirve comidas bastante correctas. Es indispensable reservar. La **Villa Arqueológica**, ((985) 203-3833 o (800) 555-8842 (LLAMADA GRATUITA), se encuentra junto a la carretera 180. Es un hermoso hotel dirigido por un grupo francés. Cuenta con 32 habitaciones y una piscina, y en invierno suele estar lleno.

Pisté, situado a 1,5 km, cuenta con una buena gama de hoteles de toda clase entre los que destaca el **Pirámide Inn**, ((985) 62462, que cuenta con 44 habitaciones. Se trata de un establecimiento económico con piscina y cámping. Al sur, en la misma carretera, pasadas las ruinas, está el **Dolores Alba**, reservas en Mérida llamando al ((99) 285650, FAX (99) 283163, que cuenta con 20 habitaciones económicas. Las comidas se sirven en un pequeño comedor. Cuando quiera visitar las ruinas, pare el autobús que vaya en dirección a Pisté.

Si todos los hoteles de la zona están llenos, pruebe fortuna en Valladolid, 44 km al este.

RESTAURANTES

Los hoteles del apartado anterior cuentan con restaurantes de buena calidad.

OTROS LUGARES DE YUCATÁN

El estado de Yucatán es el único de los tres de la península homónima que tiene algunas carreteras en el interior por las que se puede llegar a algún sitio que no sea solamente la jungla. Es posible pasar varios días explorando pueblos mayas con restos de arquitectura co-

nocer en Valladolid el **convento de San Bernardino de Siena**, del siglo XVI. Es uno de los pocos edificios coloniales de la ciudad que logró sobrevivir a la guerra de las castas.

ALOJAMIENTOS TURÍSTICOS

Los alojamientos en esta ciudad tienen precios razonables. El mejor hotel de la ciudad es el **hotel Mesón del Marqués**, ((985) 62073, calle 39, 203. Dispone de 48 habitaciones económicas y en él se alojó el expresidente de Estados Unidos Jimmy Carter, en 1989. El **hotel**

lonial. Se puede recomendar la visita a **Umán**, **Ticul**, **Mamá** y **Mani**, en el sur, y a **Tizimin**, **Río Lagartos** y **San Felipe**, en el norte. En algunos de estos lugares hay restaurantes pero muy pocos tienen hoteles.

VALLADOLID

Valladolid, en el centro del estado, es la segunda ciudad en tamaño del estado de Yucatán. En ella convergen las rutas de transporte y para los turistas que están en Cancún y que viajan a Chichén Itzá constituye la única posibilidad de entrar en contacto con el verdadero México. El mercado y el ambiente de la ciudad son mayas y si no se van a visitar otras ciudades coloniales, merece la pena co-

María de la Luz, ((985) 62071, calle 42, en el zócalo, también es recomendable y dispone de 33 habitaciones.

RESTAURANTES

Los dos hoteles antes citados cuentan con buenos restaurantes. Frente al Mesón, se encuentra la **Casa de los Arcos**, que sirve especialidades locales a precios entre baratos y moderados.

QUINTANA ROO

En 1974, Quintana Roo se convirtió en el trigésimo estado de México y, casi al mismo

Los grabados en piedra de Chichén Itzá no tienen parangón.

tiempo, FONATUR decidió crear en él Cancún, la ciudad-centro vacacional más grande del mundo. La personalidad de este estado, que ha sabido conservar su independencia a pesar de los cambios en los gobiernos centralistas, se parece a la de un adolescente orgulloso montado en la ola del éxito sin imaginar cuáles podrían ser las consecuencias a largo plazo de un exceso de construcción para un ecosistema frágil.

Posiblemente, este cambio era inevitable. Quintana Roo posee no sólo un clima ideal con una temperatura media de 28 °C, sino que, además, colinda al este con uno de los mares más hermosos del mundo, el mar Caribe, y, en él, interminables extensiones de playa de blancas arenas. Los únicos factores que habían retardado su desarrollo eran la falta de infraestructuras y los mosquitos.

El Caribe es una maravilla para el buceo de superficie (con *snorkel*) y profundo. Desde la orilla se pueden alcanzar los arrecifes de coral, lo que hace el mundo submarino accesible a todo aquel que sepa nadar. De hecho, el buceo de superficie puede ser incluso más gratificante que el profundo, al no haber límite en la provisión de aire. Dado que el agua está relativamente caliente y que es fácil perder la noción del tiempo, es recomendable ponerse una camiseta mientras se bucea. Es casi innecesario añadir que se debe bucear siempre con un compañero, y que siempre hay que saber exactamente dónde se encuentra.

A lo largo de la costa dentro de la barrera de arrecifes, los tiburones no constituyen casi nunca un problema, pero los hay. Se debe ser especialmente precavido después de una tormenta o cuando hay un fuerte oleaje. En estas ocasiones es cuando algún tiburón puede pasar inadvertidamente la barrera de arrecifes que protege las playas.

CANCÚN

Visto por el lado positivo, Cancún ha tenido un éxito espectacular debido a la magnificencia del lugar, su clima ideal, sus aguas de colores indescriptibles, sus playas de arena blanca y un sistema de arrecifes que solamente es comparable con la Gran Barrera de Arrecifes de Australia.

Sin embargo, es poco más que otro Acapulco, ubicado en un lugar diferente y a escala algo más espectacular. No tiene pueblos antiguos, pero tiene el Caribe. Es posible pasar una semana en Cancún y no ver un ápice de México. Dado que la mayor parte de los hoteles de Cancún tienen playas no demasiado buenas, los visitantes pueden limitarse a nadar en las aguas cloradas de la piscina.

Cancún está dominado por la zona hotelera, que se encuentra sobre una barra de arena de coral de 15 km de longitud unida a tierra firme por puentes en ambos extremos. La zona hotelera en sí es una sucesión de enormes centros vacacionales, donde cada uno de ellos intenta superar a su vecino. No existe ningún pueblo con casco antiguo.

Dado que Cancún se desarrolló pensando básicamente en el turismo estadounidense, muchos mexicanos y europeos se llegan a sentir fuera de lugar debido a la absoluta cultura comercialista que preside el trato general. Se puede decir, en defensa de Cancún, que es la puerta de entrada a un mundo de otros destinos más atractivos en Quintana Roo. Si se llega en un vuelo por la mañana, no es necesario quedarse en Cancún, puede tomar el autobús con destino a Isla Mujeres o a cualquiera de los otros muchos centros y playas hacia el sur.

INFORMACIÓN TURÍSTICA

La **oficina de turismo**, ((98) 840437, FAX (98) 843238, se encuentra en la avenida Tulum Lotes, 22-23. Abre de lunes a viernes, de 09.00 a 17.00 horas.

VISITAR CANCÚN

Cancún está dividido en dos sectores: la zona hotelera y el pueblo. Para ir de una zona a la otra puede tomar un autobús que cobra una tarifa muy económica. El centro del pueblo carece del encanto de las localidades mexicanas tradicionales. El zócalo es un simple cuadrado de cemento rodeado de árboles y bancos y la iglesia es un edificio moderno carente de toda gracia. Los principales comercios se encuentran en la avenida Tulum, donde también está el mercado de artesanías **Ki Huic**. En este barrio hay varios buenos restaurantes y también hoteles menos caros que los de la zona hotelera.

La zona hotelera se encuentra entre el mar y la laguna. Dispone de campos de golf como el de 18 hoyos del **Club de Golf Cancún**, ℂ (98) 830871, diseñado por Robert Trent Jones Jr. y el del **Caesar Park Cancún Golf Club**, ℂ (98) 818000, del hotel de mismo nombre. Muchos de los hoteles de la zona disponen de pistas de tenis.

En Cancún existen varios centros de deportes acuáticos en los que se puede practicar *surf*, piragüismo, buceo y demás. Pida in-

La zona hotelera es también un lugar para **ir de compras**. Existen por lo menos seis centros comerciales con aire acondicionado. En estos centros comerciales hay pocas tiendas de artesanía; las mejores se encuentran en la Plaza Caracol. Existe un gran mercado de artesanías situado junto al palacio de congresos; los precios son algo más caros que los del mercado de artesanías de Ki Huic, situado en el pueblo.

Desde Cancún parte un gran número de excursiones en las que se visitan los lugares más interesantes de la región. Varias agencias

formación en **Aqua Tours**, ℂ (98) 830400, paseo Kulkucán, km 6,5, y **Aqua World**, ℂ (98) 852288, paseo Kukulcán, km 10,5. Si tiene previsto participar en una excursión de submarinismo, piénselo bien. Los arrecifes que rodean Cancún han sufrido una explotación exagerada y son muy decepcionantes. Es preferible, sin duda, visitar los arrecifes de Cozumel.

Existen **cruceros temáticos**, algunos de los cuales incluyen comida en la playa; otros ofrecen compras en la isla. Otras posibilidades son: paseos en submarino o en barco con el fondo de cristal, cruceros con cóctel durante la puesta de sol, con baile, tequila y cerveza gratis o cruceros con cenas muy elegantes.

organizan excursiones de un día a Chichén Itzá. Los autocares suelen llegar al lugar a mediodía, momento en el que el sol es más duro y las pirámides están invadidas de turistas. De todos modos, si no dispone de mucho tiempo, éste es el medio más cómodo para conocer lo más espectacular de Yucatán. Las ruinas de Tulum quedan mucho más próximas y las excursiones a ese lugar suelen incluir una parada para comer y bucear. Xcaret es un complejo turístico que cuenta con un parque acuático, un museo y un zoo. Queda a 56 km de Cancún, en la costa, y se ha convertido en uno de los lugares favoritos para realizar una excursión de un día. Los autobuses que van al parque salen de

Un rincón pintoresco de Santa Elena.

la **Terminal de Xcaret**, ((98) 833143, en el paseo Kukulcán, km 9,5.

ALOJAMIENTOS TURÍSTICOS

La mayor parte de los hoteles de Cancún son de categoría de lujo. Resulta casi imposible escoger, de hecho, es difícil diferenciarlos. Si desea nadar o bucear con tranquilidad, procure escoger un hotel en la parte norte o en la Punta Cancún, puesto que la corriente es más fuerte en las playas de la zona este. Los hoteles de precios moderados o económicos se encuentran en Cancún pueblo y algunos ponen a disposición de sus clientes transporte hasta la zona hotelera.

De lujo

El **Westin Regina Resort**, ((98) 850086 o (800) 228-3000 (LLAMADA GRATUITA), FAX (98) 850666, paseo Kukulcán, entre punta Nizuc y Punta Cancún, es uno de los mejores establecimientos de la zona hotelera. Tiene un aspecto espectacular, con muros de color rosa y terracota, y nichos azules que enmarcan el cielo y el mar. Sus 385 habitaciones cuentan con ventilador y aire acondicionado, pero la brisa marina basta para refrescarse.

Cerca de allí, se encuentra la impresionante pirámide de cristal del **The Westin Caesar Park Cancún Beach & Golf Resort**, ((98) 818013 o (800) 228-3000 (LLAMADA GRATUITA), FAX (98) 852437, paseo Kukulcán, km 17,5. El hotel, situado sobre una pequeña colina de césped verde, cuenta con 530 habitaciones. Es uno de los hoteles más grandes de Cancún y dispone, además, de un campo de golf de 18 hoyos que bordea la laguna.

El hotel de **Club Méditerranée**, ((98) 852900, FAX (98) 852290, paseo Kukulcán, entre Punta Nizuc y la carretera 307, es uno de los más antiguos de Cancún. Sus 300 habitaciones necesitan unas cuantas mejoras.

Me gusta mucho el **Fiesta Americana Condesa**, ((98) 851000 o (800) 343-7821 (LLAMADA GRATUITA), FAX (98) 852014, paseo Kukulcán, km 16,5, por su ambiente mexicano y su techo picudo. Sus 502 habitaciones se encuentran repartidas en varios edificios que rodean la piscina casi a modo de una hacienda española. El **Meliá Cancún**, ((98) 832163 o (800) 336-3542 (LLAMADA GRATUITA), FAX (98) 851241, paseo Kukulcán, km 16, es el establecimiento

preferido por aquellos que gustan de los balnearios. Sus 492 habitaciones son amplias y cómodas.

El hotel **Marriott Casa Magna**, ((98) 835252 o (800) 223-6388 (LLAMADA GRATUITA), FAX (98) 851385, paseo Kukulcán y Retorno Chacá también tiene fama por su balneario. Dispone de 450 habitaciones y 38 *suites* muy amplias. El **Ritz Carlton**, ((98) 850808 o (800) 241-3333 (LLAMADA GRATUITA), FAX (98) 851015, Retorno del Rey, 36, paseo Kukulcán, tiene un aspecto más europeo con tapices de seda, cuadros representando castillos y escenas de caza, y comedores muy elegantes.

El **Camino Real**, ((98) 830100 o (800) 722-6466 (LLAMADA GRATUITA), FAX (98) 831-1730, paseo Kukulcán y Punta Cancún, fue uno de los

primeros hoteles de la zona y sigue figurando entre los mejores. Se encuentra en un saliente y cuenta con piscina de agua dulce y un estanque salado lleno de peces. La mayor parte de sus 296 habitaciones tienen vistas al mar.

Igualmente famoso, el **Presidente Inter-Continental**, ((98) 830200 o (800) 327-0200 (LLAMADA GRATUITA), FAX (98) 832515, paseo Kukulcán, km 7,5, entre Punta Cancún y el centro del pueblo, está rodeado de edificios de apartamentos y dispone de una playa grande y tranquila. Sus 298 habitaciones están decoradas con cortinas y edredones llenos de colorido.

Caros
El **Miramar Mision Cancún Park Plaza**, ((98) 831755 o (800) 555-8842 (LLAMADA GRATUI-TA), FAX (98) 831136, paseo Kukulcán, km 9, entre Punta Nizuc y Punta Cancún, es uno de los pocos hoteles de esa zona que tiene precios razonables, por lo que sus 189 habitaciones suelen llenarse de familias mexicanas.

Moderados
El Pueblito, ((98) 851801, FAX (98) 850731, paseo Kukulcán, km 17,5, entre Punta Nizuc y Punta Cancún, es un verdadero descubrimiento. Sus 239 habitaciones están repartidas en varios edificios situados alrededor de piscinas. El hotel **Calinda América**, ((98) 847500 o (800) 555-8842 (LLAMADA GRATUITA), FAX (98) 841953, avenida Tulum y avenida Brisa, en el

Más cercano a Miami que a México, Cancún se interna serpenteante en el Caribe.

pueblo, es uno de los mejores hoteles fuera de la zona hotelera. Dispone de 177 habitaciones, un restaurante y piscina.

Económicos

El establecimiento menos caro es el **albergue juvenil CREA**, ((98) 831377, paseo Kukulcán, km 3. Dispone de 700 camas.

En el pueblo hay hoteles muy económicos, pero es preciso tomar un autobús o un taxi para llegar a la playa. Recomendamos el **Plaza Caribe**, ((98) 841377 o (800) 555-8842 (LLAMADA GRATUITA), FAX (98) 846352, avenida Tulum 36 y avenida Uxmal, que tiene 140 habitaciones; el **hotel Antillano**, ((98) 841532, FAX (98) 841878, Claveles, 101; y el **hotel Plaza Carrillo**, ((98) 841227, FAX (98) 842371, un albergue de 43 habitaciones situado cerca del zócalo, en Claveles, 5.

RESTAURANTES

Todos los grandes hoteles poseen uno o incluso tres buenos restaurantes. La mayoría son caros y algunos figuran entre los mejores de Cancún. Antes, era difícil encontrar comida mexicana. En la actualidad, los *chefs* de Cancún se muestran más innovadores y algunos establecimientos se han especializado en comida regional. También hay restaurantes que se han puesto de moda como, por ejemplo, el **Hard Rock Café**, el **Planet Hollywood** o el **Rainforest Café**. En los establecimientos elegantes es preciso reservar mesa. Ningún restaurante exige que los hombres vistan traje y corbata.

De lujo

María Bonita, ((98) 830100, extensión 8060, del hotel Camino Real es un restaurante muy apreciado. El menú es una verdadera delicia para los que gustan de la auténtica cocina mexicana. En el bar disponen de un amplio surtido de tequilas. **El Mexicano**, ((98) 832220, se encuentra en el centro comercial Mansión Costa Blanca, en la zona hotelera. Presenta cenas mexicanas con espectáculo de música folclórica. El **Club Grill**, ((98) 850808, del Ritz Carlton, es uno de los restaurantes más elegantes de la zona hotelera.

Caros

La Dolce Vita, ((98) 80161, paseo Kukulcán, km 14,6, fue una verdadera institución durante una determinada época. Considerado el mejor restaurante italiano de la región, tiene un ambiente tranquilo y agradable. **La Habichuela**, ((98) 843158, avenida Margaritas, 25, en el pueblo, es sin duda el restaurante más romántico de Cancún, con su jardín iluminado con velas, sus esculturas mayas y un servicio intachable. La **Casa Rolandi**, ((98) 831817, en el centro de la plaza Caracol, es un buen restaurante en el que sirven excelentes entrantes.

Moderados

Los asiduos a Cancún afirman que en **El Pescador**, ((98) 841227, es la avenida Tulipanes, 28, sirven el marisco más fresco de la zona. Los clientes hacen cola delante de este restaurante informal situado en el pueblo, deseosos de comer una enorme ración de pescado a la plancha o de langosta, servida en un marco sencillo, sin grandes pretensiones. En la plaza Kukulcán hay un segundo **El Pescador**, paseo Kukulcán, km 13. Si quiere saborear especialidades yucatecas como el pollo *pibil* o el cerdo *chuc*, acuda a **Los Almendros**, ((98) 871332, avenida Bonampak y avenida Sayil, en el pueblo. El restaurante **Pericos**, ((98) 843152, avenida Yaxchilán, 71, en el pueblo, es un lugar peculiar en el que los camareros se visten de bandidos. Los muros están decorados con retratos de famosos rebeldes y estrellas del cine mexicano. Sirven una buena comida mexicana, ligeramente suavizada para adaptarla al gusto de los turistas.

Los cinco o seis establecimientos pertenecientes a la cadena Carlos Anderson tienen una temática similar. Estos restaurantes son famosos en todo México por sus grandes raciones de fajitas y otras especialidades mexicanas que los clientes saborean mientras escuchan música de *rock and roll*. El más conocido de los establecimientos presentes en la zona de Cancún es el **Carlos'n'Charlie's**, ((98) 830846, paseo Kukulcán, km 5,5, pero también puede probar **El Shrimp Bucket**, ((98) 832710; el **Señor Frog's**, ((98) 831092, paseo Kukulcán, km 9,5; o el **Carlos O'Brian**, ((98) 841659, avenida Tulum, 107, situado en el pueblo.

Económicos

Tras unos cuantos excesos gastronómicos, se agradece encontrar las ensaladas, los zumos de frutas, las verduras y los bocadillos sanos de **100 % Natural**, ((98) 843617, avenida Sunyaxchén, 62-64, en el pueblo, o ((98) 831180, paseo Kukulcán y plaza Terramar. **El Tacalote**, ((98) 873045, avenida Cobá, en el pueblo, es el mejor lugar para comer tacos, enchiladas y alambres a buen precio.

CÓMO LLEGAR

El aeropuerto internacional de Cancún es uno de los más animados del país. Existen unos microbuses llamados «*colectivos*» que se encargan de llevar a los pasajeros hasta los hoteles. En el aeropuerto encontrará oficinas de las principales agencias de alquiler de coches. Si llega en coche desde Mérida, puede optar por dos vías: tomar la carretera 180, que pasa por multitud de pequeñas poblaciones, o viajar por autopista, lo que reduce el trayecto a cuatro horas.

ISLA MUJERES

A sólo media hora de la costa de Cancún está **Isla Mujeres**, un lugar más adecuado para el descanso y con menos pretensiones que aquél. Esta isla, de solamente 8 km de longitud, posee playas blanquísimas, lagunas de aguas cristalinas y arrecifes de coral.

Cuando los españoles llegaron en 1517, la bautizaron con su nombre actual debido a que se encontraron numerosas imágenes femeninas esculpidas en piedra, de las que no queda ningún resto. Se cree que fue un centro de peregrinación de cierta importancia. Durante la segunda guerra mundial fue utilizada como base por los aliados.

Hace veinte años, llegó el turismo. Por desgracia, en 1988, el huracán Gilbert destruyó la mayor parte de las estructuras y de la vegetación. Los residentes se han apresurado en la reconstrucción. A pesar de todo, resulta más atractiva que Cancún para quienes buscan tranquilidad.

INFORMACIÓN TURÍSTICA

La **oficina de información turística**, ((987) 70316, se encuentra en el primer piso del Pla-

za Isla Mujeres, en la avenida Hidalgo. Abre de lunes a viernes, de 08.00 a 17.00 horas. El folleto de información turística titulado *Islander* contiene un mapa de la isla y datos de gran utilidad.

VISITAR ISLA MUJERES

Uno de los principales encantos de la isla es que se puede llegar a todas partes caminando. El pueblo, el embarcadero y los grandes hoteles se encuentran todos en el extremo norte de la isla y la única carretera que la

atraviesa se recorre en menos de dos horas. En el pueblo alquilan bicicletas, motos y coches de golf por hora y por día y los taxis son bastante económicos.

La **playa Cocos**, también conocida como playa Norte, se encuentra en el extremo norte de la isla. Está llena de pequeños cafés rústicos, de vendedores de tumbonas, sombrillas y juguetes para la arena. La playa linda con el pueblo que se extiende hacia el sur, hasta la base naval. Si pasa unos días en la isla, no tardará en adoptar el ritmo tranquilo de sus habitantes. Las tiendas de artesanías de la isla

De los balcones del fabuloso vestíbulo del hotel Meliá Cancún, cuelgan plantas que embellecen este establecimiento, al que los turistas acuden en busca de un reposo absoluto.

son mucho mejores que las de Cancún. No se pierda las telas pintadas con dioses mayas de la **Casa del Arte Mexica**, las camisas bordadas y la cerámica negra de **Artesanías El Nopal**, o las máscaras, bolsas de Guatemala y esculturas oaxaqueñas de **La Loma**.

Al sur de la ciudad, la avenida Rueda Medina se convierte en carretera y recorre la isla atravesando playas idílicas y una jungla seca. Si toma el desvío hacia el oeste, llegará al Fraccionamiento Laguna, donde nace una pequeña carretera que cruza un barrio residencial y la laguna Makax antes de llegar de nuevo al puerto y a la zona turística de la isla. La carretera principal prosigue hasta las ruinas de la **hacienda Mundaca**, una residencia del siglo XIX que el pirata Mundaca construyó para una joven de la isla quien, al parecer, rechazó al pirata y huyó con otro.

Cerca de allí, se encuentra el **Parque Nacional Garrafón** (abierto todos los días de 08.00 a 17.00 horas), un parque con reserva marina en el que viven varias especies de peces tropicales de colores. Al norte del Garrafón, queda el **Dolphin Discovery**, ((987) 70596, un centro de educación de delfines en el que algunos privilegiados pueden nadar con ellos. Para visitar el centro es preciso reservar hora.

El extremo sur de la isla está dominado por un faro construido cerca de las ruinas de un antiguo observatorio maya. El guarda del faro vende refrescos y hamacas a los turistas. La carretera continúa bordeando la costa oeste de la isla.

La **isla Contoy**, 30 km al norte de Isla Mujeres, es una reserva ornitológica a la que acuden para reproducirse más de setenta especies de pájaros, entre los que figuran flamencos, patos, pelícanos y fragatas. La **cooperativa de pescadores de Isla Mujeres**, ((987) 70274, avenida Rueda Medina, cerca del embarcadero, organiza excursiones en barco con guías locales. La isla está cerrada al público desde 1993 y sólo se puede contemplar desde el mar.

Los entusiastas del buceo no deben perderse la **cueva de los Tiburones Durmientes**, 5 km al este y a 21 m de profundidad. En esta cueva, famosa por la «dama de los tiburones», la Dra. Eugenie Clark, uno puede acercarse a los tiburones mientras duermen. Los tiburo-

nes acuden al lugar atraídos por la baja salinidad de sus aguas y entran en un estado de letargo debido al alto contenido en oxígeno del agua, lo que ralentiza su metabolismo. La isla cuenta con lugares mucho más interesantes para bucear. No se pierda los arrecifes coralinos de **Los Manchones**, en el extremo sur. Las tiendas **Bahía Dive Shop**, ((987) 70340, avenida Rueda Medina, 166, y **Buzos de México**, ((987) 70131, en la misma avenida, organizan excursiones de buceo y alquilan el equipo necesario.

ALOJAMIENTOS TURÍSTICOS

Los hoteles de la isla ya no ofrecen tan buena relación calidad-precio como antaño, pero aún quedan algunos establecimientos pequeños y agradables. La mayor parte de los hoteles se reservan en **Four Seasons Travel**, ((800) 552-4550 (LLAMADA GRATUITA).

Caros

El **Na Balam**, ((987) 70279 o (800) 223-6510 (LLAMADA GRATUITA), FAX (987) 70446, calle Zacil-Ha, 118, se encuentra en la playa norte. Cuenta con 31 habitaciones con aire acondicionado, decoradas con objetos de arte y telas de Guatemala. El restaurante es excelente.

Moderados

En lo referente a simpatía, personalidad y calidad, no hay quien gane a la **Posada del Mar**, ((987) 70444, FAX (987) 70266, avenida Rueda Medina, 15A. Sus 41 habitaciones están bien equipadas, la piscina es una delicia y la clientela está formada por asiduos al lugar. El **hotel Cabañas María del Mar**, ((987) 70179, FAX (987) 70273, avenida Carlos Lazo, 1, cuenta con 57 habitaciones que van desde lo más rudimentario y barato hasta las habitaciones de la torre, con aire acondicionado y balcón. El establecimiento dispone de piscina y restaurante y el precio incluye desayuno continental.

RESTAURANTES

Los hoteles antes citados disponen de excelentes restaurantes. El patio del **Rolandi's**, ((987) 70430, avenida Hidalgo, 110, suele lle-

Isla Mujeres permite escapar a las aglomeraciones de Cancún.

narse de mexicanos deseosos de saborear sus pizzas y sus pastas. **Mirtita**, ((987) 70232, avenida Rueda Medina, cerca del embarcadero, es una cafetería en la que se sirven desayunos y comidas a precios económicos.

CÓMO LLEGAR

Se puede llegar a Isla Mujeres utilizando el transbordador de pasajeros que parte de **Puerto Juárez**, donde es posible dejar el automóvil en un estacionamiento. Normalmente, ofrece un servicio regular entre las 06.30 y las 20.00 horas. Hay también un transbordador de pasajeros y automóviles que sale de **Punta Sam**. El transbordador realiza cinco trayectos diarios, pero los horarios cambian con frecuencia y sin previo aviso. Existe una lancha rápida hacia Isla Mujeres, aunque es algo más cara. La lancha también realiza varios trayectos por día y sale del embarcadero de playa Linda, en la zona hotelera de Cancún. El trayecto le costará lo mismo si tiene que pagar un taxi hasta Puerto Juárez. Los transbordadores llegan al embarcadero situado en el corazón de Isla Mujeres. Una vez allí, podrá ir caminando hasta cualquier hotel.

COZUMEL

Cozumel es la isla habitada de mayor extensión de México. De 48 km de longitud por 18 km de anchura, dista únicamente 18 km de tierra firme y está bordeada por playas de arenas blancas y por los magníficos arrecifes de coral típicos del Caribe. A pesar de sus 55.000 habitantes, sólo el 3 % de la isla está habitado. El interior está formado por una meseta calcárea cubierta de una densa vegetación y de pantanos que albergan una fauna y una flora impresionantes.

En tiempo de los mayas, Cozumel era un lugar de peregrinación dedicado a Ixchel, la diosa de la Luna. Mujeres procedentes de todos los territorios mayas partían de Xcaret, en tierra firme, para pedir a la diosa que les asegurara la fertilidad.

Cortés desembarcó en Cozumel en 1519, pero el primer europeo que se estableció en la isla fue el bucanero inglés Henry Morgan, en el siglo XVII. Hasta la segunda guerra mundial, en la que los equipos de buceo de la armada estadounidense la utilizaron como lugar de

entrenamiento, la isla estaba habitada únicamente por unos pocos pescadores mayas. Después de la guerra, el primitivo ambiente de Cozumel atrajo a numerosos viajeros, buceadores, pescadores, a Jacques Cousteau, y se incrementó el turismo. Cozumel figura entre los cinco mejores lugares para bucear del mundo. Cuenta con decenas de rincones idílicos rodeados de unas aguas cristalinas, cuya temperatura rara vez baja de los 27 °C.

Por desgracia, Cozumel se ha convertido en un puerto al que arriban gran cantidad de cruceros. La isla acoge un promedio de

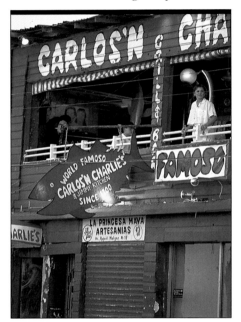

650 barcos por año, de los que descienden ríos de turistas que pasean por las calles de San Miguel. La gran envergadura de los barcos y la fragilidad de los arrecifes preocupa a las sociedades ecologistas. Sin embargo, los promotores turísticos han ganado la batalla y en los próximos años la isla se dotará de tres puertos gigantes que avanzarán hacia los arrecifes.

Las instalaciones turísticas de Cozumel son más sofisticadas que las de Isla Mujeres, pero mucho menos que las de Cancún. En la isla se respira un ambiente agradable y cordial y se vive a un ritmo tranquilo. Sin embargo, la isla cuenta con suficientes distracciones como para mantener ocupados a los turistas durante semanas.

INFORMACIÓN TURÍSTICA

La **oficina de turismo**, (/FAX (987) 20972, se encuentra en el primer piso del Plaza del Sol, en la avenida 5, frente a la plaza principal. En el puerto y en el aeropuerto hay sendos puestos de información.

VISITAR COZUMEL

El único pueblo de la isla es **San Miguel**, en el que se localiza la mayor parte de las tiendas y restaurantes, así como numerosos hoteles pequeños. Contrariamente a lo que ocurre con otros pueblos de la costa caribeña mexicana, San Miguel ha sabido conservar su carácter tradicional. Sus habitantes se reúnen en la plaza Juárez para escuchar a la orquesta que se instala a menudo en el quiosco de hierro blanco del centro, o pasean por el malecón junto a la avenida Rafael Melgar, la calle principal que da la vuelta a la isla.

La calidad y la decoración de los hoteles y tiendas del puerto es superior a la media de la isla, y a ellos acuden los turistas. No se pierda el **Museo de la Isla de Cozumel**, ((987) 21434, avenida Rafael Melgar, entre las calles 4N y 6N (abierto todos los días). El museo está en el hotel La Playa, un edificio del siglo XIX. Cuenta con dos pisos en los que se exponen toda clase de objetos relacionados con la isla. Hay una sala con fotografías, un mapa en relieve que marca la topografía de la isla, vitrinas con muestras de coral y, fuera, una casa maya tradicional llamada *na*.

Los 70 km de carreteras pavimentadas de la isla se pueden recorrer en motocicleta o taxi. Al sur de la ciudad, la avenida Melgar se convierte en la carretera Sur, que pasa frente a varios hoteles. El **Parque Nacional Chankanaab** (abierto todos los días, de 08.00 a 17.00 horas; sin teléfono) se encuentra a diez minutos de la ciudad. Se trata de un jardín botánico y de una reserva marina llena de peces de colores. De hecho, el lugar es casi tan hermoso como los arrecifes, tanto para bucear en apnea como con botellas, ya que los peces están protegidos desde hace diez años. En el parque hay duchas, consigna y servicio de alquiler de equipo de buceo, así como un buen restaurante, La Laguna, en el que sirven cebiche, pescado a la plancha y bocadillos.

A 17,5 km en la carretera Sur, encontrará una pista de tierra que va hacia el este y llega a **El Cedral**, el primer templo maya descubierto por los colonizadores españoles en 1518. Las ruinas no son impresionantes, pero se encuentran en el centro de la zona agrícola de Cozumel, y los lugareños las aprovechan para organizar una fiesta a principios de mayo. Hay otra pista de arena que se dirige hacia el oeste, pasa por varias playas solitarias y un pantano hasta llegar a **Punta Celarain**, un paisaje idílico en el que viven, rodeados de piedras calcáreas,

los guardas del faro, Primo y María García. Por una pequeña cantidad, Primo le dejará subir a lo alto del faro, desde donde podrá disfrutar de una hermosa vista de la isla. Se rumorea que esta zona va a ser urbanizada con miras al turismo. Llegados a este punto, la carretera se orienta hacia el este, a lo largo de la punta meridional de la isla, hasta llegar a la costa en medio de un viento muy fuerte. Junto a la carretera hay varios clubes que dan paso a calas resguardadas en las que uno se puede bañar sin peligro. Los clubes alquilan equipos de buceo

PÁGINA ANTERIOR: Unos turistas observan el mar desde el bar situado en el primer nivel del malecón de Cozumel. SUPERIOR: La entrada del Museo de la Isla de Cozumel está adornada con objetos relacionados con el mar.

y sirven café. No nade en mar abierto: las corrientes son muy fuertes.

En la playa Chen Río hay un edificio decrépito que alberga el **programa de protección de las tortugas marinas** de Cozumel, un programa que llevan a cabo voluntarios deseosos de proteger a las tortugas que vienen a poner sus huevos en esta playa a mediados del verano. Los habitantes de la isla consideran la carne y los huevos de tortuga como un manjar exquisito, pero gracias a este programa, está prohibido molestar a las tortugas o saquear sus nidos. La playa está custodiada por guardas durante el verano. El Museo de Cozumel organiza salidas nocturnas para visitar los nidos. Es muy emocionante observar cómo una tortuga de 50 kg se arrastra con harto trabajo por la arena de la playa, cava durante horas un agujero, deposita sus huevos y los vuelve a cubrir con arena. Las tortugas lloran durante esta dura prueba. Los biólogos explican que no se trata de lágrimas en el sentido que las entendemos los humanos, pero uno no puede dejar de conmoverse al observar la escena.

La carretera gira antes de llegar al extremo norte de la isla, en dirección a Punta Morena y las ruinas de **San Gervasio** (los domingos, entrada libre; sin teléfono). Las ruinas se encuentran a 10 km de la carretera principal. Son menos impresionantes que los grandes yacimientos del continente, pero suponen una buena introducción a los ritos mayas que tuvieron lugar en este centro ceremonial maya entre los años 300 y 1500. Los arqueólogos estiman que en Cozumel hay unos 380 edificios en ruinas de los cuales se han restaurado menos de diez. Los restos más interesantes son los de **Las Manitas**, donde pueden verse huellas de manos en los muros. La **estructura Los Nichos** debió de ser un templo dedicado a la diosa Ixchel. En la entrada del yacimiento hay un pequeño museo, una tienda de ultramarinos y un puesto de *souvenirs*.

La carretera principal se convierte en la carretera Norte, que bordea la costa al norte del pueblo y pasa frente a una serie de hoteles. Las playas de este extremo de la isla son menos llamativas que las del sur, pero los hoteles son más económicos y, por ello, se llenan de familias.

Bucear en esta zona es una verdadera delicia. La cadena de arrecifes de 25 km queda cerca de la isla, y en ella viven más de 230 especies de peces que nadan entre esponjas de color violeta, corales en forma de abanico y grutas submarinas. Déjese llevar por la corriente y descubrirá escenas fascinantes. Los aficionados al buceo pueden adquirir el equipo en una treintena de tiendas especializadas. Muchas dan cursos de iniciación al buceo en los que los participantes visitan lugares situados a menos de 4,5 m de profundidad. La isla cuenta con dos cámaras de descompresión y la Asociación de Buceadores Profesionales de Cozumel se encarga de supervisar el buen funcionamiento del equipo que alquilan las tiendas afiliadas. Las de mayor prestigio son: **Aqua Safari**, ((987) 20101, FAX (987) 20661, en la avenida Rafael Melgar, entre las calles 5S y 3S; **Caribbean Divers**, ((987) 21080, FAX (987) 21426, avenida Rafael Melgar y calle 5S; **Dive House**, ((987) 21953, en el hotel Fiesta Americana The Reef, en la carretera Sur, y **Dive Paradise**, ((987) 21007, FAX (987) 21061, avenida Rafael Melgar, 601.

ALOJAMIENTOS TURÍSTICOS

Cozumel posee una buena gama de hoteles de todas las categorías y muchos ofrecen paquetes de buceo que abaratan considerablemente los costos. Si piensa bucear a menudo, lo mejor es escoger un hotel en el sur, ya que estará más cerca de los arrecifes. Es casi imprescindible reservar plaza en los hoteles antes de llegar a la isla.

De lujo

Si pudiese quedarme muchos días en este paraíso, optaría por el hotel **Presidente Inter-Continental**, ((987) 20322 o (800) 327-0200 (LLAMADA GRATUITA), FAX (987) 21360, carretera Sur, entre Chankanaab y San Miguel. Las mejores de sus 252 habitaciones cuentan con terraza de arena y pequeñas sombrillas de paja en una playa prácticamente privada. El mar es perfecto para bucear en apnea. El **Diamond Resort**, ((987) 23443 o (800) 858-2258, FAX (987) 24508, carretera Sur, km 16,5, en la playa San Francisco, es un conjunto de casas de un solo nivel, con techo de paja, que suman un total de 300 habitaciones. El complejo se encuentra cerca de uno de los mejores lugares para bucear y ofrece un paquete con pensión completa. El **Paradisus**, ((987) 20411 o (800) 336-3542 (LLAMADA GRATUITA), FAX (987) 21599, carretera Norte, km 5,8, está ubicado en el extremo norte de la isla y ofrece paquetes muy similares. Dispone de 149 habitaciones repartidas en varios edificios, dos piscinas, zonas de césped y playa.

Caros

Los aficionados al buceo adorarán el hotel **Fiesta Americana The Reef**, ((987) 22622 o (800) 343-7821 (LLAMADA GRATUITA), FAX (987) 22666, carretera Sur, entre Chankanaab y San

20663 o (800) 847-5708 (LLAMADA GRATUITA), carretera Sur, km 1,5, antes llamado Galápagos Inn, es muy popular entre la gente del lugar. La tienda especializada y el restaurante son excelentes. Dispone de 60 habitaciones sencillas con vistas al mar, piscina y hamacas.

Moderados

El único inconveniente del **Fiesta Inn Cozumel**, ((987) 22811 o (800) 343-7821 (LLAMADA GRATUITA), FAX (987) 22154, carretera Sur, km 1,7 es que para llegar a la playa hay que cruzar la calle. La mayor parte de sus 180 habitaciones

Miguel. Las 172 habitaciones se encuentran del otro lado de la carretera, frente a la playa, pero el hotel dispone de un puente de acceso al club de la playa y al embarcadero desde donde parten barcas en dirección a los cercanos arrecifes. El hotel cuenta con cabañas especialmente diseñadas para los buceadores, con alacenas especiales para guardar el equipo. El **Sol Cabañas del Caribe**, ((987) 20017/20161 o (800) 336-3542 (LLAMADA GRATUITA), FAX (987) 21599, carretera Norte, km 6, playa San Juan, es ideal para familias. Cuenta con 48 habitaciones instaladas en cabañas con camas dobles y camas supletorias, cocina y porche con vista a las piscinas y a la playa. En el hotel dan cursos de *windsurf*. El **Scuba Dive Resort**, ((987)

dan al jardín y a la piscina. El **hotel Playa Azul**, ((987) 20199, FAX (987) 20110, carretera Norte, km 4, dispone de 31 habitaciones repartidas en varios edificios antiguos, una piscina y una hermosa playa.

Económicos

Los hoteles más baratos se encuentran en **San Miguel**. El **Safari Inn**, ((987) 20101, es una de las mejores opciones para los aficionados al buceo. Dispone de 12 habitaciones y se encuentra sobre la tienda Aqua Safari, en la avenida Rafael Melgar, esquina con la calle 5S. El **hotel Maya Cozumel**, ((987) 20111, calle 5 Sur, 4, está cerca del puerto y dispone

Las cristalinas aguas de la costa de Cozumel están repletas de corales.

de 48 habitaciones decoradas con motivos mayas. El **hotel Mary Carmen**, ((987) 20581, avenida 5, 4, es un albergue sencillo de 27 habitaciones situado en una zona de restaurantes y tiendas.

Restaurantes

La mayor parte son restaurantes familiares dirigidos por lugareños o por extranjeros enamorados de la isla. Todos se preocupan más por lo auténtico que por seguir las modas. Se trata de establecimientos relajados en los que uno puede entrar con pantalón corto, camiseta y sandalias. Generalmente aceptan tarjetas de crédito.

Caros

El Caribeño, ((987) 20322, es el restaurante del hotel Presidente Inter-Continental. La langosta es la especialidad de **La Cabaña del Pescador** (sin teléfono), carretera Norte. Los clientes escogen a la víctima entre una serie de langostas situadas a la entrada y luego se sientan a comerla en una de las sencillas mesas de madera del local. Los propietarios también son dueños de **El Guacamayo**, una marisquería situada cerca del anterior. Los que conocen bien la isla recomiendan el **Pepe's Grill**, ((987) 20213, avenida Rafael Melgar, donde sirven costillas de buey y filetes a la luz de las velas. El **Pancho's Backyard**, ((987) 20170, en la avenida Rafael Melgar, dispone de un patio muy agradable en el que se sirven platos regionales. El restaurante del hotel Sol Cabañas del Caribe, **Gaviotas**, ((987) 20161, da al mar y por la noche tiene una atmósfera casi mágica, puesto que disponen de reflectores que iluminan a los peces tropicales que acuden a comer las migas de pan que les lanzan los comensales.

Moderados

Los árboles y las flores del **Pizza Ronaldi**, ((987) 22040, avenida Rafael Melgar, 23, le dan un aire muy romántico y sereno. No se pierda el helado de nuez y coco. **La Misión**, ((987) 21641, Benito Juárez, 23, es uno de los lugares favoritos de los turistas por sus enormes raciones de mariscos y sus especialidades mexicanas. **La Langosta Loca**, ((987) 23518, avenida Salas, entre las calles 5 y 10,

es de los mismos dueños. La **Prima Trattoria**, ((987) 24242, avenida Rosado Salas, 109, sirve unas pastas caseras deliciosas; el comedor está en la azotea. El restaurante **Joe's**, ((987) 23275, avenida 10S, 229, es restaurante y sala de baile y en él actúan orquestas de *reggae* y salsa. En **La Choza**, ((987) 20958, calle Rosado Salas, 198, sirven especialidades yucatecas.

Económicos

Muchos habitantes de la isla desayunan en el **Cocos Cozumel**, ((987) 20241, avenida 5S, 180, donde sirven huevos revueltos con queso y chile y panecillos ingleses caseros. Yo suelo alternar el Cocos y el **Jeanie's Waffle House**, ((987) 20545, avenida Rafael Melgar, 40, donde sirven huevos con *gaufres* recién hechos a cualquier hora.

Cómo llegar

A Cozumel llegan vuelos de compañías aéreas internacionales y nacionales. AeroCozumel y AeroCaribe, ((987) 23456, en Cozumel, vuelan desde Cancún. Asimismo, cada día salen transbordadores desde Playa del Carmen, en el continente y el viaje dura de 30 a 40 minutos. También hay lanchas que salen desde Puerto Morelos, al sur de Cancún; los horarios varían a menudo.

LA RIVIERA MAYA

En 1998, un grupo de hombres de negocios y de responsables del Gobierno decidieron cambiar el nombre del «corredor Cancún-Tulum», que correspondía a la carretera 307 del estado de Quintana Roo, que va de Cancún hasta la frontera con Belice, y bautizarlo «la Riviera Maya». Esta carretera discurre paralela a la costa, pero sus curvas llevan a través de la jungla a magníficas playas. Una década de desarrollo descontrolado ha permitido urbanizar 160 km de las costas próximas a Cancún. Algunos de los hoteles más antiguos y respetuosos con la naturaleza han podido resistir, pero, en suma, el corredor es una sucesión de hoteles de lujo camuflados entre el mar, la jungla y unas cuantas lagunas. Playa del Carmen, el pueblo más importante del corredor

Las playas de Cozumel están formadas por amplias extensiones de arena salpicadas de calas rocosas.

Cancún-Tulum, se ha convertido en un destino turístico de primera categoría, para desespero de los viajeros de bajo presupuesto que antes disfrutaban de su playa de arena blanca. Las ruinas de Tulum, que fueron durante mucho tiempo un centro mágico para los mayas, se aburguesaron con la construcción de un imponente parador. Los viajeros que solían considerar el corredor un lugar paradisíaco y secreto están más que escandalizados con la transformación que ha sufrido en los últimos tiempos.

CÓMO LLEGAR

A pesar de que hay autobuses que recorren la Riviera Maya, lo más práctico para escapar de los puntos más turísticos es alquilar un coche. Las muchas pistas que surgen de la carretera principal suelen anunciarse con señales improvisadas con un neumático e indican el acceso a playas desiertas y calas tranquilas. Los autobuses parten de la estación central de Cancún. Existe una línea rápida de primera clase que cubre el trayecto Cancún, Puerto Morelos, Playa del Carmen y Tulum, casi sin paradas. Las otras líneas se detienen en localidades pequeñas y en cruces de pistas pero las paradas no están indicadas. Por la carretera circulan muchos taxis que se detienen a la menor señal.

PUERTO MORELOS

A pesar de quedar a tan sólo 36 km de Cancún, Puerto Morelos sigue siendo un pueblo de menos de 3.000 habitantes. De ahí parten los transbordadores que llevan coches y autocares a Cozumel. El pueblo es una especie de ciudad-dormitorio para muchos mexicanos que trabajan en Cancún. Algunos jubilados se han instalado en la costa norte de Puerto Morelos buscando tranquilidad. En el centro del pueblo hay un campo de baloncesto que hace las veces de plaza, un embarcadero, un mercado y varias tiendas y pequeñas empresas. Puerto Morelos tiene el mérito de haber sabido conservar su individualidad.

Visitar Puerto Morelos

Las principales actividades que ofrece Puerto Morelos son el buceo, la pesca, nadar y dar paseos relajantes. En la carretera 307, a la salida de Puerto Morelos, queda el **jardín botánico Dr. Alfredo Barrera Marín**, km 38, una jungla de árboles, arbustos y senderos bordeados de plantas con etiquetas. Los visitantes pueden optar por dar un paseo tranquilo entre las plantas o sumarse a una de las visitas guiadas que se organizan de lunes a sábado. Si prefiere la equitación, acuda al **Rancho Loma Bonita**, ((98) 875423/875465, en Cancún, carretera 307, km 42.

ALOJAMIENTOS Y RESTAURANTES

En las estancias largas, prefiero el **Caribbean Reef Club**, ((987) 10191, FAX (987) 10190 o (800) 322-6286 (LLAMADA GRATUITA), FAX (98) 832244, en Cancún. Para reservar plaza escriba al apartado 1526, Cancún, Quintana Roo 77500, México. El hotel se encuentra al sur del embarcadero del transbordador y dispone de 21 habitaciones de precio moderado. Las *suites* cuentan con cocina, balcón y vistas a una piscina rodeada de flores. Frente al hotel hay una playa de arena blanca y, en el mar, pequeños arrecifes. El restaurante del hotel es uno de los mejores del pueblo gracias a la buena labor de su *chef* caribeño y al encanto de su amplio comedor y de su terraza situada junto al mar. El hotel organiza salidas de pesca y de buceo.

El **Rancho Libertad**, ((987) 10181 y (719) 685-1254 o (800) 305-5225 (LLAMADA GRATUITA), dispone de 13 habitaciones de precio moderado y se encuentra al sur del pueblo, más allá del embarcadero de los transbordadores. El ambiente es similar al del Reef Club, pero más natural si cabe. Las habitaciones tienen colchones colgados, ventiladores en el techo, baño y agua purificada. Algunas veces llegan al hotel grupos de aficionados al yoga y a la meditación que improvisan reuniones en la playa. El hotel, organiza salidas de buceo con o sin botellas.

Los viajeros de bajo presupuesto prefieren la comodidad y los precios de la **Posada Amor**, ((987) 10033, FAX (987) 10178, situado a una manzana de la playa y de la plaza, en la calle Javier Rojo Gómez. Sus 19 habitaciones son sencillas, con camas de cemento y colchones demasiado delgados y no todas tienen baño. El restaurante sirve especialidades mexicanas y americanas de calidad razonable; a él acuden tanto turistas como familias mexicanas.

La Maroma, ((987) 44729, FAX (987) 842115, en Cancún, está situado 24 km al sur de Puerto Morelos, junto a la carretera 307. Dispone de 36 habitaciones y es tan exclusivo que es imprescindible ser huésped para entrar en la propiedad o cenar en su restaurante. Su estilo arquitectónico, su fabulosa cocina y su comodidad le han valido el reconocimiento de los críticos de las revistas más prestigiosas del ramo.

Punta Bete

La Posada del Capitán Lafitte (sin teléfono), reservas en Estados Unidos: ((303) 674-9615 o (800) 538-6802 (LLAMADA GRATUITA), FAX (303) 674-8735 o por escrito a Turquoise Reef Resorts, apdo. de correos 2664, Evergreen, CO 80439, es uno de los establecimientos más antiguos de la zona. Está situada a 2 km de la carretera 307 y dispone de 43 habitaciones de precio moderado. Ha sobrevivido a tres huracanes y a más de una década de crisis del sector turístico. Las habitaciones son sencillas y están muy solicitadas en temporada alta. Los clientes de la posada vuelven año tras año en busca de una buena dosis de camaradería junto al mar. La piscina, el restaurante, la tienda de equipo de buceo y la larga playa logran quitarles a los huéspedes las ganas de salir del hotel. El grupo Turquoise Reef, dueño de la posada, tenía hace tiempo el cámping más especial de toda la costa (el Kailuum), que constaba de tiendas con techo de paja impermeable, camas, mesas y lámparas en su interior y hamacas colgadas fuera. El huracán Roxanne lo arrasó en 1995, pero, al parecer, la empresa tiene previsto volverlo a abrir.

Shangri-La y Las Palapas

El **Shangri-La Caribe** (sin teléfono) se encuentra en el km 57 de la carretera 307. Reservas en Estados Unidos: ((303) 674-9615 o (800) 538-6802 (LLAMADA GRATUITA), FAX (303) 674-8735, o por escrito a Turquoise Reef Resorts. El hotel consta de varios edificios de estuco de un piso, con tejado de paja y hamacas colgadas frente a sus 70 habitaciones. **Las Palapas**, ((987) 30584 o (800) 467-5292 (LLAMADA GRATUITA), FAX (987) 30458, km 58 de la carretera 307, cuenta con 55 *bungalows*. En ambos estableci

mientos se puede bucear, practicar *windsurf* y pescar.

PLAYA DEL CARMEN

Hace 10 años, **Playa del Carmen** era un pueblo tranquilo con una gasolinera, varios comercios, aparcamientos, tiendas de ultramarinos y bancos, del que partía el transbordador hacia Cozumel. En la playa, una de las más bellas al norte de Tulum, había una serie de hoteles económicos. Imagínese la sorpresa que puede llevarse ese mismo viajero al descubrir una ciudad de casi 40.000 habitantes, con campo de golf y un inmenso centro hotelero con alojamientos a precios desorbitantes. Playa del Carmen se encuentra sólo 60 km al sur de Cancún, en la carretera 307, y es en la actualidad un importante centro de negocios y turismo de la zona, a pesar de que sus infraestructuras no siempre están a la altura. A pesar de los nuevos canales y calles, la circulación sigue siendo una pesadilla. Hasta la zona peatonal, repleta de restaurantes y tiendas, está demasiado llena de gente. A pesar de que Playa del Carmen tiene decenas de hoteles, éstos suelen estar llenos, sobre todo en época de vacaciones y en agosto, momento en que los turistas extranjeros y mexicanos invaden la ciudad.

VISITAR PLAYA DEL CARMEN

La **playa** de la ciudad es una de las mejores de la península de Yucatán, netamente superior a las de Cancún. Las costas queda resguardada por la isla de Cozumel, por lo que resulta ideal para nadar. La mayor parte de los hoteles organizan salidas de pesca o de buceo con botellas. Desde Playa del Carmen salen autocares con destino a las ruinas de Tulum y de Chichén Itzá. Las tiendas son mucho más interesantes que las de Cancún, ofrecen artesanías de calidad, joyas hechas a mano, ropa procedente de Guatemala y de Bali y originales *souvenirs*. En la **plaza Rincón del Sol**, en la avenida 5N esquina con la calle 8, venden joyas de ámbar; en **Xop**, máscaras de madera; el papel hecho a mano y los CDs en **El Vuelo de los Niños Pájaros**. Por su parte, **Temptations**, avenida 5N, ha sobrevivido a otras tiendas de pareos y ropas tropicales importadas, mientras que **La Calaca**, también en la avenida 5N, ofrece una buena colección de artesanías mexicanas.

ALOJAMIENTOS TURÍSTICOS

Playa del Carmen posee una sorprendente cantidad de hoteles interesantes. Los mejores establecimientos de precio elevado a moderado son los que se encuentran en la playa. El ruido es uno de los principales problemas de las habitaciones que dan a la avenida 5N, la zona peatonal de la ciudad. Reserve plaza con antelación.

taciones y *suites* cuentan con ventanales, camas grandes, aire acondicionado y televisión vía satélite. Dispone de piscina y de una sala de vídeo.

El **Continental Plaza Playacar**, ((987) 30100 o (800) 882-6684 (LLAMADA GRATUITA), FAX (987) 30105, en la calle 10, a la entrada de Playacar, fue el primer gran hotel de Playa del Carmen. Este establecimiento dispone de 188 habitaciones, varios restaurantes y bares, una inmensa piscina y un centro de deportes acuáticos. Generalmente se llena con grupos de viajes organizados.

De lujo

El **Allegro Diamond Resort Playacar**, ((987) 30340 o (800) 642-1600 (LLAMADA GRATUITA), FAX (987) 30348, situado en pleno Playacar, ofrece un paquete con pensión completa que pretende evitar que los huéspedes abandonen el hotel. Sus 300 habitaciones son cómodas y amplias, y, además, cuentan con televisión, ventilador y aire acondicionado. El precio incluye comida y un sinfín de actividades.

Caros

El ambiente tranquilo y mediterráneo del **hotel Mosquito Blue**, ((987) 31245, FAX (987) 31337, E-MAIL mosquito@www.pya.com.mx, avenida 5, entre las calles 12 y 14, es poco habitual en Playa del Carmen. Sus 24 habi-

Moderados

La mayor parte de los hoteles de la ciudad se encuentran en la categoría de precios moderados. Las habitaciones son mucho más económicas que en Cancún. Me gustan mucho las 31 habitaciones blancas y las hamacas en los balcones del hotel **Albatros Royale**, ((987) 30001 o (800) 538-6802 (LLAMADA GRATUITA), FAX (987) 30002, en la calle 8, frente a la playa. El **Pelícano Inn** es del mismo estilo (reserve plaza en los mismos números telefónicos) y también se encuentra frente a la playa, pero en la calle 6.

El **Chichén Baal Kah**, ((987) 31252, FAX (987) 30050 o (800) 538-6802 (LLAMADA GRATUITA), en la calle 16 esquina con la avenida 14, es un complejo reservado a los adultos, con 7 apartamentos con habitación, cocina, comedor y piscina. El **hotel Baal Nah Kah**, ((987) 30110, FAX (987) 30050, en la calle 12, entre la avenida 5 y la avenida 1, cuenta con una cocina y un comedor enormes y, por si eso fuera poco, queda cerca de varios restaurantes. El **Blue Parrot Inn**, ((987) 30083 o (800) 634-3547 (LLAMADA GRATUITA), FAX (987) 30049, calle 12 y avenida 5, es uno de los hoteles más antiguos de la ciudad. Cuenta con 45 habitaciones de distintos tamaños situadas en la playa y en el jardín. El **Condotel El Tucán**, ((987) 30417 o (800) 467-5292 (LLAMADA GRATUITA), FAX (987) 30668, en la avenida 5, entre las calles 14 y 16, es más reciente. Dispone de 67 apartamentos con cocina y un gran balcón. El hotel queda a unas manzanas de la playa y dispone de una gran piscina y un buen restaurante.

Económicos

El **hotel Alejari**, ((987) 30374, FAX (987) 30005, en la calle 6, a media manzana de la playa, ha logrado mantener a raya los precios a pesar de que alguna de sus 29 habitaciones dispone de cocina y aire acondicionado. La simpatía del propietario y los precios le harán regresar a la **posada Rosa Mirador** (sin teléfono), en la calle 12. Las nueve habitaciones de que dispone son algo rudimentarias pero tienen baño y vistas al mar. El **Mom's Hotel**, ((987) 30315, avenida 30, se encuentra a seis manzanas de la playa y ofrece a sus huéspedes una pequeña piscina, un buen restaurante y 12 habitaciones sin pretensiones.

RESTAURANTES

En tanto que ciudad turística, Playa del Carmen cuenta con restaurantes con precios razonables que ofrecen una buena variedad de mariscos y especialidades locales, así como platos internacionales. La mayor parte de ellos se encuentra en la avenida 5N.

Moderados

Comparado con el resto de restaurantes de la ciudad, el **Da Gabi**, ((987) 30048, calle 12, es un excelente restaurante italiano en el que sirven pizzas, *fetucini* con mejillones, bistecs y vinos importados. **Las Máscaras**, ((987) 62624, avenida Juárez, junto al embarcadero, fue el primer restaurante italiano de la ciu-

dad y sigue siendo uno de los más populares. Es un lugar ideal para saborear unos calamares fritos regados con vino Chianti. **La Parrilla**, ((987) 30687, plaza Rincón del Sol, esquina con la avenida 5, es uno de los establecimientos favoritos de los turistas por la calidad de su comida mexicana, sus platos a la parrilla y sus margaritas. Se encuentra en la zona peatonal. El restaurante **Ronny's**, ((987) 30996, pertenece al Pelícano Inn y se encuentra en la playa. Es muy apreciado por lo sabroso de sus carnes y de sus hamburguesas.

Económicos

Los bocadillos sanos, las ensaladas de fruta y los postres hipercalóricos son la especialidad de **Sabor** (sin teléfono), que se encuentra en la avenida 5. **El Chino**, en la calle 4, entre las avenidas 10 y 15, sirve comida casera y está lleno de familias mexicanas.

XCARET

Reconozco haber sentido verdadero horror al ver cómo mi cala favorita, llena de ruinas mayas, se convertía en un parque turístico en 1990, **Xcaret**, ((98) 830654, km 72 de la carretera 307 (abierto todos los días). Construyeron una pajarera para aves tropicales de la región y restauraron las ruinas mayas.

La cultura maya revive en un extraordinario espectáculo titulado «Las noches de Xcaret». El complejo cuenta con varios restaurantes en los que se sirven mariscos y especializades mexicanas de calidad razonable. Los turistas que llegan de Cancún, Cozumel y los hoteles de la zona quedan fascinados por el parque. Si está dispuesto a pagar una entrada bastante cara, dedique todo el día y parte de la noche a Xcaret.

PUERTO AVENTURAS

Puerto Aventuras, ((987) 35110, FAX (987) 35182, se encuentra junto a la carretera 307, en el km 98. Se trata de un complejo turístico en el que hay varios hoteles, edificios de apartamentos, un puerto deportivo y un campo de golf de nueve hoyos. Dedique un tiempo a re-

---

Desde que los pueblos de la costa del Caribe y el Pacífico se han convertido en escala de importantes cruceros, reciben una avalancha de visitantes.

correr el **Museo Pablo Bush Romero** (sin teléfono), que ilustra la historia del buceo en la zona. El **Mike Madden's CEDAM Dive Center**, ((987) 22233, FAX (987) 41339, es uno de los centros de buceo más famosos de la localidad. Organiza excursiones a cenotes y grutas en la jungla para buceadores expertos.

El restaurante **Papaya Republic**, ((987) 35170, se encuentra junto al complejo turístico, en una cala semiprivada. Me alegra comprobar que este rincón tranquilo, con mesas instaladas bajo un techo de paja, a la sombra de las palmeras, en el que sirven platos muy innovadores, sigue en pie.

AKUMAL

Akumal fue uno de los primeros complejos turísticos de la zona en desarrollarse en torno a un pequeño pueblo. Se encuentra en una de las bahías más grandes de la costa y de ahí partieron las primeras expediciones de buceo en los arrecifes. El hotel **Club Akumal Caribe**, ((987) 59012, FAX (987) 59019, es uno de los centros turísticos más importantes de la zona. El centro ofrece toda clase de servicios en un ambiente sencillo, sin pretensiones.

PAAMUL

La siguiente bahía bien protegida, con una buena playa, y situada en el corredor, es Paamul, a 85 km al sur de Cancún. Las lagunas son como acuarios de agua salada y las carreteras de acceso, que son de tierra, así como la falta de transportes públicos, la han mantenido alejada del desarrollo y del turismo masivo. Las **Cabañas Paamul**, ((987) 62691, FAX (987) 43240, se encuentra en el km 85 de la carretera 307. Es el hotel más importante de la zona. Dispone de siete cabañas en la playa, un cámping para tiendas y caravanas, un excelente restaurante y una tienda de equipo de buceo muy bien surtida.

XEL-HÁ

En tiempos prehispánicos, Xel-Há era un importante centro de culto, pero hoy es más conocido por su laguna repleta de peces y corales gigantescos. Se permiten la natación

y el buceo en estas aguas, que son hoy un parque nacional (abierto diariamente, con entrada, de 08.00 a 17.00 horas). Para gozar del lugar en plenitud es más conveniente visitarlo por la mañana temprano. Los promotores de Xcaret han retomado la gestión del parque y tienen previsto renovar las instalaciones y construir nuevas atracciones.

En el parque hay restaurantes, tiendas, se pueden alquilar equipos para bucear, y hay un hotel en las cercanías.

TULUM

En sus anotaciones, Juan de Grijalva, un explorador español que partió de Cuba para dirigirse a Yucatán en 1518, menciona una ciudad «tan grande como Sevilla», con una torre más alta que cualquiera de las que él había visto hasta entonces. Se trataba, probablemente, de **Tulum**, 220 km al sur de Cancún, sobre la carretera 307, y la torre debía ser El Castillo, el principal edificio de este asentamiento (abierto diariamente de 09.00 a 17.00 horas, con entrada).

Se considera que Tulum, que entonces se llamaba Zamá, fue un importante centro comercial que floreció entre los años 1200 y 1400, aunque, se han encontrado estelas más antiguas. Por ser el punto de llegada de comerciantes de todas partes de México, se produjo en él una mezcla de diversos estilos arquitectónicos.

Probablemente, esta ciudad estaba fortificada, ya que tres de sus lados están rodeados por un muro de 4 m de altura, que originalmente tenía una calzada en su parte superior. La estructura predominante, **El Castillo**, tiene un friso cuyos tres nichos están ocupados por figuras de estuco, de las cuales la central, el dios que baja, se repite en otras partes del lugar. Cabe suponer que El Castillo era un templo dedicado a Kukulcán, el dios de la serpiente emplumada.

El **templo de los Frescos**, edificio de dos pisos con cuatro columnas al frente, contiene algunos frescos relativamente bien conservados que representan a las adoradas deidades mayas.

La playa es buena para la natación, siempre que no haya demasiada resaca. A la entrada hay varios restaurantes y tiendas, así como guías que muestran el lugar.

Alojamientos turísticos

La playa situada junto a las ruinas de Tulum está rodeada de pequeños cámpings y hoteles con cabañas. Es uno de los pocos lugares de la costa en los que todavía es posible disfrutar de la playa, dormir y comer por un módico precio. El mejor establecimiento es las **Cabañas Ana y José**, ☎/FAX (987) 12004, en Cancún, ☎ (98) 806022/806021, E-MAIL anayjose@cancun.rce.com.mx, situado 7 km al sur de las ruinas. El hotel dispone de 16 habitaciones repartidas en dos edificios de un piso, la mayor parte de las cuales tiene vistas al mar. Los dueños tienen otros hoteles en la región (todos se reservan en los mismos números de teléfono).

LA RESERVA NATURAL DE SIAN KA'AN

Del sur de Tulum parte una carretera parcialmente pavimentada que discurre a lo largo de la costa y continúa hasta la **península de Boca Paila** y la **Reserva Natural de Sian Ka'an**. Esta reserva comprende la mayor extensión de playa, jungla y lagunas de la costa. Hace siglos, los mayas construyeron una red de canales que atravesaban la jungla; en la actualidad, los turistas los recorren en barco y pasan frente a varios templos mayas. Para reservar plaza, póngase en contacto con **Amigos de Sian Ka'an**, ☎ (98) 84983, FAX (98) 873080, en Cancún. La carretera termina en Punta Allen, a la entrada de Bahía de la Ascensión. En el pueblo hay varios hoteles de pescadores que organizan salidas de pesca deportiva y pesca con arpón en los pantanos salados de la zona. Recomendamos el **Boca Paila Fishing Lodge** (sin teléfono), en la carretera de Boca Paila, 27 km al sur de Tulum. Realice sus reservas en **Frontiers International Travel**, ☎ (800) 245-1950 (LLAMADA GRATUITA), FAX (412) 935-5388, apdo. de correos 859, Wexford, PA 15090-0959.

COBÁ

Los cinco lagos ocultos en la jungla incitaron a los mayas a fundar en la península la ciudad-estado más importante de la época posclásica. Los arqueólogos estiman que entre el 400 y el 1100, se construyeron alrededor de seis mil edificios que en su mayoría permanecen ocultos en la selva.

La ciudad-estado era Cobá (abierta al público diariamente de 09.00 a 17.00 horas, con entrada), situada hacia el interior, a 39 km de Tulum. La calzada o *sacbe*, pavimentada con piedra caliza y que llegaba a tener 10 m de anchura, se extendía desde aquí hasta casi Chichén Itzá y hasta Yazuna, a una distancia de 100 km. De hecho, había 16 de estas calzadas que, partiendo de Cobá, cruzaban Yucatán. Aun cuando los españoles, llevados por su deseo de eliminar la religión maya, destruyeron las Monjas, uno de los edificios más sagrados de la zona, Cobá continúa siendo un delicioso lugar. Tiene infinidad de estelas, dos pirámides y muy pocos autobuses de excursionistas. Las construcciones siguen inmersas en la vegetación circundante, lo que permite que el viajero pasee por senderos llenos de jabalíes e iguanas, sin cruzarse con nadie.

Hay cuatro grupos estructurales principales: el **grupo Cobá**, cerca de la entrada, **las Pinturas**, así denominado por los pigmentos que todavía se pueden ver en algunos de los frisos, el **grupo Macanxoc**, localizado junto al lago del mismo nombre y el **Grupo Chumuc Nul**, cuyo edificio principal es una «pirámide de estuco» que conserva todavía parte de sus colores originales. Por encima de las copas de los árboles sobresale la **pirámide Nohoch Mul**, que con sus 120 escalones, es la más alta de Yucatán.

A corta distancia del estacionamiento se sitúa el **hotel Villa Arqueológica**, ☎ (5) 2033886, que queda a menos de 1 km de las ruinas. El hotel dispone de 40 habitaciones pequeñas pero cómodas, un excelente restaurante y una piscina. Hay también un pequeño restaurante, **El Bocadito**, que queda cerca del centro del pueblo y de la parada de autobuses. En él sirven comida mexicana, y desde su terraza se puede contemplar el ir y venir de los pobladores, que parecen casi indiferentes a los turistas.

EL LAGO BACALAR

Al sur de Tulum, la carretera 307 cruza varios pueblos y el puerto Felipe Carillo antes de llegar a uno de los espacios naturales más espectaculares de la península, el **lago Bacalar**. El llamado «lago de los siete colores», se encuentra 36 km al norte de Belice. Con sus

50 km de largo, el lago Bacalar es el segundo lago más grande de México. Su color varía desde un azul marino intenso hasta un turquesa eléctrico ya que está compuesto de una mezcla de agua dulce y agua salada. El lago es un buen punto de partida para explorar las ruinas y las playas de la zona, y tiene un ambiente mucho más tranquilo que Chetumal. El mejor hotel de la región es el **Rancho Encantado**, ((983) 80427 o (800) 505-6292 (LLAMADA GRATUITA), FAX (983) 80427. El hotel se encuentra en el km 340 de la carretera 307, al norte del pueblo de Bacalar y

dispone de 12 casas repartidas en una zona de césped frente al lago.

LA PENÍNSULA DE XCALAK

Si desea ver la costa caribeña tal y como era hace unos años, deje la carretera 307 y tome el desvío a Majahual y a la península de Xcalak. En 1998, empezaron las obras para asfaltar la pista de tierra, lo que reducirá el trayecto y sin duda atraerá a un mayor número de turistas. El pueblo de pescadores de Xcalak se encuentra en el extremo de esta estrecha península de 64 km de largo. El principal atractivo del pueblo son sus célebres **dunas de arena de Chinchorro**, situadas 29 km al este. Los buceadores llegan atraídos

por su arrecife de 40 km de largo y parcialmente sumergido. Se cree que el fondo está lleno de barcos piratas naufragados y, por lo tanto, lleno de tesoros por descubrir. El arrecife fue declarado parque nacional submarino y está prohibido pescar o sacar nada de él. En el extremo de la península hay varios hoteles pequeños que organizan excursiones al arrecife. Es preferible apuntarse a una de las salidas de **Costa de Cocos**, un hotel situado a 56 km de Majahual. Reserve en **Turquoise Reef Group**, ((303) 674-9615 o (800) 538-6802 (LLAMADA GRATUITA), FAX (303) 674-8735. María y Dave Randall regentan este idílico establecimiento dotado de 12 cabañas fabricadas con madera dura, importada de Belice. Las comidas se sirven en un amplio comedor con techo de paja situado en la playa. En el mar se puede nadar o bucear con o sin botellas. Los Randall han participado en la creación de un sistema de energía eólica que abastece de electricidad al pueblo. Aún así, en Xcalak no siempre funciona el teléfono, ni la luz ni otros servicios modernos.

CHETUMAL

Chetumal, la capital del estado de Quintana Roo, es una de las ciudades más remotas del país. Hasta 1960 no hubo carreteras bien pavimentadas que condujeran a la ciudad. Separada del resto del país, se desarrolló sin gran influencia española ni religiosa. Algunos afirman que era el paraíso de los que se encontraban fuera de la ley y de los contrabandistas.

Lamentablemente, Chetumal no está al lado del mar, y, si no se dispone de un coche, lo único que se puede hacer es ir de compras y pasear por el malecón.

La población es primordialmente maya pero, cada día, cientos de beliceños vienen desde la frontera sur a comprar comida, vestidos y objetos de lujo, que son mucho más caros o inexistentes en su país. Por ello, no es solamente la arquitectura de la ciudad, mezcla de moderno hormigón y tablas, lo que la hace diferente, sino la vida de las calles y lo que en ellas se escucha. Es tan frecuente escuchar creole, inglés y maya, como español.

Belice (la antigua Honduras británica) se encuentra inmediatamente después de la frontera y es todavía más tranquila que Chetumal. Sin embargo, no es tan sencillo llegar hasta ella. Con un coche mexicano alquilado es prácticamente imposible entrar. Si el vehículo es propio, es imprescindible disponer de un seguro especial y de mucha paciencia en la frontera. En autobús se emplean por lo menos dos horas para pasar las dos áreas fronterizas de control. Se requiere, además, pasaporte y visado. Para regresar a México es necesario volver a solicitar el visado.

Todo lo anterior tiene como objeto hacer ver que no se puede pasar en Belice sólo un

par de horas. Sería bastante recomendable el considerar Belice como un punto de destino independiente en el que pasar varios días.

También existe la posibilidad de continuar el viaje hacia Guatemala pasando por Belice, pero, a excepción de la maravilla maya de Tikal, no hay nada más que merezca la pena recomendar. Por otra parte, el Gobierno dictatorial guatemalteco tiene una extraña concepción de lo que son los derechos humanos.

Alojamientos y restaurantes

El hotel más lujoso de Chetumal es el **hotel Holiday Inn Chetumal**, ((983) 21100, FAX (983)

21607, avenida de los Héroes, 171, con 85 habitaciones a precio moderado. El **hotel Los Cocos**, ((983) 20544, FAX (983) 20920, avenida de los Héroes, 138, calle Chapultepec, cuenta con 78 habitaciones. Es un hotel antiguo y algo descuidado pero resulta extremadamente práctico.

En los barrios comerciales hay varios restaurantes interesantes. **Sergio's**, ((983) 22355, avenida Obregón, 182, tiene precios de moderados a baratos, y sirve bistecs, pizzas y espaguetis. Es uno de los lugares favoritos de los que llegan del interior y tienen ganas de comer algo diferente. El **Emiliano's**, ((983) 70267, avenida San Salvador, 557, sirve buenos cócteles de mariscos, langosta a la parrilla, gambas y pescado fresco, entre otros platos también muy interesantes.

Las afueras de la ciudad

Las afueras de Chetumal ofrecen muchas alternativas, pero solamente si se dispone de automóvil.

Inmediatamente antes de llegar al lago, en la carretera 307, se encuentra el **cenote Azul**, cuya profundidad se estima en 90 m. Nadar en él, como en otros cenotes mayas, resulta una experiencia memorable. A 14 km del pueblo hacia el oeste, se halla la **laguna Milagro**, más pequeña que la de Bacalar, pero con su mismo encanto, sobre todo durante los días laborables en que está prácticamente desierta.

La zona situada entre Chetumal y Campeche está llena de ruinas mayas, aunque apenas están excavadas, ya que muchas de ellas son de reciente descubrimiento. A 70 km al este, las ruinas de **Kokunlich** se caracterizan por sus máscaras del dios Sol. Un poco más allá, en la carretera 186, se encuentran los restos de **Xpujil Becán, Río Bec** y **Chicanná**, en la reserva natural de Calakmul. En 1995, un pequeño hotel abrió sus puertas cerca de Chicanná. El **Chicanná Ecovillage Resort**, ((981) 62233, en Campeche, es una verdadera maravilla y dispone de 100 habitaciones diseminadas en la jungla.

La costa del golfo

LA COSTA DEL GOLFO fue y es el cordón umbilical de México con el viejo mundo. Después de varios desembarcos en la península de Yucatán, los españoles decidieron que la costa del golfo sería su puerta de entrada a las ricas tierras de México. Veracruz fue el primer asentamiento de Cortés en la Nueva España y el puerto desde el que las innumerables riquezas de México fluyeron hacia Europa. Irónicamente, Veracruz fue también la última ciudad en la que ondeó la bandera española antes de la independencia de México.

En el siglo XX, la costa del golfo continúa siendo un importante centro portuario desde donde se exportan petróleo y productos agrícolas y manufacturados. No es un punto de destino turístico, pero tiene playas con palmeras y algunas de las más antiguas ruinas prehispánicas de México. El norte tiene menos interés que el sur.

LAS CIUDADES FRONTERIZAS

Nuevo Laredo, **Reynosa** y **Matamoros**, en el estado de Tamaulipas, son típicas ciudades fronterizas. Tiendas de baratijas y casas de cambio de moneda se alinean a lo largo de las carreteras en los extremos de los puentes sobre el río Bravo, o río Grande, como lo llaman los norteamericanos.

NUEVO LAREDO

Nuevo Laredo, la más pequeña y la que está situada más al norte de las tres, tuvo su apogeo en los tiempos de la prohibición en Estados Unidos. Los vendedores instalados en la avenida Guerrero se han especializado en *souvenirs* vistosos pero de poca calidad. Si busca artesanía auténtica, aléjese de la calle principal en dirección este u oeste.

La **oficina de turismo**, ((87) 120104, está en la avenida Guerrero, cerca del puente Internacional. Abre todos los días, de 08.30 a 20.00 horas.

Alojamientos turísticos

En la categoría de hoteles baratos, destaca el **hotel Reforma**, ((87) 126250, FAX (87) 126714, avenida Guerrero, 822, que cuenta con 39 habitaciones y es bastante céntrico. Dispone de aparcamiento y todas las habitaciones están equipadas con teléfono y televisor. El **Hotel Posada Mina**, ((87) 131473, es un establecimiento tranquilo y sin pretensiones situado en la calle Mina, 35. Sólo dispone de una pequeña cafetería y 5 habitaciones con aire acondicionado y calefacción.

Restaurantes

Además del restaurante del hotel Reforma, recomendamos el **Winery**, ((87) 120895, Matamoros, 308, esquina con Victoria, un establecimiento con una amplia carta de vinos mexicanos, en el que sirven la famosa *carne tampiqueña*, propia de la región (filete delgado y adobado hecho a la parrilla con cebolla y chile, y servido con tortillas, arroz y frijoles).

REYNOSA

Reynosa, algo más grande que Nuevo Laredo, es una ciudad petrolera. Frente a ella queda la ciudad texana de McAllen. El centro de la ciudad ha sido renovado pero, aun así, la región está llena de industria y no hay razón alguna para detenerse. Si quiere comprar *souvenirs*, vaya a la calle Hidalgo, una zona peatonal que arranca en el zócalo. Allí encontrará tiendas y vendedores ambulantes.

Información turística

La **oficina de turismo**, ((89) 221189, está junto al puente que cruza la frontera. Abre de lunes a viernes, de 08.00 a 20.00 horas.

Alojamientos turísticos

El **hotel Hacienda**, ((89) 246011, FAX (89) 235962, bulevar Hidalgo, 2013, dispone de 34 habitaciones de precio moderado. Se encuentra en las afueras de la ciudad, en la carretera que va a Monterrey. Cuenta con aparcamiento, agencia de alquiler de coches, bar-restaurante y cabinas telefónicas. Las habitaciones están limpias y tienen televisión vía satélite y un mobiliario bastante agradable. El **hotel Nuevo León**, ((89) 221310, Porfirio Díaz, 580, está situado en un antiguo rancho y dispone de habitaciones con baño aunque no siempre están inmaculadas.

Restaurantes

Además del restaurante del hotel Hacienda, recomendamos el restaurante del **hotel San Carlos**, ((89) 221280, Hidalgo, 970, cerca del centro de la ciudad, y **La Mojada** (sin teléfono), avenida Miguel Alemán, s/n, un establecimiento especializado en asados de cabra. El **Café París**, ((89) 225535, Hidalgo, 815, es uno de los lugares favoritos de los lugareños y de los turistas, sobre todo a la hora del desayuno.

MATAMOROS

Matamoros, la más grande de las tres, con sus 450.000 habitantes, compite con su homóloga tejana Brownsville en el aspecto comercial, y ofrece la imagen más limpia de todas las ciudades fronterizas mexicanas.

Desde Matamoros, en dirección sur, la carretera 180 está algo dañada y se inunda frecuentemente en época de tornados, de junio a noviembre. La carretera discurre por el interior. En La Comma, la carretera se bifurca. Uno de sus ramales, la carretera 101, continúa por el interior hasta Ciudad Victoria, la capital del estado, y el otro, la carretera 180, se dirige hacia el sur, en dirección a Tampico.

Información turística

La **oficina de turismo**, ((88) 139045, se encuentra en la avenida Hidalgo, 50, entre las calles 5 y 6. Abre de lunes a viernes, de 09.00 a 13.00 horas y de 15.00 a 19.00 horas.

Alojamientos y restaurantes

Entre los hoteles y los restaurantes de precios moderados que, además, cuentan con animación nocturna, los más recomendables son: **Garcia's**, ((88) 123929, calle Álvaro Obregón, s/n, y el **Gran Hotel Residencial**, ((88) 139440, calle Álvaro Obregón esquina con Amapolas. Este último dispone de piscina y zona de juegos para niños.

TAMPICO, LA CAPITAL PETROLERA

Tampico, la ciudad más grande de Tamaulipas, es un conglomerado de grandes tanques de petróleo, refinerías, muelles para contenedores y otras instalaciones portuarias, que se extiende a partir de la muy pequeña ciudad antigua. Situada en la desembocadura del río Pánuco, la ciudad está rodeada de lagunas y bellas playas. El clima es cálido, con una temperatura media de 36 °C y húmeda de abril a septiembre; la estación de tornados comienza en septiembre, y puede durar hasta octubre. Los vientos violentos llamados «nortes» se encargan de refrescar el ambiente de noviembre a marzo. En las jornadas calurosas se agradece su presencia, a pesar de lo incómodo que resulta que levanten polvo y arena.

En apariencia, Tampico estuvo habitada por los huastecas, tribu que conocía bien la alfarería, alrededor del año 1000 a. C. Por su carácter nómada, estas tribus dejaron pocas huellas permanentes. Los mejores restos arqueológicos se encuentran en **El Tamuín**, a 104 km por la misma carretera. La escultura huasteca más famosa, imagen de un joven con los símbolos del dios del viento, hallada en El Tamuín, fue llevada al Museo Nacional de Antropología de Ciudad de México. Una copia ella se puede ver en el **Museo Huasteco**, en Ciudad Madero, ciudad satélite de Tampico (calle Primero de Mayo, abierto de lunes a viernes, de 10.00 a 17.00 horas y los sábados, de 10.00 a 15.00 horas). El museo exhibe una colección de objetos cuya antigüedad va del año 1100 a. C. al 1500 d. C., así como una amplia muestra de antiguas puntas de flecha.

En el siglo XV, los huastecas eran subsidiarios de los aztecas, y la ciudad de Tampico se construyó sobre las ruinas de la ciudad azteca. Fue objeto de frecuentes ataques por parte de los indios apaches y de los piratas del Caribe. A principios del siglo XVII, la ciudad resultó completamente destruida, y no fue reconstruida hasta el siglo XIX; posteriormente fue ocupada por los petroleros estadounidenses y británicos. A pesar de ello, el centro de la ciudad alrededor del zócalo, la **plaza de Armas**, con la **catedral** y el **Palacio Municipal** ha conservado algo de su sabor colonial.

La contaminación, debida al petróleo, está actualmente bajo control, y las playas cercanas, están bastante limpias y casi siempre desiertas. Para contemplarlas desde lo alto, suba a los acantilados de **playa Escollera**, cerca del extremo sur de la ciudad.

ALOJAMIENTOS TURÍSTICOS

Los alojamientos tienen, en su mayoría, un carácter utilitario, dirigido a los hombres de negocios.

Moderados

El **hotel Camino Real**, ((12) 138811, FAX (12) 139226, avenida Hidalgo, 2000, no pertenece a la cadena Camino Real presente en todo el país pero es uno de los mejores locales de Tampico. Sus 100 habitaciones se encuentran rodeadas por un bello jardín y disponen de teléfono y de televisión vía satélite. El hotel cuenta con piscina, restaurante y agencia de viajes. El **Howard Johnson Tampico**, ((12) 127676 o (800) 654-2000 (LLAMADA GRATUITA), FAX (12) 120653, calle Madera, 210, corresponde al antiguo hotel Colonial, que ha sido remodelado tras cambiar de dueños. Sus precios módicos, su aparcamiento, su bar-restaurante y su agencia de viajes lo convierten en una verdadera joya. Se encuentra a unas calles del zócalo y dispone de 138 habitaciones. Si no hay sitio, pruebe en el **hotel Plaza**, ((12) 141784, calle Madero Oriente, 204, que cuenta con 40 habitaciones.

RESTAURANTES

Tampico no es especialmente famoso por sus restaurantes, pero existen varios buenos establecimientos que sirven mariscos y especialidades regionales como la *carne asada tampiqueña* (filete de ternera adobado con aceite, vinagre y finas hierbas y asado al carbón).

Económicos

La **Refresquería Elite**, ((12) 120364, Díaz Mirón Oriente, 211, muy al gusto mexicano, se llena de lugareños que acuden para tomar un café o un helado. La comida es bastante normal. El **restaurante Emi**, ((12) 125139, calle Olmos, 207, sirve grandes raciones de mariscos y de carne a precios muy razonables. Abre desde el amanecer y cierra mucho después de la puesta de sol.

VERACRUZ

El estado de Veracruz, en el que se alzan las escarpadas montañas de Sierra Madre Oriental, es y ha sido desde hace mucho tiempo un importante centro cultural y comercial. Fue patria de la civilización olmeca desde el año 1200 al 400 a. C., y estaba más adelantada que sus contemporáneas europeas y de Oriente Medio. Se sabe poco del pueblo olmeca en sí, creador de la primera cultura avanzada de Mesoamérica, y lo que se conoce de su cultura es a través de los asentamientos de Veracruz, Tabasco y Oaxaca.

Después de los olmecas, llegaron los huastecas y totonacos, que a su vez fueron dominados por los aztecas y, posteriormente, en el siglo XVI, llegaron los españoles. En 1519, Cortés desembarcó cerca de la actual ciudad de Veracruz y comenzó la conquista. Su puerto fue el más importante durante el período colonial. En el presente siglo, Veracruz posee una economía mixta agrícola e industrial que lo

cruz, El Tajín («el relámpago», en lengua totonaca) es una de las zonas arqueológicas más importantes de México. No se descubrió hasta el siglo XVIII; los arqueólogos todavía están explorando sus extensos restos. Atribuida a los totonacos, que sucedieron a los olmecas, la ciudad fue contemporánea de Teotihuacán y floreció entre el año 300 y 1100. Los arqueólogos han determinado que fue un centro tanto ceremonial como administrativo, cuya influencia se hizo sentir en toda Mesoamérica. La **pirámide de los Nichos**, de 25 m de altura y de base cuadrada, de 35 m de lado,

hace uno de los estados más ricos de México. El estado cuenta con varios restos arqueológicos importantes entre los que figura El Tajín. El último yacimiento descubierto fue El Pital, inmerso en una jungla tropical, 98 km al noroeste de Veracruz. Se supone que El Pital fue uno de los puertos marítimos y comerciales más importantes de hace 1.500 años. El yacimiento permanece cerrado al público porque todavía hay arqueólogos investigando. Si desea ponerse en contacto con ellos, mande un e-mail a mayaland@diario1.sureste.com.

EL TAJÍN

Situada a 15 minutos de Papantla, 250 km al sur de Tampico y 260 km al norte de Vera-

es única en México. El edificio de siete pisos es de estilo talud-tablero, común a muchas otras estructuras prehispánicas, pero cuenta con 365 nichos, cada uno de ellos dedicado a uno de los días de año. Si hoy resulta impresionante, más lo debió ser cuando se terminó en el siglo VII, cuando cada uno de los nichos estaba recubierto de estuco y pintado con brillantes colores. Al sudoeste de la pirámide se halla el terreno para el **juego de pelota sur**, que tiene seis paneles explicativos del significado religioso de los juegos de pelota. Hacia el norte, en la zona conocida como **Tajín Chico**, se encuentra el **edificio de**

El viejo Veracruz fue un fuerte vínculo de unión entre México y España, y aún conserva el sabor de su pasado colonial.

las **Columnas**, en el que seis pilares soportan el piso superior. En el edificio anexo hay una falsa escalinata bajo un arco maya. Algunos de los edificios muestran todavía trazas de las pinturas rojas y azules que recubrían muchas de las estructuras. El precio de la entrada incluye la visita al pequeño pero interesante museo del yacimiento. Ambos abren todos los días, de 09.00 a 18.00 horas. A esto se añade un restaurante y algunas tiendas de regalos. Si oye música de flauta y tambores durante la visita, acuda al centro de visitantes y no se pierda este ritual histórico de los *voladores*.

PAPANTLA

La ciudad más cercana es Papantla, la capital mundial de la vainilla. Sin embargo, más que la vainilla o las cercanas ruinas, lo que da su fama a Papantla son sus *voladores*, que realizan una «danza» ritual prehispánica (todos los domingos y en la fiesta del Corpus Christi) en la que cinco danzantes se sitúan sobre una plataforma situada en el extremo de un mástil de 25 m de altura. El jefe de los *voladores* baila y hace sonar la flauta en lo alto de aquélla, que gira, en tanto que los otros cuatro, atados con cuerdas enrolladas a su cuerpo, se dejan caer, con la cabeza hacia abajo, desenrollando las cuerdas.

INFORMACIÓN TURÍSTICA

La **oficina de turismo de Papantla**, ((784) 20177, se encuentra en el palacio municipal. Abre de lunes a viernes, de 09.00 a 15.00 horas y los sábados, de 09.00 a 13.00 horas.

ALOJAMIENTOS TURÍSTICOS

Hay hoteles y restaurantes en Papantla, Tuxpán y Poza Rica. Sin embargo, Papantla es la más bonita de las tres ciudades, y sus hoteles figuran entre los más agradables.

Moderados
El **hotel Premier**, ((784) 20080, FAX (784) 21062, calle Enríquez, 103, dispone de 20 habitaciones equipadas con televisión vía satélite y aire acondicionado. Se trata de un hotel muy céntrico. Carece de restaurante, pero en la misma calle hay varios.

Económicos
El **hotel El Tajín**, ((784) 20644, FAX (784) 20121, calle Núñez y Domínguez, 104, es un establecimiento moderno situado cerca de la catedral. Dispone de 59 habitaciones pequeñas pero limpias, equipadas con televisión vía satélite. Algunas habitaciones tienen aire acondicionado y otras, ventiladores. El hotel organiza excursiones a caballo hasta El Tajín, pero es preciso reservar plaza.

RESTAURANTES

Los viajeros más osados no deben dejar de probar los *tamales* que venden en el mercado (masa de maíz cocida al vapor y envuelta en hoja de plátano, rellena de dulce o salado). Si no se siente con ánimos de aventurarse, pruebe los platos mexicanos que sirven en el **restaurante El Tajín**, ((784) 20644, calle Núñez y Domínguez, 104, en el hotel de mismo nombre.

El **restaurante Sorrento** (sin teléfono), Enríquez, 104, en la esquina nordeste del zócalo, es un buen lugar si le apetece comer marisco. El **restaurante Plaza Pardo**, ((784) 20059, Enríquez, 105, es famoso por sus tacos, sus aguas de frutas, sus batidos y sus célebres helados.

JALAPA (XALAPA)

Jalapa o Xalapa, que en el idioma de los indios del lugar quiere decir «río arenoso», es la capital del estado de Veracruz y fue una de las primeras ciudades españolas del interior. El desarrollo moderno ha estropeado la mayor parte de su encanto colonial. El **Cofre de Perote** (Nauhcampatépetl o «montaña cuadrada», con 4.282 m), en el noroeste, y la montaña más alta de México, el **Pico de Orizaba** (Citlatépetl o «montaña de la estrella», con 5.700 m), en el sur la rodean. La plaza principal, llamada **parque Juárez**, tiene varios niveles, pero por desgracia, está rodeada de calles muy ruidosas.

INFORMACIÓN TURÍSTICA

La **oficina de turismo** de Jalapa, ((28) 128500, extensión 126 o 127, se encuentra en el bulevar Cristóbal Colón, 5, en los jardines de las Ánimas del parque Juárez. Abre de lunes a

viernes, de 09.00 a 21.00 horas y allí le facilitarán planos e información de la ciudad.

VISITAR JALAPA

Lo que justifica una visita a esta ciudad es el
Museo de Antropología de Jalapa, ((28)
154952, avenida de Jalapa, s/n (abierto de
martes a domingo, de 10.00 a 17.00 horas, con
entrada), a 2 km del centro de la ciudad, que
tiene la mejor colección de objetos olmecas.
El edificio de este museo fue diseñado por la
empresa neoyorquina de Edward Durrel Sto-
ne y es, en sí, un monumento al diseño de museos. Está construido en niveles descenden-
tes, lleno de luz y de jardines interiores, y aloja
más de veintinueve mil piezas arqueológicas,
de entre ellas, 3.000 proceden de la zona del
golfo. Hay varias cabezas olmecas perfectamente conservadas, que pesan unas veinte toneladas cada una, y una excepcional colección
de «caras sonrientes». Es muy impresionante
el Sacerdote de las Limas, un sacerdote con la
cara cruzada por cicatrices que sostiene el
cadáver de un niño.

Otro museo interesante es el de la **hacienda Lencero** (sin teléfono), carretera de Jalapa a Veracruz, km 14, al sudeste de la ciudad.
La entrada cuesta 3 USD y el museo abre
de martes a domingo, de 10.00 a 17.00 horas.
La hacienda debe su nombre a un soldado español a quien la Corona de España regaló la
propiedad (1.620 ha) en agradecimiento a sus
servicios. Años más tarde, el expresidente
López de Santa Anna la compró y, en la actualidad, la hacienda y seis hectáreas de terreno pertenecen al estado de Veracruz. El museo está dedicado a la vida rural en la época
colonial. El edificio principal está decorado
con antigüedades mexicanas, europeas y asiá-
ticas y en los antiguos aposentos de los cria-
dos se ha abierto un restaurante.

ALOJAMIENTOS TURÍSTICOS

Moderados
El **Fiesta Inn**, ((28) 127920 o (800) 343-7821
(LLAMADA GRATUITA), FAX (28) 127946, se encuentra en la carretera de Japala a Veracruz, cerca
del Museo de Antropología, en el bulevar
Cristóbal Colón. Dispone de 120 habitaciones
dotadas de aire acondicionado, televisión vía
satélite y bañera. Se trata de un edificio moderno con jardín, piscina y un buen restaurante. Pero no queda nada céntrico.

La **posada Coatepec**, ((28) 160544, FAX (28)
160040, Hidalgo, 9, se encuentra a 20 minutos
de Jalapa, en el pueblo de Coatepec. La posada se instaló en la antigua residencia de un
magnate del café. Sus 24 *suites* están decoradas con muy buen gusto. Todas las habitaciones tienen televisión vía satélite pero
sólo algunas disponen de calefacción. La posada organiza salidas temáticas, pero si lo
prefiere puede quedarse y relajarse en la
piscina.

Económicos
El **hotel María Victoria**, (/FAX (28) 180501,
avenida Zaragoza, 6, entre la calle Valle y la
avenida Revolución, supone una buena opción para quienes desean quedarse en el centro de la ciudad. Se encuentra a una manzana de la plaza principal. Sus 114 habitaciones
están limpias, el restaurante es bastante bueno y la piscina es un valor añadido. El **hotel
Xalapa**, ((28) 182222, calles Victoria y Bustamante, dispone de 200 habitaciones amplias
y tranquilas que tienen bañera, minibar y aire
acondicionado. El hotel cuenta con un aparcamiento cubierto y una discoteca. El café es
el protagonista de la **Posada del Cafeto**, ((28)
170023, Cánovas, 12, y los huéspedes pueden
tomar gratis todo el que quieran. Dispone de
23 habitaciones decoradas con telas y motivos mexicanos.

RESTAURANTES

Además de los restaurantes de los hoteles, los
locales más interesantes se encuentran en el
callejón del Diamante, una zona peatonal situada a unas manzanas del parque Juárez.

La Sopa es uno de los mejores restaurantes del callejón del Diamante: ((28) 178069,
Antonio M. de Rivera, 3-A. Sirve una deliciosa *comida corrida* con sopa, plato principal,
postre y café o té por un precio muy razonable. De miércoles a sábado, después de la 01.00
actúa una orquesta. **La Casona del Beaterio**,
((28) 182119, Zaragoza, 20, sirve platos bien
preparados. Es un local sin pretensiones, situado cerca del parque Juárez. Trate de comer por
lo menos una vez en el legendario **Café La
Parroquia**, ((28) 174436, Zaragoza, 18, a dos
manzanas del parque Juárez. En torno a sus

mesas se reúnen adolescentes ahítos de conquistas y jubilados que recuerdan sus escapadas de antaño. El menú incluye varios platos sencillos.

EL FORTÍN DE LAS FLORES

Muchas de las flores que se venden en los mercados de la zona provienen del Fortín de las Flores, al oeste de Coatepec. Este vergel de campos de gardenias, rosas y orquídeas es especialmente hermoso cuando el día está claro. El **hotel Fortín de las Flores**, ((27) 130055, avenida 2, fue residencia de Maximiliano y Carlota. En la actualidad es un hotel agradable, con un jardín espectacular y 86 habitaciones a precios moderados.

VERACRUZ, LA CIUDAD DE LA SANTA CRUZ

Veracruz es el lugar desde el que partió Quetzalcóatl para abandonar México, y es también donde comenzó y terminó el dominio español. Cortés desembarcó en él el Viernes Santo de 1519, día de la Santa Cruz, y desde allí empezó la conquista de México. Fue en Veracruz donde, en 1821, se firmó el tratado que reconocía su independencia.

Durante el período colonial, Veracruz se convirtió en el puerto más importante del tráfico entre los dos mundos. La leyenda cuenta que hay unos doscientos galeones en las costas de Veracruz, lo que ha atraído al puerto a numerosos buscadores de tesoros. Tal fue la rapacidad de los piratas, que los españoles decidieron proteger la ciudad con una muralla y nueve bastiones. Estas defensas no resultaron siempre efectivas ya que, después de la independencia, Veracruz fue ocupada por los franceses en 1838, y por las fuerzas del general estadounidense Winfield Scott, en 1847. En 1862, una fuerza conjunta de Francia, Inglaterra y España ocupó la ciudad y reclamó el pago de las deudas que México tenía con esos países. Los ingleses y los españoles se retiraron, pero los franceses continuaron su marcha hacia el interior, preparando el camino a Maximiliano. Las tropas de Estados Unidos invadieron de nuevo Veracruz en 1914, con órdenes del presidente Woodrow Wilson de deponer al dictador Victoriano Huerta, que había usurpado la pre-

sidencia después de asesinar al presidente Madero.

La ciudad continúa siendo el principal puerto marítimo de México. Del turbulento pasado de la ciudad quedan todavía en pie algunos edificios coloniales y el castillo de San Juan de Ulúa.

INFORMACIÓN TURÍSTICA

Los meses de mayo a septiembre son los más cálidos y lluviosos, con una temperatura media de 27 °C. De agosto a noviembre se presentan esporádicas tormentas, acompañadas de vientos huracanados, y de diciembre a mediados de abril, Veracruz es un lugar popular para ir de vacaciones. La estación alcanza su apogeo durante el Carnaval, la semana anterior a la Cuaresma, que comienza con la quema de los malos espíritus y el entierro de Juan Carnaval, el mejor de México.

La **oficina de información turística**, ((29) 321999, se encuentra en el palacio municipal. Abre de lunes a sábado, de 09.00 a 21.00 horas y el domingo, de 10.00 a 13.00 horas.

VISITAR VERACRUZ

A cinco manzanas hacia el sudeste del malecón (calles Canal y Dieciséis de Septiembre), se encuentra el **Baluarte de Santiago** (entrada: 2 USD, abre de martes a domingo, de 10.00 a 16.00 horas), construido en 1526. Tiene una torre de estilo medieval y 12 cañones; es todo lo que queda de la muralla que rodeaba la ciudad. En la actualidad, hay en su interior un pequeño museo, en el que se exhiben armas del tiempo de la conquista.

La **plaza de Armas** da a las calles Zamora y M. Lera por un lado y a las avenidas Independencia y Zaragoza, por el otro. El zócalo de Veracruz es el verdadero centro de la vida social de la ciudad, durante la tarde y la noche. Es la plaza española más antigua de Norteamérica. Algunas noches, en la plaza se reúnen parejas para bailar el danzón, un vals de origen cubano. Otras noches, actúan marimbas, mariachis o grupos de músicos en el quiosco instalado en el centro del zócalo. En uno de sus extremos se alza el **Palacio Municipal**, del siglo XVII, y en el otro, la histórica **catedral de Nuestra Señora de la Asunción**.

La atracción turística más importante de Veracruz la constituye el **castillo de San Juan de Ulúa**, ((29) 385151, sito en una isla al norte del centro de la ciudad antigua. Al castillo se accede por medio de un puente que parte del centro de la ciudad. La entrada cuesta 2 USD. Abre de martes a domingo, de 09.00 a 17.00 horas. Fue construido por los españoles en 1528 para proteger el puerto de los piratas, más tarde se utilizó como prisión. En la actualidad, hay una calzada que une la isla con tierra firme, se pueden alquilar barcas para llegar hasta ella.

El moderno **acuario**, ((29) 374422 / 327984, se encuentra en la plaza Acuario Veracruz, en el bulevar Camacho y Playón de Hornos. La entrada cuesta 2 USD y abre de lunes a jueves, de 10.00 a 19.00 horas y de viernes a domingo, de 10.00 a 19.30 horas. El acuario acoge a más de 3.000 especies marinas y proyecta películas sobre tiburones y monstruos de las profundidades.

El **Museo de la Ciudad**, ((29) 318410, Zaragoza, 397, cerca de Morales, está instalado en una antigua residencia del siglo XIX. La entrada cuesta 0,5 USD. Abre el lunes de 09.00 a 16.00 horas, y de martes a sábado, de 09.00 a 20.00 horas. Se trata de un museo etnológico dedicado a la historia de los jarochos y las exposiciones que alberga muestran las celebraciones del Carnaval entre otras ceremonias espirituales. El museo cuenta con una interesante colección de arte indígena contemporáneo. El **mercado Hidalgo** se extiende al sur y al oeste del museo, en la avenida Madero y la calle Hernán Cortés.

Si se cansa de la ciudad, acuda a una de las playas de los alrededores. En esta zona, la arena es polvorienta, compacta y dura, y las aguas están turbias por la cercanía del puerto. La playa **Villa del Mar**, rodeada de palmeras, se encuentra unos 2 km al sur de la ciudad y dispone de vestuarios y duchas. Las playas mejoran a medida que uno se aleja de la ciudad. **Playa Curazau** queda 6 km al sur de Villa del Mar y **Mocambo**, 2 km más abajo, están menos congestionadas. Si lo desea, podrá utilizar la piscina del hotel Mocambo previo pago de 3 USD. Si prefiere bucear, recorra 11 km más a partir de Mocambo, hasta llegar al pueblo de Antón Lizar-

do. Allí alquilan equipo de buceo con o sin botellas y organizan excursiones por los arrecifes de la zona. **Tridente**, ((29) 340844, Pino Suárez y avenida de la Playa, alquila material y organiza excursiones. Si puede, llame uno o dos días antes para reservar plaza. Del centro de Veracruz también parten barcos hacia las islas, sobre todo hacia la isla de Sacrificios y la isla de Pájaros. Acuda al muelle junto al Instituto Oceanográfico o a la playa situada junto a la plaza Acuario.

Algunas agencias de viajes proponen excursiones por la ruta de Cortés, saliendo de

Veracruz y recorriendo Puebla, Teotihuacán y Ciudad de México. Si desea información, póngase en contacto con **Tourimex**, ((22) 322462, FAX (22) 322479.

ALOJAMIENTOS TURÍSTICOS

Hay tres distritos hoteleros en la zona de Veracruz: el del **Zócalo**, el de **Playa de Mocambo**, 9 km al sur de la ciudad y el de **Villa del Mar**, entre ambos. Los tres tienen sus ventajas e inconvenientes. Los hoteles del Zócalo sitúan al visitante en el centro de la acción, tarde y noche, pero lejos de las playas durante el día. Los del bulevar Ávila Camacho pro-

Los mexicanos son grandes amantes de la música y de la danza.

porcionan acceso a la playa del Villa del Mar y están más cerca de la ciudad que los de Mocambo.

De lujo

El ultramoderno **Fiesta Americana**, ((29) 898989 o (800) 343-7821 (LLAMADA GRATUITA), FAX (29) 898904, bulevar Ávila Camacho, Bacalao, se inauguró en 1996. Las habitaciones están equipadas con teléfono, radio, televisión vía satélite, caja fuerte y bañera. El hotel tiene de todo en abundancia: tres bares, dos restaurantes, tres *jacuzzis* y dos piscinas. El café Fiesta está junto a una de las piscinas y cuenta con un impresionante bufé de desayuno, así como con un menú muy apetecible para la comida y la cena. El legendario **hotel Mocambo**, ((29) 220203, FAX (29) 220212, bulevar Ruiz Cortines, 4000, en la carretera Boticaria-Mocambo, cuenta con 123 habitaciones, que han sido remodeladas para competir con los establecimientos más modernos. A pesar de llevar 50 años abierto, todas las habitaciones tienen teléfono y televisión vía satélite, lo que no impide que, en conjunto, el establecimiento tenga el aspecto de una gloria del pasado. Su principal atractivo es lo tranquilo que resulta, pero tampoco son desdeñables la playa, la piscina y el hermoso jardín. El hotel cuenta, además, con restaurante, bar, cafetería y gimnasio.

Moderados

El **Quality Inn Calinda**, ((29) 312233 o (800) 228-5151 (LLAMADA GRATUITA), FAX (29) 315134, se encuentra en la avenida Independencia, esquina con la calle M. Lerdo, y dispone de 165 habitaciones. En el primer piso hay un restaurante con terraza. La piscina no es mucho más grande que una bañera pero sirve para refrescarse. El **hotel Emporio**, ((29) 320022, FAX (29) 312261, paseo del Malecón, 210, esquina con la avenida Xicoténcatl, dispone de 240 habitaciones con vistas al malecón y al puerto. Todas las habitaciones tienen bañera, aire acondicionado y televisión vía satélite. Además de tres piscinas, una para niños, el hotel dispone de gimnasio, sauna, restaurantes y bar.

Económicos

El **hotel Baluarte**, ((29) 326042, FAX (29) 325486, calle Canal, 265, es muy céntrico.

Se trata de un edificio moderno de cinco pisos, con 116 habitaciones, que queda enfrente del Baluarte de Santiago y tiene vistas al golfo. Dispone de un restaurante bastante correcto y de aparcamiento.

El **hotel Hawaii**, ((29) 380088, FAX (29) 325524, Insurgentes veracruzanos, 458, cuenta con 32 habitaciones, limpias y cómodas. El hotel da al malecón y dispone de cafetería (con servicio de habitación) y aparcamiento gratuito.

RESTAURANTES

La cocina veracruzana está especializada en mariscos, y los platos que se cocinan en la ciudad son más sofisticados que los que se preparan en el resto del estado. Los restaurantes sirven arroz blanco con frijoles en lugar del arroz con especias y los frijoles pintos del interior. La riqueza frutal de la región permite confeccionar zumos y postres deliciosos, pero no habrá comido bien del todo hasta que no tome una taza del delicioso café de Java que se cultiva en el estado.

Caros

La Mansión, ((29) 371338, se encuentra junto al museo Agustín Lara, en el bulevar Ruiz Cortines. El restaurante se ha contagiado de la elegancia que tenía el maestro Lara en su etapa de máximo esplendor. Si busca un ambiente refinado y buenos cortes de carne, le encantará el lugar. La carta de vinos incluye vinos nacionales e importados.

Moderados

El primer **Pardiños** se encuentra fuera de la ciudad, en Boca del Río, pero la sucursal de Landero y Coss, 146, en el paseo del Malecón, es igual de bueno y queda mucho más céntrico: ((29) 317571. El marco, un edificio colonial restaurado, es ideal y la playa queda justo enfrente. En el menú figuran platos regionales como el *huachinango* a la veracruzana (pescado con una salsa de tomate, cebolla y pimiento verde). No se pierda el **Pardiños** original, ((29) 314881, calle Zamora, 40, Boca del Río, unos 13 km al sur de la ciudad. Este restaurante abrió sus puertas en 1950 y desde entonces no ha dejado de tener éxito. El restaurante español **La Paella**, ((29)

320322, Zamora, 138, abre por la mañana, a mediodía y por la noche, pero el momento en que más clientela recibe es a la hora de comer ya que su menú de cuatro platos es excelente. El menú se compone de platos españoles entre los que no podía faltar la famosa paella valenciana.

La Bamba, ((29) 323555, bulevar Ávila Camacho esquina con Zapata, es un local muy frecuentado los fines de semana. De hecho, el restaurante se encuentra en un muelle, sobre el mar. Está especializado en mariscos y es más que probable que durante la cena escuche una serenata de mariachis.

Económicos

El **Gran Café de la Parroquia**, ((29) 322584, Gómez Farias, 34, paseo del Malecón, más que un café es toda una institución. Los mexicanos y los turistas acuden para tomar un café con leche que se sirve con un entretenido ritual: un camarero trae el café solo y un segundo sirve la leche caliente. La cafetería tiene fama por su café, sus bocadillos y sus pastas, pero en el menú hay alternativas más nutritivas. Abre todos los días durante todo el día.

CÓMO LLEGAR

Veracruz está 502 km al sur de Tampico y 345 km al oeste de Ciudad de México. Si dispone de coche y sale de Ciudad de México, tome la carretera 150. El trayecto dura unas seis horas. Si llega del norte, tome la carretera 180; tardará unas ocho horas. Mexicana y Aeroméxico tienen vuelos a Veracruz. La compañía local, Aerocaribe, cubre la distancia entre Cancún y Veracruz.

LA ANTIGUA Y CEMPOALA

En **La Antigua**, un pintoresco pueblo, aproximadamente 23 km al norte de Veracruz, se encuentra la iglesia más antigua en el continente norteamericano. De ella quedan únicamente las ruinas. Allí fue donde Cortés estableció su primer cuartel general, hasta que decidió que era más segura la zona protegida por la isla de San Juan de Ulúa, a donde se trasladó.

En **Cempoala** o Zempoala («las veinte aguas»), situada a una hora de viaje, aproximadamente, al norte de Veracruz, es donde estuvo la última ciudad totonaca. En ella fue donde Cortés se enfrentó al rey totonaco Chicomacatl, también conocido como el jefe gordo, el 15 de mayo de 1519, 23 días después del desembarco, y donde logró convencerlo de que se aliara con él con el fin de combatir a los aztecas.

Las **ruinas de Cempoala** (abiertas todos los días, de 10.00 a 17.00 horas) merecen una visita. Disponen de baños públicos pero carecen de teléfono. Las ruinas no están tan despejadas como las de El Tajín, pero son

muy interesantes. En 1997, instalaron un pequeño museo junto a los restos. Los *voladores* de Papantla realizan un espectáculo al mediodía, los fines de semana. Entre los edificios que han sido restaurados destaca la pirámide principal o **templo Mayor**, en la que se cree que Cortés plantó una cruz, poco después de llegar. No se pierda el **templo de las Caritas**, en la que había una serie de nichos con rostros esculpidos. Las ruinas son distintas a la mayoría de las que pueden visitarse en suelo mexicano. Datan de los siglos XIV y XV, aunque se supone que la ciudad tuvo su época de máximo esplendor durante el período clásico, entre el 300 y el 900 d. C. Cuando llegaron los españoles, la ciudad estaba habitada. Al parecer el lugar revestía una gran importancia cósmica para los totonecos y, aún ahora, muchos fieles se congregan entorno a sus columnas durante el solsticio de invierno (el 21 de diciembre) para realizar ceremonias especiales.

Una visita a Veracruz no estaría completa sin tomar un café con leche en el Gran Café de la Parroquia.

LA LAGUNA DE CATEMACO

En el interior, y 166 km al sudeste de Veracruz, la **laguna de Catemaco** es el tercer lago más grande del país. Está rodeado de colinas volcánicas en las que se ocultan pueblos pintorescos de edificios coloniales. Muchas de las localidades de esta zona permanecen aisladas y sólo se puede acceder a ellas por pistas de tierra en mal estado. En invierno, la región atrae a gran cantidad de ornitólogos que acuden para estudiar las 550 especies de aves migratorias y endémicas de la laguna. La laguna acoge a pescadores, nadadores y buceadores. El lago tiene varias islas en sus 8 km de ancho y sus 10 km de largo. En una de ellas, en la **isla de Agaltepec**, habita una colonia de monos tailandeses que, con el paso de los años, han aprendido a pescar y a nadar. En muchos de los restaurantes de la zona se ofrece carne de *chango* (carne de mono), aunque muchos afirman que, en realidad, es carne de cerdo. El río Catemaco viene a morir al extremo norte del lago, formando varias cascadas. En los alrededores del lago hay pueblos como Santiago de Tuxtla, San Andrés Tuxtla y Catemaco.

Para los que desconocen su especial particularidad, el pueblo de **Catemaco**, de 50.000 habitantes, puede parecer un típico pueblo mexicano somnoliento, con su popular mercado dominical, un lugar tranquilo al que, los fines de semana, vienen a relajarse ciudadanos estresados. Sin embargo, la región es algo más que una serie de paisajes hermosos. Es la patria de los curanderos y de los brujos, que poseen poderes ocultos y son capaces de intervenir en nuestra vida cotidiana. Nadie sabe con certeza desde hace cuántos siglos ejercen sus prácticas en este lugar, pero se cree que sus poderes datan de los tiempos de los olmecas, que con seguridad poblaron esta zona. Pero aparte de utilizar sus poderes para comprender el presente y ver el futuro, estos adivinos preparan pociones como medicina para casi todas las posibles enfermedades y problemas. Los numerosos mexicanos que visitan la laguna creen muy seriamente en la capacidad de estos brujos.

Si desea realizar excursiones más acordes con unas vacaciones normales, apúntese a las salidas en barco que organiza la **Cooperativa de Lanchas**, ((294) 30662/30081, bulevar del Malecón, s/n, frente al restaurante Siete Brujas. Pida una excursión con parada en el **Proyecto Ecológico Educacional Nanciyaga**, ((294) 30199/30666, una reserva natural y balneario situado en plena jungla. Los visitantes pasan la noche en cabañas rústicas o vienen durante el día para darse un baño en aguas minerales, ponerse una mascarilla de arcilla o darse un masaje. Si lo desea, podrá realizar una cura espiritual o tomar clases de percusión. En el lugar hay un pequeño albergue que hace las veces de temazcal. El parque se encuentra a orillas del lago y se puede llegar por tierra, por la carretera Catemaco-Coyame.

ALOJAMIENTOS Y RESTAURANTES

Con su economía basada en la brujería, la pesca y el turismo, la ciudad tiene más de veinte hoteles de los que, felizmente, ninguno se puede considerar como centro vacacional. Aquí, el viajero tiene que buscar la diversión por sí mismo. El hotel más grande en la laguna es el **Playa Azul**, ((294) 30001, carretera Sontecomapán, con 80 habitaciones, que está a 2 km del pueblo, en el bosque. Los ornitólogos disfrutan sus grandes ventanales. El establecimiento dispone de piscina, restaurante y servicio de alquiler de bicicletas. Más cerca de la ciudad, en la orilla de la laguna, está **La Finca**, ((294) 30322, FAX (294) 30888, más pequeño y moderno, carretera 180 Costera del Golfo, km 147, con 36 habitaciones con aire acondicionado, instaladas en unas cabañas junto al lago. El **restaurante Siete Brujas**, ((294) 30157, bulebar del Malecón, abre a la hora de comer y de cenar y tiene una hermosa vista del lago. El restaurante está especializado en mariscos y cuenta con grupos musicales que amenizan con aires tradicionales las comidas. El comedor del primer piso es el más agradable.

A menos de 100 km hacia el sur, siguiendo la costa del golfo, se encuentra lo peor de la industrialización mexicana. En Yucatán, la costa entre Minatitlán y Ciudad del Carmen no tiene nada en absoluto que ofrecer al turista.

Los visitantes con intereses metafísicos consideran las ruinas de Cempoala como un lugar sagrado en el celebrar el solsticio de invierno.

La costa
del Pacífico

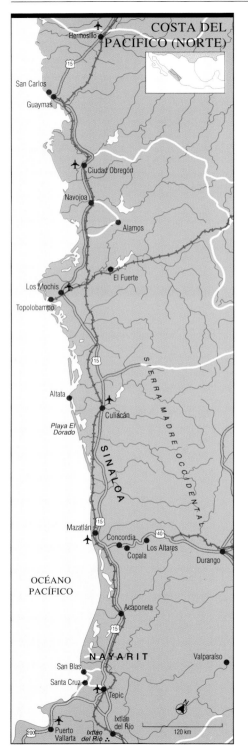

COSTA DEL
PACÍFICO (NORTE)

Hermosillo

San Carlos
Guaymas

Ciudad Obregón

Navojoa

Alamos

El Fuerte

Los Mochis
Topolobampo

S I E R R A   M A D R E   O C C I D E N T A L

Altata

Playa El
Dorado

Culiacán

S I N A L O A

Mazatlán

Concordia
Los Altares
Copala
Durango

OCÉANO
PACÍFICO

Acaponeta

N A Y A R I T
Valparaíso
San Blas
Santa Cruz
Tepic
Ixtlán
del Río
Puerto   Ixtlán
Vallarta del Río ∴.

120 km

TODAS Y CADA UNA DE LAS REGIONES DE MÉXICO son únicas y muestran variados aspectos, pero pocas muestran más facetas que la costa del Pacífico. En ella hay cientos de kilómetros de excelentes playas a cuyas espaldas se alzan colinas y montañas que van desde los riscos desiertos, en el norte, a las empinadas selvas del sur.

La sección norte de dicha costa está protegida por la península de Baja California, lo que la mantiene caliente durante el invierno, pero no evita el intenso calor veraniego. Al norte de **Guaymas**, Sonora, hay pocas playas y poco desarrollo. La autopista más importante de la zona discurre de norte a sur; parte de Nogales, Arizona, se interna en tierras ganaderas, y llega a Guaymas. El estado de Sinaloa es poco más que una faja costera de terrenos semitropicales. Lo atraviesan cinco ríos que bajan de Sierra Madre Occidental y que en sus desembocaduras forman llanuras pantanosas. Entre ellas existen varias zonas de playas de arena y manglares.

Mazatlán, en el extremo sur de Sinaloa, queda a la altura de la punta de Baja California y tiene grandes extensiones de playas arenosas. Al no quedar al abrigo de la península, las tierras al sur de Mazatlán tienen un clima más agradable a lo largo del año que las situadas al norte. Entre este punto y la frontera con Guatemala se hallan los más famosos centros vacacionales mexicanos de la costa del Pacífico.

Diversas zonas de la costa fueron ocupadas por los españoles a inicios del siglo XVI, pero fueron pronto recuperadas por los indios. Un siglo más tarde, los tenaces jesuitas lograron obtener el control sobre una parte importante de la población, de modo que se pudieron establecer operaciones comerciales, especialmente por mar. En el apogeo de la dominación colonial, los galeones españoles procedentes de Extremo Oriente hacían escala en distintos lugares de la costa. Se descargaban las mercancías que eran transportadas por tierra hasta Veracruz, y desde allí se reembarcaban con destino a España.

Todavía se puede llegar a varios de los puertos del Pacífico por barco (cruceros), pero la mayor parte de los turistas llegan por vía aérea a Acapulco, Mazatlán, Puerto Vallarta o Manzanillo. Sin embargo, si hace el viaje en automóvil, autobús o tren, conocerá el verdadero México.

EL NORTE DE SONORA

Para alcanzar la costa del Pacífico viniendo de Estados Unidos, se entra a México por Mexicali, o por uno de los tres pueblos de la frontera con el estado de Arizona, **Sonoyta** (Lukeville), **Nogales** (Nogales) o **Agua Prieta** (Douglas). En cualquiera de los casos, se cruzan en el viaje tierras desérticas, hasta que se llega a **Hermosillo**, capital del estado de Sonora, en la confluencia de los ríos Sonora y Zanjón.

HERMOSILLO

Rodeada de tierra fértil, Hermosillo fue bautizada así en honor de José María González Hermosillo, uno de los héroes de la guerra de la independencia. Fundada inicialmente en 1742, quedan hoy pocos restos de la era colonial. Éstos se concentran en la plaza Principal y en la **plaza de los Tres Pueblos**, que es donde estaba el asentamiento original. En Hermosillo está la **Universidad Estatal de Sonora**, a cuyo cargo está el **Museo de la Universidad de Sonora** (cruce de los bulevares de Luis Encinas y Rosales; abierta al público de lunes a viernes, de 09.00 a 15.00 horas). También se ubica aquí el **Centro Ecológico de Sonora**, que explica la interdependencia entre los diversos tipos de flora y fauna en las montañas, desiertos, valles y ecosistemas tropicales del estado.

ALOJAMIENTOS Y RESTAURANTES

Hermosillo, centro gubernamental y ciudad universitaria, posee varios hoteles y restaurantes de buena calidad. El **Fiesta Americana**, ((62) 596000, FAX (62) 596062, bulevar Kino, 369, es el mejor hotel de la ciudad. Dispone de 222 habitaciones y sus precios son elevados. El **Holiday Inn Hermosillo**, ((62) 144570, FAX (62) 146473, bulevar Kino y Ramón Corral, es uno de los hoteles con más solera y lo suelen emplear hombres de negocios. Dispone de 144 habitaciones y precios elevados. El **hotel Gandara**, ((62) 144414, FAX (62) 149926, bulevar Kino, 1000, es un hotel antiguo que dispone de 154 habitaciones y tiene precios moderados. Todos estos hoteles cuentan con restaurantes de buena calidad.

La costa del Pacífico

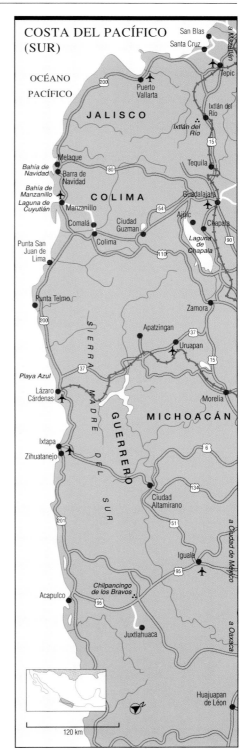

COSTA DEL PACÍFICO (SUR)

Bahía Kino

Bahía Kino, situado 110 km al sudoeste de Hermosillo, es un pueblo de pescadores que ha sido descubierto por unos pocos turistas. Está localizado cerca del campo de los indios seri. Los principales atractivos de este lugar son la tranquilidad, la pesca y la **isla del Tiburón** que, con 60 km de longitud y 30 km de anchura, es la más grande de México. La isla ha sido calificada como santuario de la vida salvaje y como coto de caza y es, entre otras cosas, terreno de cría de las tortugas. Para visitar esta isla es necesario un permiso especial que se puede obtener a través de los guías con embarcación autorizados para llevar a los visitantes.

Los indios seri se dedican a la pesca y a la venta de sus figuras de madera, que son representaciones estilizadas de distintos animales. Les desagrada particularmente ser fotografiados y muchos de ellos exigen un pago, a veces, excesivo, si se percatan de haberlo sido.

Alojamientos y restaurantes

La mayor parte de los visitantes de Bahía Kino son los propietarios de las casas de vacaciones o visitantes con caravanas. Sin embargo, hay varios hoteles entre los que cabe mencionar: la **Posada Santa Gemma**, ((62) 20026, bulevar Mar de Cortés, dispone de 14 cabañas que incluyen una pequeña cocina, aunque los precios son elevados. La **Posada del Mar**, ((62) 21055, bulevar Mar de Cortés esquina con Creta, dispone de 42 habitaciones, piscina y restaurante. El restaurante más conocido de la ciudad es **El Pargo Rojo**, ((62) 20205, bulevar Mar de Cortés, 1426, especializado en pescado fresco y en cortes de carne de la localidad.

GUAYMAS

Guaymas es el secreto mejor guardado del norte de México. Las playas son soberbias y el desarrollo es el justamente necesario para proporcionar al visitante todo lo necesario, sin que se haya destruido la naturaleza misma de la zona. Incluso la refinería petrolera de Pemex no perjudica la belleza del conjunto. Se estudia construir un importante centro turístico en la zona, pero por el momento,

sólo se ha concretado en un nuevo paseo marítimo y en un campo de golf.

Al norte del pueblo se hallan las bahías de **Bacochibampo** y **San Carlos**, que tienen muy buenas playas separadas por salientes rocosos que constituyen un excelente lugar para el buceo de superficie. Las cercanas **islas de San Nicolás**, **Santa Catalina** y **San Pedro** son paraísos para las focas, las aves y los amantes de la naturaleza.

En las colinas alrededor de Guaymas hay numerosas haciendas, muchas de ellas todavía ocupadas, y la **Selva Encantada**, con cactus gigantes y estrechas gargantas.

Antecedentes históricos

Los primeros españoles en explorar esta zona llegaron en 1535 y bautizaron el área con el nombre de Guaymas, debido a los indios seri que habitaban en ella. Sin embargo, no se estableció ningún asentamiento permanente hasta que el padre Francisco Eusebio Kino fundó la misión de San José de Guaymas en 1702. Más avanzado el siglo XVIII, Guaymas se convirtió en el puerto desde el que embarcaban los metales preciosos extraídos en el interior. Su importancia comercial decreció debido a que las tropas de Estados Unidos ocuparon la ciudad durante la guerra méxico-americana, y los franceses en 1865. En 1854, el conde francés Gaston Raousset de Boulbon intentó establecer en ella un imperio personal, pero fue hecho prisionero por las autoridades mexicanas y fusilado.

Información turística

La mayor parte de los turistas llegan por vía aérea. El aeropuerto tiene conexión con la mayor parte de las ciudades mexicanas. Los únicos vuelos internacionales son los procedentes de Tucson, Arizona, pero esta situación cambiará en breve. La **oficina de información turística**, ((622) 25667, avenida Serdán, 441, entre las calles 12 y 13, no tiene un horario fijo.

Alojamientos y restaurantes

Los viajeros llegan a tres grandes establecimientos, que cuentan con buenos restaurantes y ofrecen paquetes que incluyen el billete de avión, el alojamiento y las comidas.

De lujo

En el **Club Méditerranée Sonora Bay**, ((622) 60166 o (800) 258-2633 (LLAMADA GRATUITA), FAX (622) 60070, en playa Algodones posee un marco estupendo: 17 ha de cactus, desierto y césped, con Sierra Madre al fondo, por un lado, y el mar, por el otro. Sus 375 habitaciones no tienen una gracia especial, pero el conjunto de la propiedad parece brillar bajo esa luz que sólo hay en el desierto. En el recinto se puede practicar la equitación, el tenis, el *windsurf*, el ala delta y el buceo o tomar cursos de cualquiera de esas actividades.

Moderados

El hotel **Fiesta San Carlos**, ((622) 60229, FAX (622) 63733, en la bahía de San Carlos, fue uno de los primeros hoteles de la región. Algunas de sus 33 habitaciones tiene cocina. El restaurante está junto a la piscina.

ÁLAMOS

Al sur de las modernas ciudades Navojoa y Ciudad Obregón, y 53 km hacia el interior, se halla **Álamos**, una ciudad minera de la plata del siglo XVIII, que actualmente es un

Las comidas están compuestas por bufés muy completos.

El **San Carlos Plaza Resort**, ((622) 60794 o (800) 654-2000 (LLAMADA GRATUITA), FAX (622) 60777, mar Bermejo, 4, bahía de San Carlos, es uno de los hoteles más lujosos de la zona. Dispone de 173 habitaciones y *suites* muy amplias, una piscina maravillosa con toboganes, pistas de tenis, un centro ecuestre y varios restaurantes.

Caros

El **Plaza Las Glorias**, ((622) 61021 o (800) 342-2644 (LLAMADA GRATUITA), FAX (662) 61035, plaza comercial San Carlos, dispone de 105 habitaciones y *suites* equipadas con cocina. El hotel da al paseo marítimo de San Carlos.

monumento histórico nacional. Los ataques de los indios, las sequías y las hambres subsiguientes, así como el cierre de las minas en 1910, la convirtió en, prácticamente, una ciudad fantasma que, afortunadamente, no fue destruida. Después de la segunda guerra mundial algunos artistas estadounidenses y jubilados comenzaron a restaurar la mayor parte de las antiguas casas que rodean la plaza de Armas. Apoyaron las artesanías indias y crearon un museo regional, el **Museo Costumbrista de Sonora**, ((642) 80053, calle Guadalupe Victoria, 1, junto a la plaza de Armas (entrada libre; abre de miércoles a

Embarcaciones antiguas y modernas se dan cita en Zihuatanejo, uno de los más modernos y recientes centros turísticos de México.

domingo, cierra a la hora de comer). El museo muestra objetos de la época de las minas, así como una colección de ropa y muebles rescatados de las haciendas de los propietarios de las minas. La **iglesia de La Inmaculada Concepción**, construida en el emplazamiento de la original misión jesuita, domina la plaza principal, la **plaza de Armas**. Álamos es una de las ciudades más hermosas del país.

ALOJAMIENTOS TURÍSTICOS

Dos casas de los siglos XVIII y XIX han sido cuidadosamente restauradas y convertidas en hoteles: la **Casa de los Tesoros**, ((642) 80010, FAX (642) 80400, avenida Obregón, 10, dispone de 14 habitaciones, una piscina y un restaurante, y la **Posada Casa Encantada**, ((642) 80482, FAX (642) 80221, calle Juárez, 20, que perteneció en su día a un rico propietario de minas de origen español; el hotel se encuentra cerca de la plaza principal y sus nueve habitaciones cuentan con chimenea y muebles de madera tallada; los precios son elevados.

MAZATLÁN

Mazatlán es diferente de la mayoría de los otros centros turísticos de México, ya que dispone de una vida propia independiente del turismo. Es el puerto comercial más grande de México en el Pacífico y dispone de la flota camaronera más importante del país. Tiene, por otra parte, numerosas instalaciones turísticas, dispuestas a lo largo de 57 km.

Aun cuando se trata de una vieja ciudad portuaria desde la que partían los galeones españoles cargados de oro con dirección a Oriente, Mazatlán tiene pocas muestras de arquitectura antigua. La ciudad no se desarrolló realmente hasta mediados del siglo XIX, cuando se establecieron en la zona numerosos granjeros alemanes.

En la actualidad, sus principales ingresos proceden del tráfico portuario.

INFORMACIÓN TURÍSTICA

La **oficina de información turística**, ((69) 165160, FAX (69) 165166, está en la avenida Camarón Sábalo, junto a la calle Tiburón.

Las temperaturas oscilan entre los 20 ºC, de diciembre a abril, y los 26 ºC, de mayo a julio. La temporada de lluvias va de julio a octubre y en ella son frecuentes los aguaceros de corta duración. Después de la invasión de turismo nacional, en agosto, los precios bajan un 20 %.

VISITAR MAZATLÁN

La mayor parte de los turistas se alojan en la Zona Dorada, una sucesión de hoteles frente a la playa. Desde la década de 1980, las autoridades municipales han dedicado mucho tiempo y dinero a conservar el Mazatlán viejo y los barrios del centro. Entre las joyas arquitectónicas destaca el **teatro Ángela Peralta**, ((69) 82447, calle Carnaval, junto a la calle Libertad, de estilo neoclásico. El teatro se inauguró en 1869 con un espectáculo protagonizado por la diva que le dio nombre. Durante la Revolución de 1910, pasó de teatro de ópera a sala de reuniones políticas. Más tarde, el teatro hizo las veces de ring de boxeo y, por último, se convirtió en cine. En 1986, las autoridades decidieron que el edificio rosa, con interior barroco, fuese el centro del Mazatlán viejo y volvieron a abrir sus puertas con la ópera *Carmen*.

El teatro da a la **plazuela Machado**, un lugar ajardinado con un hermoso quiosco de estilo morisco. Los edificios de las calles adyacentes han sido restaurados y transformados en galerías, tiendas, cafés y museos. El **Museo de Arqueología**, ((69) 853502, en Sexto Osuna, junto a Olas Altas (abre de martes a domingo, pero cierra a la hora de comer), presenta una buena colección de fotografías de valor histórico. La avenida Carranza va del viejo Mazatlán hasta la cima del **cerro de la Vigía**, pasando frente a una residencia del siglo XIX, sede de la actual **Universidad de Mazatlán** y de **la aduana**, de 1828. Al otro lado del canal hay una segunda colina, llamada **cerro del Crestón**, pero conocida como **El Faro** porque acoge al segundo faro más grande del mundo. El faro data de 1930 y su luz es visible en 64 km a la redonda. De la avenida Camarena parte un camino que alcanza la cima de la colina, a 505 m de altura. La ascensión requiere una media hora. No olvide llevar agua, víveres y muchos carretes fotográficos.

El **malecón** está bordeado de palmeras, tiene 10 km de largo y se inicia en la **playa Olas Altas**, al norte de las dos colinas. De **El Mirador**, un acantilado de 6 m de altura, se lanzan nadadores que caen a las aguas poco profundas del océano. Un poco más allá, el mar se vuelve más tranquilo y comienza el paseo Claussén, que rodea el centro de la ciudad. El **mercado Romero Rubio** se encuentra en la zona este, entre las calles Juárez y Serdán. Se trata de un mercado cubierto instalado en un edificio de hierro forjado que data de 1890 y se renovó con motivo de su centenario. Allí encontrará víveres y *souvenirs*. Las agujas con azulejos amarillos de la **catedral de Mazatlán** datan del siglo XIX. La iglesia queda en el corazón de la ciudad, frente a la **plaza Revolución** y a un quiosco de hierro forjado. Para visitar la catedral, evite los pantalones cortos y las camisetas sin mangas.

Al norte del malecón se extiende la playa más grande del pueblo, playa Norte. Es una de las preferidas por los mexicanos y los turistas.

El **acuario Mazatlán**, ((69) 817815, avenida de los Deportes, 11, queda a una manzana de playa Norte. Abre de martes a domingo, de 10.00 a 18.00 horas y presenta varios espectáculos con focas de California. Alberga a más de 300 especies de peces de agua salada y de agua dulce.

El extremo norte del paseo coincide con **Punta Camarón**, uno de los sectores más turísticos de la Zona Dorada. Si sigue por la avenida Camarón Sábalo llegará a **Marina Mazatlán**, la zona turística más moderna, con hoteles construidos en la década de 1990. Los hoteles más antiguos de la zona se encuentran al sur, donde reina un ambiente más familiar, y donde está el **Centro de Artesanías de Mazatlán**, ((69) 135243, avenida Loaiza, donde se venden *souvenirs* durante todo el día.

La **plaza de toros Monumental**, ((69) 841722, bulevar Rafael Buelna, acoge corridas todos los domingos de Navidad a Pascua. De octubre a enero, los aficionados al béisbol pueden ver jugar al excelente equipo de Mazatlán, Los Venados, que participan en la Liga del Pacífico, en el **estadio Teodora Mariscal**, avenida de los Deportes. En la oficina de información turística facilitan los programas.

La **playa Sábalo** y la **playa Las Gaviotas**, ambas en la Zona Dorada, son las mejores playas de Mazatlán para nadar, ya que la Isla de los Pájaros, la Isla de los Venados y la Isla de los Chivos las protegen de las fuertes olas.

Los mejores lugares para bucear con o sin botella se encuentran junto a la Isla de los Venados, pero los aficionados al buceo en apnea quedarán algo decepcionados porque las aguas suelen estar turbias y carecen de visibilidad. Mazatlán es mucho mejor para el *surf*, el *windsurf*, para tomar el sol o para pescar. El marlín negro y el azul abundan de marzo a diciembre y el marlín rayado, de noviembre a abril. Los tiburones, atunes y peces peregrinos están presentes durante todo el año. El precio de las expediciones de pesca varía desde los 80 USD por persona en una lancha compartida, hasta los 300 USD, si desea un barco para usted solo. Si no dispone de mucho tiempo y quiere reservar plaza, póngase en contacto con las siguientes agencias: **Star Fleet**, ((69) 22665, FAX (69) 825155, bulevar Joel Montes Camarena; **Aries Fleet**, ((800) 633-3085 (LLAMADA GRATUITA), se encuentra en El Cid, y organiza salidas desde la zona hotelera.

El campo de golf de 18 hoyos diseñado por Robert Trent Jones en **El Cid Mega Resort**, ((69) 133333, es de uso exclusivo para los huéspedes de los hoteles de la zona.

ALOJAMIENTOS TURÍSTICOS

Las tarifas hoteleras de Mazatlán son mucho más razonables que las de otros centros turísticos más recientes. Si piensa visitar la ciudad en Navidad, en Semana Santa, en vacaciones o en Carnaval, reserve plaza con suficiente antelación. El Carnaval de Mazatlán es un acontecimiento que se viene celebrando desde 1898. También se celebra una fiesta religiosa de menor importancia el 8 de diciembre, la de la Inmaculada Concepción.

De lujo

El **Rancho Las Moras**, ((69) 165044, FAX (69) 165045, está en el campo, a veinte minutos de la ciudad. Las reservas se realizan por escrito: 9217 Siempre Viva Road, Suite 15-203, San Diego, CA 92173. Se trata de uno de los establecimientos más lujosos del país. Sus cabañas individuales disponen de cocina, porche, comedor y habitaciones artísticamente decoradas con muebles y telas mexicanas y guatemaltecas. El hotel tiene caballos de raza. El comedor, las salas de estar y el bar se encuentran en el edificio principal. Las comidas se sirven en el comedor, en la terraza y junto a la piscina. Los paseos a caballo hasta la capilla del rancho son una delicia. Las muchas actividades deportivas que ofrece el hotel le abrirán el apetito, justo a tiempo para saborear el delicioso pan hecho en horno de leña.

Caros

En el extremo norte de la Zona Dorada, en punta Sábalo, se encuentra el hotel más exclusivo de Mazatlán, el **Camino Real**, ((69) 132111 o (800) 722-6466 (LLAMADA GRATUITA), FAX (69) 140311, Camarón Sábalo. El hotel tiene un ambiente tranquilo; sus 169 habitaciones han sido decoradas con muy buen gusto. El hotel está junto a una pequeña cala en la que los huéspedes se pueden bañar con total intimidad. Los restaurantes del hotel son excelentes.

El hotel más grande de Mazatlán es **El Cid Mega Resort**, ((69) 133333 o (800) 525-1925 (LLAMADA GRATUITA), FAX (69) 141311, avenida Camarón Sábalo. Además de sus 1.300 habitaciones y *suites* situadas en tres edificios

frente a la playa, el establecimiento dispone de 210 *suites* en el **Marina El Cid Yacth Club**, un campo de golf de 18 hoyos, varios apartamentos de alquiler, 15 restaurantes y bares, ocho piscinas, un centro comercial, una discoteca, 17 pistas de tenis y un club en la playa con equipo para deportes acuáticos. Todo está pensado para que los huéspedes no salgan del complejo. El **hotel Pueblo Bonito**, ((69) 143700 o (800) 442-5300 (LLAMADA GRATUITA), FAX (69) 143723, Camarón Sábalo, es mucho más discreto y más elegante. Muchas de sus 247 habitaciones pertenecen a tiempos compartidos, pero el hotel reserva unas cuantas para turistas. La mayor parte de las habitaciones tiene cocina y un balcón con vistas a una estupenda piscina. En la misma gama de precios, destaca el **Doubletree Club Resort**, ((69) 130200 o (800) 222-TREE (LLAMADA GRATUITA), FAX (69) 166261, con 118 habitaciones, en Camarón Sábalo, junto a la calle Atún.

Moderados

Mazatlán dispone de buenos hoteles a precios moderados. El **Playa Mazatlán**, ((69) 134444 o (800) 762-5816 (LLAMADA GRATUITA), FAX (69) 140366, Rodolfo T. Loiza, 202, cuenta con una clientela muy fiel que regresa año tras año a ocupar alguna de sus 420 habitaciones. Los restaurantes son excelentes, y el hotel organiza cada semana una fiesta mexicana con cena, espectáculo y fuegos artificiales. El **hotel Costa de Oro**, ((69) 135344 o (800) 342-2431 (LLAMADA GRATUITA), FAX (69) 144209, Camarón Sábalo, tiene 293 habitaciones repartidas en dos edificios. El **Fiesta Inn**, ((69) 890100 o (800) 343-7821 (LLAMADA GRATUITA), FAX (69) 890130, avenida Camarón Sábalo, 1927, es una opción cómoda y agradable. El hotel dispone de 117 habitaciones que dan a la playa, una piscina grande y un gimnasio. El restaurante sirve bufés a buen precio y comida a la carta.

Económicos

La mayor parte de los hoteles baratos se encuentran fuera de la Zona Dorada, cerca de la ciudad o están lejos de la playa. Los mejores son los del barrio de Olas Altas, en el centro. Mi preferido es **La Siesta**, ((69) 812640, FAX (69) 137476, Olas Altas, 11, desde el que se pueden ver las olas espumosas. A pesar del ruido, las olas son un espectáculo que merece la pena. El **hotel Belmar**, ((69) 811111, FAX (69) 813428, Olas Altas, 166, queda cerca de La Siesta. Sería un establecimiento encantador si alguien se tomase la molestia de renovar las 150 habitaciones, a pesar de disponer de aire acondicionado y televisión vía satélite. En playa Norte, destacan el **hotel Suites Don Pelayo**, ((69) 831888, FAX (69) 840799, avenida del Mar, 1111, dotado de 96 habitaciones y 72 *suites* con cocina, y el **Olas Altas Inn**, ((69) 813192, FAX (69) 853720, avenida del Mar, 719.

RESTAURANTES

Los restaurantes de Mazatlán sirven mariscos de una gran calidad preparados con un estilo local muy agradable. La parrillada de mariscos suele ser una ración enorme de pescado, cangrejo, gambas y ostras. La mayor parte de los restaurantes tienen un ambiente informal y precios moderados.

De lujo
Sr. Pepper, ((69) 140120, Camarón Sábalo, frente al Camino Real, es uno de los mejores lugares para pasar una noche romántica a la luz de las velas. Lo mejor son los bistecs de Sonora, la langosta y las gambas.

Moderados
Hace 20 años, el mejor restaurante de pescados y mariscos de Mazatlán era uno escondido en una calle estrecha a tres manzanas de la playa. El restaurante **Mamuca's**, ((69) 13490, Simón Bolívar, 73, está especializado en gambas, preparadas de distintas maneras, sobre todo hervidas en cerveza. Otra marisquería de mucho éxito entre los mexicanos es **El Paraíso Tres Islas**, ((69) 142812, Rodolfo T. Loaiza, 404, playa de las Gaviotas. **La Costa Marinera**, ((69) 141928, privada Camarón, Camarón Sábalo, está en la playa. Su parrillada es una tentación difícil de resistir. Aunque en otra línea, el céntrico **Doney**, ((69) 812651, Mariano Escobedo, 610, merece una visita. Se encuentra en una residencia del siglo XIX y sirve suculentos platos mexicanos. Deje un hueco para el postre y pruebe uno de los pasteles que propone el menú. **Señor Frog's**, ((69) 821925, avenida del Mar, playa Norte, es una institución en Mazatlán. La música de fondo

está demasiado alta, la decoración es demasiado llamativa y las raciones de pollo, costillas y especialidades mexicanas son muy copiosas. El restaurante se llena de clientes jóvenes que tienen ganas de comer y de charlar un rato. La **pastelería Panamá**, ((69) 851853, frente a la catedral, sirve pastas irresistibles, desayunos exquisitos, bocadillos y especialidades mexicanas. Este establecimiento dispone de una sucursal en la Zona Dorada: Camarón Sábalo, avenida Las Garzas, ((69) 132941. El restaurante **Copa de Leche**, ((69) 825753, Olas Altas, 33 Sur, es uno de mis favoritos en el Mazatlán viejo.

Económicos
Los zumos de frutas, las ensaladas y los bocadillos de pan integral de **Pura Vida**, ((69) 165815, calle Laguna, a una manzana de Camarón Sábalo, en la Zona Dorada, suponen un cambio agradable. **Karnes en su jugo**, ((69) 821322, avenida del Mar, en el centro de la ciudad, está especializado en guiso de carne con tortillas hechas en casa. **Baby Tacos** (sin teléfono), calle Garzas, es algo mejor que los puestos de tacos callejeros y sirve tapas muy baratas.

CÓMO LLEGAR

La mayor parte de los viajeros llegan al aeropuerto internacional Raphael Buelna, al que llegan vuelos procedentes de Estados Unidos, Canadá y Ciudad de México. Mazatlán está bien comunicado por tren y en autobús. Se encuentra al final de una carretera espectacular que cruza las montañas desde Durango.

CONCORDIA Y COPALA

Los viajeros que llegan desde Durango por la carretera 15 habrán pasado por Copala y Concordia. Ambos justifican una escala o hacer una excursión desde Mazatlán. **Concordia**, a 48 km de esta última, es famosa por sus muebles finamente cincelados, sus cestos y sus cerámicas. **Copala** está 24 km más allá; es un pueblo minero del siglo XVI. Resultan de particular interés la **iglesia de San José** y la plaza principal. El restaurante **Daniel's**

Las playas de Mazatlán están llenas de hoteles de lujo.

(sin teléfono) se encuentra a la entrada de la ciudad y es uno de los más populares. En el menú figuran platos mexicanos y sus famosos pasteles de coco y de crema. El pequeño hotel que está al lado es ideal para escapar del ruido. Más al este, la carretera 15 asciende por montañas escarpadas en medio de bosques frondosos y llega hasta Los Altares, en el estado de Durango.

SAN BLAS

Al sur de Mazatlán, ya en el estado de Nayarit, se halla el tranquilo pueblo costero de San Blas. Es un somnoliento pueblo de pescadores que fue puerto colonial y que es popular, desde hace mucho tiempo, entre aquellos que desean escapar de la «civilización». En él no hay más que una plaza central, el **templo de San Blas** y las ruinas de la aduana y fuerte español construido en 1768.

Algunos días las playas son buenas para el *surf*, pero siempre tranquilas y casi desiertas. Al norte de San Blas, las playas están rodeadas de manglares que casi pueden ser calificados como junglas. No obstante, son espacios densamente poblados de mangles intercalados con calas en las que habitan innumerables especies de aves.

ALOJAMIENTOS Y RESTAURANTES

San Blas cuenta con varios hoteles pequeños que acogen a viajeros de bajo presupuesto. El más bonito, **Las Brisas**, ((321) 50480, FAX (321) 50308, calle Paredes Sur, tiene 47 habitaciones y *suites* limpias, equipadas con mosquitero, ventilador y aire acondicionado. Los precios son moderados. Su restaurante es el mejor de la ciudad. El hotel **Bucanero,** (321) 50101, avenida Juárez, 75, dispone de 30 habitaciones con baño.

Entre San Blas y Santa Cruz se halla la **playa de la Media Luna**, en la que normalmente se puede practicar *surf*.

Desde aquí hasta la frontera sur de Nayarit y Puerto Vallarta hay 150 km de playas relativamente inexploradas.

TEPIC

En Tepic, capital del estado, hay varias refinerías de azúcar, por lo que, con frecuencia,

se nota un aroma a azúcar acaramelado; es punto de cruce para las personas que viajan en autobús, en tren o en automóvil. El **Museo Regional de Antropología e Historia** (avenida México, 91, cerrado los lunes) muestra los hallazgos arqueológicos del estado, así como asuntos relativos a los indios cora y huicholes que habitan en las zonas altas. Los mejores días para visitar Tepic son los fines de semana, cuando los indios bajan a la ciudad a vender sus joyas, tejidos y Ojos de Dios (cruces decoradas con fibras multicolores).

IXTLÁN DEL RÍO

Una de las pocas ciudades arqueológicas prehispánicas del oeste mexicano, Ixtlán del Río, se ubica en el extremo sudeste de Nayarit. Los arqueólogos son de la opinión de que ya estaba habitada en el siglo VI, pero las excavaciones realizadas muestran una influencia tolteca y corresponden al período posclásico, alrededor del año 1000. No se han descubierto todavía ni pirámides ni castillos.

LA COSTA AZUL Y NUEVO VALLARTA

La costa de Nayarit, al norte de Puerto Vallarta, se ha contagiado de la prosperidad de la ciudad vecina. El río Ameca separa Nayarit del estado de Jalisco, en el que Puerto Vallarta es el principal centro turístico. Desde mediados de la década de 1990, se han construido varios complejos en la orilla norte del río, sobre todo en el pueblo de Nuevo Vallarta. Nuevo Vallarta cuenta con campo de golf, puerto y edificios de apartamentos de tiempo compartido. El complejo turístico ha crecido hasta **Punta Mita**. En la actualidad, Punta Mita es un elegante complejo turístico en el que la cadena Four Seasons tiene previsto inaugurar un hotel y un campo de golf de 18 hoyos diseñado por Jack Nicklaus. Los viajeros más aventureros preferirán el **Costa Azul**, ((800) 365-7613 (LLAMADA GRATUITA), FAX (714) 498-6300, en Estados Unidos, que se encuentra al norte de Punta Mita, en la playa San Francisco, en **San Pancho**, Nayarit. Se trata de un hotel solitario, situado a 30 minutos de la carretera que va al aeropuerto de Puerto Vallarta. Cuenta con 2 ha de playas desiertas unidas a una densa jungla. El hotel dispone de 28 habitaciones con baño instaladas en pequeños edificios en la playa. Las casas tienen, además, cocina, comedor y habitaciones independientes. La palabra clave es «aventura»: podrá practicar *surf*, piragüismo, pesca y nadar en el océano o en la piscina del hotel. Si desea bucear, el mejor lugar son las **islas Marietas**. Los precios son moderados y el hotel ofrece paquetes que incluyen las actividades deportivas, las bebidas y la comida.

avenida Juárez; abierta de lunes a viernes, de 09.00 a 21.00 horas, y los sábados, de 09.00 a 13.00 horas.

Las temperaturas a lo largo del año oscilan entre 24 y 32 °C; diciembre y enero son los meses más fríos. Los meses de junio a octubre conforman la temporada baja. El aire es cálido y húmedo, se producen lluvias.

VISITAR PUERTO VALLARTA

La ciudad de Puerto Vallarta se ha dedicado totalmente al turismo. Los edificios de la ciu-

PUERTO VALLARTA

Hasta la década de 1960, Puerto Vallarta era un remoto pueblo de pescadores, en las colinas que rodean la **bahía de Banderas**. Solamente era conocido por un puñado de viajeros.

Pero el director de cine John Houston lo escogió como escenario de su película *La noche de la iguana*, y con ello llegó el desarrollo. Posada Vallarta, el primer centro turístico de lujo, se construyó antes de que la autopista desde Tepic atravesara las montañas en 1968.

INFORMACIÓN TURÍSTICA

La ciudad dispone de una eficiente **oficina de turismo**, ((322) 12242, FAX (322) 12243, en la

dad vieja, en la desembocadura del río Cuale, han sido transformados en tiendas y restaurantes. En la plaza principal o zócalo, la **plaza de Armas**, está el **Palacio Municipal**, en el que se ubica la oficina de turismo, y en el que se puede ver un mural del artista local Manuel Lepe. Una manzana hacia el este se alza la moderna **iglesia de Nuestra Señora de Guadalupe**, cuya torre tiene una desusada forma de corona.

En la desembocadura del río se encuentra la **isla del río Cuale**, en la que hay un mercado al aire libre, jardines tropicales y el pequeño **Museo Antropológico**, en el que se

Puerto Vallarta, a pesar de sus modernos hoteles, fue uno de los primeros supercentros vacacionales de México.

exponen objetos prehispánicos y artesanías indias.

La zona de hoteles grandes queda al norte de la ciudad, va de la playa Norte o **playa Oro** hasta la **marina Vallarta**, en la que se encuentran los hoteles más lujosos, el campo de golf y el puerto deportivo. Allí se encuentra asimismo el muelle al que llegan los cruceros y del que salen las lanchas que realizan excursiones por la bahía. La avenida las Palmas, que llega hasta la playa Norte, está repleta de hoteles, restaurantes y tiendas.

La mejor de las playas está al sur del río Cuale. A pesar de los esfuerzos de las autoridades para imponerle el nombre de playa del Sol, continúa siendo conocida como **playa de los Muertos**; en ella se desarrolló una importante batalla entre indios y piratas. A lo largo de la playa se erigen unos pocos hoteles exclusivos y villas de reposo.

Más al sur se halla la playa **Conchas Chinas**, donde hay numerosos pozos rocosos que constituyen maravillosos acuarios naturales. A 11 km hacia el sur de la ciudad, donde concurren jungla y mar, se halla una bahía en forma de herradura en la que está la **playa Mismaloya**, escenario de *La noche de la iguana*. Hasta hace poco, Mismaloya era un pequeño pueblo de pescadores, pero sus habitantes han visto cómo la construcción de un gran hotel los alejaba de la playa.

Mar adentro están los gigantescos cantos rodados de **Los Arcos**. Esta zona ha sido declarada reserva marina, de modo que los buceadores pueden disfrutar de la vista de la vida marina, protegida de los humanos.

A las playas más remotas, en los pueblos de pescadores de **Yelapa** y **Animas**, se puede llegar únicamente por mar. En ambos hay restaurantes, lo que los hace adecuados para un día de excursión. Los programas de salida de las embarcaciones se pueden obtener en la oficina de turismo. Yelapa, el más desarrollado de los dos, tiene un pequeño hotel pero no hay ni teléfonos ni energía eléctrica. Una corta excursión de quince minutos le lleva a una hermosa cascada en medio de la jungla.

Las máximas atracciones de Puerto Vallarta son las playas y la bahía con esquí acuático, paracaídas arrastrados por canoas, *windsurf*, buceo en casi todas sus manifestaciones y natación. La pesca deportiva es también

muy buena y durante todo el año se pueden capturar el pez vela, el huachinango, el róbalo y el atún. El costo de la pesca es de unos 40 USD por persona en una embarcación compartida y de más de 150 USD si la desea sólo para usted. La mayor parte de los hoteles pueden recomendar guías de pesca, pero hay también la posibilidad de hacer la contratación por cuenta propia en el puerto deportivo.

Muchos hoteles disponen de pistas de tenis. El campo de golf de 18 hoyos del **Marina Vallarta Club de Golf**, ((322) 10545, paseo de la Marina Norte, está abierto.

La **equitación** se ha vuelto una actividad muy popular. Reserve plaza en **Cuatro Milpas**, ((322) 47211, o en **El Ojo de Agua**, ((322) 48240. El **piragüismo** permite disfrutar de la bahía; pida información en **Open Air Expeditions**, ((322) 23310. Cuando el océano está tranquilo, se puede bucear con botellas en las islas Marietas; póngase en contacto con **Chico's Dive Shop**, ((322) 21895, o con **Vallarta Adventure**, ((322) 10657. Los cruceros temáticos permiten descubrir Vallarta desde la bahía y son especialmente agradables cuando coinciden con la puesta de sol. La mayor parte de los cruceros incluyen barra libre de cerveza y otras bebidas y una cena en la playa. Póngase en contacto con **Vallarta Adventure**, ((322) 10657 o con **Princess Cruises**, ((322) 44777.

Puerto Vallarta es un gran destino comercial en el que se pueden comprar obras de arte y artesanías y que cuenta con gran cantidad de tiendas de ropa. En el **mercado municipal**, en Rodríguez, junto al río Cuale, podrá adquirir *souvenirs* baratos y regatear a placer. En las galerías de arte de Puerto Vallarta exponen no sólo artistas locales, sino artistas de todo el país. La **Galería Uno**, la **Galería Pacífico** y la **Galería Sergio Querubines**, **Alfarería Querubines** y **Rosas Blancas Bustamante** figuran entre las mejores. En **Arte Mágico Huichol** exponen máscaras de formas complejas, decoradas con perlas, figuras de animales y cinturones fabricados por los indios huichol. En **Querubines**, **Alfarería Querubines** y **Rosas Blancas** venden artesanía de calidad procedente de todo el país.

En los centros turísticos de Puerto Vallarta, los restaurantes van y vienen.

ALOJAMIENTOS TURÍSTICOS

Puerto Vallarta cuenta con gran cantidad de hoteles, gracias en parte a la construcción de una marina con establecimientos de lujo. La mayoría de los hoteles están junto a la playa Norte, desde donde salen autobuses hacia la ciudad con relativa frecuencia. Los establecimientos más modestos se encuentran en Los Muertos.

De lujo

El **Camino Real**, ((322) 15000 o (800) 722-6466 (LLAMADA GRATUITA), FAX (322) 16000, es uno de los hoteles con más solera y mayor prestigio de la región. El hotel se encuentra en la carretera que conduce a Barra de Navidad. Las 250 habitaciones están decoradas con telas de colores vivos. En los últimos años se han construido varias mini *suites* en la torre del Royal Beach Club, un edificio anexo que se encuentra en un hermoso jardín. En la playa hay sombrillas de paja y los restaurantes son excelentes. En el barrio de la Marina se puede elegir entre el elegante y futurista **Westin Regina Vallarta**, ((322) 11100 o (800) 228-3000 (LLAMADA GRATUITA), FAX (322) 11121, paseo de la Marina Sur, 205, que cuenta con 280 habitaciones; el **Marriott Puerto Vallarta Resort**, ((322) 10004 o (800) 233-6388 (LLAMADA GRATUITA), FAX (322) 10760, con 433 habitaciones, y el **Bel Air Hotel**, ((322) 10800 o (800) 457-7676 (LLAMADA GRATUITA), FAX (322) 10801, Pelícanos, 311, más pequeño y más exclusivo, con 75 casas y *suites* y un campo de golf.

Caros

Mi hotel favorito en playa Norte es el **Fiesta Americana Puerto Vallarta**, ((322) 42010 o (800) 343-7821 (LLAMADA GRATUITA), FAX (322) 42108, carretera al aeropuerto, de marcado estilo mexicano. El vestíbulo es enorme y está cubierto por un impresionante techo de paja. Sus 291 habitaciones y *suites* están repartidas en varios edificios pequeños de color terracota situados alrededor de la piscina. El **Krystal Vallarta**, ((322) 40202 o (800) 231-9860 (LLAMADA GRATUITA), FAX (322) 40111, carretera al aeropuerto, tiene fama por sus 450 villas, *suites* y habitaciones dispersas en un vasto jardín con césped bien cuidado. El **Sheraton Buganvilias**, ((322) 30404 o

(800) 325-3535 (LLAMADA GRATUITA), FAX (322) 20500, avenida de las Palmas, 999, se encuentra tan cerca de la ciudad que es posible ir dando un paseo. El hotel **Quinta María Cortés**, ((322) 21317, playa Conchas Chinas, queda algo alejado de los grandes hoteles, 2,5 km al sur de la ciudad, y dispone de seis *suites*, cada una de ellas decorada con un estilo diferente.

Moderados

El **hotel Buenaventura**, ((322) 32737 o (800) 878-4484 (LLAMADA GRATUITA), FAX (322) 23546, avenida México, 1301, dispone de 210 habitaciones y se encuentra en el extremo norte del malecón. El **Molino de Agua**, ((322) 21907, Vallarta, 130, tiene mucho encanto. Sus 65 habitaciones están en un jardín exuberante, junto al río Cuale. El **hotel Playa Conchas Chinas**, ((322) 20156, carretera a Barra de Navidad, km 2,5, tiene clientes que vuelven una y otra vez a disfrutar de sus 39 habitaciones con vistas.

Económicos

Si desea ocupar una de las 13 habitaciones del hotel **Los Cuatro Vientos**, ((322) 20161, FAX (322) 22831, Matamoros, 520, es imprescindible reservar con antelación. A pesar de que es preciso subir una colina cada vez que se vuelve de la playa o de la ciudad, sus amplias habitaciones, su pequeña piscina y la calidad del servicio lograrán que el esfuerzo valga la pena. La **Posada Río Cuale**, ((322) 20450, FAX (322) 20914, cerca de la isla Cuale, en la calle Vallarta, 242, dispone de 21 habitaciones y un ambiente tranquilo. La **Posada de Roger**, ((322) 20836, FAX (322) 30482, Basilio Badillo, 237, está cerca de la playa de Los Muertos. Ofrece una buena relación calidad-precio siempre y cuando no le moleste caminar un poco para llegar a la playa. Sus 50 habitaciones suelen llenarse de turistas extranjeros.

RESTAURANTES

Puerto Vallarta se puede jactar de contar con los restaurantes más innovadores de México. Los viajeros de bajo presupuesto están de enhorabuena porque disponen de una amplia gama de restaurantes informales, en los que sirven mariscos y especialidades mexicanas a precios muy razonables. Los restaurantes de los hoteles son excelentes.

Caros

El **Café des Artistes**, ((322) 23228, Guadalupe Sánchez, 740, es un lugar de moda, elegante, que agrada mucho a quienes gustan de ser vistos. Los clientes disfrutan en su piano bar hasta altas horas de la madrugada o saborean su menú, que se renueva constantemente. El almuerzo del domingo se sirve en el jardín y es excelente. **Chef Roger**, ((322) 25900, Rodríguez, 267, es menos pretencioso pero igual de agradable para el paladar gracias al talento de su *chef* suizo: Roger Dreier. **Le Bistro**, ((322) 20283, se encuentra al oeste de la isla Cuale, cerca del puente de Insurgentes. Es un lugar agradable tanto por su situación como por su cocina.

Moderados

Mi lugar preferido para comer marisco en la playa es **La Palapa**, ((322) 25225, en la calle Pulpito, en la playa de Los Muertos. Los platos se sirven con salsas suculentas a base de chile guajillo o de especias como el achiote. Las tradicionales fajitas de pollo gustarán a todos. **El Dorado**, ((322) 21511, también en la calle Pulpito, en la playa, es una marisquería informal en la que los *gringos* que viven en Puerto Vallarta suelen reunirse para tomar una copa al caer la tarde. **Archie's Wok**, ((322) 20411, Francisca Rodríguez, 130, sirve platos mexicanos y especialidades tailandesas y filipinas. En **Las Palomas**, ((322) 23675, en Díaz Ordaz, las comidas son especialmente suculentas. También en el malecón, **La Dolce Vita**, ((322) 23852, Díaz Ordaz, 67, sirve pizzas y pastas.

Junto a la carretera, al sur de la ciudad, hay varios restaurantes en los que sirven buena comida y uno puede refrescarse en el agua del río. **Chico's Paradise**, ((322) 80747, carretera de Barra de Navidad, km 20, es uno de los más populares por sus platos de pescado servidos bajo un techo de paja junto a una cascada gigante. **El Edén** (sin teléfono), carretera de Barra de Navidad, a la altura de Mismaloya, sirvió de escenario para la película *El depredador*, protagonizada por Arnold Schwartzenegger. **Le Kliff**, carretera de Barra de Navidad, es un poco más refinado.

Económicos

En el centro de la ciudad hay varios restaurantes económicos. Si le apetece comida mexicana casera, vaya a la **Ceneduría Doña Raquel**, ((322) 10618, Vicario, 131, donde sirven un riquísimo *pozole* (cocido con maíz y carne de cerdo o pollo). **La Papaya 3**, ((322) 20303, Abasolo, 169, es un restaurante dietético lleno de plantas, en el que sirven ensaladas estupendas. En **Tutifruiti**, ((322) 21068, Morelos, 552, venden zumos de frutas y de verduras y bocadillos para llevar. Para desayunar, no hay como las *crêpes* y los huevos de

Memo's La Casa de Pancakes, ((322) 26272, Basilio Badillo, 289.

CÓMO LLEGAR

El aeropuerto internacional Gustavo Díaz Ordaz recibe vuelos procedentes de México, Estados Unidos y Canadá. Existe una línea regular de autobuses que une Puerto Vallarta con otras ciudades de la costa y con la capital.

AL SUR DE PUERTO VALLARTA

Entre Puerto Vallarta y la frontera con el pequeño estado de Colima, hay 200 km de pla-

La discoteca Christina's, en Puerto Vallarta.

yas relativamente poco desarrolladas e inaccesibles. Las pocas carreteras que están asfaltadas suelen conducir a complejos hoteleros de lujo. El más famoso es tal vez el **Bel Air Costa Careyes**, ((335) 10000 o (800) 457-7676 (LLAMADA GRATUITA), FAX (335) 10100, situado 154 km al sur de Puerto Vallarta y 96 km al norte de Manzanillo, en la carretera 200. El edificio es obra de Gian Franco Brignone y es una mezcla de estilo mediterráneo y mexicano con varias residencias privadas y villas escondidas entre la frondosa vegetación. El hotel propone 60 habitaciones a precios bastante asequibles. Cuenta con balneario completo, playa, excursiones a caballo durante la puesta de sol, barcos que realizan salidas de pesca y excelentes restaurantes. **Las Alamandas**, ((335) 70259, FAX (335) 70161, se encuentra en una reserva natural privada de 607 ha, junto a la carretera 200, 32 km al norte de Costa Careyes. Es un establecimiento tan exclusivo que sólo dispone de 22 casitas. Es imprescindible reservar plaza. Algunos clientes reservan todo el hotel para dar una fiesta privada. En las Alamandas podrá montar a caballo, dar paseos en barco, hacer gimnasia o descansar junto a la piscina. El restaurante está especializado en comida sana.

BARRA DE NAVIDAD Y MELAQUE

La zona más desarrollada es la de la **bahía de Navidad**. El pueblo de **Barra de Navidad**, desde el que partió, en 1564, Miguel López de Legazpi para explorar las islas Filipinas, y **San Patricio Melaque** disponen de instalaciones turísticas y son, además, populares centros vacacionales mexicanos.

Las olas en esta zona ofrecen grandes posibilidades a los expertos del *surf*. Sin embargo, lo que hace este lugar sumamente atractivo es la tranquilidad de la que se puede disfrutar. Cuando se llega de Acapulco, la bahía de Navidad puede parecer un poco vulgar. Los hoteles ofrecen lo indispensable y los viajeros deben buscar las diversiones por su cuenta.

El establecimiento más lujoso de la zona es el **hotel Barra de Navidad**, ((335) 55122, FAX (335) 55303, Legazpi, 250. La mayor parte de sus habitaciones tiene un precio moderado y cuentan con balcón que da a la playa.

El restaurante es excelente. El **hotel Delfín**, ((335) 55068, FAX (335) 55384, Morelos, 23, entra dentro de la misma categoría. Al sur de las dos ciudades, se instaló un complejo turístico llamado **Isla Navidad**, en una península entre el Pacífico y la laguna Navidad. Hasta la fecha, el complejo cuenta con un campo de golf de 27 hoyos y un hotel, el **Grand Bay Resort**, ((335) 55050, FAX (335) 56071. Sus 158 habitaciones y sus 33 *suites* entran dentro de la gama de precios elevados. El hotel dispone de todo lo necesario para que los huéspedes no sientan deseos de abandonarlo.

COLIMA, LA TIERRA DE LOS PERROS BESADORES

Tanto las altas montañas como los llanos de la costa del estado de Colima han estado habitados desde el siglo II, pero no se han encontrado restos arqueológicos importantes. Los españoles pasaron por allí en 1522, pocos meses después de la conquista de Tenochtitlán, pero no fue hasta más tarde, cuando Francisco Cortés de San Buenaventura, un sobrino de Hernán Cortés, fundó los primeros asentamientos en la zona. Se dice que Francis Drake visitó el puerto de Manzanillo y que, durante un breve período, Miguel Hidalgo fue párroco en Colima, la capital del estado.

LA CIUDAD DE COLIMA

Capital del estado, Colima está situada al pie de dos grandes volcanes, el **Nevado de Colima** y el **Volcán de Fuego**. El Nevado también llamado Zapotépetl, está apagado y es la sexta cima en altura de México (4.380 m). El Volcán de Fuego emite todavía fumarolas sulfurosas y penachos de humo por su cráter, de 2.000 m de diámetro. Se puede ascender a ambas cumbres y hay carreteras de tierra que llegan hasta 3.560 m de altura en el Nevado y hasta 3.130 m en el Volcán de Fuego.

La ciudad en sí es un pacífico centro agrícola y gubernamental. Se conservan algunos edificios de la época colonial, entre los que se encuentra el **Palacio de Gobierno**. Su **Museo de las Culturas Occidentales**, ((331) 23155 (calzada Galván y Ejército Nacional; abierto de lunes a sábado, de 10.00 a 13.30 horas) exhibe objetos del pasado de Colima y, entre ellos, varios *ixcunclis*, los perros besadores de terracota que han hecho famosa esta zona y que las civilizaciones anteriores a la conquista consideraban como sagrados.

En las afueras de la ciudad está el **lago de Carrizalillos**, y el pueblo de **Comalá**, donde hay una fábrica-escuela y una tienda para la venta de muebles, hierro forjado y pinturas.

MANZANILLO

La leyenda afirma que mucho antes de que Hernán Cortés considerara esta zona como

rior por ferrocarril, a pesar de contar con uno de los hoteles más famosos de México, **Las Hadas**, y ser un lugar de reposo para muchas familias mexicanas pudientes.

INFORMACIÓN TURÍSTICA

En la actualidad, Manzanillo continúa estando de algún modo marginado del circuito turístico. Muchos visitantes llegan a su aeropuerto internacional, al que solamente acceden Aeroméxico, Mexicana y Aerocalifornia, para dirigirse inmediatamente hacia el norte.

una posible puerta de España hacia el oeste, existía ya el comercio entre Manzanillo y Oriente. Sin embargo, Cortés eligió Acapulco, más al este, como puerto principal para los galeones españoles que traían las mercancías de Catay. A pesar de ello, Manzanillo se convirtió en un puerto astillero que construyó no pocos de los galeones españoles que comerciaban con las Filipinas.

A pesar de su idílica situación, en dos bahías gemelas bordeadas de playas de arenas blancas y negras, Manzanillo no entró en los planes gubernamentales iniciales de desarrollo turístico. Nuevamente fue Acapulco el vencedor. Manzanillo parecía condenado a ser poco más que un puerto de entrada de mercancías que después se transportaban al inte-

De todos modos, la **oficina de información turística** de Manzanillo, ((333) 32277/322614, FAX (333) 31426, bulevar Miguel de la Madrid, 4960, se encarga de promocionar la región. No tiene horarios fijos.

VISITAR MANZANILLO

Empiece por la plaza principal, conocida como **Jardín Obregón** y unas pocas iglesias. Su **puerto** y astilleros son prósperos, lo que da a la zona un sabor y ambiente característicos.

Al norte de la ciudad, en las dos bahías de Manzanillo y Santiago, separadas por la pe-

Explorar los ríos de la costa del Pacífico en pequeñas lanchas es una buena alternativa a las playas.

nínsula de Santiago, hay 14 playas de arenas blancas y negras en las que resulta soberbio el buceo. Los buzos pueden visitar los restos de galeones hundidos en las **playas Miramar** y **de Oro**. La campiña la constituyen plantaciones de cocos y plátanos, y en la cercana **laguna de San Pedrito** pululan bandadas de flamencos y garzas blancas.

Resulta difícil elegir una playa, pues todas son buenas. **Playa Miramar** en el extremo norte de la bahía de Santiago está parcialmente protegida por la península de Juluapan, lo que la hace excelente para el *windsurf*. Al otro

viembre. La estación va de octubre a mayo, y en ella abundan también el huachinango, el róbalo y el atún.

ALOJAMIENTOS TURÍSTICOS

Manzanillo cuenta con varios complejos hoteleros que ofrecen paquetes con pensión completa y aceptan familias, algunos establecimientos afiliados a cadenas internacionales y varias pensiones familiares. Generalmente no es preciso reservar plaza, excepción hecha de los días festivos.

lado de la punta norte, entre dos afloramientos rocosos, está la popular **playa Audiencia**, donde se supone que se produjo el encuentro de Cortés con los indios. La **playa Azul** ocupa la mayor parte de la bahía de Manzanillo y es muy buena para la natación, en la parte sur, y para el *surf*, en la parte norte. En la **playa Cuyutlán**, a 45 km al sur de la ciudad, las arenas son negras y las olas han llegado a alcanzar los 9 m de altura.

Hay pistas de tenis en la mayor parte de los hoteles y un campo de golf de 18 hoyos: **La Mantarraya**, ℂ (333) 30246, situado en Las Hadas.

Manzanillo se proclama como la capital mundial del pez vela y organiza un torneo anual de pesca de éste durante el mes de no-

De lujo

El hotel más famoso de la región, en el que se rodó la película *10, la mujer perfecta* que protagonizó Bo Derek, es el **hotel Las Hadas Resort**, ℂ (333) 42000 o (800) 722-6466 (LLAMADA GRATUITA), FAX (333) 41950, Rincón de las Hadas. Se trata de un hotel de estilo árabe que fue totalmente renovado en 1996. Dispone de 220 habitaciones situadas en casas blancas con cúpulas y rodeadas de buganvillas rojas y blancas. Todos los caminos conducen a la piscina y a la playa, donde hay varias tiendas de tela blanca en las que los huéspedes se pueden proteger del sol. Los barcos de excursión parten del muelle del hotel y los tres restaurantes proponen menús costosos de comida europea.

Caros

El **Club Maeva**, ((333) 50593 o (800) 882-8215 (LLAMADA GRATUITA), FAX (333) 50395, en la costera Madrid, junto a la playa Miramar, no tiene nada de lujoso. Las 514 habitaciones están ocupadas por familias: los niños se divierten en las piscinas y en los parques mientras que los padres juegan a tenis en alguna de las 17 pistas del hotel. Para llegar a la playa hay que cruzar un puente que pasa sobre la carretera. El **Vista Club Playa de Oro**, ((333) 32540 o (800) 882-8215 (LLAMADA GRATUITA), FAX (333) 32840, es muy parecido. Dispone de 300 habitaciones y se encuentra en la costera Madrid, en la playa Miramar.

Moderados

La Posada, (/FAX (333) 31899, playa Azul, en el sector de Las Brisas, se parece a los viejos hoteles mediterráneos en los que los huéspedes de las 24 habitaciones acaban pareciendo una gran familia. En lugar de ir dejando propinas en cada ocasión, el huésped debe dejar el 10 % del total de su factura en una caja, en el momento de liquidar su cuenta. Esto permite que las relaciones entre los clientes y el personal sean muy cordiales. El **hotel Fiesta Mexicana**, ((333) 31100, FAX (333) 32180, en la costera Madrid, km 8,5, es una de las mejores opciones en la playa. Cuenta con 200 habitaciones en un marco mexicano muy alegre.

Económicos

El **hotel Colonial**, ((333) 21080, calle Bocanegra, 28, en el centro de la ciudad, tiene esa hospitalidad tradicional que tan agradable resulta. El hotel está un poco descuidado.

RESTAURANTES

El aumento de complejos hoteleros con paquetes de pensión completa motiva que muchos turistas no vayan a los restaurantes independientes, pero hay establecimientos que merece la pena conocer.

Moderados

Hace años que el **Willy's**, ((333) 31794, en la carretera de Las Brisas, tiene fama de ser el mejor restaurante francés y la mejor marisquería de la zona. El **Carlos'n'Charlie's**, ((333) 31150, costera Madrid, km 6, sirve costillas a la brasa, fajitas y bistecs.

Económicos

Si no tiene pensión completa, coma en **La Posada**, ((333) 31899. El desayuno (*crêpes*, tostadas, huevos y bacon) es especialmente bueno. Del mismo modo, **Hamburguesas Juanito**, ((333) 32019, costera Madrid, km 14, tiene fama por sus desayunos estadounidenses, sus hamburguesas y sus patatas fritas. En el centro de la ciudad, el mejor lugar para sentarse a ver la animación de la plaza principal es el restaurante **Roca del Mar**, ((333) 20302, Veintiuno de Marzo, 204.

MICHOACÁN: PLAYAS SIN TURISTAS

Las playas de Michoacán se han conservado en su estado original, debido primordialmente a que no son fácilmente accesibles. La mejor, playa Azul, está a 6 horas de Manzanillo en automóvil, a 8 de Morelia y a 2 de Ixtapa-Zihuatanejo. Es la franja más remota de las costas de México y la más primitiva. Las rugientes olas son demasiado violentas para la práctica del *surf* y la resaca demasiado fuerte para poder nadar en ellas. Hay algunas playas con instalaciones mínimas en los pueblos pesqueros de **Punta San Juan de Lima**, **Punta San Telmo**, **Maruata**, **Caleta de Campos Chutla** y **Las Peñas**. En el confín este del estado, **Playa Azul** es el único centro vacacional de cierta entidad. Durante la semana, la larga playa está relativamente desierta, pero los fines de semana llegan las ruidosas familias de Uruapan y de Lázaro Cárdenas.

IXTAPA-ZIHUATANEJO

En el estado de Guerrero se hallan dos de los lugares turísticos más frecuentados de México: Taxco y Acapulco. El turismo contribuye con un 70 % a la economía del estado, y los visitantes de sus centros vacacionales son los que más gastan. Por ello, los fondos estatales y nacionales se destinan a renovar el centro más conocido del país, Acapulco, y a desarrollar nuevos en la zona en rápido crecimiento de Ixtapa-Zihuatanejo

El complejo turístico de Ixtapa-Zihuatanejo está incrustado sobre el pintoresco pueblo de Zihuatanejo, un, hasta ahora, pacífico pueblo de pescadores.

y en los lugares que se encuentran entre ambos.

Ixtapa-Zihuatanejo, en el oeste de Guerrero, es un lugar vacacional que combina un complejo turístico moderno de alto nivel con un pueblo de trabajadores. El pintoresco Zihuatanejo era un pueblo de pescadores, tranquilo y que, hace tiempo, había competido con Acapulco y Manzanillo en el comercio con Oriente. Hasta 1978 sus calles no estaban pavimentadas; su ambiente antiguo y sus bien protegidas playas lo habían hecho durante años el lugar preferido para las vacaciones de algunos viajeros ya conocedores. El viejo pueblo tiene hoy calles pavimentadas, hoteles, restaurantes y tiendas para turistas; hay todavía algunos cientos de pescadores de la población original, pero no constituyen un segmento importante de la población. La mayoría está formada por empleados del sector turístico. De hecho, muchos canadienses y estadounidenses vienen a pasar el invierno en esta zona.

Comenzado en 1976, el centro vacacional de Ixtapa se extiende alrededor de la protegida bahía y cubre 2.277 ha, cuya mayor parte era una plantación de cocoteros. Tiene de todo: hoteles, campos de golf, restaurantes, centros comerciales, discotecas, pero le falta algo con auténtico sabor mexicano. Afortunadamente, Zihuatanejo está cerca.

INFORMACIÓN TURÍSTICA

Al igual que en los demás centros vacacionales del Pacífico, la temporada alta va de diciembre a abril, y la temperatura media anual es de 26 °C. Los precios de la temporada baja son la mitad de los de la alta, pero se pueden presentar chubascos durante el día y huracanes en otoño.

La **oficina de información turística**, ((755) 31270, FAX (755) 30819, está en Ixtapa, en la plaza Ixpamar, *suite* 18. Abre de lunes a viernes. En ella le facilitarán ejemplares del folleto *What to Do, Where to Go*, en el que aparece una lista de hoteles y restaurantes.

VISITAR IXTAPA-ZIHUATANEJO

Zihuatanejo es una localidad lo suficientemente pequeña como para que conocer sus calles y sus establecimientos, pero suficientemente grande como para aportar toda clase de entretenimiento. Lo primero que suelen visitar los turistas es el malecón o **paseo del Pescador**, que cruza la ciudad, desde el puerto de pesca hasta los senderos rocosos que atraviesan el sur de la bahía de Zihuatanejo hacia playa Madera. El malecón está lleno de marisquerías, tiendas de artesanías y pequeños hoteles. En el centro del paseo hay una pista de baloncesto. El pequeño **Museo Arqueológico de la Costa Grande**, ((755) 32552, en el paseo del Pescador, abre de martes a domingo, y dispone de una colección de restos arqueológicos encontrados en los yacimientos del estado de Guerrero. Las calles que parten del malecón hacia el interior están llenas de tiendas y restaurantes y desembocan en el **mercado Central**, en Benito Juárez esquina con Antonio Nava, donde los lugareños compran frutas, verduras, pescado, cocos enormes y papayas. En esta zona verá varios puestos en los que venden *huaraches* (sandalias). El **Mercado de Artesanías Turístico**, Sur Cinco de Mayo, entre Juan N. Álvarez y Catalina González, dispone de 255 puestos situados entorno a una estrecha laguna en el extremo oeste de la bahía.

La **playa Principal** se inicia en el embarcadero, del lado oeste del malecón. De ahí parten los barcos que van a **playa Las Gatas**, una playa solitaria situada en el extremo de la bahía. La **playa Madera**, al este del centro del pueblo y del malecón, es una de las mejores para nadar, pero sólo se accede a ella a través de un sendero que desciende por un acantilado. La mejor playa para cualquier actividad es **La Ropa**, que está rodeada de hoteles. Según una leyenda local, las rocas que hay en la playa fueron depositadas por el rey tarasco Tangáoan II, que quería construir una piscina en la que su hija, la princesa, pudiese bañarse lejos de las miradas de los curiosos.

Ixtapa, en la que los supercentros vacacionales se suceden a lo largo de las playas de la **bahía del Palmar**, se diferencia de Acapulco o de Cancún únicamente en su localización, en el color y temperatura de las aguas y en la ausencia de restaurantes afiliados a cadenas internacionales. Solamente **isla Ixtapa** se hace perdonar, por la existencia de una reserva de la vida salvaje. Tanto la natación como el buceo son mejores desde la isla que desde tierra firme. Todos los hoteles le facilitarán guías, embarcaciones y equipo.

Los aficionados al **golf** pueden elegir entre dos campos abiertos a los huéspedes de los hoteles de Ixtapa. Ambos campos cuentan con obstáculos muy originales como son los cocodrilos que salen de los pantanos. La mejor temporada para **bucear** es el verano, momento en que las rayas, los tiburones y las ballenas se unen a los seres humanos en las playas. Póngase en contacto con **Zihuatanejo Scuba Center**, ((755) 42147, FAX (755) 44468, Cuauhtémoc, 3, en el centro de Zihuatanejo.

Entre Zihuatanejo y Acapulco hay numerosas playas que ofrecen una mayor intimidad pero, con la influencia del turismo, incluso éstas están empezando a desarrollarse.

ALOJAMIENTOS TURÍSTICOS

El centro turístico de Ixtapa-Zihuatanejo cuenta con hoteles excepcionales en todas las categorías de precios, así como establecimientos afiliados a cadenas internacionales.

De lujo

La Casa que Canta es uno de los hoteles más lujosos de México, ((755) 47030 o (800) 523-5050 (LLAMADA GRATUITA), FAX (755) 47040, en el camino escénico a la playa La Ropa. Sus 24 *suites*, algunas con piscina privada, se integran en el entorno, la ladera de una colina, con sus muebles de madera artísticamente tallados y sus terrazas de color terracota. Cada *suite* lleva el nombre de una canción mexicana y no tendrá ganas de irse. Es posible que le apetezca bajar por la colina hasta la piscina y el *jacuzzi* situados junto al mar, o para ir a uno de los elegantes restaurantes con techo de paja. El hotel ofrece un excelente servicio de habitación, por si le apetece desayunar en la cama.

Villa del Sol, ((755) 43239 o (800) 389-2645 (LLAMADA GRATUITA), FAX (755) 44066, en la playa La Ropa, es tan exclusivo que en invierno no se permite el alojamiento de niños menores de 14 años. El hotel pertenece a la cadena Relais et Châteaux y a Small Luxury Hotels of the World y dispone de 45 habitaciones con vistas al mar. Por otro lado, en **Club Méditerranée Ixtapa**, ((755) 30924 o (800) 258-2633 (LLAMADA GRATUITA), los niños

siempre son bienvenidos. El club está en playa Quieta, al norte de la playa principal de Ixtapa y es uno de los mejores establecimientos de esta cadena. Los huéspedes pueden escoger entre una amplia gama de actividades: talleres de circo, buceo, piragüismo, tenis, voleibol, tiro con arco... Y para reponer fuerzas, nada mejor que los maravillosos bufés de comida, con pan casero. Al igual que otros establecimientos afiliados a esta cadena, el **Krystal Ixtapa**, ((755) 30333 o (800) 231-9860 (LLAMADA GRATUITA), FAX (755) 30216, bulevar Ixtapa, playa del Palmar, dispone de un amplio jardín en el que se encuentran diseminadas sus 254 habitaciones.

Caros

Instalado en una cala solitaria, en una curva de la bahía de Ixtapa, el **Westin Brisas Resort Ixtapa**, ((755) 32121 o (800) 228-3000 (LLAMADA GRATUITA), FAX (755) 31033, playa Vista Hermosa, junto al paseo de Ixtapa, cuenta con 428 habitaciones con balcón y hamacas y excelentes restaurantes. El **Villa del Lago**, ((755) 31482, FAX (755) 31422, Retorno de las Alondras, 244, cerca del Ixtapa Country Club, es una antigua residencia privada transformada en hotel. Cuenta con seis *suites* muy lujosas, una terraza tranquila, una piscina y un *chef* con mucho talento. **Puerto Mío**, ((755) 42748 o (800) 389-2645 (LLAMADA GRATUITA), FAX (755) 42048, en el cerro del Almacén, dispone de 31 habitaciones en casitas de color pastel situadas en la ladera de una colina. Los edificios dan a una cala y a un muelle en el que los huéspedes pueden atracar sus yates y de donde parten los barcos que realizan excursiones de pesca y de buceo. La piscina se une visualmente con el horizonte y el restaurante goza de una magnífica vista de la bahía. El **Sheraton Ixtapa Resort**, ((755) 31858 o (800) 325-3535 (LLAMADA GRATUITA), FAX (755) 32438, bulevar Ixtapa, cuenta con una piscina muy agradable, con una zona amplia para los niños, partes más profundas para los adultos y un bar en el centro. Las 331 habitaciones están decoradas con buen gusto.

Moderados

El **hotel Dorado Pacífico**, ((755) 32025 o (800) 448-8355 (LLAMADA GRATUITA), FAX (755)

30126, bulevar Ixtapa, figura entre los mejores de su categoría. Dispone de 285 habitaciones estilo motel, una piscina inmensa, la mejor cafetería de la zona hotelera y un personal amable y dispuesto. El **Best Western Posada Real**, ((755) 31685 o (800) 528-1234 (LLAMADA GRATUITA), FAX (755) 31745, bulevar Ixtapa, es una buena opción. Cuenta con 110 habitaciones normales, piscina, playa y un restaurante bastante agradable.

El **hotel Paraíso Real**, (/FAX (755) 42147, playa La Ropa, se concibió como un espacio

ecológico inmerso en un pantano y una playa. Sus 20 habitaciones están repartidas en un jardín frondoso y no tienen ni teléfono ni televisor, lo que encantará a quienes busquen evadirse de todo. La laguna vecina está llena de cocodrilos, lo que explica que el hotel no acepte a niños menores de 12 años. El establecimiento dispone de un pequeño bar restaurante y servicio de alquiler de piraguas y planchas de *windsurf*.

Económicos
El **hotel Ávila**, ((755) 42010, FAX (755) 43299, Juan N. Álvarez, 8, cerca del extremo del malecón, no es precisamente refinado, pero sus 27 habitaciones son cómodas y tienen aire acondicionado. **Bungalows Pacíficos**, (/FAX (755) 42112, cerro de la Madera, fue un gran descubrimiento. Sus seis cabañas son amplias y cuentan con porche y cocina. El **hotel Irma** se encuentra en una cuesta con vistas a la playa, ((755) 42025, FAX (755) 43738, playa Madera. Tiene un ambiente familiar y muchas de sus 80 habitaciones dan al mar.

RESTAURANTES

Aunque Ixtapa atrae a un tipo de turismo más elegante, los mejores *chefs* se encuentran en Zihuatanejo, tal vez porque les gusta más su ambiente tranquilo y porque en el pueblo tanto el mercado como los pescadores están cerca.

Caros
La vista, los jardines tropicales y las terrazas hacen de la **Villa de la Selva**, ((755) 30362, paseo de la Roca, junto al paseo de Ixtapa, uno de los restaurantes más románticos de la región. Es preferible llegar temprano y tomar una copa contemplando la puesta de sol antes de degustar una langosta o un filete. Las pastas son caseras al igual que los pasteles y la carta de vinos es excelente en el **Beccofino**, ((755) 31770, cerca del faro de Ixtapa. Es el mejor restaurante italiano de la zona.

Moderados
El **Kau-Kan** de Zihuatanejo, ((755) 48446, en playa Madera, es uno de los restaurantes más innovadores de la región. Sirve pescado fresco con salsa de chile guajillo y raya con mantequilla negra. **Paul's**, ((755) 42188, Cinco de Mayo, entre Nicolás Bravo y Ejido, cuenta con una clientela fiel que acude a degustar su *sashimi* y sus gambas con salsa de laurel. **El Patio**, ((755) 43019, Cinco de Mayo, 3, esquina con Pedro Ascencio, sirve especialidades regionales en platos de talavera. La clave de su éxito es su ambiente tranquilo.

La Sirena Gorda, ((755) 42687, paseo del Pescador, cerca del muelle, es uno de los restaurantes más famosos del malecón de Zihuatanejo. Pruebe los tacos de pescado con distintos acompañamientos, sobre todo los de marlín ahumado. Cerca de allí se encuentra **Casa Elvira**, ((755) 42061, paseo del Pescador, cerca de la pista de baloncesto. No falta quien dice que la calidad de su cocina ha caído un poco. En Ixtapa, me encanta el ambiente familiar de **Mamma Norma Pizzería**, ((755) 30274, en el centro comercial La Puerta, y el puesto de zumos de frutas instalado en la

Acapulco. SUPERIOR: Vendedora de flores.
PÁGINA SIGUIENTE: Las playas, las discotecas, los hoteles y los chalets de la ciudad logran que los turistas se olviden del resto del mundo.

misma galería. **Golden Cookie Shop**, ((755) 30310, que se encuentra en el primer piso del centro comercial Los Patios, es un café pastelería alemán en el que preparan enormes bocadillos de salchicha con queso, *strudel* y *bratwurst*. **Nueva Zelanda**, ((755) 42340, también en Los Patios de Ixtapa, y en Cuauhtémoc esquina Ejido, en Zihuatanejo, es un lugar ideal para tomar un *licuado*, una ensalada o un bocadillo. En el **JJ's Lobster and Shrimp**, ((755) 32494, bulevar de Ixtapa, frente al hotel Posada Real, se sirven comidas a base de langosta en un comedor elegante, y tapas en otro.

Económicos

Desayunar en **Tamales y Atoles Any**, ((755) 47373, a unas manzanas del mar, en Ejido esquina Vicente Guerrero, es como tomar una clase de cocina mexicana. El *atole* es una bebida caliente hecha con harina de maíz o de arroz que se prepara con distintos sabores afrutados. También podrá degustar tamales dulces o salados, quesadillas de queso y flor de calabaza. Si necesita ahorrar, pida sólo lo que piense comer y vuelva a menudo. **Rossy**, ((755) 42700, queda en el extremo este de la playa La Ropa, y es un lugar muy popular para picar algo o beber algo fresco estando en la playa.

Cómo llegar

Al aeropuerto internacional de Zihuatanejo llegan vuelos procedentes de Estados Unidos, Canadá y el resto de México. Las compañías aéreas que vuelan a Zihuatanejo son Aeroméxico, Mexicana, Continental y Northwest.

ACAPULCO

Después de la etapa hollywoodiense, en los años cincuenta, y el *boom* del turismo en la década de 1970, Acapulco ha sufrido un dramático declive. El importante esfuerzo de recuperación realizado durante los años noventa permitió instalar un nuevo sistema de alcantarillas y de limpiar las aguas de su hermosa bahía. Junto a la bahía, en Punta Diamante han surgido nuevas zonas hoteleras. Por desgracia, cuando Acapulco recuperaba su protagonismo en la escena internacional, el

huracán Paulina destrozó la costa. Los hoteles de lujo se recuperaron enseguida, pero en los barrios marginales de la ciudad, las condiciones de vida empeoraron y el agua potable faltó durante meses.

Sin embargo, como uno de los primeros centros turísticos de México, Acapulco sigue en el corazón de muchos habitantes de la capital y de las principales ciudades del país. En agosto, Acapulco se llena de clientes mexicanos. Los turistas extranjeros también gustan de esta ciudad en la que el ocio es el protagonista.

Antecedentes históricos

En el siglo XVI, Acapulco era el puerto más grande del Pacífico en la Nueva España.

Las mercancías exóticas que llegaban en los galeones procedentes de Oriente se transportaban a lomos de mula a través de todo el territorio hasta Veracruz, desde donde se embarcaban de nuevo con destino a España. Este próspero comercio atrajo a los piratas, Francis Drake entre ellos.

Después de la guerra de la independencia de México, el comercio entre España y Oriente sufrió una detención súbita, cuyas consecuencias afectaron a Acapulco en la misma medida. Los pocos habitantes que no quisieron abandonar este paraíso tropical volvieron a sus actividades pesqueras y agrícolas para sobrevivir. Cuando en 1927 se abrió una autopista a través de las montañas, el turismo devolvió la vida a la ciudad. Sin embargo, no fue hasta 1955, al construir-se una autopista nueva y más rápida, cuando Acapulco se convirtió en un importante punto de destino turístico. En esa misma época, varios bailarines, cantantes y actores convirtieron Acapulco en su lugar de descanso favorito. El *boom* del turismo llegó en los años sesenta y setenta, y decayó en la década de 1980, momento en que Cancún se colocó a la cabeza de los centros turísticos mexicanos. En las puertas del siglo XXI, Acapulco se esfuerza por recuperar el prestigio perdido.

INFORMACIÓN TURÍSTICA

La **oficina de turismo**, ((74) 869164, FAX (74) 864550, está en el edificio Oceanic 2000, en la costera Miguel M. Alemán, 311. Abre de lunes a viernes, de 09.00 a 17.00 horas. En el Centro de Congresos hay un quiosco de información. La **oficina de congresos y turismo de Acapulco**, ((74) 840559, FAX (74) 848134, privada de Roca Sola, 19, Fracción Club Deportivo, queda un poco a desmano, detrás del Centro de Congresos. Abre de lunes a viernes.

VISITAR ACAPULCO

A pesar de su tamaño, Acapulco es una ciudad de una sola calle. La costera Miguel Alemán sigue la curva de la bahía y se convierte de la carretera Escénica al este y en la avenida López Mateos al oeste.

La mayor parte de los grandes hoteles y playas se encuentran junto a la costera Miguel Alemán, desde playa Icacos y playa Condesa, en el este, hasta playa Hornos y playa Hornitos, en el oeste. El centro de la ciudad vieja es la **plaza Álvarez** o zócalo. En la plaza se encuentra la **catedral de Nuestra Señora de la Soledad**, construida en 1930.

Frente a la plaza está el embarcadero del que parten los barcos que realizan excursiones por la bahía. El **malecón** conduce al **fuerte de San Diego**, ((74) 823828, que se encuentra en la costera Miguel Alemán, dirección Morelos (abre de martes a domingo) y posee forma de estrella. Los españoles lo construyeron en 1616 para proteger sus galeones del ataque de los piratas. Reconstruido después de que un terremoto lo destruyera casi totalmente en 1776, aloja en la actualidad un museo dedicado a la historia de la zona desde los tiempos anteriores a la conquista. Situado en pleno corazón de la ciudad vieja, el **mercado municipal**, Constituyentes esquina Hurtado de Mendoza, es uno de los pocos lugares en los que los extranjeros pueden hacerse una idea de cómo es la vida de los lugareños.

Los hoteles más antiguos de Acapulco se encuentran en la costa oeste de la costera Miguel Alemán, en el punto en que ésta pasa a llamarse avenida López Mateos. El acuario **Mágico Mundo Marino**, ((74) 831215, es un edificio de color violeta en la playa Caleta, junto a la Gran Vía Tropical (abre todos los días, menos el martes). Dispone de una zona interior y otra exterior en la que pueden verse peces tropicales, cocodrilos y focas. Además,

el acuario cuenta con una piscina con toboganes en las que los niños disfrutan como locos. De ahí parten varios barcos que realizan excursiones a la isla **La Roqueta**, donde hay playas menos concurridas y colinas que conducían al hoy cerrado (gracias a Dios) zoo de Acapulco.

Desde playa Caleta, la avenida López Mateos asciende a los acantilados rocosos de **La Quebrada**, donde los jóvenes arriesgan la vida zambulléndose desde 40 m de altura. Estas exhibiciones tienen lugar todos los días, a las 13.00 horas y por la noche.

Entre el centro de la ciudad vieja y la zona turística se encuentra el **parque Papagayo**, un espacio verde de 21 ha que da a la costera Miguel Alemán, entre Insurgentes y Avilés. Su principal atractivo son los juegos infantiles de que dispone: toboganes, tiovivos, reproducciones de naves espaciales y galeones. Al este del parque hay hoteles, centros comerciales, restaurantes, mercados de artesanías y casas. El **Centro de Congresos de Acapulco** se encuentra en uno de los extremos de la bahía. En él tienen lugar espectáculos de bailes folclóricos. El **CICI** o **Centro Internacional de Convivencia Infantil**, ((74) 848033, queda un poco más al oeste, en la costera Miguel Alemán esquina con Cristóbal Colón (abre todos los días, de 10.00 a

18.00 horas). Se trata de un parque acuático en el que los niños disfrutan jugando.

Al este de la bahía, la costera se convierte en la carretera Escénica, que lleva a las colinas de Las Brisas y hacia los nuevos centros hoteleros de Acapulco. La carretera serpentea por la cima de los acantilados, hasta llegar a **Puerto Marqués**, donde los piratas esperaban la salida de los galeones españoles. Más allá, siguiendo la misma carretera, se halla la **playa Revolcadero**, una amplia extensión de arena expuesta a las agitadas olas. Aun cuando una sección de esta playa (en el extremo este) es de uso público, el resto es del dominio de los exclusivos hoteles Princess y Pierre Marqués.

Cuando ya se está saturado de olas y arena, Acapulco también ofrece deportes y tiendas. En todos los complejos hoteleros hay *boutiques*, y los centros comerciales abundan en los alrededores.

La mayor parte de los hoteles alquilan equipo para **deportes acuáticos**, sombrillas y paseos en lanchas hinchables en forma de plátano. Y ya en la bahía, varias motoras arrastran a improvisados paracaidistas. Casi todos los hoteles tienen pistas de tenis.

Si desea jugar a **golf**, puede hacerlo en el campo de 9 hoyos del **Club de Golf Acapulco**, ((74) 840781, en la costera Miguel Alemán esquina con Lomas del Mar, o en alguno de los campos profesionales de 18 hoyos que tienen los hoteles Pierre Marqués y Princess. Si desea mayor información, llame al ((74) 691000.

Al igual que en los otros puertos del Pacífico, la **pesca deportiva** es buena, y las capturas más frecuentes son el pez vela, el marlín, el tiburón y el mahimahi. Si desea realizar uno de los muchos cruceros temáticos por la bahía, pida información en su hotel.

Pie de la Cuesta se encuentra 13 km al oeste de la ciudad. Se trata de una lengua de arena que separa el Pacífico de la laguna Coyuca. Las olas y las fuertes corrientes dificultan el nadar en sus aguas pero las puestas de sol son estupendas.

ALOJAMIENTOS TURÍSTICOS

Acapulco cuenta con tal cantidad de hoteles que encontrar una habitación buena por un precio razonable no debería ser un problema.

Generalizando, se puede decir que los hoteles más económicos se encuentran en la ciudad vieja y en playa Caleta, al oeste de la bahía, mientras que los más caros y prestigiosos quedan en el extremo este.

De lujo

El hotel más famoso de Acapulco es el **hotel Las Brisas**, ((74) 841580 o (800) 228-3000 (LLAMADA GRATUITA), FAX (74) 842269, un edificio de color rosa y blanco situado en el 5255 de la carretera Escénica. Sus 300 habitaciones están dispersas en varias hileras de casas cons-

truidas en la falda de una colina con vistas a la bahía. Todas las habitaciones disponen de piscina privada y, por las mañanas, los huéspedes despiertan con el olor del café y los *croissants* que les llevan a su habitación. El **Acapulco Princess Hotel**, ((74) 691-0000 o (800) 223-1818 (LLAMADA GRATUITA), FAX (74) 843664, es menos elegante pero mucho más grande. Su silueta piramidal llama la atención en la carretera Escénica, camino a playa Revolcadero. Sus 1.019 habitaciones lo convierten en uno de los hoteles más grandes de México. Dispone de varias piscinas, restaurantes, un centro comercial muy ele-

---

PÁGINA ANTERIOR: Puesta de sol.
SUPERIOR: Camarera de Las Brisas, considerado el hotel más caro de México.

gante y dos campos de golf. El **hotel Pierre Marqués**, ((74) 842000 o (800) 223-1818 (LLAMADA GRATUITA), FAX (74) 691016, carretera Escénica, cerca de playa Revolcadero, está junto al Princess pero es mucho más pequeño e íntimo, y dispone de 344 habitaciones de lujo. El **Camino Real Diamante**, ((74) 661010 o (800) 722-6466 (LLAMADA GRATUITA), FAX (74) 661111, en Baja Catita, junto a la carretera Escénica, se encuentra en el centro de un complejo turístico nuevo, situado en Punta Diamante, con casas y residencias de lujo. Sus 156 habitaciones son sumamente cómodas y están equipadas con salas de baño de ensueño.

Caros

Me conformaría con hospedarme en el **hotel Elcano**, ((74) 841950, FAX (74) 842230, costera Miguel Alemán, 75, un establecimiento de los años cincuenta, completamente renovado en la década de 1990. Las 340 habitaciones y las salas comunes tienen hermosos ventiladores blancos en el techo. No deje de ir un momento para contemplar sus pinturas murales, en las que se evoca la época próspera de Acapulco. Las pinturas son obra de Cristina Rubalcava, una artista mexicana que vive en París. Tienen que cenar en el hotel, por lo menos una vez en la vida.

Entre los muchos hoteles que se encuentran frente a la playa, el **Acapulco Plaza Beach Resort**, ((74) 859050 o (800) 343-7821 (LLAMADA GRATUITA), FAX (74) 855285, costera Miguel Alemán, 123, tiene un encanto especial. Sus 506 habitaciones se renuevan con relativa frecuencia y la piscina es tan grande que da cabida a todo el mundo. El hotel **Fiesta Americana Condesa**, ((74) 842355 o (800) 343-7821 (LLAMADA GRATUITA), FAX (74) 841828, costera Miguel Alemán, 1220, es un clásico y cuenta con una de las mejores playas de la zona. Sus 500 habitaciones son sumamente cómodas. El **Hyatt Regency Acapulco**, ((74) 691234 o (800) 233-1234 (LLAMADA GRATUITA), FAX (74) 843087, costera Miguel Alemán, 1, renovó sus 690 habitaciones a principios de los años noventa.

Moderados

Si desea huir de las multitudes, hospédese en el **Boca Chica Hotel**, ((74) 836601 o (800) 346-3942 (LLAMADA GRATUITA), FAX (74) 839513, pla-

ya Caletilla, 7. Me encanta la cala rocosa en la que se encuentra este hotel, sus 45 habitaciones sencillas y cómodas, su piscina perfecta, su restaurante junto al mar y su maravilloso personal. El hotel conserva el encanto del antiguo Acapulco y dan ganas de no poner un pie fuera. Tendrá una impresión similar en el **hotel Los Flamingos**, ((74) 820690, FAX (74) 839806, en López Mateos, cerca de la avenida Coyuca. Sus 46 habitaciones han sido renovadas no hace mucho. El antiguo Villas de la Marina, en el viejo Acapulco, se renovó en 1996 y volvió a abrir

sus puertas con el nombre de **Holiday Inn Suites Villas**, ((74) 823620 o (800) 465-4329 (LLAMADA GRATUITA), FAX (74) 828480, costera Miguel Alemán, 222. Sus 90 habitaciones y *suites* se encuentran repartidas en edificios de piedra y ladrillo rodeados de un hermoso jardín con buganvillas. Para llegar a la playa es preciso cruzar un puente. Los *clavadistas* de La Quebrada constituyen el principal atractivo de **El Mirador Plaza Las Glorias**, ((74) 831155 o (800) 342-2644 (LLAMADA GRATUITA), FAX (74) 824564, La Quebrada, 74. Se trata de

PÁGINA ANTERIOR: En Acapulco, los turistas se entretienen con lanchas hinchables en forma de plátano, *jet-skis* y demás atracciones acuáticas.
SUPERIOR: Vendedora de productos locales en la playa.

una joya de los años cincuenta, construida sobre un acantilado, con 81 habitaciones (algunas con cocina). El restaurante se llena de grupos de viajes organizados cuando llega la hora del espectáculo de los *clavadistas*. El **Howard Johnson Maralisa Beach**, ((74) 856677 o (800) 446-4656 (LLAMADA GRATUITA), FAX (74) 850228, se encuentra más cerca de la animación de la costera y dispone de 90 habitaciones.

Económicos

El **hotel Misión**, ((74) 823643, FAX (74) 822076, Felipe Valle, 12, se encuentra cerca del zócalo. Se trata de un establecimiento encantador, con 27 habitaciones situadas alrededor de un patio. Cerca de la plaza hay varios hoteles económicos.

RESTAURANTES

En Acapulco hay restaurantes para todos los gustos. La mayoría de los hoteles de lujo tiene por lo menos un restaurante de buena, o incluso excelente, calidad. La mayoría de los restaurantes están en la colina de Las Brisas, de modo que conviene tener en cuenta el precio del taxi e incluirlo en el presupuesto de la comida. En Acapulco se suele cenar a las 22.00 horas, antes de que abran las discotecas.

De lujo

El restaurante más impresionante de toda la ciudad se encuentra en el casco antiguo, junto a la playa Caleta. Se trata del **Coyuca 22**, ((74) 823468, que, como su nombre indica, se encuentra en la calle Coyuca, 22. El edificio parece un monumento griego parcialmente restaurado, con columnas dóricas y estatuas junto a la piscina. Gusta mucho por sus menús a precio fijo. El **Madeiras**, ((74) 844378, en la carretera Escénica, tiene fama de ser uno de los mejores restaurantes de Acapulco. Sirven codorniz asada, pato, filete *mignon* y ancas de rana en elegantes comedores con vistas a la ciudad. El **Ristorante Casa Nova**, ((74) 846815, carretera Escénica, 5256, es uno de los restaurantes italianos más elegantes de la zona. El **Spicey**, ((74) 81138, se encuentra en la misma zona. Cuenta con un menú muy atrevido en el que se mezclan especialidades del Pacífico y platos europeos. Es un restaurante al que acude la gente para ser vista, antes de ir a la discoteca.

Caros

El ambiente del centro comercial no le resta ni un ápice de romanticismo a **El Olvido**, ((74) 810214, en la plaza Marabella esquina con la costera Miguel Alemán. Su menú es internacional e incluye platos como el salmón, la codorniz, el pescado con frutas... Los aficionados al *sushi* se entusiasmarán al ver los ingredientes y la presentación tan artística que utilizan en el **Suntory**, ((74) 848088, en la costera Miguel Alemán, 36. Los platos de *teppanyaki* con carne, marisco y verdura se preparan en una placa eléctrica situada en la propia mesa. El cliente puede escoger entre el *tempura*, el *sukiyaki* o el *sashimi*. **Su Casa**, ((74) 844350, se encuentra en lo alto de un hotel que, a su vez, domina la bahía, en la avenida Anahuac, 110. El restaurante hace honor a su nombre y logra que los clientes se sientan como si cenasen en la terraza de una casa. Entre los platos mexicanos que sirven destacan las carnes adobadas en zumos de frutas tropicales, las gambas, los filetes y el pollo a la parrilla.

Moderados

Bambuco, ((74) 841950, es un café muy tranquilo que pertenece al hotel Elcano y se encuentra en la costera Miguel Alemán, junto al mar. Las mesas están en la playa, a la sombra de las palmeras. No se pierda los huevos, el salmón ahumado y los platos de frutas artísticamente preparados. El personal es muy cordial y la cocina permanece abierta todo el día. En el **Señor Frog's**, ((74) 848020, en la carretera Escénica, lote 28, centro La Vista, el ambiente es muy animado. A pesar de la música a todo volumen y la decoración algo barroca, Señor Frog's es el lugar escogido por los dirigentes locales para reunirse los jueves entorno a un tradicional *pozole* (un caldo a base de maíz, carne de cerdo y gran cantidad de condimentos). El establecimiento tiene una filial en la costera Miguel Alemán, 999, ((74) 841285.

El restaurante **Paraíso**, ((74) 845988, está en una de las playas de la costera Miguel Alemán. Es uno de los mejores restaurantes al aire libre de la zona. Los camareros sirven mariscos y carnes bailando al son de una música que tal vez esté demasiado alta. En el Paraíso, está prohibido aburrirse. El **Pipo's Mariscos**, ((74) 838801, costera Miguel Alemán, cerca del Centro de Congresos, es uno de los lugares preferidos de los mexicanos. Sirven enormes cócteles de mariscos y grandes raciones de pescado a la plancha. El establecimiento tiene una sucursal en la ciudad vieja, en la calle Almirante Bretón, 3, junto a la costera Miguel Alemán, cerca del zócalo.

Económicos

Si le gustan los zumos de frutas, las ensaladas y los bocadillos sanos no se pierda el **100 % Natural**, ((74) 853982, en la costera Miguel Alemán, cerca del hotel Acapulco Plaza. El restaurante **Zorritos**, ((74) 853735, en la costera Miguel Alemán, sirve tacos, huevos rancheros y enchiladas a los clientes que llegan, cansados y hambrientos, después de haber estado bailando en la discoteca. También abre durante el día.

VIDA NOCTURNA

Probablemente el mayor atractivo de Acapulco sean sus discotecas. La gente empieza a hacer cola ante sus puertas desde las 22.00 horas. El ambiente no está del todo animado hasta pasada la medianoche, momento en que los rayos láser y los fuegos artificiales se adueñan de la bahía. La mayor parte de los clubes exigen una vestimenta correcta: no se admiten pantalones cortos, sandalias ni zapatillas de deporte. Las discotecas más famosas, aquellas en que la entrada y las consumiciones son más caras, son **Extravaganza**, **Fantasy** y **Palladium**. Todas ellas se encuentran en la carretera Escénica, sobre la bahía. **Baby O**, **News** y **Andromeda**, en la costera Miguel Alemán, tienen una clientela joven y moderna.

CÓMO LLEGAR

Al aeropuerto internacional Juan N. Álvarez llegan cada día vuelos nacionales e internacionales. El aeropuerto se encuentra en el extremo este de la ciudad, a media hora del centro. Si viene desde México en coche o en autocar, el trayecto dura unas tres horas y media por la autopista, que es bastante cara, o seis, por la carretera vieja.

CHILPANCINGO DE LOS BRAVOS

Chilpancingo de los Bravos, ciudad de unos 100.000 habitantes y capital del estado de Guerrero, no constituye un destino turístico por sí misma, pero como dista únicamente 133 km de Acapulco, se puede visitar en un viaje de un día para cambiar de escenario o como punto de partida para explorar las montañas. Son particularmente interesantes las **cuevas Juxtlahuaca**, a 60 km en dirección sudeste, pasada Colotlipa. En estas cuevas, en las que brillan las estalactitas, y que fueron descubier-

tas en la década de 1930, se encuentran pinturas rupestres de más de tres mil años de antigüedad. Dichas pinturas se localizan a más de 1 km de la entrada y muestran motivos olmecas típicos, figuras de jefes y serpientes emplumadas en negro, rojo, amarillo y verde.

De Acapulco a Puerto Escondido hay muy poco desarrollo turístico. La carretera no discurre cercana a la playa. Pasa por varios pueblos pequeños cuyos habitantes son descendientes de los esclavos africanos, y por zonas de vegetación tropical con numerosos ríos, lagunas e inusitadas formaciones rocosas.

El sol y el mar llevan cada año millones de turistas a los centros vacacionales de la costa mexicana.

Baja
California

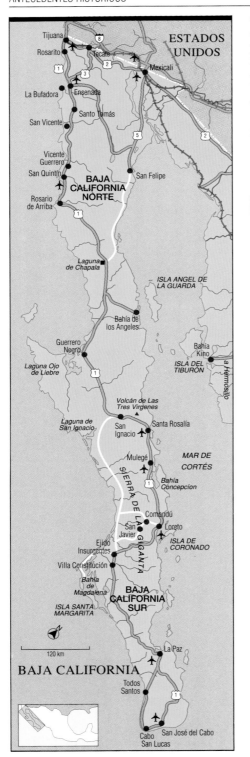

ESTADOS
UNIDOS

BAJA
CALIFORNIA
NORTE

BAJA
CALIFORNIA

ISLA ANGEL DE
LA GUARDA

ISLA DEL
TIBURÓN

MAR DE
CORTÉS

ISLA DE
CORONADO

BAJA
CALIFORNIA
SUR

ISLA SANTA
MARGARITA

120 km

CON LAS ÚNICAS EXCEPCIONES DEL VALLE que rodea Mexicali en el norte y su extremo sur, la península de Baja California es un desierto montañoso bordeado de playas arenosas y costas rocosas. Confina al norte con Estados Unidos y la bahía de Cortés, o golfo de California, como la denominan los estadounidenses, que la separa del México continental. Las montañas se extienden de norte a sur a lo largo de los 1.250 km de longitud que tiene la península, cuya anchura media es de 90 km.

ANTECEDENTES HISTÓRICOS

Baja California ha estado habitada desde el año 7500 a. C., y sus pobladores vivían en cavernas. Se sabe poco de estos primeros habitantes y la primera información escrita sobre esta zona se debe a Hernán Cortés. En 1535, buscando el legendario reino de las amazonas, con su reina negra Calafia, Cortés desembarcó en el extremo sur de la península, cerca de la actual ciudad de La Paz. Aun cuando los españoles no encontraron las aguerridas mujeres guerreras, llamaron a esta tierra California, nombre derivado del de la legendaria reina.

Habiendo oído rumores de que las perlas abundaban en las bahías a lo largo de la península, Cortés organizó posteriormente varias expediciones más, si bien no participó en ellas. Estas expediciones tropezaron con la lógica hostilidad de los indios, y no fue hasta finales del siglo XVII cuando se establecieron los primeros asentamientos europeos en esta zona. En 1697, tres misioneros jesuitas llegaron con el objetivo de cristianizar las tribus nativas. Más sacerdotes llegaron en 1720, mas con la mala fortuna de que trajeron la viruela consigo, lo que casi destruyó la población aborigen.

A pesar de todo ello, los misioneros continuaron su labor a lo largo de la península de Baja California, plantando viñedos, olivos y palmeras datileras. Cuando, en 1767, los jesuitas fueron expulsados, las misiones que ellos habían construido eran bastante prósperas y fueron ocupadas por los franciscanos y, más tarde, en 1772, por los dominicos.

Las misiones se extendieron de Loreto hacia el norte, en la región de Alta California, donde prosperaron rápidamente.

Baja California se separó del estado estadounidense de California en 1804, pero estuvo en poder de Estados Unidos durante la guerra méxico-norteamericana. Después de la guerra de la Independencia, fue incorporada a la República como territorio, y después, en 1931, dividida en Baja California Norte y Baja California Sur, por el paralelo 28. La primera se convirtió en estado en 1952 y la segunda, en 1974. Con sus más de 3.000 km de costa, Baja California se ha convertido en un popular lugar para los californianos. Aun cuando el clima de la costa del Pacífico es fresco en invierno, el del mar de Cortés es cálido desde noviembre hasta abril. Cuando el tiempo es insoportablemente caluroso en el golfo, la costa del Pacífico es cálida y seca. El sur, cerca de La Paz, tiene un clima agradable durante todo el año.

INFORMACIÓN TURÍSTICA

Baja Información, ((619) 298-4105 o (800) 522-1516 (LLAMADA GRATUITA), desde California, Nevada y Arizona (800) 225-2786 (LLAMADA GRATUITA), desde el resto de Estados Unidos y Canadá, FAX (619) 294-7366, se encarga de realizar reservas en hoteles de toda la península.

Baja California Tours, ((619) 454-7166, FAX (619) 454-2703, 7734 Herschel Avenue, Suite O, La Jolla, CA 92037, organiza excursiones con guías a ranchos, misiones y viñedos de Baja California.

CÓMO LLEGAR

Hasta 1973, la mayor parte de Baja California era accesible únicamente para los vehículos con tracción en las cuatro ruedas. Actualmente, la carretera Transpeninsular recorre todo el trayecto entre Tijuana, en el norte, a Cabo San Lucas, en el sur. Calcule un promedio de dos días para llegar de la frontera americana, entre San Diego y Tijuana, hasta el extremo de Baja California, Los Cabos. Al llegar a Guerrero Negro, la frontera entre Baja California y Baja California Sur, la carretera asciende hacia la ciudad-misión de San Ignacio, y luego baja hacia Santa Rosalía y el mar de Cortés.

Las ciudades y pueblos de Baja California han crecido considerablemente desde 1973, a

fin de poder recibir la creciente afluencia de visitantes, lo que hace del turismo la base de la economía de la península.

Tijuana, Mexicali, Loreto, La Paz y Los Cabos cuentan con aeropuerto. Y una línea de autocares de primera y segunda clase cubre de manera regular la distancia que media entre Tijuana y Los Cabos.

TIJUANA

Tijuana es la cuarta ciudad de México con, oficialmente, un millón y medio de habitan-

tes, pero cuya población real es, probablemente, mucho mayor. Es más estadounidense que mexicana.

ANTECEDENTES HISTÓRICOS

Es posible que Tijuana sea «la ciudad más visitada del mundo»; la frontera entre San Diego y Tijuana es una de las transitadas. Hay dos versiones sobre el origen de su nombre: una de ellas es que procede de la palabra *ti-wan*, que, en el idioma de los indios cochimi significa «agua cercana»; y la otra, que deriva de Tía Juana, nombre de un rancho cercano a la frontera.

Tijuana es uno de los destinos favoritos de los estadounidenses y lo ha sido desde los tiempos de la ley seca, en 1920, cuando la ciudad ofrecía alcohol fácil a los «secos» anglosajones del norte. Incluso después de la abolición de la ley seca, Tijuana conservó su

SUPERIOR: Tijuana, con el gran Palacio del Jai Alai y la plaza de toros. PÁGINAS SIGUIENTES: Las *charreadas* atraen a los aficionados al rodeo de ambos lados de la frontera.

popularidad, pues ofrecía distracciones que estaban mal vistas al otro lado de la frontera: bronca vida nocturna, drogas, toros, y juego en el canódromo, el hipódromo y el *jai alai* (frontón). Todos estos vicios siguen estando a disposición del visitante. Sin embargo, Tijuana cuenta con otra clase de atractivos. Su centro cultural se encarga de familiarizar a cientos de turistas con la historia, la arqueología y las civilizaciones precolombinas mexicanas. Sus restaurantes y mercados permiten conocer mejor la cocina mexicana y, en sus tiendas, se encuentran las mejores artesanías que produce este país. Los habitantes del sur de California realizan escapadas periódicas para ir tomando conciencia de lo que es México.

INFORMACIÓN TURÍSTICA

La **oficina de información turística**, ((66) 819492, FAX (66) 819579, instalada junto a la frontera, abre todos los días de 09.00 a 19.00 horas. Existe otra **oficina de información turística**, ((66) 840537, en paseo de los Héroes, 9365, delante del Centro Cultural, en la Zona Río. Esta oficina abre de lunes a viernes, de 09.00 a 17.00 horas.

VISITAR TIJUANA

Las autoridades municipales de Tijuana luchan constantemente contra la imagen negativa que tiene la ciudad, y tratan de atraer a los turistas por todos los medios. La mayor parte de la ciudad queda al sur del lecho, generalmente seco, del río Tijuana. Las tiendas, los vendedores ambulantes y los ganchos para atraer clientes aparecen nada más cruzar la frontera, en la **calle 2**, en dirección al centro de la ciudad. En Ocampo y Nigrete hay varias tiendas de cerámica y de *souvenirs*. Si está dando un paseo, eche un vistazo a la mercancía y compare precios.

La principal calle de la ciudad, la **avenida de la Revolución** que, durante mucho tiempo, fue un abigarrado conjunto de bares y burdeles, ha cambiado para convertirse en una zona comercial para los americanos. Las tiendas, los restaurantes y los bares se renuevan constantemente. Sin embargo, la avenida Revolución se ha ido refinando y, en la actualidad, cuenta con varias tiendas y

restaurantes de calidad que conviven con los puestos de *souvenirs*.

El edificio más importante de esta avenida es el **Palacio Frontón**, ((66) 384308 ó (800) PIK-BAJA, de estilo morisco, situado junto a la calle 8. Los partidos de frontón tienen lugar todos los días menos los jueves, a partir de las 20.00 horas. El juego es rápido y fascinante y las apuestas le dan aún mayor emoción. El **Bazar de México**, ((66) 865280, avenida Revolución esquina con la calle 7, y la **terminal Mexicoach**, ((66) 851470, avenida Revolución entre las calles 6 y 7, son lugares más tranquilos para ir de compras. Uno de los atractivos nuevos que han surgido en esta zona es la **bodega L.A. Cetto**, ((66) 851644, que se encuentra en Cañón Johnson, esquina con la avenida Constitución. Durante la visita a la bodega, filial de una de las más importantes de México, se puede catar o comprar vinos.

Los centros comerciales, hoteles, restaurantes y clubs nocturnos más elegantes están a unas cuantas manzanas, en la Zona Río, al este de la ciudad. La zona queda a 10 minutos andando, en la calle 8, frente a la avenida General Rodolfo Taboada. Los lugares más visitados de Tijuana son el **cine Omnimax** y el impresionante museo del **Centro Cultural**, ((66) 841125, paseo de los Héroes esquina con la avenida Independencia (abre todos los días, de 09.00 a 20.30 horas). El centro es obra del arquitecto Pedro Ramírez Vázquez y presenta una excelente exposición permanente sobre la historia de México y varias exposiciones temporales dedicadas a distintos artistas mexicanos. La biblioteca del centro está especialmente bien surtida en lo que respecta a libros sobre México. **Mexitlán**, ((66) 384165, avenida Ocampo, entre las calles 2 y 3, es un fascinante museo al aire libre, en el que se muestran réplicas en miniatura de los principales restos arqueológicos, edificios coloniales, iglesias y parques de México. Abre de miércoles a domingo, de 09.00 a 17.00 horas. El **Pueblo Amigo**, paseo Tijuana, entre el puente México y la avenida Independencia, se concibió a modo de plaza colonial. Se trata de un centro con varios clubes nocturnos y restaurantes, situado a unos pasos de la frontera.

En el bulevar Agua Caliente, que es la prolongación de la avenida Revolución, se erige la más pequeña de las dos plazas de toros de la ciudad, el **Toreo de Tijuana**; en ella hay corridas todos los domingos por la tarde, de mayo a septiembre. Sin embargo, las corridas más importantes tienen lugar en la **plaza de toros Monumental**, ((66) 842126/878519, Playas Tijuana. Otro espectáculo dominical lo constituyen las *charreadas*, rodeos al estilo mexicano, organizadas por las Asociaciones de Charros ((66) 842126. Si desea jugar al golf, acuda al **Tijuana Country Club**, ((66) 817855, bulevar Agua Caliente.

Detrás del Toreo de Tijuana se halla el **hipódromo de Agua Caliente**, ((66) 862002,

envueltos en mantas, y se ponen a pedir limosna en las calles. Su aspecto miserable conmueve a aquellos que no están familiarizados con las duras condiciones de vida del Tercer Mundo.

El **mercado Hidalgo**, avenida Independencia esquina con avenida Sánchez Taboada, se encuentra unas seis manzanas al este de la avenida Revolución. En el mercado pueden adquirirse productos interesantes, pero visitarlo merece la pena porque supone un curso de introducción a la vida mexicana. En **Tolan**, ((66) 883637, avenida Revolución, entre las

bulevar Agua Caliente, en Salinas. Ya no hay carreras de caballos pero los fines de semana se organizan carreras de galgos. El hipódromo está conectado, vía satélite, a otros hipódromos de California, con lo cual los jugadores tienen la oportunidad de poder realizar sus apuestas en ambos países simultáneamente.

La principal actividad turística de Tijuana es ir de compras. El centro neurálgico de las compras se encuentra en la avenida Revolución, donde los ganchos situados frente a las tiendas pueden llegar a suplicar, molestar o perseguir a los clientes potenciales con la esperanza de llamar su atención. Los habitantes llaman «Marías» a todas las mujeres que llegan de Chiapas y Oaxaca, con sus bebés

calles 7 y 8, es mucho más elegante. Los coleccionistas de artesanía siempre pasan por esta tienda para adquirir una estatua religiosa u otro producto procedente de cualquier punto del país. **Sanborn's**, ((66) 841462, avenida Revolución, esquina con la calle 8, pertenece a una cadena nacional de restaurantes y tiendas en las que se vende artesanía de calidad, libros y joyas.

Las playas inmediatamente al sur de la ciudad, las **playas de Tijuana**, gozan de mucha popularidad entre los mexicanos, pero en ellas no hay grandes hoteles y únicamente algunos pequeños restaurantes.

Coloridas y variadas, las calles de Tijuana ofrecen algo a todo el mundo, tanto de día como de noche.

ALOJAMIENTOS TURÍSTICOS

Antiguamente, Tijuana sólo contaba con unos cuantos hoteles vetustos y baratos. La llegada de las *maquiladoras* (cadenas de ensamblaje) en los años ochenta, atrajo a gran cantidad de hombres de negocios procedentes del propio México, pero también de Asia, Europa y Estados Unidos. Ese fenómeno impulsó de manera espectacular los hoteles de la ciudad. En la actualidad, Tijuana dispone de varios establecimientos de lujo. La frontera mexicana ofrece mejor relación calidad-precio que

la estadounidense. Si desea salir por la noche, procure buscar un hotel cerca. En Tijuana sigue habiendo muchos hoteles baratos, pero, en su mayoría, son profundamente desagradables. Si opta por uno de estos hoteles, pida que le muestren varias habitaciones y escoja la mejor. Y no desatienda sus efectos personales.

Caros

Cuando las cadenas hoteleras de mayor prestigio se instalan en una ciudad, se puede considerar que ésta ha alcanzado un éxito considerable. El hotel **Camino Real**, ℂ (66) 334000 o (800) 722-6466 (LLAMADA GRATUITA), FAX (66) 334001, paseo de los Héroes, es una clara muestra de la prosperidad de Tijuana. Se trata de un establecimiento moderno, situado en un cruce de calles importante, en la Zona Río. Cuenta con 235 habitaciones y 15 suites, todas ellas perfectamente equipadas. En la década de 1980, al principio del resurgir de Tijuana, se construyeron dos torres gemelas de cristal que se han convertido en un símbolo de esa prosperidad (se encuentran en el bu-

levar Agua Caliente). En una de esas torres se instaló un hotel que ha cambiado varias veces de dueño pero que, en la actualidad, se llama **Grand Hotel**, ℂ (66) 817000 o (800) 472-6385 (LLAMADA GRATUITA), FAX (66) 817016, bulevar Agua Caliente, 4558. Su vestíbulo es uno de los lugares más elegantes de la ciudad, un espacio al que la gente acude para ser vista. El restaurante y el bar siempre están llenos. La calidad y el nivel de equipamiento de sus 422 habitaciones varía según el precio.

Moderados

El **Lucerna**, ℂ (66) 647000 o (800) 582-3762 (LLAMADA GRATUITA), FAX (66) 342400, paseo de los Héroes esquina con avenida Rodríguez, es uno de los establecimientos de calidad de la Zona Río, el preferido por aquellos que gustan del estilo y la arquitectura mexicana tradicional. La piscina está rodeada por un jardín muy cuidado. Sus 147 habitaciones y 28 *suites* son cómodas y están amuebladas en estilo colonial. El **Holiday Inn Express Tijuana Agua**, ℂ (66) 346901 o (800) 225-2786 (LLAMADA GRATUITA), FAX (66) 346912, paseo de los Héroes, 18818, Zona Río, posee un delicioso balneario con aguas termales. El hotel se encuentra cerca del manantial que alimentaba las piscinas del hotel Agua Caliente en la época de la ley seca; sus aguas termales humeantes afloran a la superficie y llenan las piscinas y estanques del nuevo hotel. El balneario propone tratamientos a base de barro y aceite, masajes, tratamientos estéticos, etc. Sus 122 habitaciones y sus 5 *suites* son menos lujosas de lo que cabría esperar pero no dejan de ser un buen negocio.

Económicos

Para los viajeros de bajo presupuesto, recomiendo el hotel **La Villa de Zaragoza**, ℂ (66) 851832, FAX (66) 851837, avenida Madero, 1120. Está cerca de la avenida Revolución. Sus 66 habitaciones son correctas y están limpias, pero el hotel suele estar lleno.

RESTAURANTES

Al igual que los hoteles, los restaurantes de Tijuana también han aumentado su número en los últimos años. En la ciudad se encuentran desde establecimientos de lujo hasta pequeños cafés muy animados. Los restaurantes de calidad limpian las frutas y las verduras con agua purificada.

Caros

Cien años, ((66) 343039, avenida José María, en la Zona Río, es uno de los restaurantes con más éxito de la última década. Su ambiente es refinado y el menú, lleno de especialidades mexicanas, es excelente. Los platos tienen una presentación inmejorable.

Moderados

La Fonda de Roberto, ((66) 861601, en el motel La Siesta, en la antigua carretera de la Ensenada o calle Dieciséis de Septiembre, cerca del bulevar Agua Caliente, es uno de los restaurantes méxicanos de mayor éxito. **La Taberna Española**, ((66) 847562, plaza Fiesta y paseo de los Héroes, es uno de los mejores restaurantes de la plaza. Los fines de semana se llena de estudiantes jóvenes y tiene un ambiente muy animado. **Tía Juana Tilly's**, ((66) 856024, avenida Revolución, esquina con la calle 7, tiene tres locales en la misma avenida. Éste es el mayor y tiene un café con terraza, ideal para pasar el rato viendo a la gente y comiendo nachos. **Señor Frog's**, ((66) 824964, en el centro de Pueblo Amigo, paseo Tijuana, es un local animado y divertido en el que sirven unas excelentes costillas a la barbacoa, así como platos mexicanos.

Económicos

En **La Especial**, ((66) 856654, avenida Revolución, 718, sirven comida mexicana casera. El local es inmenso, subterráneo y muy animado. Sus enchiladas, su carne asada y sus tacos están recién hechos y no usan demasiado picante. La especialidad de la **Birrieria Guanajuato** (sin teléfono), avenida Abraham González, 102, es el cabrito, mientras que la carne de cerdo asada lo es del **Carnitas Uruapan**, ((66) 856181, bulevar Díaz Ordaz, 550. En ambos establecimientos los platos principales se venden por kilos y se acompañan de frijoles, arroz, salsa y tortillas que se saborean en sus mesas.

Vida nocturna

Los habitantes de la frontera son muy aficionados a la vida nocturna de Tijuana, tanto a

sus bares de mala fama como a sus locales elegantes. El **Hard Rock Café**, ((66) 850206, avenida Revolución, 520, entre las calles 1 y 2, llama la atención de los viajeros más prudentes. El **Rodeo de Media Noche**, ((66) 824967, avenida paseo Tijuana, en Pueblo Amigo, Zona Río, es un local divertido en el que se organizan rodeos a medianoche (de ahí su nombre). El club cuenta, además, con varias pistas de baile. El **Cómo Que No**, ((66) 842791, avenida Sánchez Taboada, 95, y el **Dime Que Sí**, ((66) 842791, quedan muy cerca y su clientela está formada por profesionales jóvenes de

ambos lados de la frontera. El **Baby Rock**, ((66) 342404, calle Diego Rivera, 1482, en la Zona Río, es la discoteca más completa de la ciudad.

Cómo llegar

El aeropuerto Alberado Rodríguez se encuentra a 8 km de la frontera estadounidense, pero a él no llegan ninguna compañía de Estados Unidos o Europa. A Tijuana vuelan Aeroméxico, Mexicana, AeroCalifornia, Taesa y algunas compañías regionales que

PÁGINA ANTERIOR: Tilly's ofrece comida mexicana de calidad a precios razonables pero los *souvenirs*, SUPERIOR, son más caros en Tijuana que en el resto del país.

ofrecen conexiones con el resto de México y
con Latinoamérica (Cuba incluida).

TECATE

La mayoría de los viajeros que recorren la
costa del Pacífico hacia el sur, en dirección
a los centros hoteleros del sur de Baja, pasan
por Tecate, una ciudad fronteriza situada
32 km al este. El puesto fronterizo es más fácil
de cruzar que el de Tijuana, salvo si su paso
coincide con una de las fiestas o carreras ci-
clistas que organizan en verano o si llega tarde (la frontera cierra a las 22.00 horas y abre
a las 06.00 horas). Las *maquiladoras* instaladas en las afueras de la ciudad suponen una
importante fuente de trabajo que ha provocado un importante aumento de población, pero la plaza principal, la iglesia y las
callejuelas mantienen el ambiente y el ritmo
de vida propio de un pueblo. De hecho, en
Tecate no hay mucho que hacer salvo pasear
por la plaza o por sus callejuelas. La ciudad
dispone de tiendas de cerámica a las que
acuden los estadounidenses en busca de ma-
cetas y azulejos. La mayor atracción turística de la zona es el **Rancho La Puerta**, ((66)
41155 o (800) 443-7565 (LLAMADA GRATUITA) en
la carretera 2, 5 km al oeste de Tecate. A este
centro termal tan caro como vistoso, acuden ejecutivos estresados de ambos lados de
la frontera. En el callejón Libertad, ((665)
41095, le facilitarán información turística sobre Tecate.

MEXICALI

Aunque Tijuana es una ciudad mucho más
poblada, Mexicali es la capital del estado de
Baja California. Situada 136 km al este de Tijuana, Mexicali es un importante centro administrativo y agrícola con poco atractivo
turístico. La **oficina de información turística**, ((65) 561072, se encuentra en la calle
Calafia, esquina con Independencia. La **oficina de Congresos y Turismo**, ((65) 522376,
está en la calle López Mateos esquina con la
calle Compresora. Mexicali es el paso fronterizo que toman los viajeros que van por la
carretera 5, en dirección a las playas de **San
Felipe** y por los que cogen el ferrocarril Sonora Baja California en dirección sur, hacia
Hermosillo y el interior del país. La **estación**

de ferrocarril, ((65) 572386, se encuentra en
el extremo sur de la calle Ulises Irigoyen.

Mexicali cuenta con hoteles buenos y caros como el **Crowne Plaza**, ((65) 573600 o
(800) 227-6963 (LLAMADA GRATUITA), FAX (65)
570555, bulevar López Mateos esquina con
avenida de los Héroes. **La Lucerna**, ((65)
661000 o (800) 582-3762 (LLAMADA GRATUITA),
FAX (65) 664706, avenida Benito Juárez, 2151,
cuenta con 203 habitaciones y *suites* de precio moderado.

SAN FELIPE

San Felipe se encuentra 196 km al sur de Mexicali y es un destino muy apreciado por los
pescadores de aguas profundas y por aquellos que buscan relajarse en un centro turístico de precios moderados. San Felipe
es la primera ciudad del golfo de California.
Sus aguas no están tan limpias como las de
las playas situadas más al sur, pero son ricas
en mariscos. Durante muchos años, a la ciudad sólo llegaban turistas que iban de cam-
ping pero, en la actualidad, cuenta con varios
hoteles de calidad. La **oficina de información turística**, ((657) 71155, avenida Mar de
Cortés, abre entre semana de 08.00 a 15.00 horas y resulta de gran utilidad.

VISITAR SAN FELIPE

Las playas son el principal atractivo de la ciudad. El malecón está lleno de pequeños cafés,
bares y puestos de tacos. En lo alto de la colina que da a la playa hay un santuario dedicado a la Virgen de Guadalupe. Siguiendo
la tradición, los pescadores visitan el santuario antes de salir a la mar. **Alex Sportfishing**, ((657) 71052, **San Felipe Sportfishing**,
((657) 71055 y **Del Mar de Cortés Char-
ters**, ((657) 71303, proponen salidas de pesca
en las que se capturan, entre otros, el cuervo
marino y el pez espada. Todas estas agencias
cuentan con oficinas en el malecón. La época
de mayor animación en San Felipe son las vacaciones de primavera.

ALOJAMIENTOS TURÍSTICOS

A pesar de que muchos de los turistas que
acuden a San Felipe se alojan en cámpings o
en caravanas, la ciudad cuenta con varios

hoteles buenos. En la categoría de precios elevados destaca el **San Felipe Marina Resort**, ℂ/FAX (657) 71455 o (800) 225-2786 (LLAMADA GRATUITA) km 4,5, carretera San Felipe-Aeropuerto. Es el establecimiento más lujoso de la ciudad. En invierno, su piscina cubierta y climatizada es una delicia. El hotel cuenta con gimnasio y muchas de sus 60 habitaciones tienen vistas al mar. En la categoría de precios moderados, **Las Misiones**, ℂ (657) 71280 o (800) 336-5454 (LLAMADA GRATUITA), FAX (657) 71283, avenida Misión de Loreto, 130, se llena de grupos de viajes organizados. Dispone de 185 habitaciones y 32 *suites* muy cuidadas, una piscina grande y playa privada. **El Cortés**, ℂ (657) 71056, FAX (657) 71055, avenida Mar de Cortés, cuenta con habitaciones y cabañas en la playa, un buen restaurante y un bar muy popular. Queda a unos minutos de la ciudad.

Restaurantes

Las gambas y el marisco en general son los ingredientes estrella de la mayor parte de los restaurantes de San Felipe. **George's**, ℂ (657) 71057, avenida Mar de Cortés, y **Ruben's**, ℂ (657) 71091, RV Park, se encuentran al norte de la ciudad. **El Toro**, ℂ (657) 71032, en la carretera 5, también al norte de la ciudad, sirve desayunos muy copiosos. **Tony's Tacos** (no tiene teléfono) está en el malecón, en la avenida Chetumal, y sirve unos exquisitos tacos de pescado y de gambas.

ROSARITO

La primera ciudad importante que se encuentra en la costa del Pacífico, al sur de Tijuana, es Rosarito, uno de los destinos más apreciados por los californianos del sur para realizar una escapada de fin de semana. La ciudad pasó de ser un pueblo de pescadores a tener 110.000 habitantes en cuestión de pocos años. El bulevar Benito Juárez, situado en el centro, está repleto de hoteles elegantes, bares de moda y restaurantes. Suele haber mucho tráfico.

INFORMACIÓN TURÍSTICA

La **oficina de información turística**, ℂ (661) 20396/23078, se encuentra en el bulevar Juárez, en el centro comercial Quinta Plaza.

VISITAR ROSARITO

El principal atractivo de Rosarito lo constituye su extensa playa. Si las aguas no están turbias, no hay peligro a la hora de bañarse. Pero después de una lluvia fuerte, el océano suele estar contaminado y es mejor abstenerse de mojarse. La playa discurre paralela al **bulevar Benito Juárez**, aunque desde éste no siempre se puede ver el mar. En realidad, el bulevar está formado por una sucesión de centros comerciales, bares y hoteles. La fachada del **Festival Plaza**, un conjunto de hoteles y restaurantes, no pasa desapercibida. Se trata de uno de los centros más importantes de la ciudad. El **hotel Rosarito Beach** queda una manzana hacia el sur. Este hotel data de la época de la ley seca y fue, durante mucho tiempo, uno de los lugares más populares de la ciudad. Merece la pena echarle un vistazo para disfrutar de sus azulejos hechos a mano, sus vigas de madera tallada, sus murales y su sala de baile. La **Misión el Descanso**, el edificio del que surgió la ciudad de Rosarito, se encuentra 19 km al sur, en la antigua carretera de Ensenada, después de Cantamar (gire a la izquierda por debajo de la autopista). Después de recorrer 1 km por una pista de tierra, llegará a las ruinas de la misión, construida por los dominicos a finales del siglo XVIII.

La proliferación de residencias estivales en la costa ha convertido Rosarito en un importante centro de objetos de decoración, y la mayor parte de los turistas dedican varias horas a ir de tiendas. En el extremo norte de la ciudad encontrará tiendas de muebles y de objetos de cerámica, al igual que en el centro comercial Quinta del Mar Plaza, el más importante de la ciudad. Recomiendo especialmente una visita a **Interior del Río Casa del Arte y La Madera**, ℂ (661) 21300, Quinta del Mar Plaza, donde venden mesas y sillas de colores y artesanías mexicanas. En **Taxco Curios**, ℂ (661) 21877, Quinta del Mar Plaza, encontrará toda clase de objetos de vidrio. En el centro comercial del hotel Rosarito Beach, destacan **Casa Torres**, ℂ (661) 21008, una tienda en la que venden perfumes y cremas de importación, y **Margarita's** (sin teléfono), una tienda de artesanías. Al sur de la ciudad encontrará varias tiendas de objetos de cerámica y en la **Casa la Carreta**, ℂ (661)

20502, km 29 de la antigua carretera a Ensenada, venden las mejores tallas de madera de la región.

Si quiere jugar a **golf**, acuda al **Real del Mar Golf Club**, ((661) 31340, en la autopista a Ensenada, al norte de Rosarito. **Montar a caballo** en la playa es una verdadera delicia. Al final del bulevar Benito Juárez alquilan caballos y, en la playa, al sur del hotel Rosarito Beach, también. Rosarito no es el mejor lugar para practicar el *surf*, pero en Popotla, en el km 33 en dirección a Calafia, en el 33,5 en dirección a Costa Baja, y en el 36 y 38 de la antigua carretera de Ensenada, hay buenas olas.

ALOJAMIENTOS TURÍSTICOS

Los promotores turísticos han hecho un gran esfuerzo por responder a la demanada de habitaciones en Rosarito; eso ha provocado una mezcla de estilos arquitectónicos en poco espacio y una gran sucesión de obras por terminar. En verano y durante los fines de semana, es difícil encontrar habitación: reserve plaza antes de llegar. En **Baja Información**, ((619) 298-4105 o (800) 522-1516 (LLAMADA GRATUITA), FAX (619) 294-7366, dan información sobre hoteles.

Moderados

El **hotel Rosarito Beach**, ((661) 20144 o (800) 343-8582 (LLAMADA GRATUITA), FAX (661) 21125 (por escrito: apdo. de correos 430145, San Diego, CA 92143), bulevar Juárez, al sur de la ciudad, sería el hotel más agradable de Rosarito si cuidaran un poco más las 186 habitaciones y las 28 *suites* de que dispone. La calidad y comodidad de las habitaciones es muy irregular. Las mejores son las que se encuentran en una torre bastante fea, junto al edificio central. Cuenta con balneario y restaurante.

El **Festival Plaza**, ((661) 20842 o (800) 453-8606 (LLAMADA GRATUITA), FAX (661) 20124, bulevar Juárez, 11, cuenta con varias clases de habitaciones, casitas frente a la playa y espacios estilo motel. No le costará encontrar algo que se adecúe a su presupuesto y a su gusto entre las 108 habitaciones, las 5 *suites* del último piso, las siete casitas y las 13 villas. El ruido puede llegar a ser un problema porque en el interior hay un escenario para conciertos y una montaña rusa.

El **hotel Los Pelícanos**, ((661) 20445, FAX (661) 21757, calle Cedros, 115, esquina con la calle Ébano (por escrito: apdo. de correos 433871, San Ysidro, CA 92143), es el preferido de quienes quieren estar en la playa, pero tranquilos. Sus 39 habitaciones están bien cuidadas y algunas cuentan con balcón y vistas al mar. El hotel no tiene piscina.

Económicos

A pesar de encontrarse en el bulevar principal, el hotel **Brisas del Mar**, ((661) 22547 o (800) 871-3605 (LLAMADA GRATUITA), FAX (661) 22547 (por escrito: apdo. de correos 18903, Coronado, CA 92178-9003), bulevar Juárez, 22, es un lugar silencioso y tranquilo. Sus 69 habitaciones y sus dos pequeñas *suites* están en perfecto estado. En la misma categoría de precios recomendamos el **Motel Colonial**, ((661) 21575, calle Primero de Mayo, que cuenta con 13 habitaciones, y el **Motel Don Luís**, ((661) 21166, bulevar Benito Juárez, que dispone de 31 habitaciones, algunas con cocina.

RESTAURANTES

Los restaurantes refinados no van con el estilo de Rosarito. La ciudad está repleta de locales en los que las bebidas son tan importantes como la comida. Los tacos y los mariscos conviven con el tequila y la cerveza.

Moderados

Si le gusta comer buenos filetes, la langosta y la buena conversación, no debe perderse **El Nido**, ((661) 21430, bulevar Juárez, 67. **La Leña**, ((661) 20826, en el centro comercial Quinta Plaza, queda algo lejos del núcleo más animado. Sirven carne de buey y platos mexicanos con un toque original. **El Patio**, ((661) 22950, bulevar Juárez, en el Festival Plaza, es un establecimiento tranquilo en el que sirven platos regionales con un toque casero (mole poblano con pollo, etc). **La Taberna Española**, ((661) 21982, bulevar Juárez, frente al Festival Plaza, es una sucursal del famoso bar de tapas de Tijuana.

Económicos

La Flor de Michoacán, ((661) 21858, bulevar Juárez, 291, es el lugar ideal para comer *carnitas* con guacamole así como tortillas recién hechas.

CÓMO LLEGAR

Rosarito está 29 km al sur de Tijuana, muy bien comunicada por autopista. La salida de Rosarito va a dar al bulevar Juárez y a la antigua carretera de Ensenada, que sigue hacia el sur. Existen varias líneas de autobús que unen la ciudad con Tijuana.

PUERTO NUEVO

Antiguo pueblo de pescadores, Puerto Nuevo se ha convertido en un gran centro turís-

ALOJAMIENTOS TURÍSTICOS

En la zona hay varios hoteles sencillos a los que se puede llegar caminando desde los restaurantes de langosta. En verano y durante los fines de semana suelen estar llenos.

Moderados

Las Rocas, (/FAX (661) 22140, km 37 de la antigua carretera a Ensenada, es el hotel más agradable de Puerto Nuevo. Las mejores de sus 74 habitaciones y *suites* cuentan con horno microondas y chimenea. El **hotel New**

tico. ¿Por qué? Porque tiene fama de servir las mejores langostas de la zona, a la parrilla o fritas, acompañadas de limón, mantequilla, tortillas, frijoles y arroz. Los pocos restaurantes con que contaba en principio se han multiplicado y, en la actualidad, se cuentan más de treinta restaurantes sobre el acantilado. Casi ningún restaurante tiene teléfono y no permiten reservar mesa. Me gusta mucho la familia que dirige el **Ponderosa**, uno de los restaurantes más pequeños y antiguos de Puerto Nuevo. **Ortegas** es el más popular, y cuenta con cuatro locales en el pueblo y dos más en Rosarito. Puerto Nuevo queda 12 km al sur de Rosarito. Cuando vea una serie de tiendas de cerámica junto a la carretera, habrá llegado.

Port Baja, ((661) 41166, FAX (661) 41174, km 45 de la antigua carretera a Ensenada, dispone de 147 habitaciones que dan a una gran piscina. En el bar del vestíbulo tocan músicos de muy buena calidad. **La Fonda** (sin teléfono), km 59 de la antigua carretera a Ensenada, tiene tanto éxito por sus 26 habitaciones rústicas como por su restaurante.

ENSENADA

Al mismo tiempo que ciudad turística, **Ensenada**, situada en la bahía de Todos los Santos, a 108 km al sur de la frontera, es también

Ensenada atrae a los californianos del sur por su gastronomía y su vida nocturna.

un importante puerto y el más importante pesquero comercial de Baja California. El capitán portugués Juan Rodríguez Cabrillo fue el primero en cartografiar esta protegida bahía, en 1542, que fue bautizada por el explorador español Sebastián Vizcaíno como Ensenada-Bahía de Todos los Santos. A finales del siglo XVIII llegaron a este lugar misioneros y rancheros, se descubrió oro y Ensenada experimentó el correspondiente *boom*. Las minas se agotaron pronto y Ensenada se convirtió en una tranquila comunidad agrícola y pesquera. Tuvo sus momentos de auge cuando, entre 1888 y 1910, fue la capital de Baja California Norte, y durante la prohibición, cuando los sedientos americanos llegaban en busca del oro líquido. Su popularidad disminuyó al abolirse la prohibición.

INFORMACIÓN TURÍSTICA

La oficina de turismo, ((61) 782411/788588, bulevar Costero, 1477, abre entre semana de 09.00 a 17.00 horas y cierra para comer.

VISITAR ENSENADA

La autopista que viene de Tijuana llega a Ensenada por el norte, por el bulevar costero. El primer lugar de interés es también uno de los más populares: **el mercado de pescado**, en el extremo norte del bulevar Costero, esquina con la plaza Marina. En el exterior del mercado, decenas de puestos venden tacos de pescado: se cortan filetes de bacalao o cualquier otro pescado blanco, se envuelven con una masa especial, se fríen y se sirven con una tortilla. La impresionante **plaza Marina** impide que el mercado se vea desde la calle: es uno de los edificios que más rompen el paisaje de Ensenada. Al sur del mercado se encuentra la **plaza Cívica**, bulevar Costero esquina con avenida Riveroll, un parque pequeño con bustos de los primeros dirigentes mexicanos. El **Centro Artesanal de Ensenada** se construyó pensando en los turistas que llegan en crucero. El centro cuenta con varias tiendas interesantes como, por ejemplo, la **Galería de Pérez Meillón**, ((61) 740399, que vende cerámica de Casas Grandes, digna de estar expuesta en un museo. El monumento más querido de Ensenada es el palacio de la época de la ley seca, el **Riviera del Pacífico**, ((61) 764310, bulevar Costero esquina con avenida Riviera (abierto de 09.00 a 17.00 horas). Se trata de un edificio blanco estilo hacienda, en el que antiguamente había un hotel, salas de baile, salas de juego y restaurantes pero ahora se ha convertido en un museo municipal.

El principal barrio turístico de Ensenada se encuentra a pocas manzanas del mar, en la **avenida López Mateos**. Esta calle siempre está animada y cuenta con gran cantidad de

centros comerciales, restaurantes y hoteles. Las galerías **Artes Don Quijote, Artesanías Castillo** y **Girasoles** están especializadas en joyas y artesanías. Los viñedos de los valles cercanos dan uno de los mejores vinos del país. Si desea visitar una bodega, acuda a **Las Bodegas de Santo Tomás**, ((61) 783333, avenida Miramar, 666 (llame antes para pedir cita). Del otro lado de Miramar, frente a la bodega, se encuentra **La Esquina de Bodegas**. Esta bodega está abierta al público, al igual que sus viñedos. La catedral de Ensenada, **Nuestra Señora de Guadalupe**, se encuentra en la avenida Floresta esquina con avenida Juárez.

Las playas de Ensenada no son demasiado llamativas. Las mejores se encuentran al sur de la ciudad, en **Estero**. El océano es todo un espectáculo en **La Bufadora**, 31 km al sudoeste de Ensenada. Las olas rompen haciendo un gran estruendo y llenando de espuma la orilla situada junto a un acantilado.

La atracción más sobresaliente de Ensenada es la **pesca deportiva**. De mayo a octubre, los deportistas miden sus fuerzas con el *yellowtail*. Abundan la barracuda, el marlín, la caballa y el atún. Si desea reservar plaza en una salida de pesca, acuda al **muelle de pesca deportiva de Ensenada**, bulevar Costera,

La mayoría de los hoteles de la ciudad se llenan muy rápido en temporada alta. Por lo tanto, es preferible reservar habitación.

Caros

El **hotel Coral & Marina**, ((61) 750000 o (800) 862-9020 (llamada gratuita), FAX (61) 750005, en la carretera 1, al norte de la ciudad, se inauguró a mediados de la década de 1990 y contribuyó a aumentar considerablemente la calidad hotelera de la zona. Su puerto de 600 embarcaderos atrae a navegantes procedentes del sur de California. La mayor parte

esquina con avenida Macheros. Las salidas cuestan un promedio de 50 USD por persona y por día, si se suma a un grupo. Los barcos que observan a **las ballenas** salen del mismo muelle de diciembre a abril, época durante la que las ballenas grises emigran desde el estrecho de Bering hacia las lagunas del sur de Baja California. Si prefiere jugar al golf, acuda al **Baja Country Club**, ((61) 730303, carretera 1, al sur de Ensenada, en Maneadero. **Southwest Kayaks**, ((619) 222-3616, San Diego, organiza salidas en **piragüa**.

ALOJAMIENTOS TURÍSTICOS

Los turistas asiduos a Ensenada disponen de un lugar favorito al que vuelven cada vez.

de sus 140 habitaciones y *suites* tienen vistas al mar. El hotel cuenta con piscina, hidromasaje, pistas de tenis, gimnasio y buenos restaurantes. **Las Rosas**, ((61) 744320, FAX (61) 744595, carretera 1, es un establecimiento moderno. Su vestíbulo ilumina el cielo por la noche y su piscina se funde con el horizonte. Algunas de sus 32 habitaciones cuentan con chimenea y *jacuzzi*. El restaurante instalado en la entrada dispone de una hermosa vista del mar y sirve excelente comida internacional.

PÁGINA ANTERIOR: El bar Hussong's es uno de los más famosos de Ensenada, un lugar para divertirse y pasar un rato romántico.
SUPERIOR: En las calles de Ensenada hay puestos en los que se venden deliciosos tacos de pescado.

Moderados

El **Estero Beach Resort**, ((61) 766230, FAX (61) 766925 (por escrito: 482 San Ysidro Boulevard, Suite 1186, San Ysidro, CA 92173), en la carretera 1, entre Ensenada y Maneadero, es uno de los mejores hoteles de la costa al que acude una clientela más informal, amante de la playa. En verano, sus 110 habitaciones se llena de familias; las *suites* más atractivas se encuentran directamente en la playa. Las habitaciones más baratas dan a los aparcamientos. Se trata de un gran complejo hotelero que cuenta con tiendas, aparcamiento para caravanas, piscina, campo de juegos infantiles y un buen restaurante con terraza y comedor. En la ciudad, destaca el **hotel San Nicolás**, ((61) 761901 o (800) 578-7878 (LLAMADA GRATUITA), avenida López Mateos esquina con Guadalupe. Es un establecimiento antiguo, con mucha personalidad. Este edificio de una planta, acoge 148 habitaciones. Las piscina se adentra en el interior del hotel y las habitaciones se remodelan periódicamente. El restaurante sirve comida mexicana de calidad.

Económicos

A pesar de encontrarse frente al océano, cerca del centro de la ciudad, el **hotel Corona**, ((61) 760901, FAX (61) 764023 (por escrito: 482 San Ysidro Boulevard, Suite 303, San Ysidro, CA 92173), bulevar Costero, 1442, no dispone de playa. Sus 90 habitaciones no siempre están en buen estado. Si va hacia el sur, pruebe el **hotel Joker**, (/FAX (61) 767201 en el km 12,5 de la carretera 1, entre Ensenada y Maneadero. Su decoración es bastante sorprendente.

RESTAURANTES

El marisco y los pescados son el plato principal de Ensenada, desde los modestos tacos de pescado hasta la langosta y las gambas. Los viñedos de la zona han motivado el desarrollo de una importante red de restaurantes de gran calidad. La mayoría tiene un ambiente informal y no hay placer mayor que tomar un pescado fresco, hecho a la parrilla.

Caros

El Rey Sol, ((61) 781733, avenida López Mateos, 1000, pertenece a la misma familia des-

de hace décadas. Sus propietarios cultivan su propio huerto, conocen a la perfección los vinos de la zona y compran la carne y el pescado a los mejores proveedores. El menú reúne platos franceses, mexicanos y estadounidenses, preparados siempre con ingredientes frescos y el pan y los pasteles son caseros. La **Embotelladora Vieja**, ((61) 740807, avenida Miramar, 666, abrió sus puertas a mediados de la década de 1990, pero ya tiene una fama que transciende fronteras. Si no le gusta el vino, pasará un mal rato, porque la mayoría de los platos de carne y pescado se sirven con salsas de vino. De todos modos, si lo pide, el *chef* hará lo posible por adaptarse a sus preferencias. La bodega es ideal para realizar cenas románticas a la luz de las velas.

Moderados

En **Casamar**, ((61) 740417, bulevar Lázaro Cárdenas, 987, sirven marisco extremadamente fresco, preparado siguiendo recetas tradicionales. Pida los filetes de pescado al *mojo de ajo* (con aceite y ajo). Si no le gusta el pescado vaya al **Bronco's Steak House**, ((61) 761901, avenida López Mateos, 1525.

Económicos

El **Mariscos de Bahía de Ensenada**, ((61) 781015, avenida Riveroll, 109, es un establecimiento sencillo, con mesas de formica y clientela mexicana. **El Charro**, ((61) 783881, avenida López Mateos, 475, es un restaurante muy agradable en el que sirven un delicioso pollo asado con frijoles, arroz y tortillas.

VIDA NOCTURNA

La vida nocturna de Ensenada se vuelve especialmente desenfrenada en época de vacaciones o durante los fines de semana.

La **cantina Hussong's**, ((61) 740145, avenida Ruíz esquina con López Mateos, es el bar más legendario de Baja California. Casi nadie resiste la tentación de atravesar su puerta y echar una ojeada a su sala de baile. El **Papas and Beer**, situado frente al bar Hussong's, cuenta con una terraza en el primer piso.

Estas jóvenes pasean por las calles de una ciudad de Baja California, viendo escaparates y observando a la gente.

CÓMO LLEGAR

Ensenada no dispone de aeropuerto comercial, pero está bien comunicada con el aeropuerto de Tijuana por medio de una línea de autobuses.

AL SUR DE ENSENADA

Al sur de Ensenada, el viajero afronta la primitiva soledad del desierto de Baja California. Aun cuando la autopista Transpeninsular está en la actualidad pavimentada hasta el extremo más al sur de la península, el viajero debe asegurarse de disponer de reservas suficientes de agua y combustible. Las gasolineras están mejor equipadas que antaño, pero el suministro es irregular. Si se le acaba el tanque, corre el peligro de tener que hacer una larga cola a la espera de la llegada del combustible.

Siguiendo la autopista en dirección sur, se pasa por los antiguos pueblos de las misiones **Santo Tomás**, **San Vicente** y **Vicente Guerrero** antes de llegar a la siguiente ciudad con cierta entidad, que es **San Quintín**, considerado el lugar más ventoso de Baja California.

El **Old Mill**, ((800) 479-7962 (LLAMADA GRATUITA), queda al sur de la ciudad, y es uno de los mejores hoteles de la zona. El establecimiento dispone de 25 habitaciones y dos *suites*, un embarcadero, un terreno para caravanas y un restaurante. **La Pinta San Quintín**, ((61) 762601 o (800) 472-2427 (LLAMADA GRATUITA), constituye otra buena opción, si desea alojarse al sur de la ciudad.

Después de la pequeña ciudad de **El Rosario**, la carretera se adentra hacia el interior atravesando el desierto. El paisaje se llena de rocas enormes a partir de **Cataviña**. El terreno continúa siendo el del áspero pero magnífico desierto quemado por el sol.

LA BAHÍA DE LOS ÁNGELES

Aproximadamente a 50 km al sur de **Laguna Chapala**, arranca desde la autopista Transpeninsular, en dirección este, la única otra carretera pavimentada más al sur de San Quintín, que lleva a la **bahía de los Ángeles**. Incluso antes de concluirse las obras de pavimentación en 1978, la carretera tenía un buen firme de grava, y la bahía disponía de pista de aterrizaje privada y un hotel dedicado básicamente a los pescadores deportivos, así como una zona para acampar.

Protegida por la **isla Ángel de la Guarda**, la bahía es estupenda para la natación y el buceo de superficie y profundo. Los riscos y lomas rocosas tierra adentro adquieren un asombroso colorido rojo púrpura en la alborada. Estas montañas son excelentes para las excursiones, pero son empinadas y peligrosas, y hay abundancia de serpientes de cascabel.

GUERRERO NEGRO

La carretera Transpeninsular sigue hacia el sur, hasta la pequeña ciudad de **Guerrero Negro**, que debe su nombre a un ballenero que naufragó en la zona en 1858. La ciudad es un centro comercial gracias a las minas de sal que hay junto al **desierto de Vizcaíno,** responsables del 30 % de la producción de sal mundial. En el paralelo 28 hay una escultura de metal que representa un águila y marca la frontera entre Baja California y Baja California Sur. No es raro que haya controles militares en ese punto: revisarán sus documentos y comprobarán que no lleve droga o armas.

ALOJAMIENTOS TURÍSTICOS

En la ciudad hay muy pocos hoteles, y es poco probable que se abran establecimientos nuevos. **La Pinta**, ((115) 71301 o (800) 542-3283/ 522-1516 (LLAMADA GRATUITA), FAX (115) 71306, es un buen lugar para pasar la noche a pesar de que sus 26 habitaciones carecen de encanto y son algo caras. El mejor hotel-restaurante de la ciudad es el **Malarrimo**, ((115) 70250, FAX (115) 70100, bulevar Zapata. Este pequeño hotel dispone de 10 habitaciones y un terreno para caravanas. Si sólo quiere hacer una parada para comer, pruebe **La Espinita** (sin teléfono), en la carretera 1, junto al paralelo 28, cerca de La Pinta.

EL HOGAR DE LAS BALLENAS GRISES

Exactamente debajo del paralelo 28, en la costa del Pacífico de Baja California Sur y rodeada por el desierto de Vizcaíno, se encuentra la **laguna Ojo de Liebre**. También es conocida como la laguna de Sacammon, que debe este nombre al ballenero del Maine Charles Melville Sacammon, el primer cazador de ballenas que descubrió esta zona a principios del siglo XIX. Fueron necesarios casi cien años para que las ballenas volvieran a este lugar, y en 1940 se prohibió la entrada de los balleneros a la laguna.

En la actualidad, las pocas ballenas grises supervivientes en el mundo utilizan la laguna, que está protegida como **Parque natural de la ballena gris**, como lugar de reproducción. De noviembre a marzo, estos gigantescos mamíferos marinos se detienen aquí en su migración hacia el norte hasta que nacen sus cachorros, que pesan, al nacer, unos 500 kg, los crían y prosiguen después su viaje hacia el mar de Bering. El acceso al parque está severamente restringido; no se permite el uso de embarcaciones y la contemplación de las ballenas se debe hacer desde la orilla, para lo cual es esencial el uso de prismáticos. **Eco-Tours Malarrimo**, ((115) 70250, bulevar Zapata, en el restaurante Malarrimo, organiza excursiones de observación.

Una buena parte de la observación de las ballenas se ha desplazado hacia el sur, a la **laguna de San Ignacio** y la **bahía de Magdalena**, dos zonas tranquilas en las que las ballenas han encontrado abrigo. La bahía Mag, tal y como la llaman los aficionados, es uno de los mejores lugares para descubrir a las ballenas en un marco relativamente auténtico. Contrariamente a lo que ocurre con la laguna Scammon, la de San Ignacio no es zona protegida. De todos modos, no olvide que la presencia del hombre puede perturbar la reproducción de las ballenas y que es preferible observarlas desde las dunas que rodean la bahía. Las excursiones a la laguna parten desde San Ignacio, Loreto y La Paz, las tres ciudades más cercanas a este solitario rincón de la costa del Pacífico.

SAN IGNACIO

La carretera Transpeninsular (carretera 1) se adentra en el interior y atraviesa la península al sur de Guerrero Negro. El pueblo de San Ignacio aparece como un oasis en el desierto. Su misión, del siglo XVI, es la mejor conservada de Baja California. Se han encontrado **pinturas rupestres** en las cercanías y es muy sen-

cillo conseguir un guía. A 30 km al este está situado el volcán **Las Tres Vírgenes**, de 2.180 m de altura, que todavía está en actividad.

En San Ignacio hay otro hotel, **La Pinta** (sin teléfono), que queda 2 km al oeste de la carretera 1, en una pequeña pista que conduce al pueblo. El hotel cuenta con 28 habitaciones de precios moderados (aunque excesivos).

SANTA ROSALÍA

A partir de San Ignacio, la autopista Transpeninsular continúa en dirección este, hacia el mar de Cortés y al pueblo de Santa Rosalía, único asentamiento francés en Baja California. Fue fundado en 1885 como cuartel general de las cercanas minas de cobre Rothschild. Los franceses no sólo construyeron el pueblo de acuerdo con sus gustos arquitectónicos, sino que trajeron también una iglesia prefabricada de estructura metálica, la **iglesia Santa Bárbara**, concebida por Gustavo Eiffel. Un transbordador une Guaymas, en el continente, con Santa Rosalía, tres veces por semana. En el interior se hallan las **cuevas de San Borjitas**, en las que se encuentran las pinturas rupestres más antiguas descubiertas en Baja California. Se necesitan cuatro horas de viaje en un todo-terreno o una larga excursión con guía para llegar a estas pinturas que representan escenas de caza y en las que las figuras humanas, algunas de ellas de tamaño natural, están coloreadas en rojo y negro.

ALOJAMIENTOS Y RESTAURANTES

El encantador **hotel Francés**, ((115) 22052, en la calle Jean Michel Cousteau, es uno de mis lugares favoritos. Se trata de un antiguo edificio de madera instalado en una colina con vistas al pueblo. Dispone de 12 habitaciones de precios moderados. El **hotel El Morro**, ((115) 20414, en el km 1,5 de la carretera 1, al sur del pueblo, tiene vistas al mar y cuenta con 30 habitaciones a precios moderados y un buen restaurante. Quienes conocen bien Baja, suelen hacer una parada en la pastelería **El Boleo Bakery**, ((115) 20310, Obregón esquina con la calle 4, para comprar *bolillos* (panecillos) recién hechos con los que preparar bocadillos para el camino.

MULEGÉ

Siguiendo la autopista Transpeninsular hacia el sur y a lo largo de la costa, se alcanza un lugar de un verde lujuriante, el pueblo de **Mulegé**, sito en las orillas del único río o riachuelo permanente de la península. Allí, a orillas de la bahía Concepción, la más protegida de Baja California, los jesuitas construyeron la misión de **Santa Rosalía de Mulegé**, en 1705, alrededor de la cual creció el pueblo. La iglesia no tiene nada de especial y se encuentra en una colina, cerca del pueblo. Mulegé gusta mucho a los aficionados a la pesca y al piragüismo y cuenta con una buena selección de hoteles pequeños, restaurantes y tiendas. Es un lugar agradable para pasar una o dos horas. Al sur del pueblo, hay varias playas con cámpings.

Baja Tropicales, ((115) 30409, apdo. de correos 60, Mulegé, BCS 23900, propone excursiones en piragua y alquila equipo.

ALOJAMIENTOS TURÍSTICOS

En la zona hay varios hoteles económicos como, por ejemplo, el **hotel Vieja Hacienda**, ((115) 30021, Madero, 3, que dispone de 20 habitaciones. El hotel organiza excursiones excelentes como un paseo en mula hasta las pinturas rupestres situadas en una colina cercana. El **hotel Las Casitas**, ((115) 30019, Madero, 50, dispone de 8 habitaciones económicas y de un restaurante. El **hotel Serenidad**, ((115) 30111, FAX (115) 30311, 3 km al sur del pueblo, es uno de los establecimientos más grandes de la zona. Sus 27 habitaciones de precio moderado están dispersas en varios edificios. El restaurante es excelente y cada sábado organiza una cena especial a base de carne de cerdo. La bahía es ideal para acampar.

LORETO

Loreto cuenta con todo el encanto de un pueblo mexicano tradicional, con su plaza central bordeada de árboles, su malecón junto al mar y una fantástica misión dominando el conjunto. En los años setenta, el Gobierno federal la incluyó en una lista de regiones susceptibles de ser desarrolladas para el turismo masivo. Afortunadamente, el proyecto no se llevó a cabo. El único rastro que dejó la idea fueron unas

calles desiertas con postes de alta tensión en Nópolo, una población cercana (a unos 8 km de Loreto). El campo de golf de 18 hoyos y el club de tenis del pueblo han caído en el olvido. El único hotel grande que hay en Nópolo ha sufrido varios cambios y rara vez se llena.

INFORMACIÓN TURÍSTICA

He estado en Loreto por lo menos diez veces, pero nunca he encontrado una oficina de información turística abierta. La mayor parte de los viajeros piden información en los hoteles en los que se alojan y en las asociaciones de pescadores, para alquilar equipo o participar en alguna salida.

Alfredo's Sport Fishing, ((113) 50165, FAX (113) 50590, López Mateos, cerca del mue-

lle, es un buen punto de información. Organizan salidas de pesca y excursiones para observar a las ballenas (durante el invierno), **Arturo's Fishing Fleet**, ((113) 50022 o (800) 777-2664 (LLAMADA GRATUITA), en Juárez, también es otra buena fuente de información.

VISITAR LORETO

Loreto fue la capital de California cuando la actual California estadounidense y Baja California eran un solo estado y la sede de la primera misión californiana, la **misión de Nuestra Señora de Loreto**. Construida por los jesuitas en 1752, la iglesia fue casi totalmente destruida por un huracán en 1829, pero ha sido restaurada recientemente. En esa ocasión,

la ciudad quedó también prácticamente en ruinas los políticos decidieron trasladar la capital de California a La Paz. Junto a la iglesia se encuentra el **Museo de las Misiones**, que contiene objetos procedentes de todas las misiones que se extendían desde Loreto hasta Sonoma, California, un poco más al norte que San Francisco, así como otros relativos a la Baja California del siglo XIX.

Las playas de Loreto son buenas para tomar el sol, pero es preferible bañarse en alguna de las islas desiertas. La **isla Coronado** es la más cercana, y la **isla Carmen** es la más grande. Esta última está rodeada de pequeñas calas y de salientes rocosos en los que viven langostas, morenas y peces tropicales.

La costa de Tijuana a Ensenada está llena de rincones espectaculares.

Pero no hay mejor vista que la que se tiene desde un barco, durante la puesta de sol, contemplando la sierra de la Giganta, mientras los peces voladores saltan sobre las aguas. La riqueza natural de sus aguas ha convertido a Loreto en un destino muy apreciado por quienes practican la **pesca deportiva**. La carretera 1 se llena de remolques con barcos que llegan desde la frontera. Los pescadores que llegan en avión llevan consigo sus cañas de pescar y sus neveras. Quienes desean convertir Loreto en un centro vacacional, luchan por borrar su fama de puerto pesquero. Los hoteles de más éxito son los que facilitan hielo y barcos de pesca a sus clientes, mucho más interesados por estos servicios que las comodidades típicas de un hotel. No olvide que para pescar, necesita un permiso.

Las islas y las bahías de Loreto son ideales para **bucear**. Para reservar plaza en una excursión de buceo o alquilar equipo, acuda **Baja Outpost**, ((113) 51134 o (800) 789-5625 (LLAMADA GRATUITA), FAX (113) 51134, bulevar Mateos, cerca del puerto. El establecimiento abrió sus puertas en 1998 y también organiza excursiones en **piragua** y alquila habitaciones. En **Villas de Loreto**, ((113) 50418, también alquilan piraguas, al igual que en **Calafia Sea Kayaking**, ((113) 50418, ambas en el bulevar Mateos, junto al puerto.

Si desea jugar a **tenis**, acuda al **Loreto Tennis Center**, ((113) 50700, en Nópolo, un hermoso complejo con césped, estatuas antiguas y nueve pistas de tenis con iluminación. Los aficionados al golf agradecerán la presencia de un campo de 18 hoyos, el **Loreto Campo de Golf**, ((113) 50788, en Nópolo.

La **sierra de la Giganta**, que cuenta con hermosos paisajes para realizar **excursiones**, queda a espaldas de Loreto. Por desgracia, en la sierra suele hacer un calor asfixiante o, por el contrario, frío y viento. Si tiene previsto salir de excursión por la sierra, lleve bastante agua, pregunte a la gente del lugar y tenga cuidado con las serpientes de cascabel, los escorpiones y demás criaturas peligrosas. Si dispone de coche o de dinero para alquilar uno con chófer, recorra 32 km hacia el sudoeste de Loreto hasta **San Javier**, un pequeño pueblo de montaña. La carretera está parcialmente asfaltada. La iglesia de la misión es una de las más hermosas de Baja, cuenta con una fachada barroca y un altar

policromado y está rodeada de naranjos. Los 300 habitantes del pueblo reciben encantados a los viajeros. Otro pueblo interesante es **Comondú**, que queda 80 km al noroeste de Loreto, en la carretera de Las Parras. Junto al pueblo hay un hermoso desfiladero de 16 km con vegetación casi tropical en el corazón del desierto. Si dispone de vehículo, puede tomar alguna de las pistas de tierra que parten de la carretera 1. La mayoría conducen a desfiladeros, vergeles, extraordinarias formaciones rocosas o zonas áridas. No olvide llevar siempre una buena reserva de agua y gasolina, herramientas y un botiquín.

ALOJAMIENTOS TURÍSTICOS

Loreto cuenta con varios hoteles pequeños tanto en el centro como en las afueras, en la carretera. El único establecimiento grande es obra del Estado y se construyó en la década de 1970. Es un lugar maravilloso a condición de que esté bien cuidado. Los lugareños lo llaman el «Presidente», pero el hotel ha cambiado de nombre y de dueños varias veces en los últimos diez años. En la actualidad es un hotel que acoge a gran cantidad de turistas canadienses, ofrece pensión completa y no acepta niños. Se llama **Edén**, ((113) 30700, FAX (113) 30377, bulevar Misión, en Nópolo.

Prefiero alojarme en la ciudad, donde los hoteles tienen más personalidad y las tarifas son más razonables. Uno de mis preferidos, el **Villas de Loreto**, (/FAX (113) 50586, se encuentra en Antonio Mijares, frente al mar, al sur de la ciudad. Cuenta con playa y piscina y un ambiente agradable y tranquilo. Sus 10 habitaciones están repartidas en varios edificios de un solo nivel y porche. Generalmente se llena de aficionados al piragüismo, ya que alquilan equipos para esta práctica. No tiene restaurante y está prohibido fumar en su interior.

El **Oasis**, ((113) 50112, FAX (113) 50795, calle de la Playa, esquina con Zaragoza, es un hotel agradable que dispone de 35 habitaciones distribuidas en cabañas frente al mar. El **hotel Misión**, ((113) 50048, FAX (113) 50648, López Mateos, 1, queda más cerca del puerto, pero está algo descuidado. Muchas de sus 36 habitaciones tienen aire acondicionado; la

Rodeada por el océano Pacífico y el mar de Cortés, la península de Baja California cuenta con kilómetros de playas desiertas.

piscina y el bar del primer piso son todo un éxito en días de mucho calor. El **hotel La Pinta** es otra opción interesante: ((113) 50025 o (800) 336-5454 (LLAMADA GRATUITA), calle Davis, junto a la playa, al norte de la ciudad. Dispone de 49 habitaciones, una piscina y un restaurante pero su estilo arquitectónico es bastante vulgar y le falta personalidad. En la categoría de hoteles económicos, destaca el **motel Salvatierra**, ((113) 50021, calle Salvatierra. Está cerca de la estación de autobuses y resulta algo ruidoso, pero sus 30 habitaciones están limpias y no son caras.

RESTAURANTES

Los cocineros de Loreto están acostumbrados a preparar a sus clientes lo que éstos han pescado en el día. Generalmente, lo hacen con poca imaginación. Si desea tomar margaritas y comer carne, el mejor restaurante de la ciudad es **El Nido**, ((113) 50284, calle Salvatierra, 154. El **Café Olé**, ((113) 50496, se encuentra en Madero, y es un toda una institución por sus desayunos, sus tacos, sus hamburguesas, sus helados y su limonada recién hecha. Los *gringos* acuden al **Anthony's Pizza**, ((113) 50733, calle Madero, 29, para comer pizzas, pastas, hamburguesas y pescado. El **McLulu's** (sin teléfono), Salvatierra, es un puesto de tacos clásico siempre lleno de pescadores hambrientos que piden tacos de pescado, de pollo y de carne.

CÓMO LLEGAR

El aeropuerto internacional de Loreto queda cerca de Nópolo y recibe un vuelo diario de AeroCalifornia procedente de Los Ángeles. El vuelo sigue hacia La Paz, donde es posible tomar aviones hacia cualquier punto de México. Varias compañías de autobús recorren a diario la carretera que atraviesa Baja de norte a sur.

AL SUR DE LORETO

La carretera 1 se adentra de nuevo en el interior, hacia **Puerto Escondido**, otro centro turístico potencial al sur de Loreto. Puerto Escondido cuenta con el mayor puerto deportivo de la región, y uno de los cámpings más apreciados, el Tripui. Desde hace décadas, varias

empresas internacionales tratan de construir un hotel cerca del puerto, pero hasta la fecha, ninguna lo ha conseguido. A la región llega gran cantidad de aficionados al buceo y a la pesca para disfrutar de las aguas próximas a las **islas Danzante** y **Montserrat**.

La carretera se vuelve algo aburrida en el tramo siguiente, atraviesa montañas y llega a **Ciudad Constitución**, donde se bifurca hacia el oeste para alcanzar la costa del Pacífico y la bahía Magdalena, un punto privilegiado para la observación de ballenas. Al sur de Constitución, la carretera atraviesa una zona árida y despoblada conocida como sierra de la Giganta, cuyos tonos marrones se convierten en dorados con la luz del sol de mediodía y en rosados al amanecer.

LA PAZ

La Paz, la mayor ciudad de Baja Sur, cuenta con 150.000 habitantes. Es el puerto más importante del estado y se encuentra en el mar de Cortés. La mayoría de los viajeros le dedican uno o dos días para comprar provisiones y disfrutar del paisaje. La ciudad se encuentra frente a una de las mayores bahías de Baja California, con aguas ricas en alimento para los peces. La plaza central, los grandes almacenes y la industria le dan un aire totalmente urbano. De marzo a septiembre, pescadores de todo el mundo acuden atraídos por el marlín, los peces voladores, el *yellowtail* y el atún. En esa época se organizan varios concursos de pesca. La carrera de coches Baja 1.000 pasa por la ciudad a finales de noviembre.

ANTECEDENTES HISTÓRICOS

La Paz fue el primer lugar en el que desembarcaron los españoles en 1535. Estaba habitada por los indios pericúe, cochimi y guaicura y fue, sucesivamente, una misión con poco éxito, un estado independiente en el que estaba permitida la esclavitud y un centro de pesca de perlas. La misión fracasó a causa de las sequías, el hambre y la hostilidad de los nativos. En 1853, el norteamericano William Walker decidió crear un estado en el que estuviera permitida la esclavitud; tomó la ciudad pero fue expulsado por los mexicanos. Más tarde se confirmó el rumor de la existencia de perlas negras, que había sido mencionado por Cortés, y durante el siglo xix y principios del xx se extrajeron hasta que se agotaron. La Paz se convirtió en capital de Baja California en 1829 y capital de Baja California Sur en 1974. En la actualidad es un importante puerto comercial y pesquero, un destino turístico relevante y la ciudad más grande de Baja California Sur.

INFORMACIÓN TURÍSTICA

Las **oficinas de información turística** de Mariano Abasolo, ((112) 40100, FAX (112) 40722,

na, los jóvenes se adueñan del **paseo Álvaro Obregón**, la calle que va paralela al malecón, con sus descapotables y sus radios a todo volumen. El ambiente es muy agradable.

La calle Dieciséis de Septiembre parte del malecón y llega hasta la plaza principal, donde se encuentra la **catedral de Nuestra Señora de La Paz**, iglesia del siglo xix construida junto al edificio original de la misión del 1720. El **Museo Antropológico de Baja California Sur**, esquina de las avenidas Ignacio y Cinco de Mayo, ((112) 20162; entrada libre todos los días de 08.00 a 18.00 horas, cuenta con una

y el malecón, ((112) 25939, cerca de la calle Dieciséis de Septiembre, facilitan planos de la ciudad gratuitos y una lista de hoteles y centros turísticos.

VISITAR LA PAZ

De entrada, la ciudad parece un sinsentido y los turistas se sienten incómodos con el tráfico y el gentío. El barrio más agradable es el del **malecón**, el paseo marítimo situado a pocas calles del centro. Los barcos de pesca se mecen en el centro de la bahía, frente a los hoteles y los restaurantes más antiguos de la ciudad. En la **plaza Malecón** hay un quiosco de información turística, junto a la calle Dieciséis de Septiembre. Los fines de sema-

amplia exposición de pinturas rupestres de Baja California y de la vida de los indios, así como copias de los escritos de Cortés. Si el museo despierta el interés sobre la historia de Baja California, la **biblioteca de las Californias**, en Madero y Cinco de Mayo, ((112) 20160, que se pude visitar concertando previamente una cita, es la depositaria de los documentos históricos del estado.

Al sudeste del centro de la ciudad, el paseo Obregón se convierte en la carretera 11, que avanza hacia el norte, rodeando la **bahía de La Paz**. Los cargueros y los barcos de cruceros llegan al muelle de **Pichilingue**, donde hay varios puestos de venta de ma-

Turistas tomando una copa en Los Cabos.

risco, pescado fresco y ostras. Las playas de **Balandra**, **Coyote** y **Tecolete** son ideales para tomar el sol y bañarse. Es posible acampar en ellas, pero es preferible dejar los objetos de valor a buen recaudo y llevar consigo suficientes reservas de agua.

La **pesca deportiva** es uno de los atractivos del lugar. En el **Dorado Velez Fleet**, dirigido por Jack Velez, en Los Arcos, alquilan barcos y equipo de pesca. Las mejores excursiones se organizan entorno a la **isla Espíritu Santo** y de la roca, que se encuentra enfrente, donde se reúnen tiburones martillo, mantas y cachalotes. **Baja Diving**, ((112) 21826, paseo Obregón, o **La Concha Beach Resort**, organizan salidas de pesca interesantes. **Baja Quest**, ((112) 35051, en el hotel La Perla, organiza excursiones para la observación de las ballenas.

ALOJAMIENTOS TURÍSTICOS

La Paz posee gran cantidad de hoteles pequeños antiguos y algún establecimiento moderno. En vacaciones o de concursos de pesca, es preferible reservar plaza con antelación.

Caros

El mejor hotel de la zona es **La Concha Beach Resort**, ((112) 16344 o (800) 999-2252 (LLAMADA GRATUITA), FAX (112) 16218, en el km 5 de la carretera que va a Pichinlingue. Sus 107 habitaciones son bastante normales pero están en varios edificios que dan a una playa tranquila, a las afueras de la ciudad. El club del hotel es el centro náutico más completo de la región: en él se puede practicar buceo con botellas o en apnea, pescar o ir en piragua. El restaurante es bastante correcto. Las habitaciones más recientes cuentan con cocina y salón, además de piscina independiente del resto del hotel. Algunas son de tiempos compartidos y otras pertenecen a viajeros que regresan todos los veranos.

Moderados

Los Arcos, ((112) 22744 o (800) 347-2252 (LLAMADA GRATUITA), FAX (112) 54313, es un establecimiento de estilo colonial, situado en el paseo Obregón, entre Rosales y Allende. El ruido de los coches puede resultar molesto. Algunas de sus 180 habitaciones tienen vistas al mar y otras dan a la piscina, situa-

da detrás del hotel. **Las Cabañas de Los Arcos** cuenta con 30 cabañas situadas en un marco tropical. Sus ocupantes tienen acceso a la piscina del hotel. Su agencia, una de las mejores de la ciudad, organiza excursiones de pesca y paseos. El **hotel La Perla**, ((112) 20777, FAX (112) 55363, paseo Obregón, es uno de los establecimientos mejor conocidos de la zona del malecón. Dispone de 101 habitaciones, una piscina, varias agencias de excursiones y un agradable café al aire libre, situado frente a la playa.

Económicos

El **hotel Mediterráneo**, (/FAX (112) 51195, calle Allende, 36, es uno de los hoteles pequeños más bonitos de La Paz. Está decorado en azul y blanco, con muebles de madera de tonos claros y dispone de 5 habitaciones muy agradables. El hotel queda a unas manzanas del malecón. La **pensión California**, ((112) 22896, avenida Degollado, 209, es un establecimiento viejo y lleno de insectos que cuenta con 25 habitaciones rudimentarias. Los dueños tienen otro hotel cerca de allí.

RESTAURANTES

El marisco es el rey de la cocina de La Paz, pero también es posible comer carne y pasta. Los restaurantes son bastante informales.

Moderados

El restaurante **La Paz-Lapa**, ((112) 59290, paseo Obregón, esquina con la calle Dieciséis de Septiembre, es un establecimiento ruidoso y divertido en el que sirven costillas y pollo a la brasa, enormes raciones de tacos, quesadillas y bistecs con música de *rock* de fondo. El **La Pazta**, ((112) 51195, Allende, 36, es un poco más refinado y está decorado en blanco y negro. Los cocineros preparan excelentes platos de pasta casera, con hierbas, verduras o marisco. **El Bismark**, ((112) 24854, Santos Degollado, esquina con la avenida Altamirano, sirve grandes cócteles de marisco y pescados a la parrilla.

Económicos

Muchas veces, la gente que se agolpa ante la puerta de **Tacos Hermanos González** (sin teléfono) provoca un atasco de tráfico. Este local se encuentra en Mutualismo esquina con

Esquerro y tiene fama de ser una de las mejores taquerías de la ciudad. Si le apetece un desayuno sano a base de yogures y cereales, acuda a **El Quinto Sol**, ((112) 21692, Belisario Domínguez, 12, un restaurante vegetariano que abre a las 08.00 horas y dispone de tienda en la que venden productos naturales.

CÓMO LLEGAR

El aeropuerto internacional de La Paz acoge vuelos procedentes de Estados Unidos y del resto del país. Las compañías que lo utilizan

distancia la una de la otra. Así surgió el conjunto de Los Cabos. La región, antiguo refugio de pescadores y navegantes, ha pasado de tener algunos pequeños hoteles a convertirse en uno de los centros turísticos más caros del país. La mayor parte de los edificios nuevos se construyeron entre las dos poblaciones, junto a campos de golf profesionales.

La transformación de Los Cabos empezó lentamente en 1974, cuando el Gobierno decidió desarrollar la zona. Al prolongar la carretera 1 hasta Cabo San Lucas, muchos viajeros se atrevieron a acercarse a la zona.

son Aeroméxico, AeroCalifornia y Mexicana. Los transbordadores que aceptan gente y coches llegan de Mazatlán al puerto de Pichilinguen, al este del centro de la ciudad. Un servicio de autobuses de primera clase une La Paz con Tijuana y Los Cabos. En el aeropuerto de La Paz hay oficinas de varias agencias de alquiler de coches.

LOS CABOS

Hace veinte años, nada hacía suponer que el extremo sur de Baja se convertiría un día en un importante centro turístico. En esta ocasión, el Gobierno logró su propósito asociando dos pequeñas localidades: **San José del Cabo** y **Cabo San Lucas**, situadas a 33 km de

Por si eso fuera poco, se abrió un aeropuerto internacional al que llegaron turistas deseosos de conocer un lugar en el que el desierto desemboca en el mar.

En cuanto al paisaje, la belleza de Los Cabos es única. La sierra de la Giganta recorre la zona hasta la espectacular formación rocosa conocida como **El Arco**, situada en el extremo de la península, donde se unen el Pacífico y el mar de Cortés formando remolinos. Las dos localidades que antaño sólo disponían de algunos edificios entorno a unas cuantas calles polvorientas son, en la actualidad, un laberinto repleto de restaurantes, bares y tiendas.

La marina de Cabo San Lucas.

INFORMACIÓN TURÍSTICA

La **oficina de información turística** de San José del Cabo, ((114) 22960, extensión 148, se encuentra en Zaragoza, entre Hidalgo y Mijares. La de Cabo San Lucas, ((114) 34180, FAX (114) 32211, por su parte, está en Madero, entre Hidalgo y Guerrero.

VISITAR LOS CABOS

Al llegar desde el norte, por la carretera 1 o del aeropuerto, lo primero que se ve es **San**

José del Cabo, donde se encuentran las autoridades municipales. A pesar del atasco que suele haber en el bulevar Mijares, su vía principal, San José ha sabido conservar un aire tranquilo. Su plaza principal cuenta con el tradicional quiosco de hierro forjado y la **iglesia de San José**, un edificio modesto, cuyas torres amarillas dominan el pueblo. La mayoría de los locales turísticos se encuentran en el bulevar Mijares y las calles adyacentes. La zona hotelera empieza en el extremo sur de Mijares, frente al mar de Cortés. Las **playas** son estupendas pero, las corrientes son fuertes y es peligroso bañarse. **Estero de San José** se encuentra en el extremo de la zona hotelera y es una zona protegida a la que emigran más de 200 especies de aves desde el es-

tuario del río San José. El **Centro Cultural de Los Cabos**, ((114) 21540, paseo San José (abierto de martes a domingo), cuenta con una pequeña colección de fotografías, fósiles y réplicas de pinturas rupestres indígenas.

Después de San José, la carretera asciende hacia una pequeña cala en dirección al Corredor, donde hay tantos camiones y *bulldozers* como coches. Esta región cambia a una velocidad de vértigo; el paisaje, antaño desértico, con acantilados y cactus, se ha ido cubriendo de campos de golf y grandes hoteles. En el Corredor se encuentran algunos de los hoteles más exclusivos de México, con una clientela dispuesta a pagar 300 USD por pasar una noche a todo lujo. Muchos turistas pasan el día recorriendo los hoteles de la zona, tomándose una copa, disfrutando de las piscinas y de los jardines tropicales. La región cuenta con varios puntos excelentes para bucear en apnea. Tome una de las pistas de tierra que conduce a **bahía Santa María** y **bahía Chileno**, donde, en temporada alta, alquilan material para bucear. Ambas bahías son un buen ejemplo de la belleza impresionante de la región.

El Corredor acaba al llegar a **Cabo San Lucas**, al que se conoce simplemente como «Cabo». Se trata de un antiguo pueblo de pescadores en el que había varias industrias conserveras. En la actualidad es un lugar de diversión, con bares modernos y varios centros comerciales. El **bulevar Marina** es la vía principal de la localidad. La **Marina Cabo San Lucas** se encuentra en el extremo del bulevar. La mayoría de los barcos de pesca llegan a este puerto del que parten embarcaciones que realizan salidas de pesca y de buceo con guía y embarcaciones de paseo con el fondo de cristal. Frente al puerto hay un **mercado de artesanías** que vive de los pasajeros de los cruceros anclados en el mar de Cortés, más allá de El Arco.

La plaza principal se encuentra a unas manzanas de allí y cuenta con el tradicional quiosco blanco. Contrariamente a lo que ocurre en la mayor parte de las plazas mexicanas, ésta no se llena de familias locales, ya que los lugareños viven alejados, en una zona muy poblada del interior. La **parroquia de San Lucas**, en la calle San Lucas esquina con Zapata, data de 1730. Se trata de una iglesia sencilla, restaurada con el dinero de los fieles.

La **pesca deportiva** sigue siendo uno de los mayores atractivos de la región. La mayor parte de los barcos de pesca parten del puerto de Cabo San Lucas. La llegada de los barcos siempre se ve animada por una nube de curiosos que observan cómo bajan la mercancía. Existen varias sociedades de pesca deportiva, todas ellas con oficinas en el puerto. Si desea mayor información, póngase en contacto con **Gordo Banks Sportfishing**, ℂ (114) 21147 o (800) 408-1199 (LLAMADA GRATUITA); **La Playita Sportfishing**, ℂ (114) 21195; **Twin Dolphin**, ℂ (114) 30256; o **Minerva's Baja Tackle and Sportfishing**, ℂ (114) 32766. La flota pesquera más importante pertenece a **Solmar**, ℂ (114) 33535 o (800) 344-3349 (LLAMADA GRATUITA). Cuenta con más de 21 barcos entre los que figura el *Solmar V*, que efectúa salidas de buceo de una semana hacia las islas Socorro, a lo largo de 645 km.

No es necesario pescar para salir al mar. No se pierda la experiencia. Del puerto deportivo salen varias excursiones en las que se puede contemplar la puesta de sol desde el mar o bucear en apnea. Antes de partir, revise el estado del barco y compruebe que dispone de chalecos salvavidas. Una de las excursiones de mayor éxito es la que conduce a El Arco y a **playa del Amor**, una cala escondida que a mí, personalmente, me parece muy decepcionante: el agua suele estar turbia y muchas veces hay que nadar desde el barco hasta la playa. No olvide llevar mucha agua y protector solar. Procure ponerse a salvo de los pelícanos y las gaviotas que manchan todo con sus excrementos blancos. El operador **Pez Gato**, ℂ (114) 33797, organiza **cruceros** temáticos y excursiones por la bahía.

Los aficionados al **buceo** disfrutan mucho los huecos que hay en la arena, en el extremo de la península, donde hay ríos submarinos. Los arrecifes coralinos situados al norte de Los Cabos, en **Cabo Pulmo**, también tienen muy buena aceptación, a pesar de quedar a dos horas en barco. Si desea mayor información, póngase en contacto con **Amigos del Mar**, ℂ (114) 30505 o (800) 344-3349 (LLAMADA GRATUITA), una de las sociedades de buceadores con más solera y mejor fama de Los Cabos. El **piragüismo** permite recorrer las calas de la bahía, admirar los acantilados y, de vez en cuando, ver un delfín o una ballena. En **Los Lobos del Mar**, ℂ (114) 22983, y **Cabo Acuadeportes**, ℂ (114)

30117, alquilan piraguas. **Baja Expeditions**, ℂ (800) 843-6967 (LLAMADA GRATUITA), 2625 Garnet Avenue, San Diego, CA 92109, es una de las sociedades de buceadores más importantes de Baja y organiza igualmente paseos, excursiones en bicicleta y salidas en piragua por toda la península. **Tío Sports**, ℂ (114) 32986, alquila equipo para deportes acuáticos y organiza excursiones. **Tour Cabos**, ℂ (114) 20982, ofrece una gran variedad de actividades entre las que figura incluso una excursión a La Paz.

A pesar de que Los Cabos empezó siendo un destino de pesca, en la actualidad, el **golf**

desempeña una función turística muy importante. **Los Cabos Campo de Golf**, ℂ/FAX (114) 24166, bulevar Finisterra, junto a bulevar Mijares, fue el primer campo de la localidad. Diseñado por Mario Schjetnan y construido por el FONATUR, cuenta con 9 hoyos en un recorrido de 2.750 m. El club cuenta, además, con seis pistas de tenis con iluminación y está abierto a todos. **Palmilla Golf Club**, ℂ (114) 45250 o (800) 386-2465 (LLAMADA GRATUITA), frente al hotel Palmilla, en la carretera 1, es un campo estupendo, con vistas impresionantes al mar de Cortés. Fue diseñado por Jack Nicklaus y tiene 27 hoyos. El **Cabo Real Golf**

PÁGINA ANTERIOR: El color de Los Cabos: una mujer vende sombreros en la playa.
SUPERIOR: Cócteles de distintos colores.

Course, ((114) 40040, diseñado por Robert Trent-Jones, tiene 18 hoyos. Los clientes del hotel Cabo Real cuentan con descuento en la entrada a los campos de golf. El **Cabo del Sol Club de Golf**, ((114) 58200 o (800) 386-2465 (LLAMADA GRATUITA), en el Corredor, cuenta con 18 hoyos, de los cuales, algunos quedan cerca del mar. El **Cabo San Lucas Country Club**, ((114) 34653, en la carretera 1, km 2, al norte de Cabo San Lucas, fue diseñado por Roy Dye y tiene 18 hoyos.

La **equitación** ha ido ganando adeptos gracias a la buena labor de promoción realizada por ranchos como **La Cuadra San Francisco**, ((114) 40160, en el Corredor, frente al hotel Meliá Real. Asimismo, algunos hoteles proponen salidas para montar a caballo. Infórmese en el Meliá San Lucas.

Siempre me sorprende cómo mejoran las **tiendas** de Los Cabos. En Los Cabos se venden algunos de los muebles y artesanías más bellos de México. Los mejores establecimientos son: **El Callejón**, **Cartes**, **Necri** y la **Galería Gattamelata**, en Cabo San Lucas, y **ADD**, en San José. En **El Rancho**, **Zen Mar**, **Mama Eli's** y la **Galería Dorada**, de Cabo San Lucas, y **Huichol Collection** y **Copal**, en San José, encontrará artesanía de calidad.

ALOJAMIENTOS TURÍSTICOS

Los Cabos casi no dispone de hoteles económicos. Los establecimientos más baratos se encuentran en San José y los más caros, en el Corredor. En invierno es indispensable reservar, al igual que en época de vacaciones mexicanas o estadounidenses.

De lujo

En **Las Ventanas al Paraíso**, ((114) 40300 o (800) 525-0483 (LLAMADA GRATUITA), FAX (114) 40301, PÁGINA WEB: http://www.rosewood-hotels.com, en el Corredor, el cliente disfruta de un lujo impresionante y de un servicio muy atento. El hotel pertenece a la cadena Cabo Real y es el más exclusivo de la región. Su diseño arquitectónico es estupendo, con caminos de piedra hechos a mano, techos y puertas de madera tallada a mano y, en las habitaciones, chimeneas y telescopios. Las 61 *suites* con terraza privada tienen vistas espectaculares. El balneario del hotel fue uno de los primeros que se abrió en la zona y ofrece toda clase de

tratamientos antiestrés. Los restaurantes son de una gran calidad. El **hotel Palmilla**, ((114) 45000 o (800) 637-2226 (LLAMADA GRATUITA), FAX (114) 45100, en la carretera 1, al sur de San José del Cabo, es uno de mis lugares favoritos por lo atento del servicio y su ambiente mexicano. Tras una renovación completa en 1990, el hotel quedó disimulado detrás de impresionantes palmeras, arcos y cúpulas cubiertos de buganvillas escarlatas. Las 72 habitaciones y 62 *suites* están decoradas con telas y artesanías mexicanas y la mayor parte de ellas tienen vistas al mar. Los restaurantes sirven platos tradicionales pero también *nouvelle cuisine* mexicana. El almuerzo del domingo es uno de los mejores de la región. Tómese una margarita en la terraza mientras contempla la puesta de sol. **La Casa del Mar**, ((114) 40221 o (800) 221-8808 (LLAMADA GRATUITA), FAX (114) 40034, en el Corredor, Cabo Real, también es un gran hotel. Dispone de 25 habitaciones y 31 *suites*, un balneario y un buen restaurante. En la misma categoría de precios, recomiendo el ultramoderno **Twin Dolphin**, ((114) 30256 o (800) 421-8925 (LLAMADA GRATUITA), FAX (114) 30496, un edificio de un blanco inmaculado situado en la carretera 1, km 12, en el Corredor, que dispone de 44 habitaciones y seis *suites*. El **Westin Regina**, ((114) 29000 o (800) 228-3000 (LLAMADA GRATUITA), FAX (114) 29010, en el km 22,5 de la carretera 1, en el Corredor, es un complejo espectacular cuyo vestíbulo, instalado en lo alto de un acantilado, da al mar. Sus 305 habitaciones están cerca de la playa artificial del hotel, una piscina de formas caprichosas.

Caros

Mi hotel favorito en Cabo San Lucas es el **Solmar Suites**, ((114) 33535 o (800) 344-3349 (LLAMADA GRATUITA), FAX (114) 30410, en Camino Solmar, 1, junto al bulevar Marina en la playa. El Solmar es uno de los hoteles más antiguos del Cabo. Las playas rompen con fuerza en su extensa playa, en la que no se aconseja nadar. El hotel tiene un ambiente tranquilo y 90 habitaciones dispersas en varios edificios discretamente integrados en la playa. En el restaurante hay fiesta mexicana todos los sábados por la noche. El **hotel Finisterra**, ((114) 33333 o (800) 347-2252 (LLAMADA GRATUITA), FAX (114) 30590, se encuentra un poco más arriba, en la playa que da al bulevar Marina, entre el Camino Solmar y el Camino del Mar. Se trata de un establecimiento antiguo, renovado durante los noventa. Dispone de 237 habitaciones repartidas en una torre de ocho pisos, en la playa, y varios edificios situados en la falda de la montaña. El **hotel Hacienda Beach Resort**, ℂ (114) 30122 o (800) 733-2226 (LLAMADA GRATUITA), FAX (114) 30666, en el camino al hotel Hacienda, junto al paseo del Pescador, es un establecimiento de muros encalados situado en el puerto deportivo de Cabo San Lucas. Sus 114 habitaciones dan a un hermoso jardín. El hotel dispone de un centro de deportes acuáticos y una playa en la que es posible nadar sin peli-

gro. El hotel que se ha puesto de moda en los últimos años es el **Meliá San Lucas**, ℂ (114) 34444 o (800) 336-3542 (LLAMADA GRATUITA), FAX (114) 30420, en el paseo del Pescador, entre la playa El Médano y la carretera 1. Su piscina es una de las más frecuentadas y sus bares y restaurantes atraen a gran cantidad de clientes, a pesar de no tener nada de especial. Sus 150 habitaciones y *suites* están bien cuidadas y se puede llegar al pueblo dando un paseo. El **hotel Cabo San Lucas**, ℂ (114) 40017 o (800) 733-2226 (LLAMADA GRATUITA), FAX (114) 40015, en el km 14 de la carretera 1, es uno de los más antiguos del Corredor. Tiene el aspecto de un chalet rústico y está rodeado de palmeras. Sus 89 habitaciones son muy cómodas y acogedoras. En San José, el **Presidente Inter-**

Continental Los Cabos, ℂ (114) 20211 o (800) 327-0200 (LLAMADA GRATUITA), FAX (114) 21733, paseo San José, en Estero de San José, fue el primer establecimiento de la zona hotelera. Cuenta con 250 habitaciones: las mejores son las de la planta baja. El hotel ofrece paquetes con pensión completa que resultan algo caros pero, teniendo en cuenta que los restaurantes de San José no quedan muy a mano, optar por el paquete puede ser una buena solución.

Moderados

A pesar de no encontrarse en la playa, el **Tropicana Inn**, ℂ (114) 20907, FAX (114) 21590, bulevar Mijares, 30, entre Benito Juárez y Doblado, en San José, supone una buena opción para los viajeros que tienen que vigilar su presupuesto. Sus 40 habitaciones dan a una piscina y a un bar con sombrillas de paja. **La Playita**, ℂ/FAX (114) 24166, en Pueblo La Playa, 2 km al sur de San José, es ideal para quienes buscan una habitación agradable y un ambiente tranquilo. El hotel dispone de 24 habitaciones con aire acondicionado y televisión. El teléfono se encuentra en recepción. El hotel queda en uno de los extremos de Pueblo La Playa, un pueblo residencial más bien modesto. En la playa hay una pequeña flota de lanchas (*pangas*) que propone salidas de pesca. **The Bungalows**, ℂ/FAX (114) 30585, FAX (114) 35035, calle Libertad, junto a la avenida Cabo San Lucas, se encuentra en un barrio residencial, a unas diez manzanas de la playa. Sus 16 habitaciones dan a la piscina y algunas disponen de salón y cocina.

Económicos

La **posada Terranova**, ℂ (114) 20534, FAX (114) 20902, calle Degollado, Zaragoza, San José, es un establecimiento agradable y cómodo que ofrece 25 habitaciones de una limpieza impecable y un buen restaurante. El **Mar de Cortés**, ℂ (114) 30032 o (800) 347-8821 (LLAMADA GRATUITA), FAX (114) 30232, Lázaro Cárdenas, entre Matamoros y Guerrero, es uno de los locales preferidos por los pescadores. Sus 72 habitaciones suelen estar reservadas con bastante antelación. El restaurante está especializado en gambas y tiene un ambiente muy alegre. El **hotel Marina**, ℂ (114) 31833, FAX

La pesca deportiva sigue siendo uno de los mayores atractivos de Baja California, a pesar de que muchos pescadores vuelven a dejar sus presas en libertad.

(114) 32077, bulevar Marina, Guerrero, padece el ruido provocado por la vía principal,
pero sus 27 habitaciones están bien cuidadas.

RESTAURANTES

Los *chefs* de Los Cabos están creando una
cocina propia basada en los productos provenientes de la tierra y de los mares de Baja
California. El pescado se sirve con salsa de
mango o de papaya y las ensaladas se preparan con las hortalizas que crecen en la zona
de Todos Santos. La carne, el queso, los pimientos y las especias se importan de Estados Unidos y de México. Muchos de los
mejores restaurantes pertenecen a grandes
hoteles. No se pierda el **The Restaurant** y el
Sea Grill, ((114) 40257, de Las Ventanas, ni

La Paloma, ((114) 45000, en el Palmilla. Son
caros pero la inversión merece la pena. Casi
ningún restaurante reserva mesa y en todos
se puede vestir de manera informal.

De lujo

El **Pitahayas**, ((114) 32157, Cabo del Sol, el
Corredor, es uno de los pocos restaurantes elegantes situados en la playa. Este restaurante
fue el primero en especializarse en comida del
Pacífico. Asimismo, propone platos tailandeses, japoneses y polinesios elaborados con
mariscos y codornices de la zona. El **Peacocks**,
((114) 31558, paseo del Pescador, entre playa
El Médano y la carretera 1, en Cabo San Lucas,
sirve un delicioso pescado fresco con nueces
y finas hierbas, así como deliciosos postres.
En la **Casa Rafael's**, ((114) 30739, calle Méda-

no, en Camino Pescador, Cabo San Lucas, hay un *chef* de Hawai que prepara langosta con salsa de frijoles y pescado ahumado. En **El Galeón**, ((114) 30443, frente a Marina de Cabo San Lucas, el marco es muy agradable: mesas y sillas talladas y piano para amenizar la velada. Sirven grandes raciones de langosta, carne, pescado y pasta, todo ello bien preparado.

Moderados

En el **Damiana**, ((114) 20499, junto al bulevar Mijares, entre Zaragoza y Obregón, en San José, impera el ambiente romántico. Pruebe el bistec imperial con gambas y el margarita de la casa, preparado con un licor local. El **Tropicana Bar & Grill**, ((114) 21580, bulevar Mijares, frente al Tropicana Inn, también cuenta con un jardín muy romántico y un bar muy animado. En el menú encontrará platos mexicanos y carnes importadas.

Mi Casa, ((114) 31933, avenida San Lucas, en el extremo oeste de la plaza principal de Cabo San Lucas, es un restaurante mexicano. Si ha pescado algo, llévelo y pida que se lo preparen con salsa de chile chipotle. El **Pancho's**, ((114) 30973, en Hidalgo, entre Zapata y Serdán, en Cabo San Lucas, sirve platos de Oaxaca, Puebla, Yucatán y otras regiones del país. El bar cuenta con cerca de 100 marcas de Tequila. Por su parte, el **Mama's Royal Café**, ((114) 34290, en Hidalgo, entre Zapata y Serdán, sirve los mejores desayunos de la región.

Económicos

Comer bien con poco dinero es bastante difícil en Los Cabos. Ambas localidades cuenta con puestos de tacos cerca de la estación de autobuses y de las zonas comerciales. Si quiere cenar por poco dinero, acuda a alguno de los restaurantes de precio moderado antes citados y pida sólo tacos, entrantes o sopas.

VIDA NOCTURNA

San José es un lugar bastante tranquilo por la noche, mientras que Cabo San Lucas vibra hasta el amanecer. Los clubes de moda son ruidosos y están llenos de clientes bronceados que bailan al son de música enlatada. El club más popular es el **Squid Roe**, ((114) 30655, en Lázaro Cárdenas, entre Morelos y Zaragoza, un ejemplo clásico de la cadena de restaurantes y bares turísticos propiedad de Carlos

Anderson. El **Carlos'n'Charlie's**, ((114) 30973, bulevar Marina, y el **Shrimp Bucket**, ((114) 32498, plaza Marina Fiesta, están afiliados a la misma cadena. El **Giggling Marlin**, ((114) 31182, bulevar Marina, junto a Matamoros, tiene un ambiente muy alegre, mientras que el **Cabo Wabo Bar & Grill**, ((114) 31198, en Guerrero, entre Madero y Cárdenas, fue todo un éxito a principios de los años noventa. El **Hard Rock Café** y el **Planet Hollywood** dan al bulevar Marina.

CÓMO LLEGAR

Al aeropuerto internacional de San José llegan vuelos nacionales e internacionales de las compañías Aeroméxico, Mexicana, Continental, Alaska, America West y United Airlines. El aeropuerto se encuentra 11 km al norte de San José del Cabo. Desde allí, hay microbuses, llamados *colectivos*, que se encargan de llevar a los turistas a los hoteles. Si se hospedan en Cabo San Lucas, el trayecto dura por lo menos media hora. De Los Cabos parten autobuses en dirección a varias ciudades del norte y a Tijuana, en la frontera con Estados Unidos. La mayor parte de los autobuses que salen de Cabo San Lucas hacen escala en San José.

TODOS SANTOS

Artistas, inversores y apasionados de la tranquilidad han encontrado un remanso de paz en **Todos Santos**, 80 km al norte de Cabo San Lucas, en la costa del Pacífico. Todos Santos se encuentra algo alejada del océano. Se trata de una pequeña localidad con casas del siglo XIX apiñadas entorno a una plaza pequeña y una iglesia. Algunos de los edificios más antiguos se han convertido en tiendas y en galerías. Los habitantes de Los Cabos y de La Paz suelen acudir a Todos Santos para tomar algo en el **Café Santa Fe**, ((114) 40340, calle Centenario, cerca de la plaza principal. Los dueños, Paula y Ezio Colombo, decidieron abrir este excelente restaurante después de trabajar durante años en Los Cabos, y cultivan sus propios ingredientes. El hotel más famoso de la localidad es el **hotel California**, (/FAX (114) 50020, en la calle Juárez.

Dos surfistas observan una de las mejores playas para la práctica de este deporte en la costa norte de Baja.

Consejos
para el
viajero

LLEGADA AL PAÍS

EN AVIÓN

Al aeropuerto internacional Benito Juárez de Ciudad de México llegan vuelos procedentes del continente americano, de Europa y de Asia. El aeropuerto se encuentra en la zona nordeste de la capital, a unos 30-60 minutos del centro. A los aeropuertos de Cancún y Guadalajara también llegan vuelos de compañías internacionales, ya que ambas ciudades constituyen un buen punto de partida para visitar el país.

Las líneas nacionales Aeroméxico, ((800) 237-6639 (LLAMADA GRATUITA), y Mexicana, ((800) 531-7921 (LLAMADA GRATUITA), tienen vuelos directos que conectan muchas ciudades estadounidenses con las principales de México: Acapulco, Cancún, Ciudad de México, Cozumel, Guadalajara, Ixtapa, Mazatlán, Mérida y Puerto Vallarta.

Aeroméxico cuenta con vuelos directos desde Madrid, ((1) 547-5800, a Ciudad de México.

Una vez en México, Aeroméxico y Mexicana llegan prácticamente a todos los confines del país. Los precios de los vuelos nacionales en el interior de México son más baratos que los equivalentes en Estados Unidos y Europa. De hecho, para los estadounidenses residentes en ciudades cercanas a la frontera sur que se dirijan a México, puede ser ventajoso cruzar la frontera y tomar el avión en una de las ciudades fronterizas mexicanas.

EN COCHE

Cientos de miles de turistas procedentes de Estados Unidos viajan a México en automóvil sin problema alguno. Pero otros se encuentran en dificultades por falta de conocimiento de las leyes mexicanas. Para introducir un coche en el país, es preciso obtener un permiso de importación temporal y disponer de un seguro mexicano. Al final de la estancia, se debe abandonar el país abordo del mismo vehículo.

El famoso permiso de importación temporal resulta algo difícil de conseguir. Ha de procurar los siguientes documentos: una prueba de la propiedad del vehículo o una carta de un banco o de la persona que le pres-

ta el vehículo, firmada ante notario y autorizando que cruce la frontera con el mismo; un carnet de conducir vigente, un tarjeta de crédito que esté a nombre de la persona que figura en la tarjeta de circulación del coche, un pasaporte y un seguro mexicano que proteja al coche durante la estancia. Presente los documentos en la oficina de aduanas mexicana, en la frontera, y firme un recibo de tarjeta de crédito en blanco a modo de fianza (se lo devolverán cuando abandone el país con su coche). Una vez cumplidos todos los requisitos, le extenderán un permiso temporal que tiene una validez de 6 meses. Al salir del territorio, tendrá que devolver el permiso. Si desea agilizar el proceso, acuda a la AAA (American Automobile Association) o a la compañía de seguros Sanborn's México, ((800) 222-0158 (LLAMADA GRATUITA).

Todos los vehículos que circulan por México tienen que estar asegurados en una compañía mexicana. Si tiene un accidente sin estar asegurado, puede verse en serias dificultades. El código napoleónico que rige en México implica que uno es culpable hasta que demuestre su inocencia. Muchas compañías de seguros mexicanas tienen agencias en la frontera para facilitar el trámite.

Tendrá que salir del país en el mismo coche. Si se ve obligado a dejar el coche, llame a la embajada o al consulado de su país y pida ayuda. Salir del país sin coche no es tarea fácil.

EN AUTOCAR

México está bien conectado en autocar con Guatemala y Belice, y cruzar las fronteras resulta muy sencillo si se dispone de un pasaporte vigente. Hay varias líneas regulares que unen ciudades fronterizas de Estados Unidos y México. Y una vez en México, se puede recorrer todo el país cambiando de autobús en puntos estratégicos.

EN BARCO

México constituye el punto de destino de varios cruceros que parten de las costas este

PÁGINA ANTERIOR: Las espectaculares ruinas de Palenque, del siglo VIII, justifican plenamente el esfuerzo que representa una hora y media de viaje desde Villahermosa, la ciudad más cercana.

u oeste de Estados Unidos. Normalmente, los cruceros incluyen escalas en varios puertos mexicanos con excursiones opcionales. Las agencias de viajes de Europa proporcionan información detallada sobre programas y precios, que incluyen descuentos sensibles en los vuelos de regreso al punto de partida del crucero.

TASAS DE AEROPUERTO

Las tasas de aeropuerto son de unos 12 USD, para vuelos internacionales, y unos 10, para vuelos nacionales. Algunas veces, las tasas van incluidas en el precio del billete. De no ser así, tendrá que liquidarlas en USD o en pesos en el propio aeropuerto.

PASAPORTES Y VISADOS

La mayoría de las nacionalidades no requieren visado para entrar en México. Se necesita obtener una forma migratoria de turista que se consigue gratuitamente presentando una certificación de nacionalidad en forma de pasaporte, certificado de nacimiento o una declaración notarial de nacionalidad. Lo más seguro y conveniente es el pasaporte. La forma migratoria turística se puede obtener en la frontera o en las embajadas o consulados mexicanos antes de la partida. La mayor parte de las líneas aéreas y agencias proporcionan los formularios que se han de rellenar antes de la llegada; los oficiales de migración los convalidan antes de pasar las aduanas.

La forma migratoria turística tiene una validez normal de 90 días; se debe llevar siempre consigo y se recoge cuando se sale del país. Si el viajero prevé cruzar varias veces la frontera para visitar Guatemala o Belice, es mejor pedir una de entradas múltiples y solicitarla por anticipado.

Los menores que viajen con uno solo de sus progenitores deben llevar un permiso notarial del otro y disponer de pasaporte. Los niños de más de 10 años requieren una forma migratoria independiente. Las autoridades son muy estrictas a este respecto.

INFORMACIÓN TURÍSTICA

Las oficinas de información turística están en pleno proceso de reestructuración, por lo que

es preferible llamar al número de teléfono de Amtave o a la embajada de México del país en que resida.

Si lo desea, inscríbase en la Asociación Mexicana de Turismo de Aventura y Ecoturismo (**Amtave**), ((5) 661-9121, FAX (5) 662-7354.

En el aeropuerto Benito Juárez hay una oficina de información turística, ((5) 762-6773/571-3600, al igual que en otros puntos de acceso a la ciudad de México. También puede acudir a la oficina de información turística de la Zona Rosa, Amberes 54, esquina Londres, ((5) 525-9380/533-4700, FAX (5) 525-9387, que abre todos los días, de 09.00 a 18.00 horas. O llamar a **LOCATEL**, ((5) 658-1111, una línea de información telefónica que atiende 24 horas al día.

Para consultar las llegadas y las salidas de los vuelos, llame al servicio de información del aeropuerto Benito Juárez, ((5) 762-4011. Si sufre un percance, llame al teléfono de seguridad, ((5) 571-3600.

CÓMO DESPLAZARSE

EN AVIÓN

Las dos líneas nacionales más importantes son Aeroméxico y Mexicana, cuyo servicio es excelente y sus precios razonables. Hay otras compañías locales como, por ejemplo, AeroCalifornia, Aviacsa y Aerocaribe, que cubren zonas concretas. Asimismo, varias compañías estadounidenses y europeas vuelan a los principales aeropuertos del país.

Viajar por México en avión implica hacer escalas en aeropuertos como el de Guadalajara, México o el de Cancún, aunque eso signifique desviarse del camino. Muchas veces desplazarse en autocar es más rápido, sobre todo para destinos como Mazatlán o Puerto Vallarta. De ese modo, evita tener que hacer varias escalas. Sin embargo, para viajar a zonas de montaña, el avión sigue siendo lo más rápido. La mayor parte de las agencias de viajes del mundo venden billetes de compañías mexicanas.

Tlaquepaque es un suburbio de Guadalajara, en el estado de Jalisco, famoso por sus objetos de cerámica, sus muebles de madera y cuero, sus telas, sus objetos de vidrio y sus esculturas. Cuenta con las mejores tiendas de artesanía de México, en las que se venden tanto objetos modernos como antiguos.

Compañías aéreas

Las principales compañías aéreas internacionales tienen oficinas en México. Las compañías mexicanas con vuelos internacionales son Aeroméxico, ☎ (5) 133-4010, y Mexicana, ☎ (5) 448-0990. Si desea información acerca de las llegadas y las salidas de vuelos, llame al teléfono de información del aeropuerto Benito Juárez, ☎ (5) 762-4011.

A continuación, facilitamos una lista de las principales compañías nacionales e internacionales con oficinas en México:

AeroCalifornia, ☎ (5) 207-1392 o (800) 237-6225 (LLAMADA GRATUITA)

Aeroméxico, ☎ (5) 133-4010

Air France, ☎ (5) 627-6060

America West, ☎ (800) 235-9292 (LLAMADA GRATUITA)

American, ☎ (5) 209-1400 o (800) 433-7300 (LLAMADA GRATUITA)

Aviacsa, ☎ (5) 566-8550 o (800) 735-5396 (LLAMADA GRATUITA)

Aviateca, ☎ (800) 453-8123 (LLAMADA GRATUITA)

British Airways, ☎ (5) 628-0500

Continental, ☎ (5) 283-5500 o (800) 231-0856 (LLAMADA GRATUITA)

Delta, ☎ (5) 395-2300 o (800) 221-1212 (LLAMADA GRATUITA)

Iberia, ☎ (5) 130-3030

Lacsa, ☎ (5) 546-8809

Lufthansa, ☎ (5) 230-0000

Mexicana, ☎ (5) 448-0990

Northwest, ☎ (5) 202-4444

Taesa, ☎ (5) 227-0700

United, ☎ (800) 241-6522 (LLAMADA GRATUITA)

EN TREN

Los trenes están en muy mal estado a causa de años de abandono. El gobierno federal ha tratado sin éxito de privatizar el ferrocarril. Los Ferrocarriles Nacionales de México cubren los siguientes trayectos: México-Guadalajara, México-Veracruz, México-Morelia y México-San Miguel de Allende. Reserve el billete en la estación de Buenavista, ☎ (5) 547-6593, o en México by train, ☎ (800) 321-1699, FAX (210) 725-3659, desde Estados Unidos.

EN AUTOBÚS

Los autobuses cubren todo el país y son uno de los medios de transporte más prácticos.

En los años noventa, aparecieron nuevas líneas de lujo con aire acondicionado, baño, películas de vídeo y asientos reclinables. Las compañías que los utilizan cubren trayectos muy populares como, por ejemplo, Cancún-Mérida o Acapulco-Ixtapa, y salen de todas las grandes ciudades. En algunas rutas hay autobuses de primera clase que pueden tener aire acondicionado y hacer paradas limitadas a lo largo del trayecto. En otras, solamente hay servicio de segunda clase en la que los vehículos no tienen nunca aire acondicionado, paran en cualquier lugar, entre los pasajeros puede haber gallinas, cabras u otros animales vivos. Los autobuses suelen ser el único medio de transporte disponible en las zonas rurales. Tanto unos como otros constituyen el sistema más barato de viajar por el país y la manera óptima de entrar en contacto con la gente.

No todas las ciudades disponen de estación de autobuses para todas las líneas. Las estaciones de autobuses de primera y segunda clase rara vez están juntas. Las oficinas de turismo y las agencias de viajes facilitan una lista de los horarios y las tarifas; pregunte por las distintas posibilidades.

En algunos trayectos, lo mejor es viajar de noche, pero después de varias conversaciones con viajeros experimentados, prefiero viajar únicamente de día. Hay demasiados accidentes mortales en carretera, sobre todo en las rutas de montaña, en las que los conductores se arriesgan demasiado. Tenga en cuenta que en las rutas de Campeche, Tabasco y Chiapas se producen muchos atracos. Cuando viajo en autocar, suelo llevar los objetos de valor (alianza incluida) en un bolsillo oculto de la ropa. No olvide llevar consigo agua, papel higiénico y un buen libro.

EN COCHE

Las normas de circulación son muy semejantes a las de Europa, y se basan en la cortesía y el sentido común. En las carreteras principales hay señales internacionales que algunas veces incluyen texto además de imagen. Los desvíos y las obras se suelen indicar colocando piedras en la calzada, lo que puede resultar algo desconcertante e incluso peligroso para quienes viajan a gran velocidad.

El estado de las carreteras ha mejorado mucho en los últimos años. Se construyeron muchas autopistas que unen puntos estratégicos como Mérida y Cancún, Acapulco y México, México y Oaxaca, Puebla, Morelia y Guadalajara, o Nogales y Mazatlán. El peaje acostumbra a ser prohibitivo para los mexicanos, pero aun así, los viajeros que no disponen de mucho tiempo sucumben a la tentación. La autopistas se llaman «carreteras de cuota» y las carretera normal se denomina «libre», mientras que las carreteras secundarias se conocen como «caminos». El estado de algunas carreteras se deteriora de año en año.

está impaciente y es mejor disminuir la velocidad y dejarlo pasar. Cuando dos automóviles se acercan a un tramo de un solo carril, el primero que hace destellos con sus faros es el que tiene preferencia. Por lo demás, las señales de tráfico son las internacionales.

Con frecuencia, a la entrada de los pueblos, hay altas protuberancias que atraviesan la carretera, policías durmiendo, cuyo objeto es hacer reducir la velocidad de los vehículos. En México se denominan «topes» y no siempre están señalados con antelación. No se deje sorprender. Frene al llegar a un pueblo o a una

El Ministerio de Turismo mexicano dispone de una flota de pequeños camiones de ayuda en carretera para los viajeros que tienen problemas en su vehículo; estos camiones están pintados de verde y blanco y son denominados los «Ángeles Verdes». Los mecánicos que van en ellos son generalmente bilingües, y circulan por las rutas más importantes entre las 08.00 y 20.00 horas. Lo único que cobran por la ayuda es el coste de la gasolina, el aceite y las piezas de recambio, pero la mano de obra es gratuita. El sistema para indicar que se necesita ayuda consiste en desplazar el coche fuera de la carretera y levantar el capó.

Mantenga los límites de velocidad establecidos. Si alguien desea adelantarle, hará uso del claxon luminoso. Quien hace esto

ciudad. Los mexicanos utilizan un sistema de señales que confunde a los extranjeros.

En México es mejor evitar conducir de noche. Las carreteras no suelen estar iluminadas y, en las zonas rurales, los coches circulan a menudo sin faros. Los mexicanos están acostumbrados a conducir sin luz y parece que la oscuridad los envalentone. Si no puede evitar conducir de noche, encienda los faros y manténgase alerta.

En taxi

Se pueden tomar en las paradas de taxis o «sitios». Algunos taxis circulan por las calles

El transbordador que hace el trayecto de Baja a Mazatlán.

y, si muestran el letrero de «libre» (y no llevan pasajeros), se puede suponer que están disponibles y que se les puede parar. Legalmente, tanto los que se paran en la calle como los que se toman en los «sitios» deberían costar lo mismo, pero en la realidad los de los «sitios» cuestan más. Se puede utilizar el servicio de **radio-taxi** llamando a cualquiera de los números que, bajo el epígrafe «sitios de taxis», se pueden encontrar en las páginas clasificadas de las guías telefónicas (sección amarilla). Los **turismos** o taxis para turistas se alinean delante de los hoteles y normalmente son mucho más caros. En algunas ciudades, los taxímetros marcan solamente números cuya equivalencia en pesos, a la hora de pagar el trayecto, se indica en una tarifa que debe estar fijada en una de las ventanillas del vehículo. Los atracos a pasajeros de taxis han aumentado de manera preocupante en Ciudad de México. No se suba a un taxi que encuentre en la calle, asegúrese de que el taxi dispone de permiso oficial y de que éste sea visible al subirse al vehículo.

ALQUILER DE AUTOMÓVILES

Para alquilar un coche en México es suficiente con tener 21 años o más, disponer de un permiso de conducir vigente y una tarjeta de crédito de primera clase. Aun cuando las tarifas varían entre las distintas ciudades, el alquiler de automóviles es relativamente caro. Todas las empresas importantes en este ramo tienen puestos en el aeropuerto internacional de Ciudad de México y oficinas en varias direcciones de la misma ciudad, así como en todas las ciudades y centros vacacionales aunque, en general, las empresas locales son más baratas pero menos fiables, sobre todo en lo relativo a los extras y al tipo de seguro que emplean. Conviene que se asegure de que el coche está en buenas condiciones, circule bien y dispone de una rueda de recambio inflada. Al contrato de alquiler acompaña siempre una lista de las abolladuras o rozaduras en la carrocería. Esta lista forma parte del contrato y el que alquila el coche es responsable de cualquier desperfecto que no haya sido inventariado. Tambien es necesario tomar el seguro del coche de alquiler.

EMBAJADAS

Las embajadas en México están abiertas de lunes a viernes, pero no dan servicio los días de fiesta oficiales, tanto de México como de su propio país. Algunas disponen de un número telefónico de emergencia fuera de las horas de servicio. A continuación se relacionan los números de teléfono:
Alemania, ((5) 280-5409/5534
Argentina, ((5) 520-9430/31/32/540-7801
Australia, ((5) 395-9988
Austria, ((5) 251-9792
Bélgica, ((5) 280-0758
Bolivia, ((5) 564-5298
Brasil, ((5) 202-7500
Canadá, ((5) 254-3288
Chile, ((5) 520-0025/520-6036
China, ((5) 550-0823/616-0609
Colombia, ((5) 202-6299
Corea, ((5) 202-9866
Dinamarca, ((5) 255-3405
Ecuador, ((5) 545-3141/9504
Egipto, ((5) 596-4805
España, ((5) 282-2779
Estados Unidos, ((5) 211-0042
Francia, ((5) 281-4464/540-4124
India, ((5) 531-1002
Indonesia, ((5) 280-6363
Israel, ((5) 282-4825
Italia, ((5) 596-3655
Japón, ((5) 211-0028
Holanda, ((5) 202-8453
Nueva Zelanda, ((5) 250-5999
Noruega, ((5) 540-3486
Pakistán, ((5) 203-3636
Paraguay, ((5) 545-9285
Perú, ((5) 570-2443
Portugal, ((5) 203-0790
Reino Unido, ((5) 207-2089/2449
Suecia, ((5) 540-6393
Suiza, ((5) 207-4820
Tailandia, ((5) 540-3636
Turquía, ((5) 520-7656
Uruguay, ((5) 531-0880/0870
Venezuela, ((5) 203-4233/203-4435

MONEDA

La unidad monetaria mexicana es el nuevo peso, creado en 1993. Existen billetes de 10, 20, 50, 100, 200, 500 y 1.000 pesos, y monedas de 1, 2, 5, 10 y 20 pesos. Los billetes y las monedas se parecen mucho entre sí, aunque a veces difieren en el color. El peso lleva dos décadas devaluándose y sufriendo una inflación galopante, por lo que su valor cayó a más de la mitad en 1995. En el momento de imprimir esta guía, el tipo de cambio era de 10 pesos por dólar.

La moneda extranjera y los cheques de viaje se pueden cambiar en casi todos los bancos y en las casas de cambio donde, usualmente, el tipo resulta algo menos ventajoso, pero que tienen la ventaja de un horario más prolongado y un servicio más rápido. También los

Tanto los hoteles como los restaurantes importantes aceptan las principales tarjetas de crédito. También lo hacen muchos comercios, pero no se puede negociar un descuento por el hecho de pagar con tarjeta de crédito. Hay cajeros automáticos que permiten retirar dinero con tarjetas internacionales en las principales ciudades.

PROPINAS

No es normal que las cuentas incluyan cargos por servicio; la mayor parte del personal

hoteles importantes cambian moneda extranjera, pero a un tipo de cambio aun más desfavorable. En las ciudades pequeñas y pueblos, es posible que no haya la posibilidad de cambiar moneda extranjera o, a lo sumo, solamente USD. Se recomienda por tanto a los viajeros que, en su país de origen, adquieran cheques de viaje denominados en USD.

Numerosos establecimientos aceptan el pago en USD o en cheques de viaje denominados en esta moneda, a tipo corriente o más bajo (esto último es lo usual). De todos modos, si no se dispone de suficiente moneda mexicana es mejor negociar en el establecimiento el pago en USD que intentar cambiarlos en el mercado negro, ya que abundan los billetes falsificados.

tienen un salario inferior a los 4 USD diarios, de modo que sea generoso. Algunos hoteles y restaurantes cobran un tanto por ciento por el servicio; pregunte si el personal recupera el dinero y, en función de la respuesta, deje la propina que considere oportuna.

En los restaurantes dé por lo menos un 15 % de propina. Ésta es una costumbre que los europeos encuentran difícil de adoptar.

A los botones y maleteros se les debe dar 3 o 4 pesos por bulto y algo más por servicios especiales. Las mujeres de la limpieza deben recibir, como mínimo, 3 pesos por noche.

La gasolina cuesta la mitad que en Estados Unidos y la cuarta parte que en Europa,

Los modernos hoteles de México invitan a una pausa.

y la costumbre es dar 2 USD de propina al empleado que llena el depósito.

En cualquier caso, use su buen juicio y tienda a la largueza, pero en los centros vacacionales y en las grandes ciudades es conveniente no dejar ver grandes cantidades de efectivo y guardar los objetos de valor. Hay muchos rateros, especialmente en Ciudad de México y en Guadalajara. En todos los lugares en los que hay aglomeraciones, los extranjeros son los blancos favoritos.

ALOJAMIENTOS TURÍSTICOS

En esta guía hemos tratado de dar una dirección para cada monumento, hotel, albergue, restaurante o café citado. Sin embargo, tenga en cuenta que las direcciones mexicanas no están estandarizadas. Si el local carece de número, hemos buscado un punto de referencia.

Hemos indicado números de teléfono y de fax, cuando existen, así como números de llamada gratuita a los que se tiene acceso desde Estados Unidos pero no desde Europa o desde Oceanía.

Los alojamientos van desde la satisfacción de las necesidades mínimas de cama o hamaca hasta la opulencia de las *suites* múltiples, los precios varían según estas diferencias. El Ministerio de Turismo determina las tarifas de los hoteles, que se autorizan de acuerdo con los servicios ofrecidos. Por ello, la existencia de restaurante y piscina eleva el precio del hotel, independientemente de la calidad de las habitaciones.

Los hoteles en el interior tienen, por lo general, tarifas constantes a lo largo del año, en tanto que los de la costa las reducen hasta en un 30 % durante la época de lluvias en México (de junio a noviembre). Los precios son más caros en agosto.

Para establecer el criterio relativo al precio de los hoteles que hemos referido en los anteriores capítulos, los hemos clasificado como sigue, siendo los precios mencionados los correspondientes a habitación doble, y que incluyen el 15 % de impuesto:

DE LUJO: más de 150 USD (Ciudad de México y centros vacacionales).

CAROS: de 100 a 150 USD (Ciudad de México y zonas turísticas).

MODERADOS: de 50 a 100 USD.

ECONÓMICOS: menos de 50 USD.

Los hoteles de lujo disponen de todo lo imaginable. Son, normalmente, autosuficientes, es decir que el huésped solamente necesita estar fuera de sus terrenos durante el viaje desde/y al aeropuerto. En la categoría de los caros, las habitaciones son grandes, cómodas y disponen de aire acondicionado. Las instalaciones son casi tan completas, aunque no tan elegantes, como en los de la categoría de lujo. El tamaño de las habitaciones y su comodidad son muy variables entre los de precio moderado. Parece que ello dependa de la zona y de la competencia local. De todos modos, cuentan con cuarto de baño en las habitaciones, y la mayoría dispone de aire acondicionado, restaurantes y piscina. A menudo, los hoteles baratos son tan buenos como los moderados pero, por regla general, no tienen ni piscina, ni restaurante, ni aire acondicionado y algunos no poseen cuarto de baño en las habitaciones. La industria turística mexicana está en constante crecimiento, por lo que muchos de los hoteles se están mejorando a pasos agigantados y, por ello, las tarifas pueden cambiar al alza.

En casi todas las regiones hay hoteles exageradamente baratos, pero conseguir una habitación limpia, segura y cómoda por ciertas cantidades es una tarea titánica. Los establecimientos más baratos carecen de fax y es difícil reservar plaza. En algunos hoteles de los que hemos llamado «baratos», disponen de habitaciones dobles por 20 o 30 USD.

El CREA administra varios albergues juveniles. Son dormitorios comunales que, según el tamaño, tienen de 20 a 100 camas. Para mayor información, se puede contactar con la Agencia Nacional de Turismo Juvenil, Glorieta Metro Insurgentes, Local CC-11, 06600 México D.F., ((5) 525-2548.

RESTAURANTES

La cocina mexicana es uno de los más grandes placeres que proporciona el visitar este extraordinario país. Todos los restaurantes, desde el más pequeño, informal y familiar al más grande y lujoso, iluminado con candelabros, presumen por igual de la calidad de sus comidas.

Los restaurantes que hemos mencionado se distinguen por su buena comida y la calidad de su servicio. Las categorías de precios se han establecido en función del coste medio de una comida completa, pero sin incluir ningún tipo de bebida, impuesto o propina:

DE LUJO: más de 20 USD
CAROS: de 15 a 20 USD
MODERADOS: de 5 a 15 USD
ECONÓMICOS: menos de 5 USD

Los viajeros prudentes optan por platos cocinados y frutas y verduras que se puedan pelar, aunque las condiciones sanitarias han mejorado mucho en México, sobre todo en las zonas turísticas.

Muchos hoteles que disponen de viejos sistemas para purificar el agua venden las botellas a precios demenciales. Es mejor comprar agua embotellada en alguna tienda cercana. Ante la duda, compre fruta y verdura en el mercado, pan, queso y yogures pasteurizados y prepare su propia comida en la habitación de su hotel.

LOS PLATOS MÁS POPULARES

A continuación proponemos una breve lista de platos típicos mexicanos:

Aguas: zumos de frutas rebajados con agua.
Antojitos: entremeses, también llamados *botanas*.
Burrito: tortilla hecha de harina rellena de frijoles, carne, pescado o una mezcla de ingredientes.
Cebiche: pescado crudo o marisco adobados con zumo de limón, cebolla, cilantro y tomate.
Chilaquiles: tortilla frita con salsa de chile.
Chile relleno: pimiento verde relleno de carne o de pescado y rebozado con una masa de maíz.
Enchilada: tortilla de maíz bañada en salsa picante, rellena de carne y queso, y después horneada.
Guacamole: salsa a base de aguacate.
Licuado: bebida a base de frutas y leche.
Mole: salsa que contiene gran variedad de especias fuertes y también chocolate amargo.
Pan dulce: pastas.
Pozole: caldo de maíz, con carne de cerdo o de pollo.
Quesadilla: tortilla de harina o de maíz rellena de queso fundido.
Taco: tortilla de maíz rellena de carne, frijoles o queso (puede estar frita).
Tamales: masas de maíz rellenas de carne, fru-

ta o queso y cubiertas con hoja de plátano.
Torta: bocadillo.

DATOS DE INTERÉS

HORARIO

México dispone de cuatro zonas horarias y ha adoptado el horario de verano desde 1997. Yucatán y Europa tienen seis horas de diferencia. Los estados del oeste, Nayarit, Sinaloa y Sonora, se encuentran a ocho horas de diferencia con respecto a Europa. Baja Cali-

fornia se rige por la hora del Pacífico y dista nueve horas de Europa.

SUMINISTRO ELÉCTRICO

La corriente eléctrica es alterna de 110 voltios y 60 ciclos y los enchufes tienen clavijas planas. Llevar consigo un adaptador y un transformador puede sacarle de algún apuro.

AGUA

La norma general es simple: ¡no beba agua! Puede saltarse la regla si se encuentra en un hotel caro o en una zona hotelera moderna.

Los músicos callejeros, como este organista, dan un toque folclórico a las calles de México.

PESOS Y MEDIDAS

En México se utiliza el sistema métrico.

CLIMA

El clima rige la vida de los mexicanos. El país, atravesado por el trópico de Cáncer, es caluroso. Sólo el norte y las zonas de montaña conocen la nieve, a pesar de que la mitad del país se encuentra a más de 1.525 m de altura. En las costas y en los llanos centrales suele hacer mucho calor siempre: la temperatura

tos cambios climáticos, empiezan antes del día y lo acaban tarde para poder hacer una siesta de tres o cuatro horas en el momento en que el calor aprieta más, una práctica que los turistas no tardan en imitar.

MEDIOS DE COMUNICACIÓN

TELÉFONO

La red telefónica mexicana es relativamente eficaz, pero extremadamente cara. El método más práctico para llamar a casa consiste en

media anual es de 23 °C. En Sierra Madre y las montañas del valle de México, la media oscila de los 12 °C a los 18 °C y la temperatura del valle suele ser superior a los 4 °C.

En México se dan dos estaciones: una época seca (de finales de noviembre a principios de junio) y una época de lluvias (de junio a noviembre). La época turística coincide con la época seca, sobre todo con los meses de diciembre, enero, febrero, marzo y abril (si coincide con la Semana Santa). La temporada baja corresponde a la época de lluvias, pero eso no implica que sea un mal momento para viajar por el país. Las lluvias son torrenciales pero puntuales y durante la mayor parte del día, luce el sol, hace calor y los hoteles son más baratos. Los mexicanos, acostumbrados a es-

comprar una tarjeta LADATEL en un supermercado o en una tienda. Para llamar a España, marque el 00 y el 34, seguido del prefijo y el número telefónico en cuestión. Para llamadas nacionales dentro de México, marque 01 y luego el número con el prefijo de la zona (el antiguo 91 desapareció en 1998).

Los prefijos regionales cambian a menudo en México y pueden tener una, dos o tres cifras. Afortunadamente, no ocurre lo mismo con los prefijos internacionales, pero llamar a México desde otro país puede resultar algo frustrante. En caso de duda, marque la última cifra del prefijo seguido del teléfono: la mayor parte de los cambios se efectúan siguiendo ese sistema. Los números pueden tener de cuatro a siete cifras. El fax ha sido uno de los avances tecnológicos más beneficiosos para México. La mayoría de las empresas tienen fax aunque muchas lo tienen conectado a la misma línea que el teléfono, por lo que tendrá que pedir tono de fax. Otro inconveniente es que muchas veces desconectan los faxes fuera de horario de oficinas.

INTERNET

En México, el correo electrónico no se utiliza tanto como en otros países para cuestiones de

información turística. El gobierno tiene una página web: , pero es demasiado básica. Algunas compañías y agencias turísticas disponen de páginas web, pero no todas.

CORREO

Correos funciona muy mal. El código postal se escribe antes del nombre de la ciudad. Las oficinas de correos abren de 08.00 a 17.00 horas, entre semana, y de 09.00 a 12.00, los sábados.

La **Dirección General de Correos**, ((5) 521-7760, se encuentra en Ejército Central, esquina con la calle Tacuba. Abre de lunes a sábado, de 08.00 a 24.00 horas, y los domingos de 08.00 a 16.00 horas.

Consejos para el viajero

PERIÓDICOS

Aparte de los numerosos periódicos que se editan en castellano, en Ciudad de México se publica diariamente uno en inglés, *The News*, que se puede conseguir, además, en casi todas las demás ciudades en el mismo día. Su sección dominical, «Vistas», proporciona información relativa a eventos especiales que tienen lugar en los principales puntos de destino turístico.

Sin embargo, los periódicos europeos solamente se encuentran en algunos lugares de Ciudad de México y Guadalajara.

ETIQUETA

Los mexicanos son atentos, corteses y hospitalarios con los extranjeros, siempre y cuando éstos no los traten con desdén. Si esto último ocurre, se vuelven obstinados, fríos y distantes. Los saludos son muy importantes: reciba a todo el mundo con un cordial «buenos días», «buenas tardes» o «buenas noches», según convenga, y no olvide contestar «mucho gusto» cuando le presenten a alguien. Los mexicanos se dan la mano y se abrazan, pero se saludan con un único beso en la mejilla, en lugar de con dos. Antes de entablar una conversación de negocios es preciso interesarse por la salud, la familia y el estado general de su interlocutor.

SALUD Y URGENCIAS

No beba agua: la venganza de Moctezuma es una realidad. La mayor parte de las aguas de México están contaminadas. Excepción hecha de las familias más pobres, todo el mundo compra y consume agua embotellada.

Para mantenerse en un buen estado de salud se aconseja a los viajeros seguir las siguientes pautas:

- Beba únicamente agua embotellada o purificada, cerveza o refrescos, y utilice cubitos de hielo obtenidos de agua segura.

- Si le sirven limones con un plato, ponga su jugo sobre toda la comida.

- Evite las ensaladas frías, salvo en restaurantes de zonas turísticas; coma solamente las frutas que pueda pelar.

PÁGINA ANTERIOR: Mercado de Zaachilla.
SUPERIOR: México tiene opciones para todos los gustos y para todos los presupuestos.

Si padece problemas intestinales, no se asuste. Conocemos muy pocos viajeros que hayan estado en México sin sentir molestias uno o dos días. Casi siempre se curan después de un día a régimen de agua purificada y antiácidos. Algunos médicos recomiendan tomar una dosis de antiácido después de cada comida para proteger el estómago.

Los farmacéuticos mexicanos son como médicos de urgencia: explíqueles los síntomas y ellos buscarán el remedio. Venden medicamentos en dosis pequeñas, por lo que no necesitará comprar de más: si lo desea, podrá adquirir diez aspirinas en lugar de una caja de veinte.

México cuenta con buenas facultades de medicina, y los médicos que trabajan en los hospitales privados están bien preparados. La mayor parte de las clínicas y los hospitales disponen del equipo necesario y los precios son relativamente económicos, habida cuenta de la calidad del servicio.

En zonas tropicales, después de las lluvias y los huracanes, existe el peligro de adquirir enfermedades infecciosas como el cólera, la malaria, la hepatitis y el dengue. No es preciso vacunarse, pero es conveniente estar inmunizado contra el tétanos, no llevar una vida sexual promiscua, tenga cuidado con las enfermedades de transmisión sexual y con el sida; no olvide utilizar preservativos.

Serpientes y escorpiones

Al igual que en casi todos los países tropicales, en México abundan las criaturas venenosas que se mueven a nivel del suelo. Para evitar contrariarlas, conviene seguir las siguientes reglas de sencillo cumplimiento:

- **No** caminar por la jungla o por donde haya hierbas altas durante la noche. Muchas serpientes cazan de noche y, lógicamente, se enfadan si se las pisa.

- **No** meter las manos en lugares inadecuados. Esto quiere decir, evitar introducirlas en grietas de las rocas, en las ruinas o en cualquier lugar oscuro. Son los lugares preferidos de las serpientes y los escorpiones.

- Si se **acampa** o se duerme en la playa, es conveniente que sacuda los zapatos por la mañana antes de ponérselos.

En el caso improbable de sufrir una mordedura de serpiente o una picadura de escorpión, conviene recordar su tamaño y su color e ir al médico inmediatamente. Existen antitoxinas para casi todos estos venenos.

Lavabos

Los servicios han mejorado mucho en la última década. Sin embargo, muchos directores de hoteles económicos se quejan de que los clientes roban los accesorios del baño. La cisterna no siempre funciona y los servicios de un tren o un autobús están intransitables hacia el final de un viaje largo. Lleve siempre un poco de papel higiénico.

HOSPITALES

La crisis económica ha incrementado el número de robos. Esconda bien su dinero. No saque fajos de billetes ni lleve joyas demasiado llamativas y no pierda de vista los objetos de valor. La «mordida» (el soborno) es considerada un tipo de propina por parte de los mexicanos y, a pesar de los esfuerzos de las autoridades por eliminarlas, los policías suelen pedirlas. Si le para la policía, pida que le lleven a la comisaría, donde le explicarán las causas de la detención. Muchos mexicanos pagan la multa *in situ* para no perder tiempo. Los atracos en las carreteras son un mal que va en aumento, sobre todo en zonas relativamente aisladas. Los asaltantes colocan un árbol o una piedra sobre la calzada. Cuando el conductor se detiene, los ladrones surgen de la nada.

Nunca lleve droga; las autoridades mexicanas son muy estrictas en ese ámbito e incluso una cantidad excesiva de medicamentos puede despertar sus sospechas. Si tiene que viajar con una cantidad considerable de pastillas, lleve consigo la prescripción médica. Las embajadas no suelen intervenir cuando hay una denuncia de tráfico de drogas por medio y se dice que la policía mexicana es más dura que la estadounidense a esos efectos. Estar en posesión de unos gramos de marihuana puede costarle una pena de 10 años de prisión (sin salir en libertad condicional). Y al lado de una cárcel mexicana, el infierno es un lugar de descanso.

CUÁNDO IR

La época alta del turismo empieza a mediados de noviembre y termina después de Semana Santa, para volver a remontar en el mes de agosto. Yo prefiero viajar a México en septiembre o en octubre, a pesar de que ésa es época de huracanes. De mayo a septiembre, el clima es caluroso y húmedo y, en la costa, puede resultar insufrible.

QUÉ LLEVAR

Hay que llevar un equipaje ligero. México es un país bastante informal y, prácticamente, no se requiere ropa de abrigo. Todo lo necesario es ropa ligera y cómoda, a no ser que se piense subir al Popocatépetl. En esta época, a elevadas alturas, las madrugadas y las noches pueden ser bastante frías, por lo que se recomienda llevar una chaqueta ligera. También es recomendable llevar, por lo menos, una camisa o blusa de manga larga y un par de pantalones largos para protegerse del sol y de los mosquitos (el chándal es un atuendo bastante aceptable).

Si visitar algunas ruinas prehispánicas entra dentro de sus planes, debe disponer de un buen par de zapatos para caminar: las sandalias carecen de utilidad. También se debe pensar en una adecuada protección contra el sol, ya que éste es más intenso, al estar México cerca del ecuador.

A los amantes de la fotografía se les recomienda llevar algunos carretes, porque son más caros que en Europa y, además, puede haber estado almacenados a elevadas temperaturas.

LA LENGUA ESPAÑOLA EN MÉXICO

El español mexicano posee características que lo diferencian del de España, las cuales se presentan especialmente en la fonética (entonación y ritmo incluidos), la morfología, la sintaxis y el léxico.

En lo que respecta a la fonética, presenta los siguientes rasgos fundamentales:
- **Seseo** (pronunciación de *c* y *z* como *s*).
- **Yeísmo** (pronunciación de *ll* como *y*).
- Pronunciación de la *j* como *h* (gutural aspirada): jirafa se pronuncia «*hirafa*».
- Los yucatecos, incluso en ambientes cultos, pronuncian su español con las letras heridas del maya (p', t', tz', k', ch', etc.), cuya articulación oral va seguida por una oclusión de la glotis.

- **Epéntesis silábica**, como en *titiritar*.
- **Vocalismo débil**, por lo que las vocales átonas internas tienden a desaparecer. Es frecuente escuchar «*cafsito*» (cafecito), «*pas'sté*» (pase usted), «*sí p's*», «*no p's*» (sí pues, no pues), etc.

Haciendo referencia a la morfología, las principales variantes que merecen ser destacadas son las siguientes:
- **Extensión del plural** a casos como «*¿qué horas son?*».
- **Adverbialización del adjetivo** más frecuente que en España, por ejemplo, «*me miró feo*».
- **Frecuente anteposición del posesivo**, por ejemplo, «*mi hijo*» (por «*hijo mío*»).
- **Preferencia por** «*canté*», **frente a** «*he cantado*».
- **Sustitución** del futuro por *ir* + *gerundio*.
- Para la **segunda persona del plural** se emplea el *ustedes* en vez de *vosotros*, aunque bien concertado con el verbo («*ustedes están*»).

Como rasgos sintácticos característicos del español en México podemos mencionar los siguientes:
- **Construcciones** tales como «*es entonces que vino*» (por «*fue entonces cuando vino*»).
- Diferencias en la utilización de **preposiciones**: «*caer a la cama*» (enfermar); «*ingresar al* ejército» (en el); «*estaba arriba de la mesa*» (encima de), etc.
- Diferencias en el uso de **conjunciones**: *cada que* puede sustituir a *cuando* («*cada que habla me enfado*»).
- Escasa o nula utilización del **leísmo**.
- En lugar de la voz pasiva se utiliza el **impersonal**.

Para finalizar, y en lo referente a las peculiaridades léxicas, cabe señalar que, fundamentalmente, existen diferencias diatópicas para designar un mismo objeto. He aquí algunas de las variantes léxicas más frecuentes que pueden ser de gran utilidad al viajero que visite México por primera vez:

ALIMENTOS Y BEBIDAS

acamaya langostino de río
agua de Tehuacán agua mineral
aguas de frutas agua mezclada con zumo de frutas
bolillo/telera panecillo
calabacita calabacín

camote   batata/boniato; también un dulce típico
carnitas   carne frita en su propio jugo
chabacano   albaricoque
chícharos   guisantes
dulces   caramelos
durazno   melocotón
ejote   judía verde
elote   mazorca de maíz
frijoles   alubias
guajolote   pavo
huachinango   pescado blanco similar al besugo; buen sabor
jícama   tubérculo de sabor refrescante
jitomate   tomate, para ensalada
mezcal   especie de aguardiente (50-55°)
nanche   fruta de bosque especial para elaborar licores
paleta   polo de helado
pan dulce   bollería
papas   patatas
poro   puerro
pulque   bebida alcohólica
res   ternera
toronja   pomelo
tuna   higo chumbo

ROPA Y ACCESORIOS

aretes   pendientes
calcetas   calcetines
calzones   calzoncillos
corbata de moño   pajarita
chamarra   cazadora
huaraches   sandalias
jorongo   poncho/capa
mezclilla   ropa tejana
saco   chaqueta

VEHÍCULOS DE TRANSPORTE Y ACCESORIOS

cajuela   maletero
cajuelita   guantera
camión   autobús de pasajeros
camioneta   furgoneta
carro   coche
clutch   embrague
cuota   peaje
llantas   neumáticos
manejar   conducir
ponchadura   pinchazo
rines de magnesio   llantas (de aleación)
troca   camión de carga; norte de México

VARIOS

abordar   embarcar
alberca   piscina
apurarse   darse prisa
aventón   empujón
balacear   disparar con arma de fuego
bolero   limpiabotas
canasta   cesto
cerillos   cerillas
computadora   ordenador
cuate   amigo
chamaco/a   chaval
chango   mono
chapa   cerradura
charola   bandeja
elevador   ascensor
foco   bombilla
fondo   combinación
güero   blanco de piel
huerco, escuincle   chaval
lentes/anteojos   gafas
llave   grifo
marchante   cliente
marchingüepa   voltereta
miscelánea   tienda de comestibles
pararse   ponerse de pie
pelado   de baja condición; de mala educación
pelón   calvo
pluma   bolígrafo
popote   caña, pajita
recámara   habitación
refrigerador   nevera
rentar   alquilar
resbaladilla   tobogán
sarape   manta
tinaco   depósito de agua

EXPRESIONES MEXICANAS

al ratito, ahorita   enseguida
¡ándele!, ¡órale!   ¡venga!
estar hasta atrás   estar borracho
¡híjole!, ¡chanfle!   expresiones de sorpresa
ir de pinta   hacer novillos
padrísimo   genial
¿qué onda?   ¿qué pasa?
¡quihubo!   ¡qué tal!

Guía de referencia rápida de la A a la Z, de los lugares y cuestiones de interés, con una lista de hoteles, restaurantes y números de teléfono útiles